송광섭 교수의

꿈꾸는 즐거움

송광섭 교수의
꿈꾸는 즐거움

도서출판 배문사

차 례

〈머리말〉
017— 송광섭 꿈꾸는 즐거움을 위한 시작

019— 강연호 물처럼 흘러가는 법질서의 사회를 꿈꾸며
            - 송광섭 교수의 정년과 수필집 발간에 부쳐 -

제1부
정년과 수필집 발간을 축하하며

024— 허일태 송광섭 교수의 수필집 발간을 축하하며
            - 인장仁藏 송광섭 교수에 관한 생각 -

031— 오영근 송광섭 교수에 대한 사랑, 존경의 마음을 담아

033— 서거석 나의 동생! 송광섭 교수가 정년을 한다니

035— 노명선 登高自卑 교수님

038— 원혜욱 자연과 예술을 사랑하는 문화인의 모습이 크게 다가와서

제2부

인간! 넉넉한 마음!

042— 인간에 대한 사랑과 존중
044— 뜨거운 여름나기
046— 고향과 가을맞이
048— 신 '개미'와 '베짱이'
050— 사랑을 위하여
052— 사랑! 그 아름다운 법
054— 사랑도 유죄인가?
056— 짧은 세월, 길게 사는 이유
057— 바보같이 사는 삶
059— 삶의 진정한 가치와 빈 자리의 흔적
061— 돌아가는 마음, 돌아오는 마음
063— 도덕적 요구와 철저한 자기관리
064— 조화로운 생각과 행동
066— 사람人의 말言 : 신信 : 믿음
068— 칭찬해 주기
070— 꼭 너 같은 아이만 낳아라
072— 우리들의 꿈은 무엇인가? 자신을 뒤돌아 보자
074— 인생 정년
077— 아름다운 추억 만들기
078— 어린이, 어버이, 스승의 마음
080— 인생과 학문의 스승으로, 제자를 키울 때 맛보는 행복의 무게
082— 졸업은 또 다른 시작이다
084— 유시유종有始有終 시종여일始終如一
086— 새해를 맞이하며
088— 과거, 현재, 미래를 위한 새해 정담情談

제3부
역사! 그 끝없는 함성

Easy man의 유연성 —092
개혁이 혁명보다 어렵다 —094
'케리'에게 박수를, 우리에게 희망을 —095
마음의 창을 열자 —097
폭로성 대선 정국과 국민의 정치적 역량 —099
국민의 힘으로 바로 잡아야 —102
지역감정과 선거유감 —104
선거와 국민의 역할 —107
총선에서의 민심의 승리 —109
희망적인 4·15 선거혁명 —111
정치공황과 유권자의 심판 —113
지방자치와 선거열풍 —115
새 출발을 위한 바른 역사 만들기 —117
5월! 그날이 다시 오면 —119
잊혀지나 5·18 정신 —121
전·노 전 대통령의 사면의 허구성과 정의실현 —123
갈등조장의 함정 —129
독도 망언과 우리가 할 일 —131
친일 진상규명과 남은 자의 의무 —134
주한 미군 범죄와 실추된 자존심 —137
'음지에서 양지를 지향하는' '정보는 국력' —139
국민과 함께하는 경찰: 책임을 다하는 국민의 경찰 —142

제4부
나! 너! 우리! 모두! 흐르는 물처럼 법法

146— 마음 도둑 잡기
147— 활짝 핀 꽃처럼 사랑의 말을
149— 우리가 함께 이루어야 좋은 사회
152— 대립과 반목을 넘어 희망의 빛을
154— 여성 만세, 남성 만세
155— 남자와 가정갈등
157— '바람난 가족' 지킴이
159— 스와핑(Swapping)에 대한 염려
161— 가정의 위기와 가정 내 폭력
165— 안락사, 존엄사의 문제
169— 저출산·초고령화 사회에서의 노후의 삶
172— '있을 때 잘해' 잘사는 우리나라
174— 요람에서 무덤까지
176— 법法대로만 하면 참 편하던데
178— 법 앞의 평등
179— 돈 없고 재수 없어서
182— '법대로'가 한심한 정치파행
184— 흔들림이 없는 공정과 상식, 바른 원칙과 기준
186— 뇌물 근절과 밝은 사회
188— 언론, 가까워도 멀어도 안 되나
190— 신문 매체의 역할과 위기
191— 진실과 왜곡 사이에서
193— 우리 사회의 품격 있는 의사표현과 언어사용
197— 말 실수와 유감, 죄송, 사의
199— 문화공간의 확충과 여가활용

술과 음주문화 —200
삼풍백화점 붕괴 참사와 교훈 —202
'새만금'(새로운 만남에 금지된 사랑은 없다)과 금수강산 —204
전북의 공장 유입! 과연 득得인가? 실失인가? —206
중벌만으로 범죄 막을 수 없다 —207
재벌가들의 각성이 절실하다 —209

제5부
나의 삶의 여정 그리고 어머니! 아버지!

1. 송광섭의 삶의 여정

1) 출생과 학교 시절 —212
2) 대학원 시절 —214
3) 시간강사와 교수 채용과정 —216
4) 학회활동의 추억 —219
5) 교수 임용 후 시련과 해외연수 —219
6) 학문연구에서의 소신 —221
7) 대학 내에서의 활동 —222
8) 가족상황 —224
9) 정년 후의 삶 —226

2. 그리운 어머니, 아버지

227— 다림질
228— 외로워! 외로워!
228— 어머니와 함께 병실에서
229— 3년은 더 살아야겠다
230— 어머니 나에게 할 말 없어요?
231— 8개월의 즐거운 마지막 여행
232— 귀는 마지막까지 열려 있다
233— 유품 정리
234— 나를 막(?) 대해주셔서 나는 행복해
235— 골동품 막둥이
236— 산소 벌초
237— 참화(?) 면한 명품 소나무

3. 다시 찾은 하나님

241— 1) 방황과 일본 나고야에서의 하나님
244— 2) 뉴질랜드에서의 하나님
246— 3) 호주에서의 하나님
247— 4) 현재의 하나님

제6부

나의 꿈! 아이들의 성장 일기

오클랜드 도착기 —250
기명이의 유치원 모습, 고마운 기현 —250
무거운 마음으로, 나의 작은 형에 대한 기억 —252
우리 기현, 기명이가 최고라네! —252
기명! 우유를 끊다 —254
엄마도 하세요! 내가 들어갈 쥐구멍(?)은 어디일까? —254
Holiday —255
아빠 Boy —257
공짜 피자 —258
Baby 기명! —259
까치발의 추억 —260
"엄마 싫어!", "하이" —261
속 깊은 큰아들, "속속속닥닥닥" —262
건강 체크 —263
너! 세 살 맞니? —264
퍼즐 —265
Queen's Birthday —266
엄마! 이것도 저것도 —267
누나 —268
배려심 —269
즐거움 —270
"형! 헬로우! 놀자" —271
서로를 확인하며 —271
감기 —273

274— "엄마 Gun!"

275— 형에게 총 쏘지 마라! 형! 빵빵빵!

276— 주걱 들고 밥통째

277— 뒤끝 작렬 아빠!

278— 기명 침대에 좀 누웠다고

278— 아들들의 그리움은 더 커져만 간다

279— 기현의 휘파람!

280— 우리는 가족, "I am sorry!"

281— 기명이 마음

283— 새벽에 일어나 함께 하는 이 시간!

284— 아빠에게 레터를

285— "Purple color, Yes!"

286— "엘로우 칼라, 화이트 칼라 No!"

287— 어른의 말과 행동은 아이의 산교육이다

288— Music School

289— 아빠에 대한 그리움

290— 엄마! me만 chair 없어

292— 추억의 사진, 우리가 이렇게 떨어져 사는 것이 맞나?

294— 바닷가에서

295— 훌쩍 커 버린 기현

296— Soccer Party

297— 기명의 패션

298— 기명이가 이만큼 컸어요

299— "그만해, 멈춤"이라는 표지판은 없다

301— Finding Nemo

엄마! 마음이 들떴어요 —302
Whangarei, 기명은 여자친구 찾아 삼만리 —303
"엄마! 많이 예뻐", "형! 많이 예뻐" —305
기명아, 기명아 —306
젓가락 마스터 —307
엄마는 한 달에 얼마 벌어? —308
도시락 두 개 —309
엄마! car 어디 있어? —310
큰아들의 조언 —310
수영장 —312
OK! 엄마! —313
기명의 법칙 —314
기현의 외출 —316
친구들에게 bye! bye! —318
아빠처럼 —319
엄마에게 사랑을 —320
벌써 마음이 변했어요. 아이구 나는 망했다 —321
형! 추워? —322
테니스, 수영, 노후 보장 —323
"형! don't like", "형! 형!" —324
"Yours talking 많이, Noisy!" —326
넘치는 사랑 —327
새해 첫날! 모두가 모이니 든든하고 행복하다 —328
산책하며 —329
아빠가 하는 대로 —330

331— 기현아! 고마워!
332— 뉴질랜드 생활
333— 이틀 밤을 자면
334— 감동의 밤
335— 눈높이를 맞춰 주세요
336— 자다가 쉬를 했어요
337— Garage Sale
338— Kindercare 첫날
339— 기명의 대답
340— Butterfly, "잠 잘 때 손톱이 자랐어요"
341— 집에 있고 싶어요
343— 세상 속으로
344— He is a very clever boy
345— 1등
346— 전시회장, "무조건, 무조건이야!"
347— 궁금해 궁금해, 다 궁금해
348— 애인처럼
349— "Good Helper!" 기명의 팬들
351— "엄마보다 잔소리가 더 심해!"
352— 오클랜드에 도착하여
353— 기명의 생일, "Don't speak about me!"
354— 기명의 생일일기, "기명! Too Light, Daddy Big!"
355— Rainbow's End 2 － 기현이가 Rainbow's End의 Free 뜻을 찾아서
356— 정원의 제초 작업, 기현의 아르바이트
358— 귀국을 앞두고

1주일간의 여정 —360
가족의 헤어짐은 즐거움이 아니니 그건 분명 쓸쓸함이다 —361
"엄마! Monday? Friday?" —362
억울한 기명 —364
보이지 않는 교훈 —364
기명이가 학교에 가요 —365
엉덩이를 흔들어 —366
튼튼하게만 자라다오 —367
친구의 생일 —368
2004년을 이보다 더 좋게 끝낼 순 없을 것이다 —370
아토피 —371
기현의 생일 —372
기명이가 천재인가? —373
여보세요~~~ —373
서운해! 아빠는… 기명! —374
똑똑새! 기명 —375
기명이가 쓴 글 —376
사랑하는 아들들의 모습 —376
엄마는 '44' —377

제7부

문학평론

380— 문학에 있어서 성표현의 자유와 음란성의 형사적 규제
　　　－ 마광수의 문학세계에 대하여 －
380— 시작하며
381— 그릇된 성의식 강요와 무책임한 배설
385— 흔들리는 페티시스트
389— 예술(창작)의 자유와 형사적 규제
397— 마광수 교수에게

⟨머리말⟩

꿈꾸는 즐거움을 위한 시작

　글을 쓴다는 것은 마음 속에 샘솟는 사랑과 그리움, 애틋함, 열정 등이 없으면 아마도 불가능한 작업일 것이다. 무슨 말을 하다가도 그것을 글로 적어 달라거나, 아니면 문서로 해 달라고 하면 어려움을 느끼는 것이 글쓰기이고, 단순하게 말하는 것과 그것을 문자화文字化해서 표현해내는 글쓰기 작업은 결코 쉽지 않다.
　오늘날은 채팅, 문자메시지 등 SNS가 인간관계 의사소통의 주된 도구가 되었기에 손편지나 글쓰기를 통한 마음 전달은 고루固陋한 옛 유물이 되었다. 현대사회는 모든 것이 단축된 초고속 예측불가한 변화무쌍한 AI시대이므로 가만히 앉아서 글을 쓴다는 것은 한가한 사람의 여유라고 치부할 수도 있다. 그러나 사람의 섬세한 희로애락이 담긴 마음을 글로 형상화시키는 것은 유의미한 창조의 작업이다.
　글을 쓰려면 자신이 담아내고자 하는 내용, 글을 읽는 독자, 글을 통하여 나누고자 하는 의도 등을 먼저 심도있게 생각해보는 마음의 정돈이 있어야 하고, 이러한 일련의 과정은 일상으로부터의 자성自省의 시간이 된다.
　나는 문학가, 미술가, 소설가, 수필가, 시인, 평론가, 연극인, 영화인 등 모든 예술 분야의 종사자들을 존경한다. 나 자신에게 가장 부족한 부분이 예술적 감성과 지식이라서 그들과의 직간접적인 만남과 소통은 늘 그들의 예술적 감수성과 창조적 생산물에 경외심을 갖게 만들기 때문이다. 그래서 나는 어린 시절부터 지금까지 듣고, 독서하고, 관람하는 데 많은 시간을 할애하여 내가 부족한 부분을 채우려고 노력하면서 나 스스로 그들을 흉내내보고 싶은 열망을 안고 살아 왔다.

　나는 삭막하고 지루한 일상을 벗어나는 행복을 누려보려고 하였다. 대학시절에는 소설과 시를 쓰는 문학도로서, 연극반 활동을 하면서, 음악다방에서 DJ를 하면서… 법학을 전공하는 단조로움에서 벗어나고자 음악통론, 시론, 수사학, 작시법, 일러스트레이션 등의 엉뚱한(?) 과목을 수강하고, 법학이 아닌 다른 전공을 하는 친구들도 사귀면서 미래의 글쓰기를 위한 경험 축적이 필요할 것이라는 생각에 직간접적인 체험을 많이 하기도 하였다.

　'꿈은 이루어지기 위해 존재하는 것이 아니라, 그 꿈을 꾸는 자의 행복을 위해 존재한다' 라는 생각도 들어서, 나 스스로 부족한 글쓰기 능력일지라도 부지런하게 쓰고 지우고 하는 연습을 하면서 타고난 예술적 천재성을 보여주는 작가들을 보며 한계성을 절감하기도 하였다.

　이 모음집은 그 동안 내가 세상살이 속에서 인간과 사회, 가족에 대하여 바라고 꿈꿔 왔던 생각을 신문, 잡지, 평론지 등을 통해 발표했던 글들과 뉴질랜드와 호주에서 성장해 온 아들 기현, 기명의 일기도 일부분 함께 엮었다. 글도 그가 살고 있는 생생한 역사와 시대정신을 나름대로 대변하는 것들인데, 1980년대부터 최근까지의 긴 시간에 걸친 글들이라서 어색한 느낌의 글들도 있다. 그러나 내 인생과 삶의 궤적 속에 드리워진, 느껴 왔던 것을 그때 그때 풀어낸 것들을 모아서 선별하여 모음집을 낸다는 점 또한 의미가 있고, 오랫동안 소망하고 꿈꿔 왔던 앞으로의 글쓰기 즐거움의 시작이다.

2025년 7월 25일

송 광 섭

물처럼 흘러가는 법질서의 사회를 꿈꾸며

- 송광섭 교수의 정년과 수필집 발간에 부쳐 -

강연호(원광대학교 한국어문학부)

법학자가 쓴 글에 대해 우리는 몇 가지 선입견을 가질지 모른다. 가령 딱딱한 법논리를 내세워 엄격하고 논리정연한 내용을 담고 있는 글이라고 생각할 수도 있다. 강제성을 띤 사회규범을 엄숙하게 늘어 놓거나 관련 법조문들을 조목조목 나열해 놓을 것이라고 추정할 수도 있다. 또한 일반인에게는 생소한 법률용어들을 지나치게 구사하여 이해를 어렵게 하거나 무미건조한 문체로 법률의 내용과 법적용의 필요성만을 역설하지 않을까 생각할지도 모른다.

그렇지만 송광섭 교수가 책으로 묶어낸 글들은 이러한 우리들의 선입견에서 무척 자유롭기만 하다. 이 책에서 우리는 평생 형사법을 전공하고 대학에서 강의와 연구를 병행하는 법학자로서의 전문적인 지식이나 이론보다는 우리와 함께 생활하고 있는 평범한 이웃의 한 사람으로서 세상살이의 이모저모에 대해 자신의 의견을 제시하고 두루 공감을 나누어 보려는 소박한 태도를 볼 수가 있다.

저자가 머리말에서 미리 밝히고 있듯이, 이 책은 평소에 신문, 잡지, 평론지 등에 게재했던 글들은 한데 모은 것이라고 한다. 각각의 글마다 끝에 그 시기를 밝히고 있는데, 이에 따르면 대체로 40여년 전부터 최근까지의 기간 동안에 발표했던 글들임을 알 수 있다. 이 책에 실린 전문적인 글 몇 편을 제외하면, 대부분의 글들은 자유로운 에세이 형식으로 이런저런 세상사에 대한 나름의 의견과 시평들을 쉬우면서도 간결하게 전하고 있다. 우리는 이 글들을 통해 저자의 주요 관심사나 삶의 방향, 세계관 등의 단면을 파악할 수 있다. 또한 비록 일정한 체제에 입각한 전문적인 법 이론서는 아니지만, 이 책을 통해 법학자로서 저자가 갖고 있는 법철학 역시 일정 부분 가늠해 볼 수 있다.

사회적 동물로서의 인간이 삶을 영위하는 데 있어서 일정한 사회적 규범을 필요로 한다는 것은 재론의 여지가 없다. 우리가 갖고 있는 법체계는 말하자면 이러한 규범의 하나로 국가가 마련한 강제성을 띤 장치인 셈이다. 그래서 일찍이 법 격언에도 '사회가 있는 곳에 법이 있다'라는 말이 있다. 물론 법 말고도 정의나 도덕, 또는 양심 등과 같이 인간이 사회를 구성해 살아가는 데 있어서 지켜야 할 규범은 여러 가지가 있다. 그렇지만 어떤 의미에서 보면 법이나 정의, 도덕, 양심 등의 규범들이 자꾸 강조되는 사회는 역설적으로 그만큼 문제를 안고 있다고 볼 수도 있다. 사실 구성원 각 자가 뜻하는 바에 따라 자연스럽게 행동하면서도 그것이 사회의 혼란이나 무질서를 초래하지 않을 때 비로소 바람직한 사회이고 삶이라 하지 않을까 싶다.

옛 성인께서는 일찍이 '종심소욕불유구'(從心所欲不踰矩: 마음이 하고자 하는 대로 따라도 법도에 어긋남이 없다)라고 말씀하셨는데, 이러한 삶의 방식이야말로 우리 모두가 꿈꾸는 경지일 것이다. 물론 공자께서도 70세에 이르러서야 이렇게 되셨다고 하니, 이것이 어디 말처럼 쉽지 않겠지만 말이다.

송광섭 교수가 이 책을 통해 강조하는 것 역시 이런 덕목과 많이 관련되어 있는 것처럼 보인다. 평생을 법학을 가르치는 전문 법학자로서, 또한 상식적인 규준을 갖고 이웃들과 어울려 살아가는 일반 시민의 한 사람으로서, 송교수는 법이란 순리대로 '물처럼 흘러 가는 것'이어야 한다는 점을 역설하고 있다. 이 책에 실린 〈새해를 맞이하며〉라는 글에서

'사람이 만든 인정법人定法이든 자연의 이치와 진리와 정의가 함축된 자연법自然法이든 공통분모는 막힘이 없는 흐르는 물인 것'이라고 단언한다. 법학을 전공한 학자답게 송교수 역시 이 책의 여러 곳에서 이른바 '법대로'를 강조하지만, 이 때의 '법대로'는 물론 모든 사회 관계를 삭막하게 오직 법에 의거해 다루어야 하다는 주장은 아니다. 그 보다는 법이란 것이 '인간의 사회생활 속에서 지켜야 할 일반적 표준인 최소한의 정의실현 내지 질서유지를 그 내용으로 한다'(법대로만 하면 편하던데)라는 전제를 그 바탕에 깔고 있다.

이 책에서 송교수는 우리 사회가 안고 있는 여러 가지 문제점에 대한 거시적 접근은 물론이고, 우리들 주변에서 일어나고 있는 사소한 일상사에 대한 미시적 접근까지 두루 포괄하는 태도를 보여준다. 이러한 다양한 접근을 통해 저자는 무엇보다도 '한국사회에서 시급히 요구되는 것은 바로 바른 원칙과 기준을 세우는 일이다'(흔들림이 없는 바른 원칙과 기준)라고 단언한다.

이와 같은 원칙과 기준의 강조는 바로 저자인 송교수가 전공하고 있는 분야, 곧 학문의 영역 중에서도 규범학에 속하는 법학을 연구하는 법학자로서 당연한 자세가 아닐 수 없다. 이런 점에서 저자의 관심이 우리 사회의 고질적인 병폐들을 지적하는 과정에서 특히 정치권력의 행태에 대해 비판을 가하는 것 역시 자연스러운 일이다. 한국사회에서 법, 정의, 원칙 등이 가장 지켜지지 않는 곳이 역시 정치권이기 때문이다.

한편 송교수가 이 책의 여러 곳에서 보여주고 있는 말, 언어, 글에 대해 갖는 조심스러움과 경외의 자세는 모든 원칙과 기준의 시작이 바로 언어 사용에서 비롯된다는 점을 분명하게 자각하고 있기 때문인 것으로 보인다. 한 예로써 정치권에서 난무하는 저질스러운 언어 폭력을 개탄하면서 저자는 '언어는 그 사람과 그가 속한 집단의 인격의 표현'(폭로성 대선 정국과 국민의 정치적 역량)이라고 충고하고 있기도 하다.

무엇보다도 송교수의 이번 저서가 갖고 있는 가장 큰 특징은 이해하기 쉽고, 지극히 상식적인 규준의 차원에서 따뜻하고 넉넉한 인간애에 기초한 바람직한 삶의 방향과 자세를 끊임없이 모색하고 있다는 점이다. 법학자로서도 그렇고 일반 시민으로서도 그렇고, 곧 보편적 상식을 가진 법학자로서의 송교수의 삶의 철학은 이러한 원칙과 기준의 강조, 그리고 물처럼 흘러가는 순리로써의 법질서에 있다고 하겠다. 물론 그렇게 따뜻하고 넉넉한 인간애에 기초한 물처럼 흘러가는 법질서의 사회를 꿈꾸는 것은 비단 저자만이 아니라 우리들 모두가 갖는 소망이기도 하다.

2025년 7월 22일

제1부

정년과 수필집 발간을 축하하며

송광섭 교수의 수필집 발간을 축하하며

– 인장仁藏 송광섭 교수에 관한 생각 –

허일태
(한국비교형사법학회 고문, 동아대학교 법학전문대학원 명예교수)

1. 들어가면서

　　송광섭 교수의 정년은 2025년 8월이다. 그의 부친은 조선 왕조 말기 양반집 아들인데 20대에 '문관고시'에 합격한 엘리트로 이미 20대에 면장을 역임하였다. 모친도 여고를 졸업했던 엘리트였고, 서예에 깊은 조예를 갖고 있어서 대한민국서예대전, 대한민국현대서예대전에서 입선과 대상도 여러 번 탔던 실력자였다. 그는 이런 부모님의 DNA를 물려받아 막내아들로 태어났다.

　　필자는 1992년부터 송광섭 교수가 누구인가에 관해서는 그의 논문 〈과학적 수사방법과 PRIVACY 보호〉를 통해서 간접적으로 알게 되었지만, 그를 처음으로 대면했던 때는 1994년 7월 2일 연세대학교 법과대학 세미나실이었다. 그날 그는 형사법학회 춘계 학술행사에서 〈위법하게 수집한 증거의 증거능력〉을 발표하였다. 그는 어딘지 모르게 자신감이 넘쳐 있었다. 당시뿐만 아니라 지금도 적지 않은 학자들의 발표는 통상적으로 자료를 읽어나가는 방식이었는데, 그는 자료를 참고용으로만 사용하고 학회 참석자들을 정면으로 응시하면서 자신의 견해를 명확하게 밝혔다.

그의 그런 자신감 있는 태도와 나름의 논리적 전개가 마음에 와닿았다. 그래서 그의 주제발표를 열심히 들었고, 부산으로 가는 '새마을호 기차'에서 다시 한번 그 주제논문을 읽어보았다. 그것을 읽으면서 느꼈던 바는 그가 우리나라 형사소송법을 체계적으로 온전히 이해하고 있을 뿐만 아니라, 헌법적 가치관점의 틀 내에서 해석하려고 노력하였다는 점이다. 그의 이런 학문적 태도가 깊은 울림으로 내 마음에 다가왔다. 그는 장차 대성할 여지가 클 것으로 여겨졌다.

그에 관한 이런 생각을 가졌기에 그 발표 이후, 그를 만날 기회가 있을 때마다 그는 도대체 어떻게 해서 형사법학을 헌법적 측면, 사회학적 측면과 형사정책적 측면 등 다양한 방향에서 검토하게 되었는지를 알고 싶어서 이런저런 질문을 했고, 대부분 기대했던 이상의 대답을 들었다. 그와의 문답의 역사는 그때 이후 근 30여 년 동안 진행되었다. 2024년 10월에는 부산 송도에 소재한 필자의 연구실까지 찾아와서 그와 이틀 동안 진지하게 서로 묻고 답했다. 의심스러운 점을 되묻곤 하였다. 그와 처음 만났을 때 첫인상과 달리 매우 광범위한 주제들에 관심을 두고서, 이를 두루 섭렵하였을 뿐만 아니라 분야마다 깊이 파고들려고 노력하였다. 그의 이런 성향은 오늘날 한국의 형사법 학자에게서 다소 찾아보기 힘든 모습이었다.

아마도 그의 다양한 방면에 관한 깊은 관심이 '법무부 법무자문위원회 형사소송법개정 특별분과위원회'에서도 절실히 요구되지 않았을까? 그러기에 그는 2009년부터 위원회의 활동을 열정적으로 계속하게 되었을 것이다.

2. 그는 누구인가?

그가 지금껏 내게 전한 얘기를 나열해 보자면, 참 많다. 그것들을 듣고 있노라면 때론 슬프기도 하고, 때론 그와 함께 행동했어야 함에도 함께 하지 못해 후회하는 점도 있다. 그가 언급한 얘기 중에서 중요한 것을 몇 가지 들자면, 조선 왕조 말기 양반 가문의 후예, 어려운 가정생활, 대학입학에 결정적인 역할을 했던 예비고사의 실수, 이로 인해 의대를 진학할 수 없었던 일, 좋아했던 둘째 형님의 군에서 순직과 이를 접한 부모의 몸부림을 자식으로서 차마 볼 수 없었고 죽은 형님의 몫까지 부모님께 효도해야 한다는 절박한 심정과 어려운 가정형편으로 재수를 할 수 없게 했던 사연들, 차선으로 택한 지방대에서의 법학공부, 대학 1학년 때 문학, 연기, 음악 등 광범위한 분야에서의 다양한 활동, 사법시험 준비와 포기, 대학원 입학과 조교 생활, 지도교수님과의 관계, 교수임용 과정에서 빚어진 말할 수 없었던 서러움, 일본·뉴질랜드·호주 등에서의 장기연수, 형사법에 관한 방대한 자료를 갖춘 일본 나고야 남산대학에서의 형사법 연구 활동, 우리가 대단한 것으로 여겨졌던 일본 형사법학의 이론이 거의 모두 독일에서 받아들였다는 사실의 파악, 언론매체에 각종의 사안에 관한 법률논평, 예술논평과 문학논평, 각종 사회현안에 대한 입장발표 등이었다.

특히 그가 1970~1980년에 걸쳐 대학을 다닐 때는 '교련 거부 반대운동', '이리공단노동자지원투쟁', 함석헌옹 초청 강연 날에 원광대 본관 앞에서 마이크 잡고, 학생들을 모아 익산역과 경찰서 앞까지 '독재반대투쟁 가두행진'의 선도했다고 한다. 전두환 12·12사태 때는 3개월간 숨어 지내기도 하였고, 다행히 음지에서 노출되지 않은 운동권 활동으로 학교 퇴학은 간신히 면하기도 하였음을 담담하게 말했다.

내가 알거나 알게 되었던 법률가나 법학자 대부분은 말만 살아 있었고, 행동은 뒤따르지 아니했다. 심지어 상당수 법조인이나 법학자는 권력자에 자발적으로 빌붙어서 기생하기까지도 서슴지 아니했다. 독일의 히틀러 시대 법학자들도 예외는 아니었다. 특히 형법학자들 거의 모두는 아무런 말도 하지 못했고, 극히 일부인 구스타프 라드브루흐 10여 명만이 불법적 히틀러 정권에 참을 수 없어서 외국으로 망명했을 뿐이다. 이와 달리 킬(Kiel) 학파의 학자들, 예컨대 그중 대표자인 Dahm(Georg Ferdinand Gustav Dahm)은 히틀러의 권위주의를 숭배하는 등 극단적 반인륜의 극치를 보여주었던 나치의 행태까지 칭송해댔다. 일본도 예외가 아니었다. 반인권적 사상이 짙은 치안유지법을 형사법 교수들 대부분이 지지했고, 심지어 진보적인 학자로 여겼던 마키노[牧野] 마저 그랬다. 다만 미노베 다쓰키치[美濃部達吉]와 다키가와 유키토키[瀧川幸辰] 등 지극히 일부만 반인권법인 치안유지법에 반대했다. 우리나라는 어떠했는가? 박정희 군사쿠데타에 반기를 들었던 황산덕 형법 교수는 동아일보에 줄기차게 박정희의 권위주의적 정권에 비판을 가했다. 그랬던 그가 박정희 독재정권에서 장관 자리를 제의하자, 곧바로 비판을 멈추고 꼭두각시 노릇을 톡톡히 해댔다. 박정희 정권에 불평이 가득했지만, 당시의 분위기로 아무런 언급도 하지 못했던 교수가 대다수였다. 그런 상황에서도 처음부터 박정희 정권에 빌붙어서 온갖 혜택을 누린 학자도 적지 않았다.

이런 점을 감안할 때, 인간 송광섭 교수는 언론매체를 통한 비판적 법률비평의 방식뿐만 아니라, 직접 몸으로 저항을 실천했다. 인권의 보장과 정의의 실현, 법치국가원칙, 죄형법정주의 및 적법절차의 준수에 엄격하고, 이에 반한 국가공권력에 대해 단순한 수사적 언급을 넘어서 실천적 행동으로 대항하는 모습을 보여주었기 때문이다.

또한 그는 모교인 원광대학교에서 다양한 형태의 본부 보직을 맡으면서 원광대학교의 발전에 크게 기여했다. 곧 2002년 12월부터 시작된 원광대학교 발전위원회 사무처장을 비롯해 대외협력처장, 산학협력단장, 신문방송사 주간 교수, 개교 60주년 기념사업준비 위원장 등을 맡으면서 모교의 발전에 혼신의 힘으로 정성을 다하였다.

이뿐만 아니다. 군대에 원불교 군종 4대 종교로의 편입성사, 중국과 미국 · 캐나다 · 뉴질랜드 · 일본 등과의 해외교류, 대학본부 발주 건물 신축 계약 · 식당계약 · 컴퓨터 구입 · 자판기설치계약 등 부조리 척결, 개교 60주년 행사 성료, 원광대학교 출신 언론인 모임 · 원광대학교 출신 고위공직자 모임 · 원광대출신 문인회 · 원광대출신 미술인회 등을 도와서 학교발전의 괄목한 성과를 이루게 했다.

그는 교내활동에서만 빛을 발하였던 것으로 국한되지 않는다. 위에서 언급한 법무부 법무자문위원회 형사소송법개정 특별분과위원회 위원 이외에도 한국비교형사법학회 회장, 한국형사소송법학회 고문을 비롯해 다음과 같이 외부활동도 소홀히 하지 않았다.

3. 그가 저술한 단행본과 논문 및 각종의 비평문과 문학평론, 시론

송광섭 교수는 주로 형사소송법과 형사정책, 법학원론에 관한 단행본을 여러 판으로 출판했다. 논문도 주로 형사소송법과 형사정책에 관한 쟁점을 작성했다. 형사실체법에 관해서도 없지는 않다. 명예에 관한 죄, 형벌의 본질, 부작위범에 관한 연구, 원인에 있어서 자유로운 행위, 우리나라 환경범죄의 현황과 그 대처방안, 예술의 자유와 문학작품의 음란성에 관한 새로운 이념적 논의, 재건축 관련 범죄의 형법이론적 · 형사정책적 대응방안 등이 그것이다.

그가 지금껏 작성한 논문의 수만 해도 70건을 훌쩍 넘는다. 그 많은 교내에서 보직뿐만 아니라 법무부 형사소송법개정 특위 등 교외에서 다양한 직책을 맡으면서도 이렇게 많은 논문을 작성하기란 쉽지 않았음에도.

그가 그의 전공 분야에 관한 저서나 논문에서 한결같은 주장은 다음과 같다.

첫째로, 헌법과 헌법정신을 넘어서는 형사법의 이론이나 해석 또는 적용은 위헌이기에, 언제나 헌법이나 헌법정신을 바탕으로 형사사법을 입안해야 하고 이론을 세우며, 해석과 적용 역시 헌법과 헌법정신의 틀 내에서 이루어져야 함을 강조한다.

둘째로, 형사법의 영역에서 핵심 가치는 법치국가원칙과 그에 걸맞은 책임주의, 죄형법정주의, 적법절차와 무죄추정의 원칙이며, 이런 원칙들은 결코 희생될 수 없는 대원칙으로 여긴다.

셋째로, 형사 실체법의 영역에서는 해석과 운용할 때는 언제나 형법의 최후수단성과 보충성의 성격에 비추어 처벌의 사각지대를 해소하려는 사법적극주의에 반대해야 하고, 형법은 여백을 가져야 할 운명이며, 형법의 여백 또한 형법의 본질적 존재 이유라고 본다.

이런 사상으로 형사법 논문이나 저서를 작성한 그는 통상의 형법학자와 많이 다른 면모를 보여주었다. 1990년에 문학평론가로 등단하였고, 문학, 예술, 사회, 도덕, 성, 노인, 복지, 청소년, 약물 등 다양한 주제에 관해 시평을 써온 그의 해박한 지식은 이 시대를 살아가는 일반 독자들에게 현명한 가치관을 제공했을 것이다. 이와 같은 그의 탁월한 능력은 저와 같은 통상의 학자들에게서는 기대할 수 없는 대단한 일이다.

이들 작품에서 품어져 나오는 단어들인 '조화', '배려', '헌신', '사랑', '진실', '법치', '희망', '성공', '유연성', '개성', '존중', '여유', '비판의식', '5·18 정신', '원칙'과 '지혜' 등의 용어는 결국 건강하고 성숙한 선진사회의 형성에 꼭 필요한 요소이다. 우리 사회도 이런 성숙한 사회의 형성을 위해서는 위에 언급되는 용어들이 몸에 체화되도록 습관화할 필요가 있음을 송광섭 교수는 다양한 방식으로 표현하였다.

4. 나가면서

언젠가 송광섭 교수에게 '정의'가 무엇이냐고 물어봤다. 그랬더니 그는 왈 "우리 사회의 구성원 각자가 자신의 직역에서 맡은 바의 직무를 철저히 함으로써 우리 사회가 점진적으로 개선되고, 이를 통하여 개개인의 능력을 꽃피울 수 있게 함에 있다."라고 대답하였다. 듣고 싶었던 얘기였다. 그리고 그는 그렇게 되도록 실천했던 사람으로 보였다.

송광섭 교수는 2025년 8월 말이면 정년이 된다. 그는 효도의 진정한 모습으로 부모님을 모셨고, 극진히 돌봤다. 그의 은사 교수님뿐만 아니라 제자와 동료 그리고 선배 교수에게도 인간적 도리를 끝까지 다했으며, 사회적 불의에 대해 참지 않고 분노하고 행동했다. 이뿐만 아니라 형사법이란 학문 분야에서도 법치국가원칙에서 벗어난 잘못된 판례나 학설에 철저한 비판을 가하고, 선배들의 학설이나 이론에 맹목적으로 추종하지 않고 자기 나름으로 재해석하려고 노력했다.

그는 이처럼 학문 세계에서뿐만 아니라, 학회와 사회활동, 제자들과의 관계 속에서도 언제나 자신의 직분을 충실히 이행함을 최대의 덕목으로 여겼다. 그것이 자신이 생각한 '정의의 실천 방식'이었기 때문이었으리라. 노부모에 대한 오랫동안 병간호를 도맡아서 했던 태도뿐만 아니라 대학 은사, 선후배, 동료와 제자들과의 관계에서 마땅히 행했어야 할 도리를 제대로 실현한 사람이 있다면 많지는 않겠지만, 그런 분 중에 송광섭 교수도 당연히 포함되어야 마땅하다고 생각한다.

2025년 7월 20일

송광섭 교수에 대한 사랑, 존경의 마음을 담아

오영근
(한국형사법학회 고문, 한양대학교 명예교수)

　송광섭 교수가 정년을 맞는다. 무조건 축하할 일이다! 송교수의 학문적 업적, 그리고 학내 외에서의 다양한 활동은 세상에 다 알려져 있으니, 이 글에서는 송교수와 필자 사이에 있었던 사적인 일화들만을 소개하기로 한다. 1985년인지 1986년인지 서울역 앞에서 송교수를 처음 만났다. 형사법학회 참석을 위해 송교수의 지도교수님이신 고 명형식 교수께서 신임교수인 송교수를 데리고 오셨다. 명교수님과 강원대의 이한교 교수님이 친하셨기 때문에 이교수님이 필자와 명지대 이기헌 교수를 데리고 서울역으로 마중을 나가셨다. 명교수님은 송교수를 동생처럼 생각하며 잘 지내라고 하셨다. 그 때부터 송교수와 필자는 형님, 아우하며 지내오고 있다. 형만한 아우가 없다고 하는데, 지난 40년간을 돌이켜 보면 송교수가 형 노릇을 했고, 필자가 아우였다고 해도 과언이 아니다. 송교수에게 무수한 도움을 받았지만 필자가 송교수에게 도움을 준 기억은 거의 없기 때문이다.
　송교수를 처음 만난 지 그렇게 오래 되지 않았을 때였는데, 필자에게 원고뭉치를 내 밀면서 검토 좀 해달라고 하였다. 형사소송법 교과서의 원고였다. 당시만 해도 교과서를 쓴다는 것 그리고 지방대의 젊은 교수가 교과서를 쓴다는 것은 극히 어려운 일이었다. 지금은 인터넷으로 판례나 연구자료들을 손쉽게 찾아볼 수 있지만, 당시만 해도 논문작성의 80%는 자료수집이라고 할 정도로 자료수집 자체가 어려웠다. 지방에서는 더욱 자료수집이 어려워 서울에까지 와서 자료들을 수집해야 했다. 자료 하나를 복사하기 위해 두세 번씩 서울에 와야할 때도 있었다. 이 때문에 송교수가 형사소송법 교과서의 원고를 보여줬을 때 한편으로는 크게 놀라면서도, 다른 한편으로는 존경심이 우러났다. 그 때 그 원고를 자세히 검토했으면 송교수에게 도움도 줄 수 있었고, 필자도 형사소송법의 이해 수준이 높아졌을 텐데, 충분하게 검토해주지 못했다.

    그러나 송교수는 필자와 달랐다. 언젠가 밤 세시 경 필자의 형수가 교통사고를 당하여 원광대학교병원 응급실에 후송되었다는 전화를 받았다. 황망한 마음에 한밤중임에도 불구하고 송교수에게 전화를 걸었다. 송교수는 마침 자기가 익산 시내에 있으니 직접 응급실로 가보겠다고 대답하고, 큰 도움이 되는 조치를 해주었다. 당시에는 송교수가 시내에 있었던 게 참 다행이라고 생각하였지만, 나중에 생각해보니 송교수는 그 때 익산 시내가 아니라 김제에 있는 자신의 집에 있었던 것이 분명했다. 본인은 지금도 시내에 있었다고 주장하지만, 주색을 멀리 하는 송교수가 밤 세 시에 시내에 있을 일이란 없었을 것이다. 필자는 송교수가 김제에 있는 집에서 자다 필자의 전화를 받고 병원으로 간 것이라고 확신한다. 이렇게 확신하는 데에는 평소 송교수의 인품이 어떤지를 알기 때문이다. 송교수가 최근 십 수년 동안 효도에 전념하였음도 알고 있다. 긴 병에 효자없다고 하는 말은 송교수에게는 해당되지 않는 말이다. 긴 병에도 효자인 사람의 인품에 대해 무엇을 더 말할 필요가 있으리오? 송교수는 그런 사람이다! 아우이지만 형같은 송교수의 정년 이후의 생활도 평안하리라 생각한다. 그동안 쌓아온 덕을 10분의 1만 돌려받아도 평안할 수밖에 없다. 세상이 아무리 각박해도 쌓은 덕의 10분의 1 정도는 돌려받을 수 있지 않을까?

2025년 7월 25일

나의 동생! 송광섭 교수가 정년을 한다니

서거석
(한국형사정책학회 고문, 전 전북대학교 총장, 현 전북특별자치도 교육감)

내가 송광섭 교수를 알게 된 것은 40여년 전이다.

당시 나는 전북대 법대에서, 송교수는 원광대 법대에 봉직하며 가까이 지냈다. 언제부터인가 형과 아우로 지내게 되었다.

송교수는 20대 대학원 시절부터 남다르게 학구열이 강했고, 30대 초반에 일본국 남산대학 법학부에서 객원교수-후일 송교수가 이때 매일 12시간 이상 일본과 독일, 미국의 형사법 관련 서적을 읽는 기쁨과 형사법의 문리를 깨우치는 계기가 되었다고 한다.-를 하고 난 후 〈형사소송법원론(1994.03)〉, 〈법학통론(1994.03)〉, 〈A Comprehensive Introduction of Science of Law(1995.05)〉, 〈범죄학과 형사정책(1995.10)〉 등의 교과서를 출간한 일은 이 시기의 형사법학계에서는 드문 일이었다.

또한 경찰의 〈법률서비스체계 구축방안(1997.11)〉, 〈군수사과정 및 군영창 인권상황 실태조사(2004.03)〉, 〈군사법제도개혁론(2005.01)〉을 출간하여 경찰과 군사법제도의 새로운 전문영역을 개척하기도 하였다.

송교수의 독특한 지적 세계의 확장을 보여준 것은 1990년 12월에 '문학에 있어서 성표현의 자유와 음란성의 형사적 규제 〈마광수의 문학세계에 대하여〉'라는 문학평론으로 문학평론가로 정식 등단한 일이었다. 형사법교수가 문학평론가와 수필가로서 활동한다는 것도 송교수가 갖고 있는 끊임없는 지적 호기심과 인간다운 삶의 추구방식의 한 표현방식이었을 것이다.

그런데 송교수는 십 수년 전부터 학회활동과 사회활동이 뜸해졌다. 그 연유는 병석의 아버님, 어머님을 간병인과 요양사의 도움 없이 혼자서 24시간 간병하고 지내고 있다는 것이었다. 요즘 세태에 이런 송교수의 효성은 주위의 귀감이 되었다.

이제 광섭 아우가 정년을 하게 되면 시간적·정신적 여유가 많을 것이다. 비록 대학을 떠나지만 한국 형사법학계의 발전에 계속 기여해주리라 믿는다. 또한 그간 하고 싶었던 여행, 취미생활 등 버킷리스트를 하나씩 실천해 가기 바란다.

'광섭 아우!' 그 동안 수고 많았네!

2025년 7월 26일

登高自卑 교수님

노명선
(한국형사소송법학회 고문, 변호사)

　인장仁藏 송광섭 교수님을 처음 만난 것은 내가 검사직을 내려놓고 성균관대학교에 교수로 전직할 때이니 벌써 20년 전이 지났다. 그 이후 교수님은 나의 학자 선배로서, 형제처럼 많은 도움을 주어 늘 감사했다. 2000년 초 학계의 분위기를 잘 모르는 철없는 교수 시절, 열정으로 몇 사람과 (사)한국형사소송법학회를 만들어 현학들로부터 혼쭐이 날 때도 교수님은 곁에서 나를 격려해주셨다. 특히 경찰의 수사권 독립과 관련하여 내가 앞장서 입장을 천명하려 할 때에는 곁에서 걱정해주기까지 하셨다.
　"노교수 살살해…" 농부가 밭을 가는 소에게 '워~워~' 하면서 쉬어가듯이 템포를 줄여갈 줄도 알아야 한다는 것이다.
　당시 교수님은 40대 후반으로 연구와 학생들 지도에 전념하셨다. 연구실에서 만날 때마다 교재를 쓰시고, 강의 준비와 연구논문 발표로 열심히 사셨다. 그런데 벌써 20여 년이 지나 정년을 맞이하였으니 세월의 무상함을 실감하게 한다.
　교수님은 형사소송 분야의 이론적 대가로서 법원은 물론 법무부, 대검찰청, 경찰청, 지역 범죄지원센터 등 회의와 행사에 참석하시어 실무의 발전에도 많이 기여하셨다. 또한 법학전문대학원의 설립 초기, 필자와 더불어 법학전문대학원의 성공적 정착을 위해 밤새 토론하고, 특히 제1회 변호사시험 출제위원으로서 그리고 법학전문대학원의 평가기준 마련을 위해서 끊임없이 지적해주시고, 앞장서신 교수님의 공로는 한국 Law-School의 안정적인 정착과 Lawyer의 양육에도 일등 공로자라고 해도 손색이 없을 것이다.

교수님이 제일 좋아하는 단어는 중용中庸으로 기억한다. 법무부 법무자문위원회 형사소송법 개정 특별분과위원회 위원으로 재직하는 동안 교수님은 위원들 간의 분분한 의견 격차에도 불구하고 끝까지 뚝심으로 중심을 잡아주고 중재해 가는 모습은 더욱 돋보이기도 하였다. 교수님의 취미나 학문적 호기심은 다양해서, 연구실 한켠이 분재와 예술품 등으로 가득 차고 모교 사랑으로 학교 일에 동분서주하실 때, 연구는 언제 하시려나 걱정도 되었지만 박사 논문심사라도 함께할 때면 교수님의 학문적인 탁월하심과 제자 사랑에 대한 열정은 감히 따라갈 수 없을 정도였다.

교수님의 인생 여정을 한마디로 말한다면 등고자비登高自卑라고 할 수 있을 듯…

학문의 깊이를 더하고 지위가 올라가고 연륜이 쌓일수록 교수님은 고개를 숙이셨다. 스스로 낮추고 후배들에게 양보하고, 상대방을 올리고 자신을 내려놓는 겸양도 잊지 않으셨다. 나로서는 더 배워야 할 점이었음을 이 글을 통해 고백한다.

교수님께서는 형사소송법 분야만을 고집하지 않고 다양한 분야에서 책을 내시고, 각 분야에서 훌륭한 연구 실적과 강의로 명성을 얻기도 했지만, 때로는 올곧은 성품으로 고난도 많았다. 20세기 대표적인 신학자인 칼 바르트(Karl Barth)는 "하나님의 yes 속에는 부득이하게 따라오는 하나님의 no가 포함되어 있다"고 하였다. 교수님의 인생 여정을 보면 고난을 통해 단련시켜 가시는 성령 하나님의 인도하심을 깨닫게 한다. 그래서 교수님의 story telling은 그 자체 하나님의 사랑을 전하는 신앙적인 전도자가 된다.

  교수님은 정년 후에도 형사소송법과 형사정책 교재를 개정하고, 자신만의 색깔과 학문적 이론을 정예화하겠다는 포부를 밝히고 있다. 노년의 학문적 열정을 격려해야 할지 만류해야 할지 모르겠으나, 부디 필자와 함께 신앙생활하면서 모든 것으로 부터 자유를 얻게 되는 그날 까지 믿음의 형제로서 살아가고 싶다는 생각을 하는 것은 나의 욕심일까? 부디 늘 힘찬 기쁨의 생활이 되시기를 기도드린다.

                2025년 7월 28일

자연과 예술을 사랑하는 문화인의 모습이 크게 다가와서

원혜욱
(한국피해자학회 고문, 인하대학교 법학전문대학교 교수)

송광섭 교수님의 정년을 어떤 글로 축하드려야 하는지 고민이 있었다. 교수님과는 다른 대학에서 근무하고 있기에 학생들 그리고 동료 교수들과 교수님의 관계를 알 수 없었기에 통상적인 정년 축하의 글은 적합하지 않았기 때문이다. 이에 교수님과의 인연에 근거한 개인적인 소회 그리고 교수님의 학문적 세계에 대한 글로 축하의 말씀을 대신하고자 한다.

송교수님과의 인연은 필자가 유학을 마치고 귀국하여 형사법 학자로 활동할 때부터이니 오래 전에 시작되었다. 학회에서 그리고 각종 국가고시 출제장에서 뵈었던 교수님의 모습은 형사법 학자로서의 엄격함도 있었지만, 분재와 조경, 한국난, 수석, 소나무 등에 안목이 높으시고, 문학평론가와 수필가로 활동도 하셔서 자연과 예술을 사랑하는 문화인의 모습이 크게 다가와서 놀라기도 하였다.

모든 사람이 그러하겠지만 교수님의 가족에 대한 애정은 매우 각별했다는 인상도 남아 있다. 특히나 부모님에 대한 애정이 매우 각별하였다는 인상은 아직도 강하게 남아 있다.

송교수님에 대하여 가장 기억에 남는 일화 하나를 소개하자면, 교수님이 큰 수술을 받고 100% 회복되지 않은 상황에서 제1회 변호사시험 출제위원으로 입소하여 수고하신 일이다. 출제 불참에 대한 충분한 소명이 될 수 있었음에도 출제에 임하여 모든 일정에 참여하시는 것을 보면서 후배 학자로서 존경심을 갖게 되었다.

송교수님은 학자로서도 많은 연구업적을 남기셨다. 교수님의 정년을 축하하는 글의 핵심은 교수님의 학문 세계에 대한 공유가 되어야 한다는 생각에 교수님의 논문들을 검색해 보았다. 이 과정에서 교수님이 정말 다양한 분야에서 많은 논문을 작성하셨다는 것을 알게 되었다. 검색 과정에서 가장 놀라웠던 점은 학부 4학년에 재학 중에 〈行政法上의 違法行爲에 대한 損害賠償制度의 考察(1982)〉이라는 논문을 학술지에 게재하였다는 점이었다. 그 이후 〈名譽에 關한 罪(1984)〉, 〈傳聞法則에 관한 硏究(1986)〉의 논문을 발표하면서 남다른 학문적 열정을 보여주셨다. 이후 형사법 학자로서 형사소송법, 형사정책 및 형법 분야에서 많은 연구업적을 남기셨는데, 연구논문들은 한국 사회에서 이슈가 되는 쟁점들을 적시에 파악하여 의견을 제시하는 형식이 대부분이었다. 이는 교수님의 학문 세계가 우리 사회의 문제들을 직시하고 대응방안을 찾기 위해 고민하였다는 점을 나타내는 것이다.

형사소송 분야에서는 '외국의 구속제도와 영장항고사건의 판례 분석과 구속기준심의위원회의 신설, 영장항고제도의 도입 등(2022)', '영장항고와 관련된 쟁점과 개정 법률안 등의 제안(2021)', '현행 즉결심판절차의 문제점과 개선방안(2015)', '약식명령절차에서의 몇 가지 논쟁, 그 이용 현황과 개선방안(2013)', '구속영장기각결정에 대한 불복제도의 허용(2012)' 등 형사소송절차에서 논쟁이 되는 주제들을 연구하셨고, 형사정책 분야에서는 우리나라뿐 아니라 세계적으로 주요하게 연구되고 있는 보호관찰제도와 관련한 '성충동 약물치료제도의 효과성과 그 개선방안(2019)', '위치추적 전자감시제도의 정당성과 그 개선방안

(2017)', '신상정보공개제도의 현황과 그 개선방안(2016)', '현행 보호관찰제도의 문제점과 개선방안(2009)' 등에 대해 연구를 진행하셨다.

최근까지도 마약 관련 범죄에 대한 연구를 진행하셨는데, 이는 현재 우리 사회에서 가장 중요한 쟁점이 되는 주제이다. 마약 관련 연구는 검색되는 논문으로만 보아도 〈마약류 범죄의 현황과 대책(1996)〉, 〈우리나라 마약류범죄의 최근 동향과 그 대처방안(2002)〉, 〈뉴질랜드에서의 마약남용의 피해와 그 규제상황(2009)〉, 〈약물(마약류) 등의 남용에 따른 폐해와 그 대책(2015)〉, 〈호주의 불법 마약 관련 법과 통제정책:한국과의 간략한 비교(2024)〉, 〈뉴질랜드의 불법 마약 관련 법과 통제정책: 한국과의 간략한 비교(2024)〉 등 아주 오랫동안 마약문제에 관심을 갖고 연구를 해오시고 있다.

이 이외에도 재건축 관련 범죄, 소년범죄, 여성범죄, 사회봉사, 갱생보호, 교정, 범죄피해자 보호·지원 등 피해자학 관련 영역에서도 많은 연구논문을 검색할 수 있다.

송광섭 교수님이 그동안 학회에서 보여주셨던 학문과 후배들에 대한 이러한 애정과 열정은 후배 교수들에게 귀감이 될 것이고, 교수님이 정년을 많이 아쉬워할 것이다.

정년을 맞으신 교수님이 더욱 건강하시고 행복한 시간을 누리시기를 기원하며, 교수님의 정년 이후의 제2의 삶에도 지금까지 보여주셨던 열정을 그대로 보여주시기를 기원한다.

2025년 7월 29일

제2부

인간! 넉넉한 마음!

인간에 대한
사랑과 존중

(전주일보, 1995.04.28.)

일본의 옴진리교 지하철 독가스살포, 미국의 오클라호마 폭탄테러 등 무차별적으로 사람에 대한 만행이 자행되어 지구촌이 온통 불안에 휩싸여 있다. 아직 그 범인이 검거되지 않아 이 사건의 확실한 범행동기는 알 수 없으나, 광신적 종교집단의 과대망상이 인간과 사회에 대한 적개심과 인종적 편견, 그들만의 새로운 사회질서구축을 위한 정치적 목적 달성을 위한 시위적 성격을 띤 행동이 아닐까도 생각이 든다.

과학문명의 발달과 물질적 풍요, 인간관계의 급격한 해체현상은 인간의 소외를 부추기며 그에 따라 인간은 무력감과 무의미성, 무규범성 등의 특질을 갖게 되고 자기 소외로 인한 사회로부터의 고립을 자초하기도 한다. 그 결과 정신적 혼돈의 상태에서 소규모 집단화하여 집단자살과 정치적·종교적·인종적 편견에서 무모한 투쟁과 살상행위 등으로 그 탈출구를 찾기도 한다.

우리가 살고 있는 현시대는 사활을 건 이해관계의 무한한 경쟁 위주의 사회, 외부로부터 끊임없이 위협받고 있다는 압박심리 때문에 개인을 불안하게 만들고 극도의 피로감에 젖게 만드는 상황이라서, 개인을 이성이 마비된 원시적·야만적 상태에 빠지게 만들기도 한다. 이러한 무력감과 고독감에서 벗어나기 위하여 세기말적 종교에 심취되기도 하고, 자신의 존재의미를 찾지 못하는 불만족한 현실을 탈피하기 위하여, 이 세상에 자신의 흔적을 남기고 싶은 압박감에 창조적인 생산적 활동보다는 파괴적이고 도피적인 수단을 택하기도 한다. 곧 도피수단 가운데 가장 충격적이고 효과적인 방법으로 '공격적 파괴성'을 갖게 되기도 한다. 따라서 이러한 '공격적 파괴성'을 스스로 극복해 내지 못하면 세상에 대하여 또는 타인 또는 자기에 대하여 파괴적 가학加虐과 피학被虐을 행하는 정신장애자로 전락하기도 한다.

우리나라에 있어서도 세기말적 종말론에 근거한 신흥종교집단의 급증, 광란의 차량질주살인, 격증하는 마약과 향정신성 의약품의 남용 등은 정신적 황폐의 결과에서 오는 정신착란현상이고, 사회적·정치적·경제적 소외와 불균형, 가치관의 혼돈이 사회문제화 되고 있다. 경제부흥만능주의에 온 초점을 맞추어 왔던 우리나라의 정치, 경제, 사회, 문화는 우리에게 물질우선의 인생관과 부도덕한 부의 축재, 한탕모험주의, 쾌락만능의 가치관, 빈부격차에 따른 경제적 무자력자의 허탈감, 인간실존의 소외감 등을 초래하였고, 기성세대와 과거를 무조건적으로 비난·배척하는 전통 단절의, 조상도 없고, 어른도 없는… '나만 잘살고 너는 죽어도 된다'라는 윤리적·도덕적 감정을 상실한 냉혈인간을 만들어내지 않았나 여겨진다.

이러한 현실은 아마도 우리를 삶의 무의미성에 부방비하게 노출시켜 좌절과 즉흥적인 격분에 휩싸여 스스로의 자기감정조절의 패배자로 만들고, 자기와 사회에 대한 적개심을 가지게 되어 자신뿐만이 아니라 그가 속한 사회에 대한 파괴자로 전락하게 만들기도 한다.

그러나 때로는 급변하는 현대사회의 불안과 위기가 가져온 혼돈이 우리를 공허와 체념 속에 헤매이게 만들지만, 이러한 불안한 상황에서도 자아정체성을 찾고 긍정적인 새로운 가치와 생활양식을 모색해 나가는 것이 고차원적인 인격을 소유한 우리들의 능력일 것이다.

넉넉하고 따뜻한 인간애에 기초한 사랑과 존중이 구현되는 사회, 공동선共同善을 추구하는 공동체적인 사회, 차별적인 부나 일방적인 권력과 권위에 지배되지 않는 사회, 개개인의 인권과 자유가 보장된 사회를 만들기 위하여 시급하게 우리가 함께 힘을 합쳐 어깨동무할 때이다.

뜨거운
여름나기

(전주일보, 1995.08.11.)

장마 속에서도 가뭄이 들어 더욱 목마른 대지의 열기가 더욱 뜨거워지고 있다. 헉헉 막히는 숨과 줄줄 흘러 내리는 비지땀으로 움직이는 것조차도 거북하여, 한 줄기 시원한 빗줄기라도 내려줬으면 하는 바람이 간절하다.

해마다 여름이 오면 '가자 바로', '가자 산으로' 를 외치며 더위를 이겨내며 잊고자 하는 많은 사람들이 산과 바다로 대이동을 시작한다. 그러나 피서지에서는 바캉스 기간 동안에 밀려드는 많은 인파와 교통혼잡, 산더미처럼 쌓이는 쓰레기 등에 몸살을 앓게 되고, 그 와중에 집에서 '집콕' 하면서 쉬는 것이 오히려 좋았을 걸 하면서 고생을 사서 하는 것이 아닌지 의구심이 들 때도 있다.

남들도 다 떠나는 피서여행이기에 나와 내 가족만 빠지게 되면 어딘지 뒤처지는 기분도 들고, 아이들의 성화를 이겨낼 방법이 없기에 엉거주춤 피서를 떠나기도 한다.

아직도 휴가나 여행을 어느 단기간에 걸쳐 몰려 하는 경우가 많아서, 복잡한 도심과 일상에서 벗어나서 한가롭고 여유롭게 나만의 또는 가족과의 시간을 보내고 싶은 사람들에게는 피서철지옥에서 사람구경만 하다 오는 경우가 허다하다.

많은 인파 속에서 겪는 짜증나는 교통혼잡, 북적대는 인파 속에서의 몸부림은 무더운 여름을 피하기 위한 피서이기보다는 오히려 지겨운 일상의 연장근무이기도 하다. 피서지에서의 시끌벅적하고 소란스러운 음주가무, 타락과 쾌락추구만이 난무한 방종, 바가지 상술, 타인의 따가운 시선을 의식하지 않는 낯 부끄러운 추태 등이 피서를 간 보는 이들을 안타깝게 만든다. 또한 분수를 모르고 과도한 지출을 감수하는 무리한 피서여행, 휴가비와 유흥비를 마련할 목적의 강도와 절도, 무책임한 임신과 낙태, 쓰레기 처리와 환경오염 등 부정적 요소가 표출되어 우리의 눈살을 찌푸리게 한다.

우리 사회에는 아직도 스스로의 자력에 의한 자기절제와 타인과 그가 속한 사회에 대한 책임과 의무를 소홀하게 하는 의식이 잔존하고 있는 듯 하다. 그렇기에 '우리' 보다는 '나' 라는 이기적 삶의 태도가 우선시 되는 사회풍조가 지속되어, '나만 좋고, 괜찮으면 된다' 라고 사회규범을 어기면서 사람들을 짜증나게 만드는 것이다.

한편 북적대는 인파 속에서 군중과 함께하는 소속감과 편안함을 잠시 누려 볼 수도 있다. 그러나 피서여행은 정신없이 바빴던 일상에서 벗어나 자신과 가족, 그가 속한 사회를 뒤돌아보고, 앞으로의 날들을 위한 재충전의 시간일 것이다. 이 뜨거운 여름에 자기와 타인, 그가 속한 공동체의 성장을 위하여 가슴을 열고 인생을 치열하게 산다면, 그것이 이열치열以熱治熱의 최고의 피서법이 될 것이다. 이것이 바로 뜨거운 여름에 시원한 바람과 빗줄기를 선사하는 뜨거운 여름나기인 것이다.

고향과 가을맞이

(전주일보 1995.09.14.)

해마다 추석과 설 명절이 오면 민족 대이동을 방불케 하는 고향찾기가 이어지고 있다. '어머니'와 '고향'이라는 말은 듣기만 하여도 왠지 가슴이 뭉클해진다. 우리 민족은 특히 조상과 고향에 대한 애틋한 감정을 많이 가지고 살며, 자식의 안존을 위하여 생명을 기꺼이 내놓는 살신성인의 희생을 마다 하지 않는 어버이 사랑이 있으며, 이역만리 타국에서 흩어져 살고 있는 동포들도 모국에 대한 향수를 달래가며 고향의 습속과 언어를 잃지 않고서 한민족의 기개를 펼치고 사는 것을 본다.

유달리 우리 민족은 피붙이에 대한 사랑과 끈끈한 민족의식과 조국애를 가지고 있다. 이번 추석에 남녘에 고향을 둔 사람들은 고향을 찾아 아늑하고 푸근한 고향으로 돌아가 조금은 변해 가고 있지만 어린 시절 뛰놀면서 지냈던 그리움과 향수를 달래며 회포를 풀 것이고, 북녘 땅에 고향을 둔 실향민들은 두고 온 가족과 산하를 볼 수 없는 애끓는 아픈 마음에 눈시울을 적시면서 망향의 한을 달래야 하는 아쉬움의 명절을 보낼 것이다.

최근 들어 명절과 휴가철이 되면 떠나온 고향집을 찾는 것보다는 부모가 자식집으로 가는 역귀향과 국내외 여행을 하는 것으로 대신하는 세태이기도 하다. 아직도 대다수의 사람들은 부모님과 고향을 찾는 즐거움에 어렵게 귀향표를 구하기도 하고, 많은 시간을 도로 위에서 보내는 고생을 하면서도 고향으로의 출발을 서두르기도 한다.

이런 저런 이유로 고향을 떠나는 인구가 늘어나고, 밀집된 도시생활은 익명성과 타인과의 단절된 인간관계로 소외를 가져 온다. 그래도 고향을 가면 모든 것을 다 포용해주는 어버이, 흉허물 없이 지냈던 고향 친지와 친구와의 추억과 낭만이 있다. 어린 시절의 꿈이 고스란히 머물러 있는 고향을 생각하면 삭막한 경쟁생활의 도시보다는 조금은 여유 있고 정감어린 시간을 갖을 수 있는 고향이 있음에 행복해진다.

그런데도 바쁜 일상을 살다보면 조상과 부모님이 계신 고향을 잊게 되고, 치열한 생존 경쟁사회에서의 삶의 전쟁은 마음 속의 고향을 잃어버리게 된다. 마음의 고향을 잃은 현대인은 망향의 아픔 속에 도시의 방랑자 도는 소외된 이방인으로 살게 되며 쓸쓸한 고독감과 긴 회오悔悟의 한숨만 늘어나게 된다.

도시생활에서의 익명성은 주변사람들에게 신경을 쓰고 살 필요도 없어 다소의 편안감을 줄 수도 있지만, 소소한 일상을 나누면서 대화할 이웃도 없어서 외로움과 고독감을 안겨주기도 한다. 그러나 고향이 있고, 무장해제되어 만날 수 있는 이웃이 있다는 생각만으로도 우리의 가슴이 따뜻해짐을 느낄 것이다. 고향은 힘든 일상의 중압감에서 벗어날 수 있는 해방구이다.

요즘 들어 젊은 시절 즐겼던 외국 음악보다도, 우리 국악과 트로트를 들으면서 왠지 그 속에서 느낄 수 있는 우리 민족의 한恨과 정서, 어울림과 흥겨움을 느끼는 내 자신을 보면서 나이가 들면 자동적으로 한민족이 되어간다는 말을 새삼 깨닫게 된다.

싸늘한 바람에 옷깃을 여미게 되는 가을이 성큼 다가 왔다. 가을은 뜨겁고 열정적으로 가득했던 여름날의 땀을 풍성한 결실의 보람으로 수확하고, 긴 겨울밤의 내일을 준비하여야 하는 계절이다. 이 가을에 조상과 고향, 정다운 이웃의 따스함을 생각하며 함께 어우러지는 멋진 공동체를 만들 수 있는 시간을 가져 보았으면 한다.

신 '개미'와 '베짱이'

(전주일보, 1995.08.24.)

　이솝 우화에 겨울을 대비해 음식을 모으는 개미와 따뜻한 계절 동안 노래를 부르며 시간을 보낸 베짱이에 대한 이야기가 있다. 겨울이 오자, 베짱이는 굶주림에 시달리다 개미에게 음식을 구걸하고 개미는 베짱이의 게으름을 비난하는 이야기이다. 이솝 우화는 미래를 위해 계획하고 일하는 선견지명에 대한 양면적인 도덕적 교훈을 준다. 곧 이솝 우화는 근면성실하여야 한다는 것과 앞날을 미리 대비하지 않으면 후에 곤경에 처한다는 것을 풍자한 교훈이 담긴 것이다.

　우리 민족은 근면과 성실, 검소하고 절약하고 사는 검약의 미덕을 생활의 중요한 철칙으로 여겨 왔고, 그것을 기반으로 하여 우리 사회가 현재 누리고 있는 풍요로움도 달성할 수 있는 동인動因도 되었다. 버는 것보다 쓰는 것을 적게 하는 것은 부를 쌓아가는 정석이다. 그러나 어느 정도 부를 축적하면 그동안 고생한 보상심리에 무언가 더 '누리고' 싶어 한다. 성공하는 사람은 부의 축적이 지속되지 않을 수 있는 것을 알기 때문에 그 때를 미리 대비하고, 실패한 사람들은 이와 반대로 생각하고 행동한다.

　과거의 빈곤한 생활에서 벗어 나려고 할 때는 허리춤을 졸라매고, '하면 된다', '우리도 잘 살 수 있다' 라는 신념을 가지고 온갖 어려움을 감수하고 인내하면서 힘든 것도 힘든지 모르게 살아 왔다. 그 결과 배고픔을 극복하고, 엄청난 경제적 성장을 거두고 물질적 풍요 속에 우리가 살게 된 지가 불과 얼마 되지 않는다.

그러나 아직도 불안정한 경제소국에 불과함에도, 소비와 사치에 치중하며 향락과 퇴폐의 풍조가 만연되는 것이 현 세태이기도 하다. 아직도 끊이지 않는 부정과 비리의 부패고리와 퇴행적 구습은 경제적 성장을 지체시키고, '샴페인을 미리 터트렸다', '아시아의 용에서 지렁이'로 조롱되고 폄하되는 수치를 받고 있기도 하다. 아직도 정치, 경제, 사회, 문화 등에 걸쳐 해결하고 나가야 할 난제가 수두룩 한데도 불구하고, 중간에서 이미 종착지에 도달하였다고 생각하며 무한 경쟁시대에 뒤쳐져 있는지도 모르고 기회를 허비하고 있는 것이 아닌가 싶다.

한편으로는 열심히 일하면서 신성한 노동의 의미와 소중한 땀의 가치를 깨달으면서 살기 보다는, 어렵고 힘든 일을 기피하며 대충 살고자 하는 젊은 신세대들이 증가하는 요즘이 현실에 걱정이 태산이다. 생산적이고 강도 높은 체력이 소모되는 직종에서 땀 흘리면서 열심히 일하는 것 보다도 유흥업소, 카페 등 소비지향적인 서비스업종에서 편하게 아르바이트 하는 청년들이 많기 때문이다. 베짱이처럼 살다가 요즘 유행어처럼 '한 방에 모든 것을 얻을 수 있다'라는 한탕주의에 빠져 어렵고 더디고 힘든 일에 얽매일 필요가 없다고 항변할 수도 있다. '3D' 직종은 서서히 노인과 외국인 노동자들에게 넘겨지고 있다.

광복 50년이 지난 지금 우리가 처한 현실, '제2차세계대전의 전범국인 독일과 일본은 지금 어떠한 모습으로 우리 앞에 다시 등장하였는가?'를 직시해 보아야 한다. 독일은 엄청난 경제적 성장을 바탕으로 승전국에 의하여 강제 분할된 나라를 자력으로 분단을 극복하고 통일을 이룩하였고, 패전국인 일본은 근면 성실한 노력으로 경제대국으로 다시 우뚝 서게 되었다. 연구차 일본에 있었던 기회에 일본인들의 성실함과 근면성, 엄청난 자원 재활용 노력, 도 넘지 않는 소박한 소비의식과 생활습관 등을 통하여, 우리 민족을 강탈하고 지배하였던 일본과 일본인을 미워해 왔는데도 불구하고 경제적 대국으로 다시 부흥할 수 있었던 그들의 저력을 높이 평가하지 않을 수 없었다.

독일인 남편을 둔 일본인 아내가 TV 대담프로그램에 출연하여 하는 말인즉, 독일인 남편의 수전노 같은 근면성실함과 절약정신을 보고 배울 점이 많다는 일본인 아내의 경험담을 통하여 패전국 독일과 일본의 오늘날 발전의 동인動因을 가늠해 볼 수 있었다.

한국! 한국인이여!

아직도 베짱이가 되고 싶은가? 아니면 개미이어야 하는가?

사랑을 위하여

(전주일보, 1995.09.05.)

사랑!

언제나 들어도 달콤하고 가슴 설레이는 아름다운 단어이다. 우리는 살아 오면서 사랑한다는 말을 수없이 반복 사용하고, 들으면서 살아간다. '사랑' 이라는 이 추상적인 단어는 어쩌면 인간이 만들어 낸 언어 중에서 가장 아름다운 말일 것이다. 또한 인간의 행위 중에서도 사랑에 기초한 언행이 가장 아름답고 가치있는 것이다.

사전적 의미에서의 사랑은 '이성에 끌리어 몹시 그리워 하는 마음', 또는 '중하게 여기어 정성과 힘을 다하는 마음' 으로 표현된다. 부모와 자식, 젊은 청춘남녀, 남녀노소, 스승과 제자, 종교적인 사랑, 이타적 사랑, 이기적 사랑 등등 대상과 관점에 따라 사랑의 의미와 종류가 매우 다양하기도 하다. 이와 같이 많은 종류의 사랑이 있지만, 그 사랑의 바탕에는 깊은 이해와 배려, 희생과 헌신 등이 그 공통요소가 있다. 이 공통요소의 부재와 결여된 사랑은 진정한 사랑으로 간주되지는 않는다.

사랑이 없다면 인간은 인간답게 살 수가 없으며, 인간다운 대접을 받으면서 세상을 살 수가 없다. 한편으로는 자기를 사랑하지 않으면 남도 사랑할 수 없고, 타인에 대한 사랑이 결여된 사회에서는 남을 이해하고 존중하는 마음이 없기 때문에 각박한 현실에 처하게 된다. 미움과 질시, 사랑이 사라진 메마른 사회는 비행과 범죄가 만연되고, 궁극적으로는 사회기반이 무너지게 된다.

연말이나 명절 때가 되면 연중행사처럼 '사랑나누기', '이웃돕기' 등 관행적 행사에 요란을 잠시 떨다가도 그 때가 지나고 나면 흐지부지 되고 만다. 고아원, 양노원, 요양원, 소년원, 교도소 등에는 아직도 우리 사회에서 소외되고 냉대받고 사는 우리의 형제와 이웃이 차고 넘친다. 이들을 포함한 우리의 이웃에게 서로 사랑을 함께 나누는 생활을 하였으면 한다.

각자가 조금씩의 여유 있는 생각과 행동을 하고, 이기적인 언행을 조금만 버린다면 우리 사회는 사랑이 넘치고 즐거운 노래가 울려 펼쳐지는 밝고 훈훈한 사회가 될 수 있다. 사회를 유지·존속시키는 데에는 법이 그 최소한 역할을 담당하고 있지만, 법보다는 더불어 살고자 하는 사랑과 배려가 더 큰 힘이 되는 것이다.

사랑은 우리에게 꿈과 희망, 관용과 양보의 미덕을 주며, 기꺼이 헌신과 희생을 감내하게 해주는 용기를 주기도 한다. 사랑은 만물의 영장인 인간이 더 나은 삶을 추구할 수 있게 해주는 정신적 정화작용의 촉매제이고, 메말라가는 우리 사회를 촉촉하게 적셔주는 희망의 비이기도 하다.

성경의 로마서(13:8)에는 "사랑의 빚 외에는 아무에게든지 아무 빚도 지지 말라, 남을 사랑하는 자는 율법을 다 이루었느니라"라는 말이 있다. 그 사랑이 우리들 내면에 있어야 사랑할 수 있고, 우리 안에는 그런 사랑이 없기 때문에 사랑을 강조하는 것이다. 내가 남을 사랑할 수 있는 풍성한 마음을 갖고 생활을 하자. 사랑을 우리 인생의 최고 가치이며 행동기준으로 삼았으면 한다. 무질서와 혼돈, 방황과 찰나적 탐닉만이 넘쳐나는 현실에서 우리에게 희망을 줄 수 있는 유일한 귀의처와 해결책은 바로 사랑이다. 우리가 일생을 살아가면서 가장 마음 속에 새기고 행동하여야 할 준칙은 바로 '사랑'이다.

사랑!
그 아름다운 법

(원광대신문, 2004.08.30.)

얼마 전 법원에서 부부 사이에도 강제추행을 인정하는 판결이 나왔다. 부부 간의 강간과 추행에 대하여 인정과 부정의 대립적 인식과 논쟁이 있었던 차에 나온 이 판결은 비록 부부일지라도 성적 자기결정권을 우선적으로 인정하여야 한다는 사회적 선언의 의미가 큰 판결이다.

과거에는 사회통념상 여성들을 성 행위의 주체라기보다는 우월적 성 지위에서 있는 남성들의 성행위의 전유물처럼 또는 단순한 성적 쾌락을 얻는 객체로서 취급되어졌다. 아직도 우월적 남성의 성문화에 경도된 남성들은 여성을 단지 성적 대상의 객체로서만 인식하는 환상에 젖어 있고, 여성이 주체적으로 성적 요구나 자기결정권을 가지고 있다는 무지와 편견에서 탈피하지 못하고 있다.

'안돼요, 돼요', '괜히 좋으면서 내숭 떤다'라는 미몽에서 벗어나지 못하는 그릇된 성의식에 사로 잡혀 있는 남성들은 '아내와의 사랑을 위한 잠자리도 허락받고 각서받아야 하느냐?'라고 통탄하고 있을 것이다.

　아무리 사랑하는 부부 사이라도 일방적인 성적 강요는 강간이고 강제추행이며, '사랑한다' 라는 말로 변명할 수 없는 성폭력이 분명하다. 정상적인 부부 사이에서 성적 욕구 해소 등에 있어서 갈등과 충돌이 있음을 극히 예외적인 경우로 어느 정도 용인할 수 있다고 하더라도, 이혼준비 또는 별거, 졸혼, 심한 갈등 후에 강압적인 성행위를 통한 화해시도 등은 상대에게 모욕감을 주고, 치욕스러운 강간 또는 강제추행임을 인정할 수밖에 없다.

　사랑처럼 아름다운 것도 없고, 또한 추한 것도 없다. 일방적인 사랑으로 모든 것이 용서될 수도 없다. 사랑에 기초한 성행위는 어느 정도의 가학과 피학의 혼재되어 있는 경계에 있는 인간의 본능적 욕구이기도 하다. 사랑도 그만큼 잘못 처신하면 치명적으로 위험하고, 범죄 전과자라는 사회적 낙인을 찍히게 되는 극단적인 것이다.

　'성적 자기결정권' 이란 일방적인 타방의 성적 요구에 대하여 자신을 보호하거나 자기의사를 분명하게 표현할 수 있는 권리이다. 성행위를 원치 않는 경우에 단호하게 그 상대방인 배우자에게 단호하게 거절할 수 있는 용기와 사회적 분위기 형성이 중요하다. '성행위에 대한 책임은 개인의 결정에 따른다' 라는 전제하에, 그 결정권을 법으로 보호해 주는 것이 성적 자기결정권이다.

　결혼이 합법을 가장한 매매춘도 아니고, 부부라고 해서 반드시 일방적인 무한 성적 요구에 응할 의무도 가지고 있지 않다. 서로를 존중하고 받아들이는 사랑, 정신과 육체가 합일되는 사랑이어야 한다. 이제는 부부 간의 사랑도 구시대적 남성위주의 사랑만이 허용되는 시대가 아니다. 사랑에도 법이 인정하는 범위 내에서, 곧 '사랑도 법대로' 가 되어야 하는 시대가 온 것이다. 사랑은 우리 시대의 영원한 아름다운 법이기 때문이다.

사랑도 유죄인가?

(전주일보, 1995.05.31. : 2025.02.28. 수정)

한 가정이 성립되기 위하여서는 18세가 된 사람은 남녀 간의 자유로운 혼인의사의 합치와 '가족관계의 등록 등에 관한 법률'에 정한 바에 의하여 신고함으로써 그 혼인성립의 효력이 생긴다(민법 제812조). 혼인의 효력으로는 곧 '부부는 동거하며 서로 부양하고 협조하여야 한다. 그러나 정당한 이유로 일시적으로 동거하지 아니하는 경우에는 서로 인용하여야 한다', '부부의 동거장소는 부부의 협의에 따라 정한다. 그러나 협의가 이루어지지 아니하는 경우에는 당사자의 청구에 의하여 가정법원이 이를 정한다'는 부부간의 의무(제826조), '부부는 일상의 가사에 관하여 서로 대리권이 있다'는 부부간의 가사대리권(제827조)이 발생한다.

'민법'에는 혼인에 있어서 근친혼 등의 금지 규정이 있다(제809조). 그 내용은, '8촌 이내의 혈족(친양자의 입양 전의 혈족을 포함한다) 사이에서는 혼인하지 못하고'(제1항), '6촌 이내의 혈족의 배우자, 배우자의 6촌 이내의 혈족, 배우자의 4촌 이내의 혈족의 배우자인 인척이거나 이러한 인척이었던 자 사이에서는 혼인하지 못하고'(제2항), 6촌 이내의 양부모계養父母系의 혈족이었던 자와 4촌 이내의 양부모계의 인척이었던 자 사이에서는 혼인하지 못한다(제3항).

'근친혼 등의 금지'에 대하여 찬반양론의 논쟁이 계속되고 있다. 근친혼 등의 금지 찬성론자는 근친혼과의 결혼은 친척 간의 결혼을 의미하며, 성도덕의 문란, 윤리적·도덕적 측면에서 타당하자 않으며, 우생학적 견지에서도 열등아가 출생할 가능성이 높고, 가족제도의 파괴와 사회질서의 혼란 등을 금지유로 들고 있다. 반대로 근친혼 등의 금지 폐지론자는 조선시대의 유교사상과 중국의 '대명률'를 수입한 것으로, 근친혼을 금지하는 것은 최소한 우생학적·도덕적으로 문제될 소지는 있으나, 이성동본혼異姓同本婚을 금지하지 않고 있으면서 당지 동성 근친혼만 금지하는 것은 모순이고, 동성 근친혼의 금지는 부계혈족 중심 사상으로 남녀평등의 원칙에도 반하고, 그 제한범위가 넓어 혼인의 자유를 침해하고, 불합리한 근친혼 등의 금지로 인하여 고통을 겪고 있는 이미 결혼한 희생자들이 많다 등의 현실적 이유를 들고 있다. 근친혼 등의 금지 폐지론자들은 '민법' 제정 당시부터 '근친혼 등의 금지' 규장의 폐지를 전개하였으나, 그 때마다 유림儒林측과 보수론자들에 의하여 그 뜻을 이루지 못하고 있다. 근친혼 등의 금지에도 불구하고 실질적으로 결혼한 상태에 있으면, 자녀들의 출생신고도 할 수 없고, 법적 불안정한 상태에 직면하고, 사회적·정신적 불안과 고통에 시달리면서 살게 된다. 간헐적으로 한시적 특례법을 만들어 근친혼 등의 금지 규정에도 불구하고 결혼한 자와 그 자녀를 구제하고 있으나, 이것은 미봉책에 불과한 것이다.

 근친 사이의 결혼은 도덕적·윤리적 차원의 자율적·내재적 규율의 문제이지, 법으로 금지한다는 것은 이해할 수 없다. 개인 간의 사랑의 문제를 근친 간이라는 이유로 법으로 금지하는 것은 행복추구권에 반하는 것이다. 특히 자기의 어느 성姓, 어느 본(本, 어느 파派), 몇 대代 몇 손孫 등을 알지 못하고, 중요하게 여기지도 않는 요즘 세태에서는 '근친혼 등의 금지'를 법으로 강요한다고 하여 지켜질지도 의문이다. 법은 도덕의 최대한이 아니다. 법은 그 사회 구성원 각자가 법을 따를 공감대가 형성되어 있는 내용이 담긴 것이어야 한다. 자기책임의 원칙이 지배되는 현실에서 근친 간의 사랑과 결혼은 스스로 결정하게 하는 자유의 영역이다.

짧은 세월,
길게 사는 이유

(원광대신문, 2004.06.07.)

이 세상에서 가장 빠른 것이 이미 지나간 세월일 것이다. 그래서 '오는 세월, 가는 세월 잡지 못한다' 라고 말한다. 젊은 시절! 현재를 살 때는 세월의 빠름을 알지 못하고, 마냥 자신이 성숙해지고 성장하는 것만 생각하며 좋아하기도 한다.

우리 삶은 안타깝도록 유한하지만, 그 유한 속에 오히려 삶의 이치가 숨어 있을지도 모른다. 지금 당장은 앞으로 살아 나가야 할 남은 시간이 많은 사람일지라도, 삶이 주는 시간이 결국은 유한하다는 것을 알게 된다면 보다 충실한 오늘의 삶을 살 것이다. 뿐만 아니라 시간이 부족한 사람은 '남은 시간을 어떻게 활용하고, 좀 더 강력한 삶의 원동력으로 활용할 것인가?' 를 성찰하는 계기가 될 것이다.

요즘 세상은 결코 '일 순간의 정지' 라는 개념도 사라져 버린 듯하다. 자고 나면 세상이 변한 것이 아니라, 두 눈을 뻔히 뜨고서 변화하는 광속도를 체감하는 세상, 급변에 급변을 무한대로 곱하여도 뒤따라 잡을 수도 없을 정도로 변화무쌍하기 때문이다. 엉거주춤한 태도로 일관하다가, 스스로 예상하지 못한 상황도 내 의지와 무관하게 받아들일 수밖에 없는 세상에 살고 있다.

높아 가는 이혼율, 스와핑(swapping), 생활고를 비관한 자녀 동반 자살, 노인 학대와 불효, 존경받지 못하는 삭막한 교단, 극단적 이기주의의 만연, 정의가 무너지고 불의가 판을 치는 세상 등에서 우리는 충격이 충격일 수 없는 상황을 경험하는 것이다.

그러나 세상이 아무리 숨 가쁘게 어처구니 없이 돌아가도 우리의 현실의 삶 속에서도 끝까지 남아 있어야 하는 감동이 있다. 부부간의 신뢰와 사랑, 부모와 자녀간의 무한한 사랑, 스승의 제자간의 사랑, 공동선共同善과 사회정의 등은 우리의 삶을 삶답게 하는 보편적 가치이다.

우리에게는 꿈도 있고, 사랑도 있고, 정도 있다. 흥겨운 저녁노을에 어깨를 감싸 안으면서 사랑을 나누는 가족과 이웃과 어우러진 아름다운 풍경을 만들어야 한다. 그리고 나지막하게 가슴 뭉클한 사랑의 마음으로 '사랑해', '보고 싶었어' 라고 말할 수 있는 상대가 있는 오늘이라면, 짧은 세월을 마냥 쫓기지만 않고 길게 살아 가는 이유가 될 것이다.

우리의 삶에서 중요한 것과 중요하지 않은 것이 분명해지고, 우리의 삶 속에서 소중한 가치를 찾아내고 지켜 나간다면 우리네 삶도 은은한 수채화처럼 멋진 날들의 연속일 것이다.

바보같이 사는 삶

(원광대신문, 2005.03.07.)

세상을 살면서 아주 열심히 사는 사람들이 흔히 겪게 되는 일들은 '나만 왜 이렇게 바보처럼 살아야 하는가?' 하고 자책하는 경우이다. 왜냐하면 다 똑 같은 대우를 받으면서도 유난히 스스로만 열심히 일을 하거나, 상대적으로 그저 놀고 먹는 베짱이들과 생활하다 보면 부당한 처우를 받고 있고 손해본다는 생각이 들기 때문이다. 또한 베짱이들은 '적당히 해!, 눈치껏 해! 하면서 너만 열심히 한다고 되는 것이 아니야! 열심히 해 봤자 다 너나 나나 다 똑 같아!라는 노래만을 부르고 있어, 그 노래를 듣다보면 자신이 열심히 할 의욕도 힘도 다 빠져나가는 경험을 하게 되는 것이다.

하지만 그러한 좌절감을 주는 외적 요인에 좌우되어 스스로 해 나가야 할 일들을 소홀히 하고, 하지 않는다면 그것은 더 바보 같은 일인 것이다. 남이 무슨 생각과 일을 하든지 그것에 개의介意치 말고 차근 차근 자기가 해야 할 일을 묵묵히 해 나간다면, 자기 스스로의 성취감과 만족감, 결국에는 주변으로부터의 성실함에 대한 좋은 평가와 인정을 받게 되는 것이다.

때로는 영리하게 사는 사람들이 흔히들 성공한다고 한다. 그런데 '너무 영리한 사람'이 과연 성공할 수 있을까? 아닐 것이다. 순간의 이익과 안락을 잠시는 누릴 수 있을지는 모르지만, 긴 인생의 여정旅程에서 보면 그렇지 않을 것이고, 참다운 보람찬 삶을 살아왔다고 스스로에게 자신있게 말할 수도 없을 것이다. 순간 순간 꾀로, 영악하게 사는 것보다는 어쩌면 우직하게 사는 것이 편하고 잘 사는 길일지도 모른다. 이리 저리 잘 피해 다니면서, 남들이 누려야 할 이익과 찬사를 교묘하게 자신에게 돌려 놓아가며 살면서, 자신만의 이익과 안존을 위하여 남의 것을 빼앗아가고 상처주는 사람이 이 사회에서 존경받는 표상表象이라 할 수는 없다.

우직하게 묵묵하게 자신의 맡은 바 일을 수행하면서, 때로는 남의 일마저도 내 일처럼 생각하면서 헌신하는 바보스러움이 더욱 값진 삶의 모습이 아닐까 싶다. 대부분의 사람들은 주변에서 일어나고 있는 일들을 잘 파악하고 있으며, 누가 요령만 피고 살고 있는 것인지, 누가 잘 살고 있는 것인지, 어떻게 사는 것이 잘 사는 것인지, 해서는 안될 일이 무엇인지 등등 잘 알고 있다. 극단적 이익추구의 현 세태에서도 바보처럼 사는 삶이 한편으로는 우스운 삶의 모습으로 보여질지도 모르겠으나, 결국은 이 세상을 참되게 사는 지혜로운 삶인 것이다.

험한 세상에 다리가 되고, 힘들고 외로울 때 감싸 안아줄 수 있는 사람, 비올 때 같이 비 맞아 줄 수 있는 사람, 사랑을 주는 넉넉하고 따뜻한 인간의 얼굴을 한 바보의 삶도 멋질 것이다.

삶의 진정한 가치와
빈 자리의 흔적

(원광대신문, 2004.08.23.)

흔히들 사람을 평가할 때 '꼭 필요한 사람', '있으나 마나 한 사람', '없어져야 할 사람' 등으로 나누기도 한다. 어느 사람의 경우에 결근 또는 잠시 자리를 비우게 되었을 때 그가 없는 자리와 역할이 극명하게 드러나 여기저기서 찾게 되며, 평소에는 몰랐던 그 사람의 존재가치를 각인시키는 경우가 있다. 그와는 반대로 '죽 떠 먹은 흔적'처럼 있거나 말거나 전혀 그 사람의 존재 유무와 가치가 주목되지 않는 경우도 있고, 더 나쁜 경우로는 '아예 그 사람이 있는 것이 지겹다. 차라리 없는 편이 속 편하다'라는 평가를 받는 사람도 있다.

물론 한 사람에 대한 평가와 그의 존재가치는 주관적이어서 한 마디로 잘라 말하기는 힘들다. 따라서 그러한 평가에 몰입되어 자존감을 낮추고, 구속감을 느낄 필요도 없고, 반드시 모든 사람에게서 좋은 평가를 받고자 의식하며 살 필요도 없다.

세상은 점점 삶의 방식과 가치관이 개인의 안락과 자아실현을 중심으로 변하고 있다. 그러한 가운데 열심히 노력하면서 사회적 책임과 연대

보다는 개개인이 그저 현실에 안주하고 모든 것을 적당하게 때우고 넘어가려는 의식과 풍조가 확산되어 있다. '내 인생 내가 맘대로 한다. 누가 나를 평가해', 또는 '그럭저럭 넘어가면 되는 것이지, 나는 신경쓰지 않는다' 라며 그가 속한 사회의 구성원으로서 가져야 할 최소한의 책무마저도 소홀히 하는 무책임한 삶의 방식도 있다.

요란하게 세상을 살 필요는 없지만, 세상에는 온전한 자신만의 것도 없을 것이기에 일정 부분 사회적 존재로서의 책임도 가져야 한다. 그래서 뭔가 이 세상에 존재하는 이유를 찾기에 합당한 삶의 방식과 철학을 갖고 행동하는 생활을 하여야 하지 않을까?

빈 자리가 더욱 커 보이는 사람, 주변에 샘이 솟는 듯한 인간적 향기를 뿜어내는 아름다운 사람, 주변 사람들이 필요로 하는 사람, 그가 없으면 찾고 그리움과 소박한 희망을 주는 사람 등 그의 빈 자리의 흔적이 커지면 커질수록 그는 값진 삶의 소유자가 아닐까도 싶다.

뜨거운 여름! 강력한 태풍과 폭우가 지나가고, 이제 가을로의 계절의 변화를 느끼는 시절이다. 우리네 인생에도 우여곡절이 있고, 예측할 수 없는 많은 일들이 닥쳐올 것이다. 그런 가운데 없어져야 할 사람, 있으나 마나 한 사람으로 취급당하면서 사는 삶은 어쩌면 우리가 진정으로 살고픈 삶은 아닐 것이다. 그보다는 꼭 필요한 사람으로 살아가기 위하여, 과연 우리의 삶의 진정한 가치는 무엇이며, 어떻게 살아가야 하는가를 자문自問하며 오늘을 살자.

돌아가는 마음,
돌아오는 마음

(원광대신문, 2004.05.24.)

　우리나라에서는 예부터 성姓, 본本, 파派 등 집안 내력을 파악하는 것이 처음 만나는 사람들의 인사 과정이기도 하였다. 또한 지금은 많이 약화되었지만 아직도 뿌리 있는 집안의 가문과 족보에 대한 자긍심을 내세우는 것을 흔히 볼 수 있고, 명절 때마다 고향을 가고 성묘하는 민족대이동 등은 조상과 뿌리로 돌아가는 마음이다. '무슨 핏줄이 대수냐?'라고 말하는 사람도 있지만, 그들마저도 자랑스러운 조상을 두었고 그 자손이라는 사실을 영광스럽게 생각하지 부끄럽게 여기지는 않을 것이다.
　이러한 원조元祖에 대한 문제는 비단 핏줄에 국한된 것은 아닌 듯 싶다. 정치권의 부패 및 독재 등 원조 논란, 먹거리와 식당, 공산품 등에서의 원조 다툼과 홍보 등 사회 전반에 걸쳐 좋은 의미든 나쁜 의미든 원조 논쟁은 지속적으로 이어지고 있다.
　좋은 뿌리와 원조는 자랑스러운 역사와 전통으로 남을 것이고, 친일 매국행위와 반민주 독재 부역 등 부정적 이미지를 가진 원조는 감추려고 노력할 것이다.
　우리 민족은 조선 왕조시대에는 우리 선조들은 어느 날 갑자기 외세에 의한 단발령과 양반제도의 폐지 및 일제 강제합병에 의한 식민지 생활, 독립 광복활동과 8·15 해방 이후의 토지제도의 변화, 6·25 동족간의 상잔, 비상계엄과 10월 유신을 통한 독재정권, 근대화·산업화에 따른 전통적 가치관의 붕괴와 돈이면 다 된다는 배금사상의 만연, 전두환 군사쿠테타와 5 · 18 광주민주화운동, 독재와 민주의 격한 대립, 전통과 현대, 도시와 농촌, 지역과 지역, 세대와 세대, 남성과 여성 등 등 다방면에서 큰 격변의 과정에 휩싸여 커다란 충돌과 변화를 겪어 오고 있다. 그러다 보니 소중하고 찬란했던 전통적 가치와 윤리 등은 다소 소홀하게 다루어지기도 하였다.

최근에 다행스럽게 우리 조상의 소중한 옛 것의 계승과 전통과 현대와의 조화적 노력이 다방면에서 일어나고, 가장 한국적인 것이 세계적인 것으로 평가를 받고, 한류韓流 열풍이 세계를 강타하고 있는 것을 보면서 비로소 우리들은 '우리 것이 좋았었구나!' 라고 뒤늦게 자성하며 기뻐하면서 자긍심을 느끼기도 한다.

혈기방장血氣方壯한 나이가 지나 철이 들면 모든 것들을 멀리서 관조하는 여유와 힘을 갖게 되고, 모든 세상사에서 취사선택의 정리정돈을 잘하게 되는 지혜를 터득하게 된다. 우리나라도 짧은 주권재민主權在民의 역사 동안에 국가 · 사회적으로 극심한 이념 갈등과 혼란을 겪고, 지금에 와서야 일반 민중이 나라의 주인이 되는 어설픈 경험을 하고 있다. 이럴 때일수록 정의에 기초한 통합과 해원상생의 조상들의 지혜를 차용하는 넉넉한 마음이 필요하다.

지나고 나서야 지난 모든 일들이 후회와 아쉬움이 남게 되는데, 그것을 줄여나가려는 삶의 지혜가 필요하다. 본래로 돌아가는 마음, 근본으로 돌아오는 마음의 이치를 깨닫는 오늘이 되었으면 한다.

도덕적 요구와
철저한 자기관리

(원광대신문, 2005.03.27.)

우리 사회에서 이제는 많은 사람들이 공직公職에 진출하려면 도덕적 검증道德的 檢證이라는 관문을 통과하는 것이 당연하게 되었다. 인사청문회의 검증을 통하여 비도덕적 요소가 있는 사람은 아무리 출중한 개인적 능력이 있다 하더라도 공직 진출의 기회가 박탈되는 경우가 허다하다. 아주 사소한 비도덕적인 일이라도 인사청문회 과정에서 문제가 되면 그 자신이 오랫동안 쌓아온 성공의 공든 탑이 순식간에 무너져 버리게 되고. 자기 자신을 끊임없이 경계해야 함을 절실하게 깨닫게 된다.

흔히들 '사소한 것이니 괜찮겠지!', '남들이 모르겠지!' 하며 우愚를 범하기 쉽다. 이 세상에 아무리 사소한 것이라도 감출 수가 없고, 영원히 숨길 수 있는 비밀은 존재할 수 없다. 바로 숨길 수 있다고 믿은 '바로 그것 때문에' 모든 것이 물거품이 되어 버린다.

평소에 언제든지 자신에게 닥쳐 올지도 모르는 여러 가지의 가변적 상황에 흔들리지 않게 하기 위하여서는 반듯한 생활을 하여야 한다. 타인과 사회에서 요구되는 원칙과 기준을 자신에게는 더 엄격하게 적용하는 극기克己의 자기관리가 선결되어야 한다. 그래서 모진 시련과 난관을 극복한 사람만이 성공의 희열을 맛보는 것이다.

얼마 전에 미국에서 고위 관리를 역임한 사람이 그 자신이 설립한 회사의 주인임에도 불구하고, 공직 퇴임 후 누구나 예상되는 자리로 come back 하지 않고, 혹시 장래에 있을지도 모르는 공직 취임을 대비하여 자신과 전혀 이해와 분쟁의 소지가 없는 일에 종사하고 있다는 보도를 접하였다. 미래를 대비한 자기관리와 준비는 결국 그가 속한 사회의 공익 실현에 도움이 되는 것이기에 시사하는 바가 매우 크다.

소탐대실小貪大失이라는 말은 '작은 것을 얻으려다 큰 것을 잃게 되는' 탐욕의 어리석음을 경계하는 말이다. 우리 사회에서는 아직도 순식간에 영욕이 서로 교차하는 일들이 많이 있다. 때를 알고 자신의 분수를 알게 된다면, 남과 자신에게 닥쳐오는 불행을 자초하는 일들을 피할 수 있을 것이다.

젊은이들은 미래의 주역이다. 따라서 젊은 시절부터 자기 자신을 사회에서 요구하는 엄격한 도덕적 기준에 맞게 언행하는 훈련을 해야 한다. 이러한 훈련을 통하여 체득된 습관은 선택의 문제가 아니라 미래의 성공을 위한 필수적 요건이 된다. 우리 사회를 행복하게 하는 지름길을 가려면 엄격한 자기관리와 도덕성의 함양이 절실하다.

조화로운 생각과 행동

(원광대신문, 2005.01.03.)

'생각은 깊게! 결정된 행동은 단호하게!' 라는 말은 언행의 준칙이 될 만 하다. 옛말에 '지혜로운 자는 천 번을 생각하면 하나를 잃고[智者千慮一失], 어리석은 자는 천 번을 생각하면 하나를 얻는다[愚者千慮一得]' 라는 말이 있다. 또한 '돌다리를 그냥 건너가는 사람, 돌다리도 두들겨 가며 건너가는 사람, 돌다리도 두들겨 가며 건너가는 사람이 건너간 것을 본 후 건너가는 사람' 등으로 어떠한 사정에 직면한 사람들의 신중함의 행동패턴을 분류해 보기도 한다. 이러한 예들은 생각과 행동의 조합점이 어디인가를 깨우쳐주는 말이다. 우리들 각자의 사고와 행동은 어느 부류에 속하고 있는지도 생각해 봐야 한다.

깊게 생각하고 행동하는 사람은 실패할 확률이 비교적 적을 것이다. 그러나 이미 결정한 것을 행동에 옮기지 못하고 우물쭈물 머뭇거리는 사람은 생각만 하다가 실행에 옮기지 못하는 결과를 낳기도 한다.

신중한 사람과 그렇지 못한 사람을 비교해 보자, 너무 신중한 사람은 때로는 일을 그르치는 경우가 있다. 일에는 다 때가 있는 법이고, 약도 몸에 필요한 시기를 놓치면 아무런 효용이 없게 된다. 그래서 '고민 끝에 악수惡手'라는 말이 나오는 것이다. 그러나 무조건 신중함이 없이 허둥대면서 살아가라는 말은 아니다. 신중함은 인생을 살아가는 데 필요한 절대적 덕목 중의 하나이다. 우리나라의 정치, 경제, 사회, 문화 등 전반에 걸친 개혁도 '때'를 놓쳐서 실패에 실패를 거듭하고, 국민들을 개혁의 피로감에 젖게 만들었던 것도 우리는 기억할 것이다.

모든 일을 완벽하게 할 수 있다면 좋겠으나 쉽지 않은 일이다. 현재는 비록 완벽하지 않더라도 더 큰 이익을 위하여 불가피하게 범하게 되는 작은 잘못을 두려워해서는 곤란하다. 그래서 얻게 되는 이익과 잃게 되는 이익을 저울질해 보는 비교형량의 지혜가 필요한 것이다. 조금 안다고, 깨우쳤다고 하는 사람들이 흔히 범하게 되는 오류가 아이러니하게도 지나친 신중함인데, 때로는 그들에게 필요한 보충적 지혜는 과단성이 있는 용기이다.

덜렁대는 사람은 항상 몇 번이고 생각을 거듭한 후에 행동을 옮겨야 한다. 욱하는 기분에 순간적으로 모든 일을 한다면 후회막급한 일이 벌어질 것이나, 생각하고 생각한 후에 일을 처리한다면 후회가 줄어들 것이다. 주위가 산만하고 무작정 일을 벌이고 난 후 제대로 수습도 못하는 경우에는 일을 그르치게 할 확률이 그만큼 더 높기 때문이다.

모든 것에 최선을 다하여 더 많은 결실을 맺게 하기 위하여는 생각과 행동을 조화롭게, 탄력 있게 운용하는 지혜와 능력을 갖춰야 한다.

새해에는 넘치지도 않고 모자람도 없는 생각과 행동으로 모든 일이 성취되기를 기원한다.

사람人의 말言 :
신信 : 믿음

(원광대신문, 2004.05.10.)

사람은 살면서 무수한 말을 하고, 그 말에 대한 책임을 지고, 말에 의하여 웃기도 울기도 하고, 살리기도 죽이기도 한다. 사람 사이의 말에는 믿음이 있어야 하기 때문에 '사람' [人] + '말' [言] = '신' [信]이라는 말도 생기게 된 듯하다.

인간관계의 틀 속에서는 의사나 대화는 말이나 문자로 표현되며, 그 표현방법에 상관없이 항상 책임을 지는 것이 일반적이다. 그러나 순간순간 책임을 면할 목적으로, 이익을 쫓아서, 거짓으로 오리발을 내밀며, 허언증이 심해서 등 그때 그때 말을 바꾸고 사는 천재 진상(?)들이 많기도 하다. 그래서 '갈 때하고 올 때 하고 말이 다르다' 라는 말도 나오고, 그 말에 대한 책임을 지우기 위하여 문서를 작성하고, 녹취하고, 영상녹화하고, 보증인도 입회시키고, 공증하는 등등 별도의 증명력을 강화하는 방법이 탄생되기도 하였다. 따라서 '내가 말하면 됐지, 무슨 문서작성이고, 녹음 영상녹화이냐?' 라고 장담하던 이야기는 먼 옛날의 이야기가 되어 버렸다.

'지금 이 사람의 말과 마음이 언제 돌변할지도 모른다' 라는 의심 속에 서로가 서로를 대하는 개인과 사회 불신의 벽이 생겨나고, 이러한 불신의 벽은 더 두껍고 높아지는 것이 요즘의 현실이다. 어렵고 아쉬울 때는 간, 쓸개 다 줄 것처럼 약속하고, 일단 목적을 달성하면 언제 내가 그랬냐고 하면서 돌변하는 표리부동한 언행과 인간관계를 한두 번 경험하다보면 더는 모든 타방을 못 믿게 되고 경계하는 불신사회가 되어 버리는 것이다.

지금 우리나라에서는 말! 말! 말!의 성찬聖餐 시대에 살고 있다. 정치, 경제, 사회, 문화 등 각계 각층의 인사들은 그가 쏟아내는 말로써 찬사와 질타, 성공과 실패 등 천국과 지옥을 광속도로 경험하고 있다. 말을 하는 밑바닥에는 심사숙고와 믿음이 깔려 있어야 한다. 사기꾼들이 하는 번지르한 말은 깊이와 신뢰가 없고, 참다운 인생의 깊이와 무게가 고스란하게 녹아 있다면 어눌한 말에도 믿음이 생기게 되는 것이다.

모든 사람들은 자기의 손으로 얼굴을 재어 보면 거의 한뼘밖에 되지 않는다고 한다. 이런 얼굴을 나면서 생을 마감하는 순간까지 스스로 만들면서 살아나가는 것이 우리네 인생길이다. 생을 마감하는 순간의 얼굴과 사회생활 속에서 보여줬던 사회적 마스크인 얼굴이 거의 근사치에 가깝지 않다면, 그것은 불행한 허위적 삶을 많이 살아온 전형적 이중적 탈을 한 모습이 아닐까? 때로는 한 사람의 살아온 삶과 인격은 얼굴에 나타난다고들 한다. 그래서 '참 곱게 늙으셨다', '얼굴을 보니 고매한 인품이 느껴진다' 등등의 말로 언행의 결과로 얻어진 참된 얼굴에 공경과 존경의 마음을 표현하기도 한다.

'말 한 마디로 천냥 빚 갚는다', '남아일언중천금', '한번 뱉은 말은 주어 담지 못한다', '말이 씨가 된다' 등은 말의 신중함과 절제에 대한 경계를 표현한 것이다. '내가 어디로부터 왔고, 어디로 가는 것인가?', '내가 어떤 은혜를 입고 살고 있는가?', '어떤 삶을 살아야 하는 것인가?' 등 시원적始原的 성찰을 한다면, 물을 마시면서도 그 물의 근원, 곧 음수사원飮水思源의 자세를 가져 본다면 함부로 지킬 수 없는 말을 내뱉을 수는 없을 것이다.

사람이 하는 말에는 항상 믿음이 있어야 한다.

칭찬해 주기

(전주일보, 1995.10.25.)

우리 인간들은 세상을 살면서 명예를 유달리 소중하게 여기고, 그 명예를 얻고자 엄청난 노력을 하게 된다. '명예욕'은 인간이 가진 다섯 가지 욕망, 즉 식욕食慾 · 색욕色慾 · 재물욕 · 명예욕 · 수면욕 중의 하나이기도 하다. 그래서 명예실추가 사회생활을 하는데 있어서 인간의 생명인 목숨과 마찬가지로 사회적 생명의 단절로 취급되어진다. 따라서 형법에서는 명예훼손죄, 모욕죄, 사자명예훼손죄 등을 규정하여 명예를 보호하고 그 침해행위를 처벌하고 있다.

우리들은 사회생활을 하면서 칭송과 비난을 교차적으로 받으면서 살아가고 있다. 누구나 자기 자신의 명예는 소중하게 여기고 칭찬을 독차지하려는 경향이 강한 반면에, 남의 명예는 자신의 그것과는 다르게 무시하고 가볍게 취급하려는 차별적 언행과 태도를 가지고 있음을 경험하게 된다.

'내 것이 귀하면 남의 것은 귀하다' 라는 것이 세상의 이치일 것인데, 자기에 대한 남의 비판은 한마디라도 허용하지 않으면서도, 남에게는 비난과 험담을 습관적으로 틈만 나면 하는 사람들이 있음을 보게 된다. 술자리에서는 안주감으로 칭찬보다는 남의 탓과 비난과 욕설이 난무하고, '모두 다 나쁜 놈'을 만들어버리는 광경을 흔히 목격할 수 있다. 떳떳하게 남의 잘못과 실수를 바로 잡게 인도하려는 관용적 마음가짐 보다는, 스스로의 주관적이고 편협된 판단 기준에 의하여 '나쁘고 못된 놈 더 못되게 하자!' 라는 어리석은 마음으로 비판이 아닌 비난만을 일삼는 것이다. 우리 자신도 이미 그러한 나쁜 타성에 젖어 아무런 거리낌 없이 한통 속이 되어 즐기면서 익숙해지지는 않은가 하고 자신을 끊임없이 경계하여야 한다.

우리의 전통적인 미덕은 무엇보다도 겸양과 남에 대한 배려가 우선적이지 않았나 생각된다. 삭막한 경쟁사회에서 살아가려면, 본의 아니게 남을 이겨야 내가 살 수 있다는 경쟁의식, 본의 아니게 남을 비하하고 상처를 주는 언행을 하고 살 수도 있다. 나의 언행이 남에게 어떠한 형태로 보여주고, 혹시 피해를 주지는 않을까?하는 자기절제와 타인에 대한 신중한 배려가 있는 삶을 살아야 한다. 남에 대한 비난과 험담 보다는 칭찬과 격려가 담긴 말들을 해야 하고, 단점 보다는 장점을 찾아내는 노력이 더 좋은 사회생활의 지침이어야 한다.

타인에 대한 비난과 험담은 즉시 그 상대방에게 과대하게 부풀려져서 전달되는 것이 일반적이고, 그로부터 즉각적인 반발이 되돌아올 것이다. 그 상대방이 특별한 인격수양의 존재가 아니라면 언제인가는 반격하여 타격을 입힐 기회만을 엿보고 있는, 후환을 두렵게 만드는 어리석은 실수를 한 것이다. 타인에 대한 호평과 칭찬은 그 전파속도가 비난과 험담 보다는 느리거나, 잘 전달되지 않는 경우가 많다. 누구든지 자신에 대한 타인의 호평과 칭찬을 듣게 된다면, 좋아하기에 앞서서 내가 찬사 받을 만한 일을 했는지를 먼저 생각해볼 것이다. 그 후 그 칭찬을 해준 상대방에 대하여 나는 무엇을 하였는가를 자문하고, 더 나아가 앞으로 어떻게 살아가야 할 것인가를 고민하게 될 것이다. 이렇듯 호평과 칭찬은 자신과 상대방에게 살아온 날과 살아가야 할 날들에 대한 성찰의 계기를 만들어 준다는 점에서 아주 긍정적인 효과를 가져 온다. 타인에 대한 장점에 대한 호평과 칭찬은 결코 아부가 아니며, 나쁜 점을 들춰내어 비난하고 험담하는 것 보다는 긍정의 엔돌핀을 충만케 하는 건강한 삶의 방법이다.

유달리 고소, 고발, 진정, 투서가 많은 지금, 이제부터라도 남 칭찬하기 운동을 시작하여야 한다. '고맙습니다', '미안합니다', '힘냅시다', '잘했어요', '좋습니다', '멋집니다' 등등의 말들을 웃으면서 주고 받는다면 우리 세상은 밝고 훈훈한 세상이 될 것이다.

꼭 너 같은 아이만 낳아라

(원광대신문, 2003.05.06.)

어버이날!

초등학교 시절에 우리는 어머니의 은혜를 열창하며 눈물을 흘리곤 하였다.

어머님의 은혜를 윤준병은 아래와 같은 노랫말로 작사하였다.

"높 높고 높은 하늘이라 말들 하지만 나는 나는 높은 게 또 하나 있지
낳으시고 기르시는 어머님 은혜 푸른 하늘 그보다도 높은 것 같애
넓고 넓은 바다라고 말들 하지만 나는 나는 넓은 게 또 하나 있지
사람되라 이르시는 어머님 은혜 푸른 바다 그보다도 넓은 것 같애"

우리들은 '어머니', '아버지', '어버이'를 회상할 때면 가슴이 벅차고 눈물이 날 때가 많다. 그렇다. 우리들의 어버이는 항상 자기희생과 헌신으로 온 정성을 다하여 자식들을 키워 왔기 때문이다. 어버이들은 살아

생전에도, 눈을 감는 순간에도, 하늘에서도 자식들의 행복을 기원하는 존재이기 때문에, 하늘 보다 높고 바다 보다 넓다고 말하는 것이다.

우리 부모님들처럼 일방적으로 낳고, 키우고, 결혼시키고, 손자들 양육도 도맡아 하며, 그 후 얼마 되지도 않은 퇴직금까지 자식들 집 구입 또는 사업자금 등으로 탈탈 털어 주는 부모들은 세계 어느 나라를 찾아봐도 없을 듯하다. 그렇게 애지중지 키운 자식들에게 다 털어주고 빈 껍데기만 남아 경제적 무자력자가 되면, 잘난 자식이 있음에도 부모들을 직접 모시지도 않고, 의지할 자식이 없어 말년을 쓸쓸하고 비참하게 요양원에 보내다 운명을 달리하는 경우를 주변에서 많이 본다.

이러한 모습을 보노라면, 한국의 부모들의 자식에 대한 끝없는 애착은 숙명처럼 보이고, 자식들의 부모에 대한 소홀은 반비례하는 것이 아닌가 싶다.

갈 곳 없어 유기되어지는 부모들, 먹고 사는 생활고에 찌들어 사는 부모들, 의료치료 조차 제대로 받을 수 없는 부모들, 죽은 지 한참 지나서야 발견되는 부모들의 고독사, 부모 재산분배와 봉양을 둘러싼 형제들의 반인륜적 싸움 등을 접하면서, 부모들은 스스로가 자기의 노년준비를 철저하게 하여야 한다는 각성을 일으키게 한다.

소가족화, 느슨한 가족관계, 빈곤한 경제력 등의 원인으로 부모 자식이라는 혈연만으로는 전통적인 끈끈한 가족애에만 기댄 부모 봉양은 기대할 수 없고, 이러한 세태는 가속화될 것은 보인다.

어버이날을 맞이하며 부모들은 무엇을 최우선적으로 준비하며 살아야 할 것인가?가 중요한 인생과제로 떠오르게 된다. 어느 집은 임신하는 순간부터 커 나가면서 들어가는 모든 경비를 장부에 적어 놓는다고 한다. 그 부모의 말인즉, '자식들에게 나중에 모셔라 어쩌라 할 필요도 없이 그간에 투자(?)한 돈만 내놓으라!' 라고 한단다. 또한 어느 집은 목욕을 시켜줄 때는 '나중에 내가 늙으면 네가 나 목욕시켜 줘야 해!' 한다고 하고, 어느 집은 장난감이나 과자 등을 사주면서도 '나중에 네가 나도 사줘야 해!' 라고 하면서 일종의 '반포지효反哺之孝'의 세뇌를 끊임없이 한다고 한다.

이러한 말을 들을 때 처음에는 너무 심하지 않나 하고 웃으면 넘겼었다. 그러나 지금의 현실을 보면, 부모와 자식 간의 미래, 부모 봉양에 대한 새로운 관계 설정과 함께 심리적 약속과 안도감을 줄 수도 있지 않을까 생각된다.

옛말에 '꼭 너 같은 자식을 낳아라' 라는 말은 긍정적 · 부정적 의미가 다 포함되어 있다. 이 말은 부모가 자식에게, 자식이 부모에게 하는 언행의 업보라 생각하면, 선인선과善因善果 · 악인악과惡因惡果의 삶을, 부모노릇, 자식노릇 등을 하기가 참으로 어렵구나 하는 생각에 새삼 마음이 무거워진다.

어린이날, 어버이날을 맞이하게 되면, 어린이의 모습은 어른들의 또 다른 모습이라는 말이 있다. '어른스러운 어른 되기' 가 쉽지만은 일이나 우리들이 반드시 성공시켜야 하는 인생숙제인 것이다.

우리들의 꿈은 무엇인가?
자신을 뒤돌아 보자

(조선일보, 1983.12.24.)

사람들의 종종 걸음에서 한 해의 마감을 실감하게 된다. 대규모 금융부정사건, 잔혹한 KAL격추 만행, 랑구운 암살 폭파사건 등 너무나도 입을 다물 수 없었던 일들에 이제는 반사신경이 녹초가 되어 버린 듯하다.

너무나도 종잡을 수 없을 정도로 시끄러운 한 해이었다.

그래서 우리 자신들도 그 소란함에 휩쓸려 가고 있지 않는가라는 생각을 하여 본다. 이제 차분하게 우리 자신의 주변을 정리하고 반성해야 할 계절이 온 것 같다.

무질서한 혼돈 속에 자기 자신의 위치도 파악하지 못한 채 시류에 내 자신을 그저 철없는 사태로 무작정 나뒹글게 할 수는 없지 않는가?

〈기회는 이마에〉 또는 〈시호시호부재래時呼時呼不再來〉를 좌우명으로, 무수히 많은 선택 속에서 인생 낙오자의 대열에 끼이지 않으려고 치열한 경쟁과 중압감 속에서 우리 젊은이들은 한시도 시름을 놓을 수가 없는 처지가 되어 버렸다. 영악하고 무서운 아이어야만 살아 나갈 수 있을 것 같이 느껴진다. 나는 누구이고, 왜 나는 그러한 일을 하여야 하는가의 반문도 할 수 없이 또는 삶의 본질적 의미에 대한 깊은 성찰도 없이 〈바쁘다〉라는 말만 연발하면서 세상이란 굴레에 이상理想은 자꾸만 왜소해져 가고, 우리는 정작 자신을 잊고서 살고 있다.

사회생활의 격변 속에서 타율적 존재, 기계적 존재, 산업화에 따른 인간의 무력화 현상, 한탕주의, 모험주의 등 기존 질서의 단계를 뛰어 넘으려는 그릇된 사고의 팽배, 자기외적인 열망과 기대수준 때문에 또는 강한 긴장의 연속과 욕구좌절로 인하여 시멘트문화 속에서 우리는 내적인 갈등과 모순도 치유할 여유도 없이 스스로를 탈인간화시켜 깊은 소외감에서 헤어 나오지 못하고 있다. 그래서 현란한 조명 아래에서 알아들을 수도 없는 시끄러운 음악 속에서 미친 듯이 흔들어대고, 어두컴컴한 술집 안에서 세상의 모든 것이 잘못되었다고 불만을 토로하면서, 나약한 자신을 비웃고 위안하는, 살아 있으면서도 죽어 있는 우리들의 자화상을 보고 있다.

왜! 이 시대 이 상황만을 한탄하며 주저앉아 있어야만 하는가? 젊음의 가치와 패기, 우리 젊은이에게는 꿈꾸는 이상이 있지 않은가? 〈절망은 죄이다〉, 〈절망은 죽음에 이르는 병이다〉라고 '키에르 케고르'는 말했다. 우리의 이상은 무한한 가치와 희망을 가진 것이다. 자기 자신을 뒤

돌아보고 생각해 볼 여유도 없이 살아가지 말자. 잃어 버린, 없어져 버린 우리의 소중한 꿈을 찾아보자. 그리고 자기 존재에 대한 깊은 성찰을 하여 보자.

자기 존재의 실존, 자기 존재에 대한 올바른 인식의 결여가 여러 가지 불평과 탈선, 부조리와 연결되어진다. 삶의 근본적인 이유를 망각하고 살면, 겉만 번지르한 외형적인 것에 집중하고 허황된 거짓의 삶을 살다 보면 허무한 삶으로 전락하고 만다. 때로는 사람들은 자신의 행복이 다른 사람과 밀접하게 연관되어 더불어 삶이라는 사실을 망각하고 살고 있다. 우리는 이상적인 공동체를 향하여, 그가 속한 공동체 속에서 그 스스로가 '우리'라는 성城 속에서 함께 서로를 느끼면서 만남이 이루어지는 장場, 그 속에서 같이 호흡하고 경청하고 공감하는 나를 찾아보는 것이 중요하다.

올해의 끝인 이 겨울에는 사랑하는 것 이외에는 남에게 아무런 빚을 지지 않는, 또 남에게 조금이라도 의지가 되고 도움이 될 수 있도록 넉넉한 마음을 가져 보자. 그러기 위해서는 자신의 내적인 성장과 발전을 위한 자기만의 성찰과 충전의 시간을 가져 보아야 한다.

인생 정년

(전주일보, 1995.10.04.)

누렇게 변해 가고 있는 가을 들녘과 붉게 물드는 낙엽들을 보면 어느덧 한 해가 마무리되고 있음을 알 수 있다. 유수流水와 같은 세월 속에

한 살 두 살 나이를 더하는 것은 어쩌면 덧없는 인생의 슬픈 서곡이기도 하다.

며칠 전 아는 분의 정년퇴임식장에 가 보았다. 퇴임식장에 가면서 정년을 축하한다고 하여야 할지, 아니면 무슨 말을 건네야 할지 자못 난감하였다. 생물학적 나이에 의한 늙음은 실제 그 사람의 사고와 행동능력과 반드시 정비례하는 것은 아닌데도 획일적으로 몇 살이 되면 자기가 근무하던 직장에서 나가야 하는 것은 잘못된 일이 아닌가도 싶다.

나이만을 기준으로 하는 정년은 그 사람의 인생의 끝을 의미하지는 않는다. 충분히 자기가 하던 일을 수행할 수도 있고, 얼마든지 새로운 일에 도전하여 성취할 수 있는데도 타율적으로 나간다는 생각을 하면 서글프고, 자기의사와 무관하게 비켜 서 있는 모습은 허망하고 허탈한 기분이 들 것이다. 등 떠밀려 나가면서 어느 누구나 '꼭 늙음이 찾아올 텐데 왜 이리 야박野薄하게 사회는 일정한 나이를 기준으로 하여 용도폐기되어 소용없고 쓸모없는 사람처럼 대하는가?' 하고 분개할 수도 있다.

정치권에서도 한 때 인위적 세대교체론에 맞서 '사고와 행동을 기준으로 젊음을 평가하여야 한다' 라며 '애 늙은이' 가 더 흉한 것이라고 맞받아치는 대항논리와 세대통합론이 나오기도 하였다.

나의 생각으로는 정년과 명예퇴직 등은 분명 기쁜 일이고, 결코 쉽지 않은 명예로운 경사이다. 사건과 사고, 부정과 비리가 많은 사회에서 살다 보면 온전히 자기가 일했던 직장에서 유종의 미를 거둔다는 것은 결코 쉽지 않은 일이기 때문이다. 그가 속한 직장에서 정년을 맞는 동료들이 많다는 것은 그 직장의 자랑이고, 이것은 정년을 맞는 자신뿐만이 아니라 그가 속한 집단의 명예라고 할 것이다.

항상 '맡은 바 소임을 다 하면서 무엇을 남길 것인가?', '부끄럽지 않게 일 처리는 하였는가?', '충실하였는가?' 등의 물음을 끊임없이 자기에게 던지는 생활을 습관화하여야 한다. 충실한 일상의 삶을 살아온 사람에게는 단지 세월의 흐름에 의한 정년은 인생을 마침표 하는 허탈한 정년은 아닌 것이다. 그에게 있어 '정년'이란 다시 또 한 번의 인생 여정을 시작하고 출발하는 새로운 마무리이자 출발인 것이다.

한편, 우리 사회는 기성세대를 '꼰대'라며 깡그리 무시하며 전통적 예와 미풍양속마저도 부정하고 단절하고자 하는 청년세대와 과거의 잘못된 관행과 행태를 수구적으로 고집만 하며 옛날만을 무조건 고집하며 새로운 시대에 걸맞는 사고와 의식의 전환 노력을 하지 않는 '꼴통보수'가 반목과 갈등을 하고 있다. 또한 'X'세대, 'Y'세대, 'MZ'세대니 하는 젊은 신세대들이 무국적의 외래문화를 주체적으로 선별 수용하지 못하고, 전통문화를 부정하며 향락적이고 물욕주의적인 가치체계만을 선망하며 사는 우愚를 범하기도 한다. 이러다 보니 자아정체감의 위기를 초래하고, 오랜 연륜에서 배어 나오는 인생 선배와 어른들의 조언과 충고를 소홀히 하고, 인생 선배와 어른들을 한갓 쓸모없고 나약한 퇴장 인생의 주역으로, 아니 엑스트라로 여기지는 않나 하는 생각도 든다.

'가는 청춘 못 잡고, 오는 백발 막을 수 없다'라는 말이 있다. 젊은이들도 그들의 젊음과 패기가 영속하지만은 않기에 언젠가는 인생의 늙음과 덧 없음을 느끼게 될 것이다. 나이만 젊으면 무엇하냐? 사고와 행동이 긍정적이고 진취적이지 않으면 그들은 이미 인생정년이 온 것이다. 반면에 창조적이고 힘찬 미래를 꿈꾸며 오늘을 힘 있게 사는 '늙은 청년'의 인생은 그 정년이 없는 것이다.

보람차고 값진 정년을 맞는 인생 선배와 어른이 있기에 오늘을 사는 우리가 있다. 정년을 맞는 그들의 열정적 노고에 감사하고, 존경하고, 경륜을 활용하는 아름다운 풍토는 우리가 맞이하여야 할 미래의 모습이다.

아름다운 추억 만들기

(원광대신문, 2003.11.10.)

　인생에서 '정년停年'의 의미는 남 다른 것 같다. 왜냐하면 '애환哀歡'이 서린 직장에서 별다른 탈이나 사고 없이 봉직을 마무리한다는 것이 결코 쉬운 일이 아닌 것이 현실이기 때문이다. 정년의 의미는 기쁨과 보람의 결실이며, 그가 속한 직장에서 가족과 친지, 동료들의 축하 속에서 정년을 맞는 것은 개인이 누리는 축복 중의 으뜸이 될 것이다.
　정년기념식에서 정년을 맞는 분의 오랜 경륜과 지혜가 담긴 '금과옥조金科玉條'의 생생한 체험이 깃든 말씀은 듣는 이의 가슴에 감동과 울림을 주고, '나도 저렇게 멋진 인생을 살아야지', '더 멋지게 살아야 할 텐데' 등 성찰의 기회를 갖기도 한다.
　대학에서는 정년을 맞이하여 정년기념식, 정년기념고별강연, 정년기념논문집발간 등의 행사가 진행되기도 한다. 따라서 이런 행사를 접하면서 정년을 맞는 분들의 인생철학과 삶의 행로, 연구이력과 제자 양성의 정도 등을 나름대로 측량해보면서, '훌륭한 삶을 살아 왔구나', '열심히 살아 오셨구나' 등 평가해 보기도 한다.
　한국사회에서 대학교수가 선망과 존경의 직업으로 인정받았던 것은 아주 오래된 추억이 되었지만, 아직도 대학교수라고 하면 한번쯤 다시 쳐다보는 명예스러운 자리인 것만은 다행스럽기도 하다. 아마도 좋은 평가는 정년 65세, 평생 20대의 젊은 청춘과 함께 한다는 부러움, 항상 최첨단의 학문연구와 강의, 시간활용의 여유로움 등의 장점이 있기 때문이다.

항상 변화가 이어지는 최고속, 최첨단의 현실에서, 교수들은 과거 오래된 강의노트만으로 안존하던 시절은 옛 전설이 되었고, 명강의는 아니더라도 구닥다리 꼰대 교수로 악평을 받지 않으려면 끊임없이 새로운 정보와 지식을 흡수하지 않으면 살아남을 수 없는 생사기로에 서 있다. 비록 생체적 나이는 들었어도, 패기만만한 젊은 사고가 충만한, 인생의 지혜와 경륜이 풍성한, 완숙한 학문의 경지에 오른 정년을 맞이 하신 원로교수님들의 강의는 그 무엇보다도 훌륭한 명강의인 것이다.

성성한 흰머리에 코트를 여미면서 교정을 걷는 교수님, 젊은 대학생들과 열정적으로 학문을 논하는 교수님, 굵은 안경테를 올리는 철학자 같은 교수님, 학생들과 술잔을 나누는 정감 어린 교수님, 고고한 학자의 모습을 한 교수님, 젊은 청춘들에게 쉼터 같은 느티나무 교수님 등은 다른 직장에서는 좀처럼 보기 힘든 모습이기도 하다. 이러한 낭만과 추억이 있는 교수님들을 우리 대학에서는 찾아 볼 수 없는 아득한 먼 옛날의 이야기는 아닐 것이다. 우리 대학에서도 우리가 함께 이러한 풍경, 아름다운 추억을 만들어가야 할 것이다.

어린이, 어버이, 스승의 마음

(원광대신문, 2004.05.03.)

5월은 어린이 날, 어버이날, 스승의 날 등이 있는 '가정의 달'이다. 신록의 푸르름이 짙어가는 5월의 하늘을 보노라면 마음이 청정해짐을 느끼게 된다.

세상을 살다보면, 모든 세상 일들이 다 성취되는 것은 아니고 성취되지 못하는 것들도 많이 있음을 알게 된다. 그러다 보면 처음에 가졌던 마음을 한결같이 유지할 수 없고, 상처를 받게 되고, 삭막한 마음으로 험한 세상을 힘들게 살아나가야 하는 삶의 현장에 있음을 경험하게 된다. 그런 삶 속에서 때로는 그저 세상의 근심이 없이, 동심 가득한 꿈의 나래를 펼치면서 웃고 떠들던 어린 시절로의 회귀를 고대해 보기도 한다.

또한 어버이의 은혜를 생각하면 가슴이 뭉클해지고, 그 한없던 부모님의 사랑을 뒤늦게 깨달으면서 못다 한 효도를 후회하며 눈물을 펑펑 쏟기도 한다. 밤하늘을 보며 그리운 어머니를 목 놓아 불러 보고, 어깨를 두드리며 '아들아! 힘내거라!' 하시면서 묵묵히 격려해주셨던 큰바위 같았던 아버지를 생각해 본다.

부모님으로부터 독립하여 결혼하고, 자신의 책임 아래 아내와 자식을 돌봐야 하는 '가장'이라는 짐을 감당하기가 버겁고, 누구에게도 힘듦을 힘들다고 말할 수 없는 위치가 가장의 멍에라는 것을 자각하고 나서야, 아! 하면서 부모님의 희생과 사랑에 눈시울이 붉어지게 된다. 부모님의 사랑은 자기 자식을 낳아 키워 봐야 안다고 하는 말이 있다. 우리는 부모님에게 어떠한 자식이었는가? 부모님이 내게 쏟으셨던 사랑과 정성, 오로지 잘되기만을 기도하면서 나는 내 자식을 키우고 있는가?를 생각하며 어버이날을 맞는다.

스승의 날! 존경할 만한 스승이 없는 제자, 마음 속에 기억되는 제자가 없는 스승… 이렇게 학창생활 또는 교직생활을 한다면 불행한 일일지도 모른다. 지극한 정성과 자애로 가르침을 주시는 선생님!, 삶의 교훈을 몸소 실천해 보여주시는 인생의 선배로서 진정한 스승의 길을 걸어가신 선생님!, '선생님'이라는 행로가 제자와 후학에게 표상이 되는 충직한 삶을 살아오신 선생님이 계신다면 얼마나 좋을까? '선생님'이라는 호칭에 성직자 같은 사명감을 가지고, 인생과 학문의 스승으로 기억되는 선생님이 있는 한 이 시대는 희망이 있다.

갈수록 험난하고, 각박한 현실의 삶 속에서 세상을 바라다보는 마음이 동심 가득한 어린이 마음, 희생과 헌신의 깊고 넓은 어버이 마음, 자애와 사랑의 인생 길잡이신 선생님 마음이라면, 이 세상은 맑고, 밝고, 흐뭇한 사랑이 넘쳐나는 한 가족, 한 세상이 될 것이다.

인생과 학문의 스승으로, 제자를 키울 때 맛보는 행복의 무게

(교수신문, 1996.11.04.)

내가 대학 졸업 후 대학원을 거쳐 힘들었던 시간강사 시절을 이겨낼 수 있었던 힘은 '인생과 학문의 스승으로, 제자를 만나는 기쁨'이 클 것이라는 희망 때문이었다. 나는 항상 훌륭한 연구업적과 명강의로 인정받는 학자, 인생과 학문의 선배로서 존경 받는 스승의 모습을 달성하였는가를 스스로에게 물어 본다.

1990년 3월 처음 교수 발령을 받고 열정과 패기로 연구와 강의, 학생지도에 분주하던 때이다. 같은 과 어느 교수님에게서 '내 자식도 마음대로 되지 않는데, 남의 자식을 그렇게 열성을 다해 가르친다 한들 알아주지도 않을 테니 적당히 하라', '자네만 학생 위하는 것이 아니니 너무 앞서 나대지 말라'라는 충고를 들었다. 그 때 나는 '교수를 하지 않는 한이 있더라도 그렇게는 할 수 없습니다'라고 항변하였더니 '자네도 시간이 지나면 생각이 달라질 것이네. 나도 처음에는 그랬네'라고 말씀하셨다. 어느 교수는 학생으로부터 '교수는 학생이 낸 등록금으로 생활하는 월급장이이고, 학생은 대학이라는 주식회사의 주주'라는 말을 들었다면서 허탈하게 웃었다.

　이러한 세태에 오늘날 '스승'의 위치가 참으로 많이 변했구나하고 쓴 웃음을 짓곤 한다. 내가 과연 훌륭한 학문적 지식과 덕망을 갖춘 교육자로서 보람과 긍지를 느끼고 살고 있는지?, 어느 학생의 말처럼 지식만을 전달하는 월급장이에 불과한 것인지? 자문自問해 본다. '학생은 있어도 제자는 없다', '교수는 있어도 스승은 없다'라는 말이 자연스럽게 회자膾炙되고 있는 현실에 깊은 자성自省을 한다.

　아직도 대학의 현실은, 출석과 성적을 담보로 권위만 가득한 교수, 학생들의 수업평가에만 매몰된 교수, 선임교수의 눈치만 보는 교수, 학생지도 보다는 연구비 수주에만 사활을 거는 교수, 반목과 파당적 이해만 고집하는 교수, 학교 전체의 발전보다는 개인적 이해만 쫓는 교수, 대안도 없이 비난과 갈등만 일삼는 교수, 은사도 선배도 없는 나홀로 잘난 교수, 동료교수의 탁월한 업적을 시기 질투하는 교내용 교수, 시간강사와 학위를 미끼로 제자를 약탈하는 교수 등등 부정적인 면이 아직도 청산되지 않고 있다.

　이러한 부정적인 대학 현실에서는 교수에 대하여 학생과 사회의 인식이 나쁜 것은 당연하고, 학생들이 학문적·정신적으로 훌륭한 인격체로 성장할 수 있을지가 의문이다.

　또한 어려서부터 부모의존형 학생으로 순응하고 살다 보니 독자적 자율성과 자생능력이 아주 미약하다. 학교에서도 토론과 질문을 통한 학습보다는 일방적 지식전수만을 기대하고, 학점의 유불리만 쫓아가는 철새 수강, 인터넷 게임·도박·유흥 등에 빠져 미래의 삶을 위한 깊은 사색과 고민에 집중하지 않고 있다.

　학생들은 졸업 후 진로와 취업, 주택마련, 결혼 등 어려운 악조건에서 '자신감 하락', '심리 위축' 등 힘든 방황을 하고, 졸업 후 경제적인 독립을 하지 못하고 부모님과 여전히 동거하는 '캥거루족' 청년들이 늘어나고 있다. 참으로 안타까운 현실이다.

꿈과 낭만이 사라져 버린 교정, 진리탐구의 열정이 식은 대학, 괴짜 스승과 제자가 더 이상 존재할 수 없는 대학, 창의적 사고와 행동은 찾아볼 수 없는 획일화되고 있는 학생, 밤이슬 맞아가며 학문과 사회부조리에 대하여 치열한 논쟁과 토론이 사라져 버린 대학 등에서 교수는 무엇을 가르치고, 학생은 무엇을 얻을 수 있겠는가?

학생들에게 어버이날에는 부모님께 드리는 편지, 스승의 날에는 스승에게 보내는 편지 또는 수업과 연관된 레포트 대신에, '사랑',' 자기가 아름다울 때 ',' 우리는 가장 소중한 사람에게 가장 소홀히 한다 ' 등의 발표를 시킨 적이 있다.' 대학에서 처음으로 인생과 자신에 대하여 생각해 볼 기회가 있었다 '라고 고마워하는 학생들을 본다. 오래 전 졸업하여 잊고 있었던 제자들로부터의 안부전화와 찾아옴은 나만이 누릴 수 있는 기쁨과 행복이다.

대학은 학생과 교수가 공동주인이다. 인격과 경륜이 풍부한 '스승' 이 유능한 제자를 만들고, 성실한 '제자' 가 훌륭한 스승을 만들 수 있다. 학문과 인생의 스승으로서, '학생' 이 아닌 '제자' 를 만나는 것이 가장 큰 행복이 아니겠는가?

졸업은 또 다른 시작이다

(원광대신문, 2004.02.20.)

인생을 살다 보면, '모든 것이 시작이 있으면 끝이 있다' 라는 유시유종有始有終의 법도를 터득하게 된다. 대개의 경우 차이는 있지만 사회생활을 독립적으로 영위하려면 초등학교 입학으로부터 시작하여 대학을 졸업하게 되는 16년의 긴 세월을 보내야 한다. 이처럼 긴 교육과 준비기간은 우리 인간들이 헛되고 값싼 인생을 살아가서는 안되며, 국가·사회에 있어서 꼭 필요한 사람으로 성장하여야 한다는 의미를 내포하고 있다.

오늘은 우리 대학의 영광스러운 졸업식이 있는 날이다. 졸업생들은 기쁜 마음으로, 또는 우울한 마음으로 졸업을 맞이하게 된다. 오늘 졸업하는 학생들은 내일부터는 새내기 사회인으로서 첫걸음을 내딛게 될 것이다.

졸업은 마침표가 아니라 새로운 출발을 의미한다. 따라서 졸업생들은 '졸업' 이라는 마침표를 찍으면서 '미래는 내 것' 이라는 희망차고 풍성한 꿈을 가져야 한다. 지금껏 살아온 날들보다 앞으로 살아갈 날들이 많이 남았고, 지금까지 얻은 것보다도 앞으로 얻어야 할 것들이 더 많이 남아 있는 패기 충만한 젊은 세대이기 때문이다. 그렇기에 현재보다는 앞으로 얻게 될 미래자산을 내다보는 긴 안목의 인생설계를 해야 한다.

사회생활을 하다 보면, 때로는 성공에 기뻐하기도 하고, 실패에 좌절하기도 한다. 모든 것이 다 본인의 뜻대로만 되는 것도 아니고, 혼자서만 살 수 있는 세상이 아니기에 주변을 잘 살펴보고, 함께 하고 나누는 슬기로움과 지혜가 절실히 요구된다. 혼자서 하는 성공보다는 여럿이 함께하는 성공이 더 기쁨이 크고, 다른 사람의 아픔과 좌절을 함께 나누고 배려하는 넉넉한 마음은, 그가 속한 집단 뿐만이 아니라 그 주변까지도 밝게 비추는 등대가 되는 것이다. 따라서 독단과 아집, 편견보다는 기본과 원칙에 충실하면서도 다른 사람의 의견을 존중하는 유연성과 조정능력도 가져야 한다.

'있으나마나 한 사람' 보다는 '꼭 필요한 사람', 자기의 빈자리가 확연하게 드러나는 존재성을 가진 사람, 주변으로부터 존중받고 능력을 인정받는 사람 등으로 평가받도록 노력하여야 한다. 사회에서는 일방적 관용보다는 냉혹함이, 과정보다는 결과가, 실패보다는 성공이 우선 시되는 것이 현실이기 때문이다.

졸업은 앞으로 경험하게 될 여러 개의 마침표 중의 하나이며, 그 마침은 새로운 시작을 위한 것이다. 우리 대학의 졸업생들이 사회에 성공적으로 안착하여 국가와 사회의 당당한 주역으로 자리매김하기를 기도한다.

유시유종有始有終
시종여일始終如一

(원광대신문, 2005.02.18)

'모든 것이 시작이 있으면 끝이 있고, 처음과 끝은 한결 같아야 한다'라는 말이 있다. 세상의 많은 일들이 이러한 이치 속에서 이루어지고, 이 이치를 깨달으면 불편한 일들이 없어지고, 탐심貪心과 갈등, 분쟁이 줄어들 것이다.

세상의 어떠한 것들도 한 없이 이어지지는 않는다. 행복한 시간이든, 불행한 시간이든, 또는 당장에는 뭐가 뭔지 도통 모를 것이라도 시작한 모든 일에는 다 끝이 있기 마련이다. 대학생활도 이와 마찬가지어서 이제 졸업이라는 작은 매듭을 지어야 한다.

졸업을 앞 둔 졸업생들은 각자의 추억이라는 마음 속에 남겨진 풍경을 들여다 보자. 사회에 나갈 만반의 채비를 하면서 졸업이라는 끝을 대비하여 왔는가? 혹시라도 대학생활의 낭만과 여유에서 아직도 빠져나오지 못한 채 졸업을 맞게 돼서 당혹스럽지는 않은가? 애초에 시작할 때

마음먹은 만큼의 결실을 얻어내기는 쉬운 일이 아니다. 그러나 어느 한 순간 순간을 마무리 짓고 새롭게 출발할 때마다, 우리는 그것에 어떠한 의미를 부여하고 다시금 자신을 성찰하는 계기를 갖기도 한다.

끝은 또 다른 시작을 향하게 된다. 졸업과 입학으로 다시 시작하는 이들은 처음에 가졌던 마음으로 어떤 일이든 그것의 성취를 위하여 매진하여야 한다. 그것이 바로 시종여일始終如一의 마음가짐이다.

한결같은 태도로 모든 일에 임할 때 타인에게 신뢰감을 주고, 스스로 자신이 가고자 하는 길을 잃지 않고 나갈 수 있는 힘이 생기게 된다. 우리들의 둘러싼 주변 상황은 좋다가도 나쁠 수도 있고, 나쁘다가도 좋을 수도 있고 늘 변화하기 마련이다. 이러한 주변 상황에 대해 스스로 버틸 수 있는 힘은 바로 '한결 같음'이다. 그 중간 중간에 생기는 좋은 일이나 나쁜 일은 끝에 서서 돌이켜보면 단지 추억이고, 아무 것도 아닌 것이 될 수도 있다. 지나고 보면 무엇이 잘된 것인지 잘못된 것인지 달라질 수도 있는 것이 삶의 이치이기도 하다. 우리는 작은 것에 휩싸여 큰 것을 보지 못하고, '한결 같음'을 잃어버리는 어리석음을 범하고 있지는 않나 돌아다 보아야 한다.

졸업과 입학으로 주변이 분주하기만 하다. 지금 새로운 시작점에 서 있다면 설레임과 기대로 가슴이 두근거릴 것이다. 바로 그 자리에서 앞으로 가야할 삶의 여정의 끝을 바라다 보자. 시작과 끝은 시종여일의 마음자세를 가져야 한다.

졸업과 입학을 하는 청년들의 새로운 출발을 응원한다.

새해를 맞이하며

(원광대신문, 2004.01.01)

새해가 시작된다. 끝도 시작도 없는 시간이련만 한 해를 마감하고, 새해를 맞이하는 감회는 항상 우리들의 마음을 설레게 한다. 새해 벽두에는 '올해 한 해는 무엇을 달성할 것인가?' 라는 목표를 세우고, 그것을 실현하기 위한 구체적인 계획들을 구상하기도 한다.

인생의 목표는 그것을 달성하기 위한 계획과 준비를 철저하게 하였다면, 좀 더 느긋하게 생활할 수 있을 것이다. 그러나 구체적인 계획과 준비가 미진하였다면 허송세월을 보내면서 마음만 분주할 것이다.

'오늘 못하면 내일 하면 된다' 라는 순간적 회피심리로 대충 시간을 허비하는 습벽을 가진 사람은 시간은 항상 나에게 멈춰 서있지 않다는 사실을 알아야 한다. 반면에 오늘 할 일을 내일로 넘기지 않는 치열한 삶의 방식의 소유자는 주변을 넉넉하게 둘러보는 여유와 지혜를 함께 가져야 한다. 이 세상에 존재하는 생명, 재산, 시간 등은 모든 한정적인 재화財貨이기도 하다. 그러하기에 유한자有限者인 인간이 이러한 재화를 어떠한 방식으로 주체적으로 활용하는 능력을 가졌는가에 따라서 성공과 실패라는 인생의 갈림길에 서 있게 된다.

또한 행동을 할 때에도 생각의 깊이와 폭을 어느 정도로 조화시켜 나가는가에 따라서 '그 때'를 아는 지혜로운 사람이 되는 것이다. 중국의 사기史記에는 지자천려일실智者千慮一失 우자천려일득愚者千慮一得이라는 격언이 있다. 곧 '지혜로운 사람은 천 번을 생각하면 하나를 잃을 수 있고, 어리석은 사람은 천 번을 생각하면 하나를 얻을 수 있다' 라는 말이다. 모든 일에는 때가 있는 법이다. 그 때를 놓치게 되면 백약이 무효인 것이다. 그래서 '한 번 지난 좋은 시기는 두 번 다시 돌아 오지 않는다' 시호시호부재래時乎時乎不再來라고 하는 명언도 있다.

때로는 '흐르는 물처럼 사는 지혜가 필요하다' 라는 말들을 많이 한다. '흐르는 물' 은 정체停滯와 막힘이 없는 영속한 것일 수 있다. 살아가면서 때로 자신의 삶이 지체되고 정체되어 지지부진할 때에는 실망하고 낙담하지 말고, 웅덩이에 물이 서서히 차게 되면 넘쳐서 흘러 내리듯이 우리의 빈 삶도 보름달처럼 차게 되는 날이 있다는 희망과 용기를 갖고 질풍노도처럼 달려가야 한다.

흔히들 법[法]을 물[水] +간다[去] 의 합성어라고 한다. 인생은 물처럼 흘러가는 것이라고 한다. 사람이 필요에 의하여 만든 인정법人定法이든 자연의 이치와 섭리에 의하여 생성된 자연법自然法이든 그 속에는 진리와 정의가 살아 숨쉬는 공통분모가 있고, 막힘이 없이 흘러가는 것이다. 중국 공자孔子의 논어論語에는 '무엇이든 하고 싶은 대로 하여도 법도에 어긋나지 않았다' 종심소욕 불유구從心所欲 不踰矩라는 고사성어가 있다. 생활 속에서 법대로, 법대로 하는 생활 속에서 어느 누구에게도 손해나 피해를 주지 않는 삶을 사는 새해가 되었으면 한다.

새해를 맞이하면서 우리들이 소망하는 삶의 목표는 무엇인지? 그것을 달성하기 위한 계획과 준비는 철저한가? 등을 다시금 성찰해 보는 시간을 가져야 한다. 새해에는 뜻한 바 모든 것을 성취하기를 기도한다.

과거, 현재, 미래를 위한
새해 정담情談

(원광대신문, 2005.01.01)

　새로움의 의미가 있는 말들은 다 힘차고 활기찬 희망이 깃들어져 있다. 새해, 새출발, 새봄, 새벽 등등의 말이 그렇다. 사람들은 지나간 시간에 대하여 보람도 느끼지만, 그에 못지 않게 아쉬움과 회한을 함께 지니고 산다. 그렇기에 항상 '그래! 다시 새롭게 시작하는 거야!' 라고 자신에게 용기를 주고 아쉬움을 달래가면서 보다 나은 미래의 결실을 꿈꾸기도 한다.

　을유년 새해가 시작되었다. 이른 새벽에는 그날의 할 일을 생각하고, 새해 벽두에는 그 해에 할 일을 계획한다면 보람찬 날들의 연속이 될 것이다. 오늘을 충실하게 살려면 지나온 어제의 준비가 철저했어야 한다. 미래를 생각하는 사람들은 단지 오늘 하루만을 추구하며 살기보다는, 다가올 내일을 준비하며 오늘을 보낸다. 어제가 충실했던 사람의 오늘은 알찰 것이고, 계획성 있게 오늘을 살며 미래를 준비하는 사람의 내일은 성공이 보장된 삶이다.

　과거를 성찰하는 시간을 갖고, 그 과거 속에서 앞으로 살아나가야 할 교훈을 찾는다면, 현재에 있을 수 있는 오류와 실수를 줄일 수 있을 것이다. 항상 현재는 극복하고 넘어가야만 난제들만 가득 있는 것이 현실적 상황이지만, 끝이 없을 것 같던 역정과 고난도 어느 덧 지나고 나면 '언제 그런 일이 있었나?' 라고 하면서 추억의 뒤편으로 비켜 서 있음을 알게 된다.

　현재를 극복한 사람에게만 미래가 주어진다. 젊은 청춘들을 무서워해야 하는 이유는 그들에게 미래가 많이 남았기 때문이다. 미래가 없는 자는 죽은 자와 마찬가지이다.

　새해는 꿈과 희망이 있는 사람, 아직도 할 일이 남아 있는 사람, 과거보다 현재! 현재보다 미래를 위해 오늘을 사는 사람, 오늘에 만족하고 안주하기보다는 내일에 더 큰 기대를 품는 사람, 얻은 것보다도 얻어야 할 것이 많은 사람 등이 힘찬 도약을 할 시간이다.

　새해를 맞이하여 과거를 교훈 삼고, 오늘을 당당히 사는 사람은 희망찬 미래인 내일의 개척자이다.

제3부

역사! 그 끝없는 함성

Easy man의 유연성

(원광대신문, 2003.05.26.)

노무현정부는 과거의 기득권 계층의 수성守城과 몸부림에도 불구하고 선거혁명을 이끌어 낸 국민이 선출한 '참여정부'이다. 대통령 노무현의 탄생은 '국민의 소망이 무엇이었는가?'를 웅변해준 '민주주의의 쾌거', '선거혁명'이라고 의미를 부여할 수 있다.

그러나 대통령 취임 후 지금까지 대부분의 시간은 누적된 비정상을 정상으로 돌려 놓고, 그 반격과 저항을 해소하는 데 지쳐 기진맥진한 허송세월이었다.

요즘에는 대통령 후보 시절과 그 후의 말과 처신에 대하여 논란거리가 되고 있기도 하다. 친미굴욕발언, 북핵대처, 노사관계, 새만금추진, 정치개혁, 인사등용 등 많은 부분에 걸쳐 그가 과거부터 주장했던 언행의 원칙적 고수와 현실적인 타협과 실용 노선의 추진에 대하여 '변절자'이니 하면서 찬반 논쟁으로 다툼이 일고 있다. 그러나 이러한 찬반 논쟁은 자연인으로서의 정치인 노무현과 대한민국을 대표하는 대통령 노무현과의 입장 차이를 전혀 인정하지 않는 우스운 것이다.

국민들의 선출에 의하여 탄생된 대통령에게, 대통령이 되기 이전의 생각과 언행만을 지키라고 강요하며, '변절자'라고 험담하는 것은 무리한 협박이다. 물론 과거의 생각과 언행을 일거에 내팽개쳐서도 안되지만, 대통령 취임 후 산적한 국정 현안에 대하여 국익과 국민을 위하여 유연하게 대처하는 것은 대통령의 당연한 책무이기도 하다.

대통령은 그를 열렬하게 지지한 사람들만의 대변자도 아니고, 그를 반대했던 사람들도 포용하는 100% 국민의 대표인 것이다. 대통령 노무현은 과거에 지녔던 생각과 언행 등을 일관되게 지켜 나가면서도, 일개인이 아닌 국민과 국가를 대표하는 대통령으로서의 국가적 현안에 대하여 진지하게 설명하고 이해를 구해 나가는 노력도 더욱 필요하다. 그래야 '바보 노무현은 죽었다', '노짱 안녕!' 등의 말로 과거 노무현을 지지하고 사랑했던, 현재의 노무현을 비난하는 지지자들을 설득할 수 있을 것이고, 그가 잘못되기만을 소망하는 반개혁적인 수구세력을 제압할 수 있는 힘이 생기는 것이다.

자연인 노무현을 대통령 노무현으로 탄생시켰던 지지자들은 조급함에서 벗어나 좀 더 지켜보고 믿어주는 여유와 유연함이 있어야 한다. Easy man의 논란 등은 극히 지엽적인 것이다. 그런 소소한 비판을 일삼는 얄팍한 선정적인 정파적 선동은 숲을 보지 못하고, 이파리와 가지만 보는 우를 범하는 것과 다를 바 없다.

우리 국민들은 국익은 무엇인지? 정치, 경제, 사회, 문화 등 국정 전반에 걸쳐 나아갈 방향이 무엇인지? 다 알고 있다. 개혁 저항세력에 볼모가 되어 '대통령 하기 힘들다'라고 호소하는 노무현대통령은 민주시민의 저력을 믿고, 다시금 역사와 민족 앞에 긴 호흡을 하고 당당하게 앞만 보고 나갈 것을 응원과 함께 소망한다.

개혁이
혁명보다 어렵다

(원광대신문, 2004.05.31)

노무현 대통령에 대한 탄핵정국이 지나서도 바람이 잘 날 없는 정치권의 기상이다. 총선과 탄핵 기각결정을 통하여 국민의 의식변화가 미래의 한국을 만드는데 엄청난 변화를 줄 것이라는 희망을 갖게 된다. 하지만 아직도 국무총리지명, 장관교체, 보권선거 등을 통하여 나타나는 정치권의 일부 인사들의 행태는, 참으로 국민들의 인식과는 너무나 다른 후진적 상태에 지체되고 있음에 개탄을 금할 수 없다.

흔히들 '개혁이 혁명보다 어렵다' 라고 한다. 과거 기득권적 지위를 놓지 않으려고, 치밀하고 조직적으로 개혁의 발목을 잡고, 끊임없이 개혁세력을 와해시키려는 음모가 아직도 진행되고 있기에 더욱 그렇다. 또한 개혁세력의 미숙함과 조급함이 수구세력에게 공격의 빌미를 제공하고, 일부는 적당하게 부정과 타협하여 개혁의 순수함이 빛이 바래지기도 하고, 개혁의 초기 단계에서의 주저함으로 인하여 개혁의 시기를 그만 놓쳐 버리는 우를 범하기도 한다.

개혁을 하다 보면, 때로는 모든 것이 반개혁적이고 타도의 대상으로 치부될 수도 있다. 그러나 모든 것을 신중하게 검토해 보고, 개혁의 대상을 취사선택하는 선별능력과 시기의 완급을 조절하는 여유 등 지혜가 필요하다. 잡초를 뽑다 보면 잡초 아닌 것이 없고, 버리다 보면 다 버려야 하고, 어느 것 하나라도 버릴 수 없다면 모든 것을 다 안고 갈 수 없는 무거운 짐이 되는 것이다. 일의 우선 순위를 매기는 것, 완급조절을 할 수 있는 능력, 현재보다는 미래의 이익을 우선에 두는 통찰력 등도

개혁의 주체들이 갖춰야 할 덕목이다.

한편, 미리 준비가 되어 있는 실천력을 가진 사람을 발탁하는 인사정책이 필요하다. 전문성과 능력과는 상관없는 연고와 정실에 얽매인 인사시스템은 반개혁적이고 비효율적이다. 맡겨진 임무를 수행할 능력도 없으면서, 통할능력과 집행능력도 없으면서도 자리를 차지하고 싶은 사적 욕심에 자리에 연연하고, '그저 임기만 채우고 나가면 되지'라는 무사안일적 자리보전의 인사는 결코 허용될 수 없다. 한 번 임명한 결정이 잘못되었다면, 그 임명을 바로잡지 않는 오만한 임명권자의 자세도 경계하여야 한다. 한 가정의 일은 함에 있어서도 공심公心으로 하듯이, 하물며 국가의 중대한 공적인 일에 대하여는 더욱 더 공심의 태도를 가져야 한다.

우리 모두가 서두를 일은 서두르고, 천천히 해 나갈 일은 천천히 해 나가는 개혁적 자세로, 서로 힘을 합쳐서 미래지향적이고 생산성이 있는 개혁 정국을 기대한다.

'케리'에게 박수를, 우리에게 희망을

(원광대신문, 2004.11.08.)

미국의 대통령 선거 결과 부시 현 대통령이 승리하여 재선 대통령이 되었다. 민주당과 공화당 두 후보가 펼치는 정책과 이념 등은 전 세계인의 이목을 집중시켰고, 이 관심은 미국이 세계 초일류 강대국가임의 반증이다.

때때로 격렬한 선거운동의 부정적 사례가 있었지만, 잘못이나 실수 등에 대한 즉각적인 사과와 선거결과에의 깨끗한 승복은 한국 정치풍토의 삭막한 현실과 비교해 볼 때 미국은 성숙한 민주주의의 성지이었다.

공화당의 부시나 민주당의 케리의 선거 기간 또는 선거 후의 제일 중요한 관심사는 '갈라진 국론분열과 민심을 어떻게 통합하느냐?' 이었다. 부시대통령은 승자로서 "미국인들의 광범위한 지지가 필요합니다. 따라서 오늘 나는 내 경쟁 상대에게 투표한 모든 사람들에게 이 나라를 더욱 강력하고 더욱 훌륭하게 만들기 위해 여러분들의 지지가 필요하며 나는 그것을 얻기 위해 노력할 것임을 천명합니다. 새 임기는 전 국민에게 다가설 수 있는 새로운 기회입니다"라는 말로 전체 국민에게 진정으로 다가서고 있다. 패자인 민주당 케리 후보는 '조지 부시대통령에게 전화해 승리를 축하한다는 말을 했습니다. 우리는 국가의 분열위험과 단결의 절박한 필요성에 대해 이야기했습니다. 오늘 나는 우리가 치유의 과정을 시작할 수 있기를 희망합니다' 라는 말로 선거패배의 감회를 표현하고 있다.

우리나라도 몇 차례의 대통령 선거를 해왔지만, 이처럼 아름다운 선거문화를 아직 경험하지 못하고 있다. 야당은 국민이 선택한 노무현대통령을 '대통령으로서' 정서적으로 불인정하고, 국정의 발목을 사사건건 붙잡고, 결국은 대통령탄핵소추안을 국회에서 가결하여 대통령의 직무를 최장 180일간 정지시키고 있다. 노무현대통령의 여당은 승자로서 미리 준비된 국정운영을 제대로 하지 못하고, 의연하고 포용적인 정국운영을 하지 못한 채, 여야 간 양 극단의 대척점에 서서 반목과 대립을 반복하고 있다.

우리나라의 정치풍토에서도 민주당 케리 후보처럼 '누구를 지지했든 투표한 모든 유권자들에게 감사합니다. 당선과 낙선에 관계 없이 모든 후보는 다음날 아침이면 미국인으로 눈을 뜨기 때문입니다' 라고 생각하는 후보이고, 지지자들이어야 한다.

낙선하였지만 멋진 패배를 한 케리에게 박수를 보내며, 우리 국민도 국가와 민족을 위한 공통된 대의大義를 가지고, 하나된 우리나라를 만들 수 있다는 희망을 갖는다.

대한민국! 짝짝짝! 대한민국! 짝짝짝!

마음의 창을 열자

(원광대신문, 2003.05.13)

요즘 정치권의 신당 논의의 와중에서 나온 인적 청산 및 세대교체 갈등, 국가정보원장 임명 과정에서 나온 보수·수구 대 진보·개혁의 대립, 친북 이념 논쟁, 인사 잡음과 지역감정 등은 참으로 심각한 사회 갈등의 문제가 아닐 수 없다.

모든 것에 자기만의 잣대로 절대적 진리나 정의 개념 등을 도입·적용하는 것은 '편견'이고 '오만'이다. 어느 집단이든 갈등이나 분쟁이 상존하지만, 그것을 용해시킬 이해와 관용이 없다면 그 종착점은 그가 속한 집단의 후진적 퇴행의 모습일 것이다.

소집단적 사고와 언행, 무조건적으로 기성적 권위를 매도·타파하려는 시도, 변화와 개혁을 두려워하는 수구적 주저함, 타인에 대한 무배려와 몰이해, 나만 옳다는 유아독존적인 태도 등은 결코 바람직한 것은 아니다.

특히 학문적 고유 영역과 전문성이 강하게 인정되는 대학사회에서는 그 지적 성취도에 비례하여 이해와 관용이 더 클 것이다. 그러나 총장선거를 둘러싸고 요즘의 대학 풍토를 보면, 오히려 청산되어야 할 권력쟁투적 구태문화로 갈등과 분열이 조장되고, 여러 파쟁적 집단과 배타적 집단의식의 영속화로 대학발전 역행의 원인이 되기도 한다. 지성의 상아탑인 지식인 집단에서 상대를 인정하고 수용하는 융화적 포용정신과 승복자세, 합리적 보편적 상식이 통용되는 풍토, 구성원의 인화 속에서 다양한 의견을 결집하고 반영하는 지도자의 의사결정과정과 경영능력, 노·장·청의 세대 간의 조화로운 대학문화 등이 절실하다.

아직도 총장 선출의 와중에서 불가피하게 생성된 갈등과 분쟁이 있는 대학들이 있다. 자기가 속한 대학을 위한다는 마음은 같지만, 단지 그것을 추구하는 방법의 상이함으로 인한 갈등과 혼란은 일시적인 현상일 수도 있다. 그러나 구성원 사이의 대화의 단절과 부재 속에서 법인과 본부, 노조와 교수협의회 등의 편가르기를 지양하고, 진정으로 상대를 이해하고 포용하려는 최선의 노력을 다하였는가에 대한 자성이 필요하다.

갈수록 어려워지는 대학의 위기적 외적 환경에서 대학 내의 구성원 간의 융화와 화합이 이루어지지 않는다면 그 대학은 존망의 문제에 직면한다. 모든 것이 이해와 관용의 부족에서 출발한다. 하루가 다르게 급변하는 현시대에 행여나 우리에게 자신도 모르게 체득되어 있을지도 모르는 배타적 언행을 멀리하고, 개방적 사고와 태도로 존망 위기에 놓인 대학위기를 바라보는 열린 자세가 필요하다.

지성인의 집단인 대학 구성원들이 이해와 관용으로 갈등의 벽을 허물어야 한다. 모든 사고와 가치가 혼돈 속에 빠져 있을 때일수록 지성의 상아탑인 대학이 이 사회에서 필요한 빛과 소금의 역할을 다해 주는 것이 더욱 절실하다.

폭로성 대선 정국과
국민의 정치적 역량

(시사법률, 1997.11)

대통령선거를 얼마 남겨 두지 않은 요즘 국민들과 정치권의 관심사는 다자구도 대결의 대통령 후보 중 '누가 집권능력이 있고, 특정지역과 특정집단의 거부감을 극복할 수 있는가?'에 있다. 국민들을 상대로 한 정당과 후보에 대한 지지도 조사와 방송매체를 통한 토론회가 거듭되고, 지지율을 높이기 위하여 각 정당들은 다각적인 대책마련에 부심하고 있다.

각 후보에 대한 지지도를 높이기 위한 방안으로는, 가장 먼저 우선시 되어야 할 것이 각 정당의 정강과 정책이다. 특히 우리의 정치현실은 무릇 인물 본위의 특정 명망가에 의하여 정치적 부침이 좌우되었던 부정적 과거를 되살려 볼 때, 정당의 정강과 정책, 그리고 정당에 대한 선택은 그 중요성이 더욱 크다. 그러나 각 정당 간의 정강과 정책대결을 통한 국민의 심판보다는 상대방을 위한 폭로전과 지역감정의 조장 등이 난무하여 국민들의 정치권에 대한 불신과 냉소를 가속화시키고 있다.

대통령후보자의 PK, TK 등 어느 특정 지역의 민심을 끌어 안아 선거에 유리한 국면을 이끌어 내려는 선거전략은 자칫 망국적인 지역감정을 조장하고, 그 지역주민의 정치역량과 수준을 무시하는 처사이다. 일부 정치인들이 유권자인 그 지역주민의 의사와는 상관없이 정략적 이해득실만을 위하여 망국적인 지역감정을 조장하는 추악한 정치놀음은 아직도 계속되는 슬픈 역사의 단면이기도 하다.

최근의 대선 후보자들의 경선자금, 정치자금 등에 대한 사활을 건 폭로전이 연속되고, 그 폭로전은 앞으로 계속될 것임을 정당관계자들은 공공연하게 공표하고 있다. 이 시점에서 우리는 무엇을 위한 폭로전인가를 냉정하게 판단해 볼 필요가 있다.

이른바 DJ정치비자금을 둘러싼 공방에서, 무책임한 여론몰이식 선동정치의 폐해와 국민에 대한 무책임성의 극치를 보며 느낀 점을 몇 가지 소개한다.

첫째, 근거가 없는 루머에 기초한 '그렇다더라', '카더라', '그렇지 않겠느냐' 등 한번 발설하고 '아니면 말고 식'의 언론플레이는 국민의 눈과 귀를 호도하는 가증스러운 술책이다.

둘째, 끊임없이 계속되는 1992년 대선 자금의 경우 '전혀 한 푼도 받지 않았다', '본인이 직접 국민에게 고백해야 할 문제이다', '먼저 정부여당이 공개하면 나도 하겠다', '특정 야당 후보의 1992년 대선자금 잉여비자금이 얼마이다' 등 일련의 공방은 소모성 정쟁으로 그 정치적 의도가 궁금하기만 하다. 우리나라의 장래와 운명을 걸머쥔 대통령의 자질과 청렴과 관련된 것이라면, 처음부터 모든 것을 일목요연하게 밝혀야 한다. 1차, 2차 등으로 조금씩 나눠서 폭로를 이어 가면서, 검찰수사를 촉구하는 것은 당리당략적인 치졸한 정치선전이다. 5·6공화국의 전두환·노태우의 천문학적인 액수의 부정축재비자금과 연관되어 형사처벌된 재벌 총수들을 국가경쟁력 강화 차원에서 개천절 특사로 사면·복권된 지 얼마 되지 않은 시점에서, '돈을 제공한 기업인에게는 불이익을 줘서는 안된다' 라고 하면서도 유독 DJ의 비자금만 엄정 수사를 다시 촉구하는 것은 검찰권의 행사를 정치 예속화하는 것이다. 이제는 불법 정치자금의 굴레와 소용돌이에서 벗어나야 하고, 1992년 대선자금, 신한국당의 경선자금 의혹 등은 이번의 대통령선거에서 국민의 엄정한 심판에 의하여 판가름 날 것이다.

셋째, 법은 모든 국민에게 공평하게 적용되어야 할 사회규범이고, 국가 존립과 안위의 근본이다. 이번 DJ의 비자금에 대한 자료는 어떠한 방법으로, 누가 조사하고 수집하였는가를 밝혀야 한다. 언론보도에 의하면, 신한국당, 안기부, 검찰, 금감원, 청와대 등이 개입된 것으로 의혹을 받고 있다. 개인의 금융정보를 법원이 발부한 영장에 의하지 않고 수집하는 것은 불법이다. 따라서 헌법과 형법, 개인정보보호법 등에 의하여 보호되고 있고, 위법하게 수집한 증거는 위법수집증거배제법칙에 의하여 그 증거능력이 부정된다. 김영삼문민정부의 최대 치적이라고 내세우는 '금융실명제' 하에서도 절대로 불법적인 금융정보의 수집과 활용은 허용되지 않는다. '결과와 내용이 중요하지, 그 과정 상의 불법이 뭐 그리 대수이냐?'라고 항변할지도 모른다. 결국 '목적을 위하여서는 수단과 방법을 가리지 않아도 된다'라는 잘못된 의식을 심어주게 된다. 일반 국민은 법의 수범자로서의 의무를 잘 지켜 나가고 있는데, 소위 힘있고 '뒷배'가 있는 사람들은 법을 교묘하게 넘나들며 악용하는 것은 잘못된 일이다. 이것은 일반 국민들에게 '법은 강자의 이익, 약자를 탄압하는 수단'이라는 법불신을 갖게 한다. 사실 정치, 경제, 사회 등에서 막강한 기득권을 가진 강자들에게는 법이 비교적 관대하게 적용되어 왔음은 주지의 사실이다. 흔히 '법망을 벗어 났다'라는 말이 있다. 법망法網은 '법의 그물'이다. 법의 그물을 벗어나려면 아주 작은 송사리 같은 물고기나 빠져 나갈 수 있는데, 고관대작高官大爵의 유력인사들이 오히려 법의 그물을 찢고 나가거나 그 법의 그물 위로 날아 오르는 신통력을 보여주는 것이 현실이다. 누구든지 '법대로'가 지켜져야 하고, 법을 위반하면 법망에 걸려 모두 법의 심판을 받아야 한다.

넷째, 불법적이고 음성적인 정치자금의 단절을 위한 정치자금법을 구체화하여야 한다. 지정기탁금이 특정 정당에만 쏠리고, 합법적인 정치자금의 기탁자에 대한 국세청, 검찰의 뒷조사와 탄압을 차단하여야 한다. 지정기탁금제도 대신에 국가예산으로 총선에서의 국회의원 당선자 또는 총선득표율에 의한 정치자금을 배분하는 것이 음성적인 정치자금, 보험용 정치자금을 차단할 수 있는 좋은 방안이다.

다섯째, 정치권에 난무하는 저질스런 정치언어의 정화 내지 순화가 필요하다. 예컨대, '끝장을 보자', '갈 때까지 간다', '사생결단', '저격수', '정치생명을 걸고', '목을 내놓으라' 등등 섬찍하고 극단적인 정치언어가 난무하고 있다. 국민을 대표하고, 국가의 존망을 결정하는 민의의 대변자인 정치인들의 입에서 나오는 게걸스러운 언어폭력을 멈춰야 한다.

유권자인 우리 국민을 우습게 보지 말라! 질 낮은 정치인들보다도 훨씬 높은 성숙한 민주시민의 역량과 수준을 가진 유권자라는 것을 명심하여야 한다. 앞으로 우리나라의 장래와 명운을 좌우할 선진정치를 한층 더 높이는 선거문화의 정착은 유권자인 우리 국민들의 손에 달려있다.

국민의 힘으로 바로 잡아야

(원광대신문, 2003.11.24.)

불법적인 정치자금의 수수 액수가 상상을 초월하며 끊임없이 터져 나온다. 그 동안 우리나라에서 정치를 하고, 사업을 해왔던 사람들이 과연 정상적인 정신의 소유자였는지 의심스럽다. 부패와 불법, 편법이 만연된 정치·경제 집단은 도대체 어디까지 썩고 곪아 있는지 종잡을 수가 없다. 그래서 '모두 다 도둑놈들이다' 라는 말이 우리 사회에서 유행어가 되어 버린 것이다.

조선 왕조는 일제 강제침략으로 양반제가 무너졌고, 대한제국은 일제

치하에 굴종하여 지내다가 강제합병되었다. 그 후 독립운동과 광복투쟁으로, 제2차세계대전에서 일본이 패망하여 우리나라는 해방이 되었고, 임시정부로 명맥을 이어온 대한민국의 정부수립이 되었다. 그 후 극심한 좌우 이념 대립과 동족의 분열로 남북 분단이 되어, 북한 6.26 남침에 의하여 동족상잔의 전쟁참화를 겪게 되었다. 그러나 통일의 과업을 달성하지 못한 채 분단의 아픔을 아직까지 이어오고 있다. 외세에 의한 조선왕조의 퇴락과 해방, 6·25 동족 상잔, 분단 고착화 등 불과 100여년 동안에 우리는 가슴 아픈 역사를 압축 경험하고 있다.

그러다 보니 우리 민족 스스로가 자생적 힘에 의한 양반제도의 타파, 시민계급과 공화제도의 형성이 더뎌졌고, 역사적 주체로서 능동적인 삶을 살아 왔다기보다는 타율적 지배에 순응하고 살아온 점도 있음을 부인할 수 없다. 더구나 일제강점하에서 친일 부역한 반민족적 친일 매국노와 그 후손들, 반민족적 자본가, 부패한 친일 부역 관료 등이 해방 후 이승만정권의 비호 아래 혼란한 한국 사회의 주류로서 교묘하게 변신하여 득세하게 되었다. 이 비극적 상황에 제대로 대처하지 못한 결과로 우리의 역사적 정통성과 민족의 정기는 약화될 수 밖에 없었다. 더 나아가 그들이 부패한 정치집단과 야합·결탁하면서 정치, 행정, 경제, 사회, 문화, 언론 등 사회 전반에 걸쳐 잔존 암약하고, 사회적 강자로서 행세하는 악영향을 지금까지도 미치고 있다.

망국적인 불법적인 정치자금과 부정축재 등의 비리를 보면서, 흔히 말하는 것처럼 '자기 피와 살 같은 돈' 이면 그렇게 주고 받을 수 있을까? 궁금하다. 내 돈이 아니고 남의 돈이니 천문학적인 엄청난 돈을 주고 받는 것이다. 그들은 '누구도 정치자금으로부터 자유로울 수 없다', '나만 더럽나 다 똑 같다' 라고 궤변을 늘어 놓기도 한다.

국가와 민족, 우리 사회에 헌신 봉사하겠다고 목청을 높였던 정치인과 공직자, 경제발전을 위하여 평생을 헌신한다는 대기업 재벌가 등의 부패하고 비정상적인 돈거래 관행을 보면서, 이러한 퇴행적 부패고리가 후손 대대로 물려 가는 것은 아닌지 비관스럽다.

불법적인 정치자금과 부정축재 등의 음성적인 관행이 지속되어 온 것은 국민들이 감시가 미약하였고, 국가·사회의 부정척결시스템이 제대로 작동하지 않은 결과이다. 부조리를 혁파하는 사회 자정능력의 약화, 정의사회를 위한 사정司正의 칼날이 무뎌졌기 때문이다. 이번 기회에 우리 사회에 만연된 부정과 부패의 악순환 고리를 잘라내야 한다. 이것을 바로 잡지 않으면 우리나라의 미래와 희망은 없는 것이다.

지역감정과 선거유감

(시사법률, 1996.05)

풀뿌리 민주주의의 초석이라고 불리어지는 지방자치정부의 출범 이후 시민을 위한 행정서비스의 확대와 지역 주민에 의한 도지사, 시장, 군수, 구청장, 시·군·구·도의원과 행정공무원들의 시민에 대한 태도와 행정서비스의 질이 눈에 띠게 좋아지고 있다. 주민 편의 중심의 행정, 주민의 총의에 의한 정책입안과 수립, 사업집행 등 과거 임명직 단체장의 시절에는 볼 수 없었던 풍경에 흐뭇하기만 하다. 이러한 새로운 정치문화의 태동을 경험하면서 신선한 감동과 충격도 받게 된다.

국회의원과 지방자치단체장의 선거는 나라와 지역의 살림꾼을 선출하는 선거임에도 '인물이냐, 정책이냐, 정당이냐, 아니면 지역연고가 있냐 없냐' 등 싹쓸이 정치 세몰이가 강하여 온통 한반도가 정치적 격랑에 휩싸이는 선거이었다.

선거에 있어서 인물, 정당, 정강과 정책 등은 아주 중요한 요소이다. 곧 못난 인물이 정책을 잘 만들 수 없고, 정당의 정강과 정책이 훌륭하여야 나라를 잘 이끌어 나갈 수 있는 것이다. 그러나 우리의 그간의 정치현실은 무릇 특정 인물 본위의 정치명망가에 좌지우지 되어 왔고, 정당, 정당의 정강과 정책 등은 그 중요성에 비추어 볼 때 상대적으로 소홀하게 취급되어져 왔다. 이번의 국회의원과 지방자치단체장의 선거에서는 그가 속한 정당, 정당의 정강과 정책을 꼼꼼하게 살펴보고 선출하는 지혜를 가져야 한다. 그렇게 하여야 그들의 무정견과 무소신적 정치행태를 교정할 수 있으며, 그들의 견강부회牽强附會와 교언巧言, 선동에 휘둘리지 않는 참된 시민의식을 가진 유권자로서 대접을 받을 수 있다.

'정당정치'라는 것은 그 정당의 당헌당규에 표방하고 있는 정강과 정책을 '우리 당은 이렇게 하겠습니다'라고 유권자에게 알리고, 적극적인 지지를 호소하여 정권교체 내지는 그 틀을 만들어나가는 것이다. 그럼에도 그 당이 추구하는 정강과 정책은 뒤로 하고, '인물만 보고 찍어 달라', '다른 정당을 지지하는 것은 지역 자존심에 반하는 것이다'라고 하는 선거전략을 구사하기도 한다. 또한 자기 속한 당의 이미지로는 선거전략상 불리하니, 소속한 당을 부각시키지 않는 후보자들도 상당수 있다. 자기가 속한 소속 당을 유권자에게 떳떳하게 알리지도 못하는 정치철학과 신념을 가진 행태는 자기비하적인 정치꾼의 태도이고, 그런 정치꾼은 정치적 이해에 따라서 이합집산하는 '철새 정치꾼'으로 전락할 것이 뻔하다.

지역주의의 할거와 지역등권론, 핫바지론, 망국적인 지역감정 부추김 등 여야 간의 극한 대립으로 나라가 이분 삼분 분열되고 있다. 일부 소수의 나쁜 정치꾼들이 지역감정을 부추기고, 성숙한 민주시민의 역량을 부화뇌동하는 무지한 유권자로 취급하는 것을 보면 화가 치밀고 씁쓸한 심정이다.

선거 때마다 고개를 쳐드는 망국적인 분열의 단어인 '지역감정'이라는 말은 지겹기만 하다. 여야 가릴 것 없이 망국적인 지역감정을 타파하여야 한다고 말로는 번지르하게 하면서도, 당리당략적 유불리에 따른 표몰이를 하기 위해서, 여기 가서는 지역감정 타파를 외치고, 저기 가서는 지역감정을 부추기는 이중적 작태를 일삼아 왔음은 우리가 다 알고 있는 사실이다. 지역 홀로서기, 지역 자존심 등을 거론하며 자기를 뽑아 달라고 호소하고, 그러한 주장에 동조하면서 몰표를 몰아주는 선거행태를 되풀이해서는 안된다. 지역감정을 볼모로 하는 정당과 정치꾼은 민주시민의 선거혁명으로 쫓아내야 한다. 왜냐하면 그들이 자기 고장과 지역 주민의 명예와 자존심을 실추시키고, 지역발전을 가로 막는 원흉이고 앞잡이이기 때문이다.

어떤 정당은 특정 지역에 후보 공천도 하지 못해 지역정당의 틀을 벗어나 전국 정당화를 이루지 못하고, 어떤 정당은 이중적인 지역감정의 선거전략을 아직도 획책하고 있기도 하다. 특정 지역의 싹쓸이 공천과 당선을 비난하면서도, 자기가 속한 지역의 싹쓸이 당선은 당연시하는 아전인수식 모순적 정치행태는 변화할 조짐도 없다. 지역 주민들 역시 말로는 망국적인 지역감정의 폐해를 비난하면서도, 정작 투표하러 가서는 '우리가 남이가'라는 꿈에서 깨어 나오지 못한다.

이번의 국회의원 선거에서 각 정당에서는 지역감정을 극복하고 '극적으로 생환한 당선자'가 몇 명이 있다. 그러나 이들도 지역감정의 골을 정면으로 부수고 당선된 것은 아니다. 어쩌면 눈물의 호소 내지는 개인의 인물평가에 의존해 당선의 영예를 얻지 않았나 생각된다. 물론 그들을 지역감정의 골을 극복한 장한 인물로 보기에는 부족한 점이 많고, 아직도 갈 길이 먼 듯 하기 때문이다. 일부 성숙한 시민의식을 가진 유권자들이, 지역감정 해소의 본보기로, 또는 정당의 정강과 정책을 보고, 우리나라의 장래를 위하여 용기 있는 변심(?)을 하지 않았나 하면서 힘찬 연대의 박수를 보낸다.

어느 지역에서는 지역감정의 폐해를 고스란히 겪어 왔으면서도 다른 특정지역처럼 한 당에 싹쓸이하는 당선을 허용하지 않았고, 낙선한 여당과 야당의 후보자의 득표율이 차이가 크게 벌어지지 않았다. 이 지역은 6·27 지방자치단체장의 선거와 4·11 총선에서도 드러났듯이 여당과 야당의 후보자도 거의 공천할 정도로 지역감정의 골을 어느 정도 매꾸는 비교적 선진정치문화를 가진 것이었다. 이런 긍정적인 변화는 망국적인 지역감정의 굴레에서 벗어난 모범적인 민주시민의식과 역량에 의한 것이다. 앞으로는 지역감정을 극복하는 민주시민들이 적극 나서서 지역감정을 조장하는 정치작태를 가진 정당과 정치꾼을 몰아내야 한다. 이제 치열했던 선거광풍이 지나가고 열기가 사그라지고 있다. 지난 선거에서 표출된 잘못된 것들을 돌아보고 새출발을 시작할 때이다. 깨어 있는 성숙한 시민의식과 정치역량을 강화시켜, 자랑스러운 한국, 민족적 자긍심을 가진 우리나라를 후손에게 물려 줄 수 있도록 다 함께 최선을 다하자.

선거와 국민의 역할

(전주일보, 1995.05.04.)

지방자치선거를 앞두고 지역주민과 정치권의 관심이 정당의 후보자 공천과 선거출마자의 신상에 대하여 관심이 쏠리고 있다. 중앙의 정치문화에 익숙해진 지역주민들이 자기가 살고 있는 지역 안에서의 일을 자치단체장과 시·군·구·도의원을 뽑는 일은 그 무엇보다도 중요하고 역사적 의미가 있는 일이다.

우리 정치는 과거로부터 특정 정치명망가에 의하여 이끌리고, 정치적 카리스마가 강한 지도자에 의하여 좌지우지되어 왔음을 부인할 수 없다. 그러다 보니 주체적이고 참여적인 정치활동보다는 정치에 순응하고 피동적인 존재로서의 소극적인 시민으로 역할에 머무르게 된 것이다. 적극적이고 참여적인 시민보다는 일부 나쁜 정치인들의 악의에 조종되고, 때로는 정치수준과 의식이 낮은 시민으로 매도되고, 선거철에만 '유권자가 왕이다' 라는 잠시의 립서비스에 감동하였기에 정치인의 노리갯감으로 취급당하여진 것이다.

선거철이 오면 '그 사람이 그 사람이니까 나한테 인사 잘하고 술 한잔 사는 사람이 그래도 낫다' 또는 지연, 학연, 혈연 등등 고질적인 집단패거리 선거문화에 빠져 있기도 하다. 그러니까 자신이 뽑아준 정치인에게서 무시를 받고, 유권자인 시민의 의사를 대변하지 않고 정치적 이해에 따른 이합집산을 하는 작태를 망설임 없이 하는 '정치꾼' 만 양산해 내는 것이다.

참다운 민의를 대변하는 대통령, 국회의원, 자치단체장, 시·군·구·도의원을 선출하려면, 이들보다도 더 정치의식과 역량이 우월할 때에 이들에게 무시당하지 않고, 이들이 우리들의 민의를 제대로 수행하는 '정상모리배' 가 아닌 '정치가' 로 성장시킬 수 있는 것이다.

일부 정치인들이 민주시민의 의식과 수준을 낮게 보고, 정치적 이해와 편의에 따라 시민들의 의사를 '전체 국민의 뜻', '다수 시민의 명령' 등의 말로 도용하는 몰염치한 언행을 자주 볼 수가 있다. 이것은 그들을 뽑아준 유권자를 배신하고, 진정한 민의를 무시한 부도덕한 행위이고, 이것을 척결하기 위하여서는 파렴치한 그들을 '정치의 장場' 에서 영원히 추방 도태시키는 선거혁명을 이루어야 한다.

때로는 유권자인 우리가 정치인의 잘못을 보고 격노하다가, 어느 순간 쉽게 망각하고 다시 뽑아주는 이율배반적인 선거행태에 젖어 있지 않나 자성해볼 필요가 있다. 결정적인 정치적 과오에 대하여 금방 '죽일 놈', '살릴 놈' 하다가도 언제 그랬느냐고 슬그머니 물러서는 나약함 때문에 오늘 같은 낮은 정치문화가 지속되고 있다. 또한 제3의 권력이라고 대우받는 언론마저도 정치적 사건이 발생하면 폭풍처럼 보도를 쏟아 내고, 팩트 체크도 없는 선정성과 폭로성이 강한 단순한 뉴스 전달 매체로서의 역할에만 그치고 있기도 하다. 언론도 공익을 대변하고, 사회부조리와 고질적 병폐를 드러내 치료하는 감시자·고발자로서의 순기능적 역할을 충실히 하여야 한다.

우리 시민들도 유권자, 주권자로서의 주체적 지위를 가지고 선거에 참여하고, 선출된 민의의 대변자인 정치인들을 항상 감시하고 옳은 방향으로 이끄는 향도자적 책무를 가져야 한다. 선거는 깨어 있는 시민에 의한, 조용하지만 강력한 효과를 가진 선거혁명이다. 이 선거혁명을 기필코 완수하여야 역사와 민족, 후손들 앞에 당당하게 설 수 있는 것이다.

총선에서의 민심의 승리

(원광대신문, 2004.03.22.)

노무현대통령에 대한 탄핵소추안이 국회에 가결된 후 그것을 반대하고 비난하는 시위로 온 나라가 시끄럽다. 국회의원은 국민의 대변자인데도 불구하고, 그들이 국회에서 다수결의 원리로 탄핵소추안을 가결한 것에 대하여 다수 국민들의 비난이 가열찬 것을 보면, 민의의 대변자인 국회의원이 잘못을 했던지? 아니면 우매한 민중이 소란을 피우고 있는 것인지? 아리송하다.

국회의원이 민의를 잘못 대변하였다면, 민심을 망각하고 민의를 제대로 수행하지 않은 국회의원을 소환하고 그들을 잘못 선출한 오판에 상응한 책임을 유권자가 져야 한다. 민심이 천심이라는 유권자들의 의사를 제대로 반영하지 않은 의정활동을 한 무자격자인 국회의원에 대한 책임을 묻는 방법은 선거를 통하여 할 수밖에 없다. 국회의원들이 유권자의 의사에 정면으로 배치하는 의정활동을 하게 된다면 이는 도저히 용서할 수 없는 대의정치행위이다. 또한 그러한 국회의원을 '우리가 남이가' 라며 지역감정 등 여러 요인에 의하여 다시금 슬그머니 선출하여 준다면 우리나라의 민주주의와 정당정치는 바르게 나아갈 수 없다.

과거에는 우리나라의 정당과 정치인은 뚜렷한 이념적·정책적 노선 차이가 있었다. 그러나 근래에 들어서는 이합집산과 반목, 극한투쟁의 갈등만 심화되고 있다. 다양한 이념적·정책적 노선 차이를 조정과 타협, 정반합正反合의 논쟁과 수용으로 모순과 갈등을 용해 해소시키려는 것보다는 '넌 안돼', '나만 최고야', '다 같이 죽자' 라는 편향된 정치구호가 난무하여 국민들의 갈등을 조장하고, 끝없는 부정과 부정의 싸움 속에서 승자가 없는 못난이 정치질만 하고 있다.

때로는 선거철만 되면 고착된 지역감정을 볼모로 한 갈등구조 속에서 반사이익만을 꾀하는 정치술수로 인하여, 그것에 현혹된 유권자들에게 올바른 주권행사를 망치게 하는 고질병이 있다. 이러한 당리당략적 술수에 획책하는 정당과 정치인들은 민족과 역사 앞에 죄업을 쌓는 일이다.

노무현대통령의 탄핵소추를 통하여 적나라하게 드러난 정당과 국회의원의 본 모습, 민의를 대변하지 않은 정치행위에 대하여 유권자들은 이번 총선에서 준엄한 심판을 하여야 한다. 그래야만이 우리나라 동물국회에서의 멱살잡이 싸움질을 배경으로 만든 외국 TV 광고의 문구처럼 '이 와이셔츠는 구김이 가지 않는다' 라는 비아냥을 받지 않을 것이고, '한국 국회 안의 모든 비품들은 고정되어야 한다' 라는 세계인의 조롱거리가 되지 않는다.

희망적인
4 · 15 선거혁명

(원광대신문, 2004.04.06.)

4 · 15 국회의원 선거전이 본격적으로 시작되었다. 각 후보자의 신상명세와 재산상황이 인터넷으로 공개되고, 유권자는 그에 기초하여 투표 향배를 결정하는 데 도움이 되는 정보를 얻을 수 있다.

국회의원 후보자의 합동연설회가 사라지고, 공직선거법에 의하여 금품살포 · 인원동원 · 향응접대 등이 금지되고, 비교적 조용한 가운데 이루어지는 4 · 15 국회의원 선거운동은 타락한 과거의 선거 때와 비교해 보면 일응 진일보한 것으로 평가된다.

무조건 '당선되면 된다' 라는 절박함에 불법적인 수단과 방법을 가리지 않는 선거운동을 하다보니, 그 혼탁함이 극심한 과거의 정치현실이었다. 그래서 이제는 그러한 혼탁선거에서 탈피하여 희망의 정치지형을 다시 만들고, 국민들에게 희망을 주는 선거혁명의 시범적 기회를 맞이한 것이 이번의 4 · 15 총선이다.

4 · 15 총선 혁명을 통하여 망국적인 지역감정의 조장, 혈연 · 학연 · 지연 등에 기초한 고질적인 투표행태, 금품살포로 얼룩진 타락선거, 후보공천을 둘러싼 잡음과 이합집산, 과열 혼탁한 선거운동, 냉소적인 선거 무관심, 지지 후보를 둘러싼 극명한 세대 간의 분열과 불화, 냉전 수

구적인 소모적 이념갈등과 선동 등을 우리가 극복하고 넘어가야 하는 과제이다. 그렇지 않으면 구태에 찌든 퇴행정치의 덫에 걸려 우리는 한 발짝도 밝은 미래를 향해 나갈 수 없다. 다행스러운 일은 앞에서 언급한 퇴행적·부정적 요인은 현명한 유권자들의 표심에 큰 영향을 미치지 않을 것이고, 과거 지역감정과 지역정서에 편승했던 정당들도 이제는 전국에 걸쳐 고르게 후보자를 공천할 수 있을 정도로 전국 정당화로 진화하고 있다.

　선거일이 다가올수록 타락한 과열 선거양상은 혼탁 조짐이 보일 것이고, 일단 당선되고 보자는 막판심리로 불법 선거활동이 자행될 수도 있다. 최근 대법원의 선거사범의 신속한 재판, 중앙선거관리위원회의 향응 접대받은 자에 대한 그 향응 액수의 50배의 과태료처분, 불법 선거운동자의 신고자 포상금액 최고 5천만원 지급 등의 영향으로 불법 선거운동은 쉽지 않을 전망이다.

　결국 우리나라의 옳고 바람직한 선거문화를 만드는 일은 민주시민의 몫이다. 이 민주시민의 성숙도와 역량에 의한 선거혁명에 의하여 우리의 미래가 결정되는 것이다. 따라서 이번의 4·15 총선에서는 우리 민족과 나라의 운명을 결정할 국회의원선거이다. 미래지향적인 정책과 비전을 가진 정당과 올바른 사고와 정신을 가진 국회의원을 선출하는 선거혁명을 이뤄야 한다.

정치공황과 유권자의 심판

(원광대신문, 2004.03.15.)

　모든 것이 무상無常하다. 세월무상, 정치무상, 인연무상, 권력무상 등 어떠한 것들도 영속성이 없고, 지속적인 유지도 불가능하여 무상, 무상이다.

　여당과 야당, 대통령과 언론, 검찰과 부패한 정치인·경제인과의 끊임없는 대치가 가열되고 있다. 여야의 극한 대립이 노무현대통령의 탄핵소추안을 국회에서 가결시켜, 대통령의 직무가 정지되는 우리나라 헌정 사상 초유의 비상사태가 일어 났다. 이에 따라서 노무현대통령의 직무권한은 헌법재판소의 탄핵심판에 대한 결정이 있을 때까지 최장 180일 동안 정지되게 되었다.

　상업고등학교 출신 사법시험 합격자인 인권변호사 출신 대통령 노무현의 '국가개혁의 실험적 시도는 과연 이렇게 어정쩡하게 끝나야 하는 것인가?', '구태의 기성적 구습과 관행을 타파하고자 했던 치열한 열정이 무모함과 미숙함으로 비쳐 기성 정치인과 언론의 집중 포화 속에서 막을 내려야 하는가?', '진정으로 우리나라를 과거의 틀 속에 가둬 놓고, 한 발도 앞으로 나갈 수 없어야 하는가?' 라며 바보 노무현을 사랑하는 사람들은 절망과 탄식의 눈물을 흘리고 있다. 이와 반대로 탄핵소추를 주도했던 야당은 빼앗겼다고 생각하는 대통령의 자리와 권력을 되찾을 것이라고, 국민과 함께 좌파적 노무현정권을 심판하였다고 의기양양해 하고, 어설픈 노무현대통령의 자업자득이라고 승리의 웃음을 짓고 있다.

법의 가면을 쓴 총칼 없는 입법부의 쿠테타라고 절망하고, 분노와 울음을 터트리는 진보적 개혁론자의 탄식과 한국 민주주의의 승리라고 자평하는 보수주의자들의 함성이 극명하게 대비되는 극단적 인식의 차이는 무엇인가? 정국파행과 국가혼란의 책임은 누구에게 있는가? 또한 과거 노무현을 지지했으나, 대통령이 된 후 변절했다고 비난하며 지지를 철회한 이상적 급진주의자들은 조급함을 버리고 좀 더 여유를 가지고 지켜볼 수는 없었는가? 또는 그들은 도대체 이런 반동적 상황을 진정으로 예측하고 원하였던 것인가? 참으로 답답한 형국이다.

　우리 민족의 분열과 갈등, 파당과 패거리의식은 국론분열과 동족 분단을 가져 왔고, 사회적 갈등을 악화시켜 민족적 성장동력을 파열시켜 왔다. 이러한 극단적 분열과 갈등, 혼란, 후진적 정치공황과 경제공황은 국민적 정신공황으로 전이되어 우리가 나가야 할 방향을 혼돈스럽게 하고 있다.

　노무현대통령의 탄핵소추안의 가결에 대한 부정과 긍정의 평가는 아주 가깝게는 곧 있을 국회의원선거에 국민적 심판을 받을 것이고, 멀게는 역사적 심판의 몫으로 남게 될 것이다. 그러나 먼 역사적 심판의 몫으로 남겨 두기에는 유한적인 현실을 사는 우리들은 이 어려운 상황을 지혜롭게 극복해 나가려는 혁명적 사고와 실천력을 가져야 한다. 국가와 민족 앞에 소모적 정쟁만을 일삼는 정치모리배들을 다음에 있을 국회의원 총선에서 이번 기회에 정치판에서 깡그리 몰아내야 한다. 그것만이 무상한 정치현실에서 오늘의 갈등을 치유하고, 미래의 희망을 찾을 수 있는 유일한 탈출구이기 때문이다.

지방자치와
선거열풍

(시사법률, 1996.05)

4대 지방자치선거에서 특별한 관심과 주의를 기울이지 않으면 누가 우리 지역구 후보이고, 무슨 당의 후보인지 알기가 쉽지 않다. 주요 3당의 입후보를 비롯한 워낙 많은 수의 무소속 입후보자가 출마한 까닭이다. 또한 대통령선거 때와 같은 중앙당 차원에서의 선거지원과 이른바 new '3김시대'의 새로운 시작으로 불릴 정도로 전면에 다시 등장한 '3김씨'들의 선거지원과 비난의 강도가 예사롭지가 않다.

김대중 아태평화재단이사장은 망국적인 지역할거주의와 지역패권주의를 극복하기 위하여 각 지역이 동등한 발전을 꾀할 수 있는 지역등권주의와 지역분권론을 주장하면서 정계복귀의 비난을 감수하면서도 민주당후보의 지원유세에 나섰고, 김종필 총재도 충정도핫바지론을 거론하며 충남의 자존심을 세우기 위해서라도 자민련 후보를 지지해줄 것을 집중 호소하고 있다. 이에 대하여 민자당의 당직자와 후보들은 '70세가 넘는 노정객의 역사의 대세를 뒤돌리려고 하는 한풀이의 장', '국회가 더 이상 70대 노인들에게 끌려 다니지 않을 것이다', '지역분할을 담보로 한 망국적인 지역감정을 부추기는 작태'라며 김대중 이사장과 김종필 자민련총재를 맹공하고 있다.

특히 김대중 이사장에 대하여서는 정계은퇴를 선언한 사람이 슬그머니 정계복귀를 한 것이라며 세대교체를 인위적으로 가로 막는 인위적 소치라며 연일 비난의 강도를 더해 가고 있다. 그러나 그러한 비난을 하면서도 김영삼 민자당 당직자들은 자신들의 주요 거점지역, 출신고향 또는 선거구에 가서 민자당 후보를 지지해 줄 것을 역설하는 것을 보면, 그들 또한 망국적인 지역감정을 부추기는 이중적인 행동으로 보여져서 참으로 씁쓸하다.

엄연한 정치지도자로 영향력을 행사하는 김대중씨에게 정계은퇴 약속을 지켜내라고 막무가내로 강요하는 것도 웃기고, 번복된 정계은퇴의 약속은 국민과 역사의 엄숙한 판단에 의하여 평가되어질 것이다. 정계은퇴도 가변적 정치상황, 시대적·역사적 소명에 의하여 번복될 수도 있다. 다만 이러한 정계은퇴와 정치복귀가 개인의 정치적 야욕의 이해에 매몰되어서는 아니 된다.

지방자치선거는 지역의 살림꾼을 뽑는 그 지역주민의 선거임에도, 인물이냐? 정책이냐? 정당이 우선이냐? 등 가열찬 공방이 뜨거워지고 있다. 인물과 정책, 정당이 결코 분리될 수 없는 것이다. 못난 인물이 좋은 정당인이 될 수 없고, 못난 인물이 속한 정당이 좋은 정책을 만들어 낼 수가 없기 때문이다.

우리는 지방자치선거를 맞이하여 성숙한 민주시민의식을 가지고, 정치꾼의 거짓 선동이 더 이상 유권자에게 통하지 않음을 매섭게 보여줘야 한다. 그리하여 우리의 바른 정치문화를 우뚝 세워 이번에 실시되는 지방자치선거의 진정한 승자가 되어 보자.

새 출발을 위한
바른 역사 만들기

(원광대신문, 2004.09.20.)

　인간은 세상을 살면서 어느 경우든 선택의 갈림길에 서서 고민을 하게 된다. 그리고 그 선택의 몫은 온전히 본인이 지고 가야만 한다.
　우리 한민족은 굴곡屈曲과 부침浮沈의 역사를 가지고 있고, 그 가운데 우리 선대는 바르게 사신 훌륭한 분 또는 역사의 이름으로 단죄 받아야 할 사람으로 구별되어 기억된다. 그래서 후세에 사는 우리들에게 어떻게 살아야 역사와 민족 앞에 본보기가 되는 표상이 되느냐에 대한 교훈을 주고 있다. 아직도 청산되지 않은 친일 반민족적 매국행위의 전력 시비가 계속되고, '역사바로세우기'를 위한 운동에 친일 수구세력 및 일부 언론은 그 본질적 의미를 교묘하게 왜곡시키고 훼손하려는 작태를 하고 있다.
　반민족적 친일 매국노들은 우리 민족의 찬란한 역사를 단절시키고, 우리 선대들을 열강 대국의 침탈에 의한 피해자로 만들어 변방을 떠돌게 만든 역사적 대역죄인이다. 그럼에도 그들과 그 후손들은 해방 후 그리고 6·25 전쟁 후 혼란스런 상황을 교묘하게 활용하여 변신에 성공하였고, 세상을 활보하며 여전히 양심의 가책도 없이 뻔뻔하게 기득권을 유지해 오고 있다. 이에 반하여 창씨개명에 반대하고, 독립운동을 하면서, 일제에 의하여 핍박받아 풍비박산이 된 선대와 그 후손들은 아직도 비참한 상황을 극복하지 못한 채 험한 세상을 살고 있는 엄연한 현실이다.
　새 출발은 과거의 잘 잘못을 엄정하게 평가받고, 그 책임 소재를 분명하게 하여야 앞으로 나갈 수가 있다. 지나간 과거를 들춰 내서 무슨 소용이 있느냐?라며 엉거주춤하게 잘못을 덮는 미봉책은 민족과 역사의 정통성을 훼손하려는 교묘한 술책에 불과하다. 반민족적 친일 매국행위에 대한 진실규명과 역사적 평가는 오래 전의 잘못에 대한 죄값만을 묻고자 하는 것만은 아니다. 그러한 잘못된 행위와 그 책임 소재를 명명백백 밝혀서, 앞으로 그와 같은 과오를 다시는 되풀이하지 않게 하려는 미래지행적 과업이기 때문이다.

또한 그것은 잘못한 선대의 과오를 그 후손에게 연좌제적 책임을 추궁하는 것 또한 아니다. 단지 그 선대에 의하여 자행되었던 잘못을 숨기지 말고, 민족과 역사 앞에 당당하게 설 수 있는 기회를 주는 것도 참회의 한 방법이기 때문이다.

반민족적 친일 매국노인 이완용, 송병준 등 후손들의 뻔뻔한 땅 되찾기 소송, 역사바로세우기 위한 진실규명에 대한 조직적 진실은폐 등은 다시금 우리 민족과 역사를 일제강점기 시대로 회귀시키려는 만행이다. 그렇기에 발본색원의 친일규명과 은폐세력의 청산 등 역사바로세우기는 더욱 시급하고 절실한 과업인 것이다.

반민족적 친일 매국행위를 화합과 상생이라는 중용적 태도로 덮자는 것은 책임회피이고, 그러한 얼버무림은 반민족 친일 매국행위의 잔재를 청산하지 못한다. 오히려 그 잔존세력의 교묘한 준동을 용인하는 기회를 줄 수 있다.

이번에 국회에서 논의되고 있는 '일제강점하 친일반민족행위 진상규명에 관한 특별법'의 입법과 청산작업은 반드시 넘어가야 할 역사적 고비이다. 이번이 역사바로세우기의 '마지막 기회'라고 각오를 단단히 하여야 한다. 더 이상 늦추다가는 생존하고 있는 역사적 증인과 증거가 사멸될 것이고, 과거의 잘못의 굴레를 후세들이 고스란히 져야 하는 무거운 역사적 짐을 떠안는 것이다.

선대와 자신의 역사적 허물을 털고 가지 않는다면, 그것은 개인사적 불행에 그치는 것이 아니라, 우리 민족의 발목을 붙잡는 역사적 불행으로 확대 재생산되는 잘못을 다시 범하는 것이다.

반민족적 친일 매국행위를 민족과 역사 앞에 진정으로 고백하고 참회하여야 한다. 또한 '용서는 하되 잊지는 말자' 라는 교훈도 잊어서는 안 된다.

5월! 그날이 다시 오면

(전주일보, 1995.05.18.)

5월은 노동자의 날을 시작으로 어린이, 어버이, 스승, 성년, 5·16쿠테타, 5·18광주민주화운동 등 유난히 기념일이 많이 있다. 화창한 봄 내음과 향긋한 꽃 내음을 즐기면서, 이러한 기념일의 의미와 우리 자신이 앞으로 해 나가야 할 일들을 차분하게 생각해봐야 한다.

노동자의 날에는 신성한 노동의 가치에 대한 깨달음과 '나만 많이 부를 축재하고 즐기면 된다' 라는 노동착취와 악덕 기업운영, 오폐수 방류 등 환경파괴, 회불불가의 산업재해, 안전과 건강위험에 노출된 노동현장, 상생협력의 노사정신 등을 생각하여야 한다.

어린이날에는 진정으로 아이들의 양육할 때 필요한 것이 무엇인가? 자녀를 어떠한 태도와 방식으로 성숙한 인격체로 성장시킬 것인가? 대리만족의 수단으로 아이들을 혹사시키지는 않는가? 등 부모의 역할에 대한 성찰과 책임의식 등을 심사숙고할 필요가 있다.

어버이날에는 자기 자식에게 하는 것만큼 부모님도 자신에게 온 정성을 다해가며 키웠을터인데...현대판 고려장이라고 치부되는 요양원에 아픈 부모님을 방치하고 있는 현 세태가 당연시되는 것을 보면 마음이 아프기도 하다. '효자는 잘못한 것만 생각나고, 불효자는 잘한 것만 기억한다'라고 한다.

스승의 날에는 선생님 스스로가 제자에게 인생과 가르침의 선배로서 존경받을 만한 모범적 언행으로 살고 있는가? 어렵게 공부하는 대학원생과 시간강사들에게 학위와 강의시간 할당을 미끼로 그들을 인격적인 모독과 학문적 노동 착취를 하는 양심고갈의 행동을 하고 있지 않는가? 부모님들은 내 자식만을 특별 대우해 주기만을 바라면서 선생님들을 존경하며 따르라고 자녀들에게 훈계하였는가?

성인의 날에는 육체적 성장에 걸맞는 정신적 성숙이 뒤따르는 성년자가 아닌, 단지 어른대접만 받으려고 하는 미성숙 성년자이지 않은가? 그 자신의 언행은 유아적 사고에 머무르는 언행을 하며 즉흥적이고 비틀린 인성의 몸만 커버린 청년은 아닌지? 내 자식이 마마보이식의 독립적 사고와 행동이 결여된 의지박약의 허약한 삶을 살아가는 웃자란 자녀에 머무르고 있지는 않는지?

우리 근대사에 많은 아픔을 준 5 · 16군사쿠테타와 독재, 5 · 17광주학살에 항쟁한 5 · 18광주민주화운동 등을 기억하며, 이러한 역사적 사건을 통하여 우리는 무엇을 얻어야 하는가? 묵묵한 역사 속에서 누가 가해자이고, 누가 피해자인가? 아직도 편향된 극단적 이념에 사로 잡혀 역사와 민족을 배신하고, 과거의 잘못된 행동을 반성하지 않는 꼴통 수구세력을 역사와 진실 앞에 청산할 수 있는 민주시민의 힘은 충만한 것인가?

이처럼 자신과 주변을 살펴보면서 많은 생각을 하여야 할 5월이다.

힘들고 어렵더라도 나 하나만의 이익보다도 공동의 이익과 행복을 추구하는, 진정한 용기와 연대로써 미완의 '5월 혁명'을 완성하는 우리가 되었으면 한다.

잊혀지나
5·18 정신

(원광대신문, 2004.05.17.)

최근의 어수선한 극내외적 상황에서 1980년의 암울했던 시절에 있었던 5·18 광주민주화운동이 잊혀지고 있지는 않는가 하는 의구심이 든다. 지난 총선에서 정치권 인사들이 앞 다투어 찾았던 광주민주성지에서의 참배와 삼보일배三步—拜 등의 일회성 정치 이벤트는 그 순수성과 진지성을 인정하는 분위기는 아닌 듯 싶다.

우리는 지난 역사적 경험을 후세의 입장에서 평가해 보며, 오늘의 역사를 만드는데 있어 과거의 역사에서 취사선택의 지혜와 과거의 잘못을 반복하지 않으려는 역사성찰적 신중함이 필요하다.

최근들어 외국인 노동자의 노동착취와 인권침해, '이라크 포로에 대한 미군 학대의 사례' 등을 접하다 보면, 일본의 과거 일제 강점기에 있었던 우리 선조에 대한 폭압과 인권말살, 우리나라 여성에 대한 반인륜적 성노예, 강제노역과 강제징집, 현재도 지속되고 있는 일본 내 제일교포의 차별적 대우 등과 한국 내 거주 미군에 의한 한국인에 대한 성폭행과 형사범죄, 미국내에서의 LA 폭동 등은 아직도 아물지 않은 우리의 슬픈 역사의 한 단면이기도 하다.

이러한 역사적 침탈로 인한 아픔을 경험한 우리가 외국인과 외국인 노동자에 대한 차별적 인격 대우와 노동력 착취, 한국군의 베트남 파병 당시의 베트남인에 대해 행했던 잘못된 행위 등을 시정하고 치유하려는 노력을 다하지 않는다면 우리는 누구를 탓할 자격도 없게 되는 것이다.

우리나라는 역사적 격동기를 겪으면서 때로는 우리 민족의 내부 분열로, 때로는 외세의 격침에 의하여 엄청난 아픔과 시련을 경험하였기에 더욱 과거를 돌아보면서 보다 나은 미래의 역사를 만들기 위한 성찰이 절대적으로 필요하다.

　2004년 5월 14일은 헌법재판소가 노무현 대통령에 대한 탄핵소추에 대하여 기각결정을 내린 역사적인 날이다. 사상 초유의 '대통령 탄핵안'을 국회에서 가결한 한나라당, 새천년민주당, 자유민주연합 등 야 3당은 4·15 총선에서의 국민의 심판, 헌법재판소의 탄핵 기각결정 등으로 그들이 오판한 잘못된 행위에 대한 절반의 책임은 물었으나, 아직도 남은 국정혼란에 대한 책임은 역사와 민족의 판단으로 남아 있을 것이다.

　역사와 민족 앞에 당당한, 역사와 민족의 앞날에 성장의 동력이 되는 것은 우리 시민의 민주의식과 세계사에 찬란하여야 할 인권국가의 면모를 보여주는 것이다. 과거 우리를 위하여 산화하신 고귀한 선열의 정신을 기억하고, 아직도 미완으로 남아 있는 5·18광주민주화운동의 정신을 승계하고 그 과업을 가열차게 수행하는 것이, 이 시대를 살아가는 남은 자의 책무이다. '산 자여! 따르라!'

전·노 전 대통령의
사면의 허구성과 정의실현

(시사법률, 1997.10)

　요즘 정치권에서 대통령 선거 정국과 맞 물려서 전두환·노태우 전 대통령의 조기 사면을 여야 대선 후보들이 적극 거론하고 있다. 국민회의 김대중 총재가 가해자의 사과없는 무조건적인 용서를 주장하고, 신한국당 이회창 대표는 추석 전 사면을 건의하였다가 김영삼 대통령의 청와대로부터 즉각 불가 방침을 통보받는 등 청와대와 여권 내부 사이에 진통도 겪고 있다. 또한 자유민주연합의 김종필총재와 민주당 조순총재도 조속한 사면에 원칙적으로 찬동하고 있다.

　전두환·노태우 전 대통령에 대한 사면 논의가 정치권에서 제기된 것은 어제 오늘의 일이 아니지만, 이처럼 여야 정치권이 한 목소리로 사면을 외치는 것은 그들의 겉으로 드러난 정치적 명분, 곧 동서화합이나 대통합이니 하는 그 의미와는 차이가 있다. 단지 올해 12월에 치러지는 대통령선거를 겨냥한 얄팍한 득표전략에 불과하다는 것은 국민 모두가 다 아는 사실이다. 전·노의 사면 카드는 대통령 후보의 난립으로 절대적 강자가 없는 선거구도에서 대구·경북과 영남권을 아우르는 지역표와 보수층의 지지를 얻고자 하는 셈법으로 여야 가리지 않고 매력적인 미끼로 작용하고 있다.

　민주주의사회에서 전·노 전 대통령의 사면을 포함한 그 어떤 사안이라도 논의되는 것 자체는 문제되지 않는다. 1995년 말 당시 여야 합의로 '5·18민주화운동에관한특별법'을 제정 공포하였다. 이 법 제1조는 "이 법은 1979년 12월 12일과 1980년 5월 18일을 전후하여 발생한 헌정

질서 파괴범죄행위에 대한 공소시효 정지 등에 관한 사항 등을 규정함으로써 국가기강을 바로잡고 민주화를 정착시키며 민족정기를 함양함을 목적으로 한다."라고 규정하고 있다. 이 법에 따라서 전·노 전 대통령은 기소되어 1997년 4월에 대법원에서는 각각 무기징역과 징역 17년을 선고하였다. 이들에 대한 엄중한 형사적 처벌은 무고한 광주시민들을 잔인하게 학살하고, 정권을 탈취한 군사반란과 내란을 응징한다는 시대정신과 국민의지가 실현된 역사적인 것이었다. 또한 대통령의 지위를 이용하여 파렴치하게 천문학적인 부정한 돈을 축적한 비리에 대한 역사적 단죄이었던 것이다.

그러나 형 확정 후 5개월이 지나지 않은 시점에서 이들의 사면을 주장하는 것은 군사반란과 내란, 부정한 축재를 처단하고자 했던 민주시민의 열망을 무시하는 것이다. 또한 그들은 죄업을 반성 속죄하지도 않았으며, 죄의 대가를 충분하게 치루지 못한 채로 정략적 발상에서 그들을 사면시킨다는 것은 역사적 단죄를 원점으로 회귀시켜 민주시민을 무시하고 우롱하는 처사이다.

사면赦免이란 대통령이 갖는 특권 중의 하나이다. 곧 선고된 형량의 전부 또는 일부를 소멸시키거나 선고를 받지 않은 사람에 대하여 검찰의 공소권을 소멸시키는 것으로, 특별사면과 일반사면으로 구분할 수 있다. '일반사면'은 '대사大赦'라고도 불리는데, 대통령이 특정한 형벌이나 죄의 종류를 정하여 형의 선고의 효력을 소멸시키는 것으로, 특정인이 아닌 특정범죄를 대상으로 하는 것이다. '특별사면特別赦免'은 '특사特赦'라고 불리는데, 대통령이 형량이 확정된 특정인에 대하여 법무부장관의 신청으로 국무회의의 의결을 거쳐 대통령이 결정하는 것으로, 잔형 면제의 형식으로 형의 집행을 면제하여 주는 것이 원칙이나, 형의 선고의 실효 방식도 가능하다. 잔형 면제는 피고인의 남은 형기만을 없애주는 것인 반면에, 형의 선고의 실효는 형의 선고 사실 자체를 없애주는 것이므로 사면과 동시에 '복권復權'과 같은 효력을 갖게 된다.

복권은 대통령의 명령에 의하여 형량이 선고된 효력으로 인해 상실되었거나 정지된 자격을 회복하게 되는 것을 말한다.

따라서 전·노 전 대통령이 사면을 넘어 복권까지 된다면 피선거권을 자동적으로 획득하게 되어 즉시 국회의원도 출마할 수 있는 정치활동도 가능하게 된다는 것이다.

이러한 사면 논의에 대하여 천주교정의구현사제단, 참여민주주의시민연대, 전국교원노동조합 등 재야단체가 반대성명서를 내면서 정치권의 불순한 사면 논의를 격렬하게 비판하고 있다. 특히 5·18 직접적인 피해당사자인 광주·전남에서는 5·18 관련 여러 단체들이 단식과 삭발투쟁을 강행하는 등 반대운동에 적극 나서고 있다. 또한 대한변협을 비롯한 법조계, 학계 등에서는 '전·노 전 대통령의 사면에 관한 정략적인 논의는 국민을 우롱하고 사법권을 '형해화形骸化'하는 것으로써 '말도 안되는 소리'라고 강력하게 반발하고 있다. 이러한 민주시민들의 여론 동향이나 적극적 반대투쟁을 볼 때 정치권의 얄팍한 정략적인 득표전략의 꼼수인 사면 논의가 얼마나 반시대적이고 반시민적인가를 여실하게 보여주는 단적인 사례이다.

전·노 전 대통령에 대한 사면에 대한 국민들의 의식은 지난 8월 16-17일 한겨레신문 여론조사팀이 전국에 걸쳐 성인 남녀 1,000명을 대상으로 정책 여론조사를 실시하였는데, 여기에 잘 나타나 있다. 곧 전·노 전 대통령에 대한 사면에 대한 찬성과 반대의 의사를 물은 결과, 응답자의 55.6%가 반대한다(적극 반대 26.7%, 반대하는 편 38.9%)라고 응답하였고, 응답자의 33.4%가 찬성한다(적극 찬성 6.0%, 찬성하는 편 27.4%), 잘 모르겠다 11.0%로 나타났다. 지역별로는 대구·경북이 찬성 50.4%, 반대 40.7%로 전국에서 유일하게 찬성의견이 절반이 넘는 것으로 조사되었고, 반대여론은 서울이 반대 62.9%, 찬성 24.4%, 인천·경기지역은 반대 61.1%, 찬성 32.3%, 광주 등 호남지역에서는 반대 55.2%. 찬성 33.7%로 전국 평균치의 수준을 유지한 깃으로 나타나고 있다.

지지정당별로는 신한국당 지지자들의 경우 찬성 46.2%, 반대 45.6%로 비슷한 반면에, 국민회의 지지자들은 반대 67.5%, 찬성 26.5%로 나타나 반대의견이 찬성의견 보다 두 배 이상 앞서고 있다. 자민련 지지자들은 찬성 50.8%, 반대 43.4%로 나타나 찬성의견이 더 많았다. 연령별로는 나이가 들수록 반대의견이 줄어드는 대신에 찬성의견이 느는 것으로 나타났다. 20대는 반대 65.1%, 찬성 29.1%로 세 명 중 두 명은 반대하고 한 명은 찬성하는 것으로 조사되었고, 30대는 반대 58.5%, 찬성 33.8%로 전국 평균치와 비슷하였으며, 50대에서는 반대 44.4%, 찬성 42.0%로 엇비슷하게 나타나고 있다.

또한 '국민화합을 이유로 전·노 전 대통령에 대한 정치적 사면이 단행된다면 동의하겠는가?' 라는 질문에 응답자의 74.2%가 동의하지 않는다(전혀 동의하지 않는다 40.2%, 대체로 동의하지 않는다 34.0%)라고 반대하였으며, 지지하는 정치인이 전·노 전 대통령의 사면을 주장하는 경우에 계속 지지하지 않겠다는 의견도 82.1%에 이르고 있는 것으로 나타나고 있다.

한편 전·노 전 대통령의 사면 논의가 본격화된 9월 1일 한겨레신문 여론조사팀이 전국 성인 남녀 500명을 대상으로 긴급 실시한 여론조사에서는 정치권의 조건 없는 사면 주장에 대하여 73.8%가 바람직하지 않다고 응답하였고, 바람직하다고 응답한 경우는 21.3%에 불과하였다. 무조건적인 사면에 반대하는 응답자들은 그 이유로써 죄의 대가를 아직 충분히 치르지 않아서(43.8%), 법 형평성에 어긋나기 때문에(25.8%), 역사를 바로 세우기 위해(19.8%), 시기적으로 적절치 않아서(8.8%)의 순으로 나타나고 있다.

이러한 통계를 분석하여 보면, '죄의 대가를 충분히 치르지 않았다'라는 것은 그들이 자행한 범죄행위가 얼마나 잘못되고 위중한 것인지를 말하는 것으로써, 충분한 반성이나 사죄가 없었다는 것이다. '형평성의 문제'로써는 잡범들은 사소한 범죄에 대해서도 형량을 다 채우고 출소하는데도 과거의 고위관직에 있으면서 많은 권세를 누렸던 자들은 군사반란과 내란, 대형 부정부패 등을 자행하고서도 사면 특혜를 받는다는 것은 형평성에도 맞지 않고 국민의 법감정을 해치는 것이다. '역사를 바로 세우기 위해서'는 그들의 행위에 대하여 엄정한 형벌권을 행사하는 것이 민족과 역사 앞에 바른 것이기 때문이다.

이상의 내용을 보면, 국민들은 정치권에 깊은 불신을 갖고 있으면서도, 긍정적이든 부정적이든 정치권의 역학적 논리 변화에 상당할 정도로 민감하게 반응하고 있다는 것을 알 수 있다. 대통령과 정치권이 선거에서 자신들에게 유리한 선거 여건을 조성하기 위하여 정략적으로 사면에 찬성한다면, 그것은 민족과 역사 앞에 도도하게 흐르고 있는 정의의 물줄기를 역류시키는 것이다. 또한 그 같은 행태는 궁극적으로는 법불신을 초래하고, 국민의 엄청난 저항을 받게 된다는 것을 깨달아야 한다.

전·노 전 대통령에 대한 형사적 처단은 잘못된 불행한 과거를 단죄하여야 한다는 민주시민의 역량의 결집이었으며, 우리 민족의 떳떳한 역사 바로 세우기이며, 민주시민에게 '정의는 살아 있다'라는 확신을 갖게 해준 기념비적인 역사적 이정표였던 것이다.

정권을 찬탈하기 위하여 총과 칼로 무고한 민주시민을 학살하고 폭압한 독재로 인권을 유린한 자들에게 뒤늦게라도 한 역사적 처단마저도 흐지부지하게 마무리하려는 사면은 결코 용납될 수 없다. 만약 정략적인 이익을 얻기 위한 선거술수로는 국민적 통합이 제대로 이루어질 수 없는 미봉책이고, 반인륜적·반민족적 군사반란과 내란, 부정축재도 용인되는 것으로, 사회정의실현은 할 수 없게 되는 것이다. 정권욕에 눈이 멀어 무고한 민주시민을 학살하고, 파렴치한 부정축재를 한 자들을 대통령 당선에 유리하다는 이유만으로 사면 운운하는 것은, 아무리 정치가 살아 있는 생물이라고 치부되고 있지만 결코 허용될 수 없다. 이러한 정략적 발상과 시도는 민주시민들에게 정치적 혐오감을 주고, 정치적 냉소주의를 심화시키고 민주와 자유를 열망하는 국민을 무시하는 작태이다.

　전·노 전 대통령의 사면이 가능하게 되려면 12·12 군사반란과 5·18 광주민주시민 학살, 부정축재에 대한 진솔한 사죄와 참회, 불의에 항거한 정의가 충분하게 회복되었다는 국민적 공감대 형성이 선결문제이다. 그렇게 되기 위하여서는 전·노 전 대통령이 국민 앞에 진정으로 참회하고 속죄하는 모습에서 진정성을 보여야 하고, 이것이 최소한의 정의실현과 일반 국민들의 법감정에 충실한 최소한의 사면 조건이 충족되는 것이다.

　사면제도는 그 자체가 엄정하고 냉혹한 정의의 요구를 완화하는 기능도 가지고 있다. 사회환경이 변하고, 국민적 합의가 선제적으로 충족되었다면, 이미 확정된 형벌을 신축성이 있게 활용하는 것도 법이념과 법감정에 충돌되지 않는 한계 내에서 사회공동체 구성원들의 긴장 완화와 통합에 기여할 수도 있다. 따라서 '반성'과 '참회', '속죄'가 선행되지 않는다면, '5·18민주화운동에관한특별법'의 제정 취지와 목적에 맞는 엄정한 처벌을 지속시켜서, 군사반란에 의한 민주시민의 학살과 정권탈취, 부정축재 등을 이 땅에 발 붙이지 못하게 하는 역사적 과업을 달성시켜야 한다.

　우리나라의 근대사는 잘못된 불행한 과거 청산에서 실패하여 굴절되고 왜곡된 역사를 가지고 있다. 1948년 9월 22일 공포된 '반민족행위처벌법'에 따라 설치되어 친일반민족행위자 처단을 위한 예비조사를 담당했던 특별위원회(약칭 반민특위)는 이승만대통령의 반민족적 정략과 국민화합을 위한다는 궤변적 논리에 해산되었다. 그 후 반민족적 친일 매국노와 그 후손들은 사회의 각계 각층에서 득세를 하였고, 일제에 부역한 박정희가 군사쿠테타를 자행하여 장기독재를 하였고, 그 이후에 전두환 등이 5·18 광주민주시민을 학살하고 정권찬탈한 뼈 아픈 슬픈 역사의 경험을 반복하고 있는 것이다. 사면을 대통령 선거에서의 표

얻기만을 위한 정치적인 이해득실, 지역적 감정과 진영논리 등에 의하여 오남용한다면, 법치주의의 불신, 민주시민의 법감정을 훼손하는 것이다.

전·노 전 대통령에 대한 역사적 단죄에서 사랑과 관용이 없을 수는 없으나, 정의가 실현되지 않는 사랑과 용서는 있을 수 없다. 전·노 전 대통령에 대한 사면은 국민적 합의와 공감대에서만 가능한 것이고, 이 사면 논의 또한 전·노 두 사람의 진정성 있는 반성과 참회, 속죄가 선행되어야 한다.

갈등조장의 함정

(원광대신문, 2003.09.08)

대구에서 개최된 유니버시아드대회 기간 중에 표출된 남과 북의 인식의 차이와 대처하는 방식은 이를 수용하고 이해하려는 자세가 부족한 데서 기인했다. 이는 오랫동안 단절된 분단국가에서 상이한 이념과 정치체제 하에서 우리가 앞으로 극복해 나가야 하는 과제가 무엇인가를 보여준 하나의 단면이다. 그러나 그 차이는 무조건 서로 버려야 할 것으로만 볼 것이 아니라, 그대로 인정할 것은 인정하고, 남북 간, 민족 간에 합할 수 있는 장점과 공통분모를 찾아서 받아들이는 지혜가 필요하다.

금강산관광, 스포츠교류는 민족의 동질성 회복과 민족화해, 조국통일의 열망을 더욱 높여서, 통일로 한걸음 한걸음 내딛게 하는 희망의 견인차 역할을 하는 것이다. 인공기훼손, 김정일위원장의 사진을 담은 플랭 카드 철거 등의 보도 사례에서 보듯이, 일부 보수언론의 남남갈등, 남북 갈등 등의 조장과 그 보도태도 등은 진정으로 그들이 우리나라와 민족을 위한 것인지? 민족과 역사 앞에 어떤 책임의식을 갖고 있는가?에 대한 의구심마저 들게 한다.

다행히 남과 북은 당국자 사이에서 철수 성명과 유감 표명 등 위기가 있었지만, 슬기롭게 서로의 닫힌 경계의 문을 열면서, 세계 속에 남과 북이 하나된 통일 조국을 지향하고 있다는 성숙한 모습을 보여주었다.

우리 대한민국은 자유민주주의 국가이고, 개인과 집단의 의사결정의 자유와 그 표현의 자유가 보장된 국가이다. 또한 언론의 자유가 지금처럼 보장된 적은 없는 듯하다. 언론의 자유에는 소수자의 권익도 중요하며, 한편으로는 민족과 국가, 전체 구성원의 공동선에 대한 배려 또한 그와 비교하여 볼 때 무시할 수 없는 중요한 것이다. 그럼에도 불구하고 일부 수구언론과 갈등조장세력은 냉전적 대립구도를 도리어 고착화시키려는 태도, 사회적 위기감을 증폭시키려는 불순한 의도로 왜곡된 갈등조장의 여론몰이를 시도하려는 속셈을 보이고 있다.

남북 간, 지역 간 갈등과 분열을 획책하고 조장하는 시도는 성숙한 민주시민들의 역량과 저항으로 결코 성공할 수 없을 것이고, 아예 그러한 시도조차 하지 못하게 하는 단호한 의지한 행동을 보여줘야 한다. 그들의 그릇된 민족관·역사관·국가관을 올바르게 바로잡아 나가는데 우리가 지혜와 힘을 모아야 할 때이다.

최근 극단적 보수주의의 대변자로 자처한 월간조선 조갑제씨가 그토록 폐지되면 국가존망이 위태롭다며 모셨던(?) '국가보안법' 위반죄로 고소됐는데, 이러한 극우 보수주의자의 아이러니컬한 모습은 씁쓸함을 감출 수 없다.

독도 망언과
우리가 할 일

(시사법률, 1996.04)

　일본은 심심찮게 조금 조용하다 싶으면 다시금 지난날의 한일 간의 역사적 사건에 대하여 아전인수식 해석과 억지궤변의 망발을 일삼고 있다. 일본은 과거 우리나라의 강제침탈과 인권유린의 역사를 부정하며, 그 침탈의 정당성을 주장하는가 하면, 우리 민족을 침탈한 역사를 국사교과서에서 삭제 또는 기술하지 않고, 우리 영토인 독도를 자기네 땅이라고 우기고 있다. 그 때마다 우리는 국가적 또는 시민연대 차원에서 일본의 왜곡된 역사관과 망언을 규탄하며 분통을 터트리며 강력한 응징을 예고하기도 한다. 그러나 정부는 일본의 계속되는 일본의 치고 빠지는 전술에 말려 '논리적이고 장기적인 전략적 대응을 하지 않고, 그 때 그 때 일시적이고 감정적인 대응만 하고 있지 않나?' 하는 아쉬움이 있다. 우리 국민들도 일본과 일본인에 대하여 끓어 오르는 분통을 터트리다가도 '언제 그랬나?' 싶을 정도로 금방 열기가 식고, 일본의 상품, 방송시청, 담배, 노래 등 왜색문화에 젖어 즐기기도 한다. 이러니 일본이 우리를 업신여기고, 능멸하고, 아주 교활한 계략에 제대로 된 대처를 하지 못하고 흐지부지 미봉으로 끝내는 악순환을 반복하고 있다.

　'독도는 일본 땅', '한국은 일본의 식민지 지배의 은혜와 덕을 봤다', '위안부는 민간 차원의 일이다. 강제 징발에 의한 것이 아닌 스스로의 선택에 의한 성매매이었다' 등 일본의 총리나 각료 등의 망언은 아주 고도로 계산된 치밀한 공작이다. 반인륜적인 전범국 일본은 패망한 일본을 경제대국으로 부흥시키고 난 후, 그 경제적 부를 바탕으로 하여 지난날의 잘못된 과거를 참회하고 반성하기보다는 오히려 감추고 미화하는 그릇된 행동을 전면적 대외정책으로 내세운 것이다.

　제2차세계대전 후 패망국인 독일과 일본은 두 나라가 다시 경제대국으로 부상하였다. 외세에 의하여 동독과 서독으로 강제분할된 서독은 경제적 기적과 역사적 반성 위에 분단을 극복하고 통일독일의 위업을 달성하였다. 독일정부와 국민들은 기회가 있을 때마다 전쟁 중에 독일이 저지른 반인륜적 만행에 대하여 사과하고, 역사적 교훈을 잊지 않겠다는 다짐을 반복하고, 2세 교육에 있어서도 역사적 만행을 되풀이지 않아야 한다는 것이 세계인류에 대한 영원한 채무라고 교육시키고 있다. 독일처럼 패망국 일본이 강제로 분할되어져야 함에도 강대국의 이해에 따라서 우리나라가 분단 고착의 아픔을 감내하고 있다. 일본은 그들이 자행한 반인륜적 전쟁만행과 침탈을 부정하고, 오히려 핵폭탄의 희생양인 것처럼 호들갑 떠는 거짓과 위선의 탈을 쓴 늑대의 모습이다. 예컨대, 인간생체실험, 원자탄생산계획, 생화학무기의 개발과 사용, 인간을 방패막이로 활용한 가미가제특공대 운용, 무차별적인 양민학살 등 반인륜적인 행위는 전율할 정도의 섬뜩한 전쟁범죄를 자행한 것이었다.

　패망 후 불과 50여년이 지난 일본은 제국주의적이고 보수적인 팽창주의로, 참회와 반성이 없는 잘못된 역사의식을 가지고, 새롭게 국제질서를 개편하고 그 영향력을 확대하려고 획책하고 있다.

　독도 영유권 주장은 그러한 연장선상에서 섬나라 일본의 끊임없는 영토 확장의 야욕과 배타적 경제수역(EEZ) 설정, 한일 간의 어업협상에서 유리한 고지를 선점하고자 하는 속셈의 일환이다. EEZ의 경제주권으로서는 어자원과 해저광물자원에 대한 주권적 권리, 해저광풍을 이용한 에너지생산, 탐사권, 해양과학조사관할권, 해양환경보호에 대한 관할권 등을 인정함으로써 EEZ 내에서는 타국 선적의 배와 항공기의 통항 및 상공비행자유가 허용된다는 점을 제외하고는 자국의 영해와 다름없는 포괄적 권리가 연안국에 인정되게 된다. 결국 이러한 이유 때문에 한국과 일본은 자국의 영토를 기점으로 하여 200해리 배타적 경제수역을 설정할 때에 자국영토의 끝 지점을 어디로 할 것인가를 중요한 문제로 삼게 된다.

또한 독도를 한국과 일본의 어느 나라의 영토로 할 것인가에 의하여 양국 어민들은 심각한 어장 축소와 확대의 영향 하에 놓이게 된다. 배타적 경제수역 내에서는 자국 이외의 어민들은 조업을 할 수 없게 되고, 어장 축소로 인한 조업의 타격으로 어민의 생계는 위험에 직면하게 된다. 따라서 일본은 독도를 자기네 땅이라고 우겨서 넓은 어장의 확보로 인한 자국 어민의 이익을 꾀하려는 주권침략적 발상이다. 독도를 일본 땅이라고 우기는 것은 국제법으로도 현실적으로도 맞지 않는다. 단지 독도를 '다케시마[竹島]를 시마네현[島根縣]의 소속으로 한다' 라는 1905년의 시미네현의 지방고시를 들고 있다.

우리나라는 1900년에는 칙령 제41호를 통하여 독도가 우리나라의 영토이며, 독도 관할권이 있음을 국내 외에 공포한 바 있다. 또한 일본이 만든 지도, 곧 1785년의 하야시[林子平]의 지도와 1667년의 '隱州市廳合記' 의 기록에서도 독도가 분명히 한국 땅임을 엄연하게 표기하고 있다. '국제법' 상으로도 우리가 독도를 경비하며, 선점하여 실질적으로 지배하고 있고, 1968년 독도를 한국의 방공식별구역(ADIZ)으로 설정하여 영공을 지배하여 왔다는 사실을 구태여 거론하지 않아도 독도는 엄연히 우리 땅임은 분명하다.

일본이 독도를 자기네 땅이라고 우기는 것은 한국의 고유한 영토에 대한 명백한 침략이며, 용서할 수 없는 도발행위이다. 우리나라를 얼마나 업신여겼으면 그러한 망발의 언행을 서슴없이 한단 말인가? 그들의 억지 주장에 즉흥적 대응보다는 차분하고 슬기롭게 전략적으로 접근하는 장기계획을 수립하여야 한다. 한편으로는 우리나라의 속지였다고 생각되는 '대마도' 의 영유권 확보를 위한 역사적 사료와 근거를 찾아내야 한다. 더하여 중국의 간도, 백두산 경계 등 통일 한국의 미래에 논란거리가 될 소지가 많은 문제 등에 대하여도 진지한 검토와 준비가 필요하다.

강한 국가만이 살아나갈 수 있는 국제적 무한경쟁시대에 우리의 국력을 높이는데 슬기와 지혜를 모아야 한다. 약한 국가는 강한 국가의 유형·무형의 폭거에 일방적으로 당할 수밖에 없고, 외세의 침탈의 대상이 되는 것이다.

강한 우리나라를 만들어야 한다. 그래야 우리 민족과 후손이 세계사의 주역이 될 수 있다. 우리의 장래와 운명은 우리의 강한 힘에 의하여 스스로 결정할 수가 있다.

친일 진상규명과 남은 자의 의무

(원광대신문, 2004.03.08.)

일제 강점하에 일어났던 반민족적 친일 매국행위를 규명하기 위한 '일제강점하 친일반민족행위 진상규명에 관한 특별법'의 국회 통과를 둘러싸고, 일부 정당과 정치인들이 벌인 작태는 과연 저들이 국민의 대변자인지 의심스러웠다. 특히 한나라당 일부 의원들의 법안 내용의 개악, 법안 상정의 방해 등의 반민족적 몰염치한 행위는 바른 역사와 민족정기를 바로 세우고자 하는 국민의 염원을 꺾는 반민족적·반역사적 폭거이다.

1948년 9월 22일 공포된 '반민족행위처벌법'에 따라 설치되어 친일

반민족행위자 처단을 위한 예비조사를 담당했던 특별위원회(약칭 반민특위)가 출범하였다. 1949년 1월 5일 '반민특위'는 본격적인 활동에 들어갔으나, 친일파 처벌에 회의적이었던 이승만은 '반민특위'의 활동을 방해하고 무력화시키려고 하였다. '반민특위'는 국권피탈에 협력한 자, 독립운동가들을 고문하고 탄압한 자, 작위를 받은 자, 직간접적으로 협력한 자를 징역에 처하도록 하는 '반민족행위처벌법'을 1948년 9월에 국회에서 통과시킨다. 그러나 친일반민족행위자들은 "친일파를 처단하자고 하는 놈은 빨갱이"라는 논리를 내세워 '반민특위'를 직접적·간접적으로 방해하였다.

이승만 정권은 '반민특위'의 활동을 비난하는 담화를 다섯 차례나 발표하는 등 '반민특위'의 활동을 저지하려 하였다. 1949년 6월 6일 오전 8시 30분, 이승만 대통령의 지시를 받은 윤기병 서울중부경찰서장의 지휘로 시내 각 경찰서에서 차출된 경찰관 80여 명이 '반민특위' 청사를 습격했다. 이와 같은 직접적인 6·6 '반민특위' 습격 사건으로 '반민특위'의 실제적인 활동은 중단되었었으며, '반민특위'의 폐기법안을 통과시키게 함으로써 민족반역자에 대한 처벌을 불가능하게 하였다. 1949년 10월 4일 '반민특위'는 '반민족행위처벌법'의 폐지로 인해 와해되었다.

56년 전의 '반민특위'의 활동이 매국 친일세력의 반동으로 실패한 이후, 아직도 우리는 그 아픈 역사적 과오에 대한 진상규명과 청산을 다하지 못한 채 오늘에 이르고 있다는 것은 수치스러운 일이다.

3·1운동이 일어난 지 85돌, 일제강점으로부터의 해방 59돌이 지난 지금까지도 변변하게 반민족 친일 매국행위의 진상규명조차 온전하게 하지 못하고 있는 우리의 현실은 착잡하기 그지 없다. 조국의 독립과 해방을 위하여 자신과 가족과 재산 등을 다 바쳐서 불살랐던 우리 선조들을 생각하면 송구스럽고 부끄럽기만 하다.

반민족 친일 매국노와 그 자손들은 과거의 잘못을 참회 반성하지 않고, 오히려 그 과거를 감추거나 미화 찬양하는 작태를 반복하고 있다. 우리 민족의 정기를 바로세우지 않고, 말살하려는 술책들이 정치, 언론, 문화, 경제, 예술 등 각 방면에서 끊임없이 자행되고 있다. 더군다나 그들과 그 후손들이 아직도 우리 사회의 주류로서 변신하여 기득권적 권세를 누리면서 우리 사회에 악한 영향력을 행사하고 있는 것이 현실이다.

한편으로는 우리 국민들의 무관심, 과거 일을 들춰내서 도대체 무슨 소득이 있느냐?라는 방임적 태도 등은 우리를 잘못된 과거의 굴레에 묶어 놓는 우매한 일임을 직시하여야 한다. 이러다 보니 나라와 민족을 팔아서 개인적 영달을 누렸던 반민족적 친일 매국노 이완용, 송병준 등의 후손들이 소송을 통하여 재산을 되찾아가는 어이없는 일들이 벌어지는 것이 우리들의 부끄러운 자화상이라는 사실이 개탄스럽다.

친일의 잔재를 청산하지 못하여 반민족적 친일 매국노와 그 잔손들은 떵떵거리며 잘 살고 있는 반면에, 반일 애국 애족에 앞장 서다 산화하고 핍박받았던 선대들과 그 자손들은 아직도 어렵게 살고 있는 현실이 가슴 아프기만 하다. 숨은 친일의 세력들이 한국사회의 주류로 고착된다면 우리 민족의 여사적 정의는 바로 세울 수가 없다. 국가와 사회는 반일애국애족에 앞장 선 선대들과 그 후손들을 위하여 모든 것을 다하여야 한다. 이분들의 헌신과 희생 위에 오늘의 이 나라가 있는 것이고, 이분들이 다시 우리 사회의 당당한 주류로서 책무를 다할 수 있는 위치에 설 때까지 모든 관심과 보상, 지원을 다하여야 한다.

늦었지만 이제부터라도 반민족 친일 매국행위에 대한 역사적 진실규명과 친일 잔재의 청산에 매진하여 한다. 그리고 그 기초위에 애국 애족했던 선인들의 뜨거운 피와 외침을 다시금 되살려내고, 우리 민족의 정기를 바로 세우는 것이 오늘을 사는 남은 자의 의무이다.

주한 미군 범죄와
실추된 자존심

(전주일보, 1995.05.25.)

 관세철폐, 무역보복, 주한 미군의 난동폭행 등은 과거에 혈맹이었다고 생각하는 미군과 미국에 대하여 부정적인 평가가 심화된다. 특히 요즘 한국거주 주한 미군에 의하여 자행되는 범죄들을 접하다 보면 더욱 화가 치밀어 오른다. 과거 '윤금이양 살해와 임신부 폭행'의 분노와 울분이 채 가시기도 전에 서울 지하철 3호선에서의 우리나라 여성 희롱과 시민 폭행, 춘천에서의 택시 운전사 폭행 등은 주한 미군이 우리 시민들에게 어떻게 저럴 수 있는가?라는 분노와 민족적 치욕감이 강하게 든다. 또한 주한 미군의 한국인에 대한 범죄에 대한 형사적 처리 과정을 보면, 한국인이 한국인에 대한 범죄 보다도 주한 미군의 한국인에 대한 범죄가 더 가볍거나 흐지부지 되고, 형사재판관할권 마저도 불인정되는 경우도 많다. 이러한 배경에는 '한미행정협정'이 있다. 이 '한미행정협정'은 한국의 주권을 짓밟고, 한국인을 모욕하고 능멸하는 불평등한 협정이다.

 주한 미군 범죄에 대한 한국 사법기관의 수사권과 재판권의 행사에 있어서는 미군 범죄가 우리 국민에 대한 범죄임에도 불구하고 적극적으로 수사권과 형사재판권을 행사할 수 없다. 우리나라 경찰이 한 일이라고는 시민에 의하여 붙잡혀 온 현행범인 미군에게서 피의자신문조서도 받지 못하고, 그들을 미군 소속 부대에 인계해야만 하는 것이었다. 뒤늦게 이러한 사실이 보도되자 들끓는 비난여론에 의하여 폭행 미군들에 대한 출석요구서를 전달하기 위하여 미군부대 앞에서 서성대는 우리나라 공권력의 허약한 모습은 참담한 심정이었다.

미군, 아니 미국은 우리를 그렇게 허약하게 만드는 위대한 성역이었단 말인가? 우리 한국의 공권력은 허약하고, 한국인의 자존심은 무너져야 한단 말인가? 현재 주한 미군의 범죄는 하루 평균 5건, 1년 약 2천여 건 발생하는데도 우리의 공권력과 사법권이 미치는 경우가 거의 없다. 미군이 주둔하고 일본은 재판권 행사 비율이 32%, 나토가맹국에서의 재판권 행사 비율은 52%가 되는데 반하여, 우리나라에서의 재판권 행사 비율은 겨우 5% 미만에 그치고 있다. 주한 미군범죄에 대한 재판권 포기의 배경에는 1967년에 체결된 불평등한 주권포기의 '한미행정협정(SOFA)'이고, 우리나라의 형사사법기관이 스스로 미군 범죄에 대하여 사법권의 행사를 주저하거나 포기하기 때문이다.

현재 '한미행정협정'에 따르면 한국민에 대한 범죄를 저지른 미군을 미군 당국에 일단 넘겨준 후, 후에 다시 재소환 조사를 한다는 것은 거의 불가능한 상황이다. 또한 신병을 인도한 미군이 형사처벌을 받았는지의 여부 또는 본국 송환 후 어떻게 되었는가를 확인하는 것도 불가능하다. 그래서 미군 당국은 불평등한 '한미행정협정'을 교묘하게 악용하여 우리의 형사사법권 행사를 가로 막고, 사건이 발생할 때마다 사과와 재발방지 약속만 되풀이하고 있다.

더 이상 한국민을 대상으로 한 미군 범죄가 우리나라의 치외법권의 성역으로 남아 있으면 안 된다. 불평등한 '한미행정협정'을 신속하게 전면적으로 개정하여, 미국과 한국이 동등하고 평등한 동맹관계가 되어야 한다.

그리하여 우리나라의 적극적인 주권 행사와 한국민의 실추된 자존심을 되살려내야 한다. 우리 땅에서 자행되는 주한 미군 범죄는 피해 당사자인 한 개인의 문제만이 아니며, 우리 한국민 전체의 문제이다.

'음지에서 양지를 지향하는'
'정보는 국력'

(시사법률, 1991.01: 2025.08.30. 수정)

    대한민국의 국가정보기관은 국민의 생명과 안전, 국가존립의 보장과 국익 증진을 위해 헌신한다는 목적 아래 1961.06.10 〈중앙정보부〉의 이름으로 창설되고, 1981.01.01. 〈국가안전기획부〉개칭 하였다가 1999.01.21 〈국가정보원〉으로 다시 출범하여 오늘에 이르고 있다. 대부분의 국가정보원 직원들은 음지陰地에서 묵묵하게 일하면서 양지陽地에서의 국가와 민족을 위해 헌신하는 것을 사명으로 하고 있다.

    국가정보원의 직무는 다음과 같다(국가정보원법 제4조). 즉 국외 및 북한에 관한 정보, 방첩(산업경제정보 유출, 해외연계 경제질서 교란 및 방위산업침해에 대한 방첩을 포함한다), 대테러, 국제범죄조직에 관한 정보, 「형법」 중 내란의 죄, 외환의 죄, 「군형법」 중 반란의 죄, 암호 부정사용의 죄, 「군사기밀 보호법」에 규정된 죄에 관한 정보, 「국가보안법」에 규정된 죄와 관련되고 반국가단체와 연계되거나 연계가 의심되는 안보침해행위에 관한 정보, 국제 및 국가배후 해킹조직 등 사이버안보 및 위성자산 등 안보 관련 우주 정보, 국가 기밀(국가의 안전에 대한 중대한 불이익을 피하기 위하여 한정된 인원만이 알 수 있도록 허용되고 다른 국가 또는 집단에 대하여 비밀로 할 사실·물건 또는 지식으로서 국가 기밀로 분류된 사항만을 말한다. 이하 같다)에 속하는 문서·자재·시설·지역 및 국가안전보장에 한정된 국가 기밀을 취급하는 인원에 대한 보안 업무, 위 직무수행에 관련된 조치로서 국가안보와 국익에 빈하는 북한, 외국 및 외국인·외국단체·초국가행위자 또는 이와 연계된 내국인의 활동을 확인·견제·차단하고, 국민의 안전을 보호하기 위하여 취하는 대응조치, 중앙행정기관(대통령 소속기관과 국무총리 소속기관을 포함한다) 및 그 소속기관과 국가인권위원회, 고위공직자범죄수사처 및 「행정기관 소속 위원회의 설치·운영에 관한 법률」에 따른 위원회·지방자치단체와 그 소속기관 대상 사이버공격 및 위협에 대한 예방 및 대응 등이다.

국가정보원의 전신인 중앙정보부의 출범 배경과 그 이후의 부정적인 악행들은 우리 사회에 엄청난 패악을 끼쳤고, 국민들의 비난과 질시의 대상이 되기도 하였다. 그 후 그러한 추악한 만행으로 인한 위상 추락은 정권 차원에서 국가정보기관의 본래의 직무범위를 벗어난 일탈 대문이었다.

몇 가지 사례를 소개하면, 박정희 독재정권의 중앙정보부에서 자행한 김대중 납치사건은 전 세계에 알려진 중앙정보부의 악행이었다. 김대중 정부 시절 국가정보원에서 야당 정치인과 민간인을 대상으로 불법도감청한 사건은 불법도청 사실이 만천하에 공개되고, 국민들은 정치, 경제, 사회, 언론 등 사회 상류층 지도자들의 부덕한 단면을 알게 되면서 개탄과 경악을 금치 못하고 있다. 불법도청이 문제인지? 도청내용에 담겨있는 부도덕한 추행들이 문제인지? 국정원의 불법도청에 대한 이해당사자들의 대처방법도 나뉘어져 있어, 하나만 문제인지? 아니면 두 가지가 모두 문제인지 헷갈리게 만들었다. 2017년 문재인 정부 출범 이후 국정원 적폐청산이 이뤄지는 과정에서 드러난 이명박 정부 시절 각종 정치공작을 벌인 혐의로 재판에 넘겨진 원세훈 전 국가정보원장 사건에서 재판부는 '원 전 원장의 반헌법적 행위로 국정원의 위상이 실추되고 국민 신뢰가 상실됐으며 결국 국가안전보장이 위태로워졌다', '죄질이 나쁘고 부하 직원에게 책임을 전가해 수장으로서 적절하지 않은 태도를 보였다' 라고 질타하였다.

이러한 불법적인 국가정보기관의 악행이 드러날 때마다 국민의 생명과 안전, 국가존립의 보장과 국익 증진을 위해 최첨병의 역할을 해온 국정원의 존폐문제가 거론된다. 그러나 '한 마리의 빈대를 잡기 위하여 초가삼간을 태울 수는 없다'라는 말이 있다. 반인륜적인 인권침해, 정치사찰과 공작, 도청, 납치 등 과거의 수도 없었던 어두운 면면을 떠올리면 당장 국정원은 해체하거나 축소하여야 한다. 그러나 이러한 불법행위는 소수 정치권력자나 그 부화 뇌동한 수행자에 의하여 저지러진 비극이다.

김대중 국민의 정부에 이어 노무현 참여정부, 문재인정부에서도 국정원의 탈정치와, 탈권력화의 길을 가기 위하여 부단한 내부 혁신을 해오고 있다. 국정원은 어느 한 권력자의 소유물도 아니고, 한 정권의 앞잡이도 아니다. 국가와 민족과 함께 영속해야 할 국민과 함께 하는 국가정보기관이라는 사실을 명심하여야 한다. '국민의 사랑과 지지를 한몸에 받는 국정원의 바로서기는 어느 누구에 의하여 주어지는 선물이 아니다. 국정원 가족 스스로가 만들어 나가야 한다'라는 명제를 절대 잊어서는 아니 된다. 국민들도 국정원이 국가정보기관으로서의 본연의 직무에 충실할 수 있도록 관심과 격려를 해주면서, 그들 스스로의 힘에 의하여 내부개혁의 완수될 수 있도록 기다려주는 인내도 필요하다.

국가정보원의 원훈院訓을 소개한다.
1대 중앙정보부&국가안전기획부(1961.09~1998.12)
　「우리는 陰地에서 일하고 陽地를 指向한다」
2대 국가정보원(1999.01~2008.10)
　「情報는 國力이다」
3대 국가정보원(2008.10~2016.6)
　「自由와 眞理를 향한 無名의 헌신」
4대 국가정보원(2016.6~2021.6)
　「소리 없는 獻身, 오직 대한민국 守護와 榮光을 위하여」

5대 국가정보원(2021.6 ~ 2022.6)

「국가와 국민을 위한 한없는 충성과 헌신」

6대 국가정보원(2022.6 ~ 2025.7)

「우리는 陰地에서 일하고 陽地를 指向한다」

7대 국가정보원(2025.7 ~ 현재)

「情報는 國力이다」

이러한 원훈에 어긋남이 없는 '이름 한 줄 남기지 못할지라도 오직 국가와 국민을 위해 보이지 않는 헌신을 다할 것'을 기도한다.

국민과 함께하는 경찰:
책임을 다하는 국민의 경찰

(시사법률, 1998.04: 2025.02.28. 수정)

경찰은 국민의 생명·신체 및 재산의 보호, 범죄의 예방·진압 및 수사, 범죄피해자 보호, 경비·요인경호 및 대간첩·대테러 작전 수행, 공공안녕에 대한 위험의 예방과 대응을 위한 정보의 수집·작성 및 배포, 교통의 단속과 위해의 방지, 외국 정부기관 및 국제기구와의 국제협력, 그 밖에 공공의 안녕과 질서유지를 임무로 한다(국가경찰과 자치경찰의 조직 및 운영에 관한 법률: 경찰법 제3조). 우리나라 경찰은 1945년 10월 21일, 미 군정청 산하 경무국이 창설된 이래, 1948년 정부수립과 동시에 국립경찰로 발족한 이래, 2025년이면 이제 77년이 되었다.

과거 독재 권위주의 통치시대에 있어서는 민생치안보다는 정권보위

나 폭압정치, 특정정권 내지 특정정당의 친위대 역할 등 시국치안에 경찰력의 행사가 치우쳤었다. 1990년 '범죄와의 전쟁'을 선포한 이후 경찰의 역할이 국민의 생명과 재산을 보호하는 민생치안에 그 역점을 두었다. 경찰의 범죄예방과 공정한 법집행, 민주질서의 정착 노력 등이 강화되면서, 국민들의 우호적 태도와 함께 경찰과의 협력도 증진되어 왔다. 1991년 '경찰의 민주적인 관리·운영과 효율적인 임무수행을 위하여 경찰의 기본조직 및 직무 범위와 그 밖에 필요한 사항을 규정함을 목적'으로 '경찰법'을 제정하여 경찰은 독자적 관청 형태를 유지하게 되었고, 정치적 중립화를 위한 역사적 노력의 결과로 경찰위원회가 구성되었다.

윤석열 정부의 이상민 행정안전부장관은 경찰국 신설 계획을 발표했으며, 규칙 제·개정을 통해 행정안전부 2022년 8월 2일에 출범했다. 경찰국警察局은 행정안전부의 보조기관으로, 산하 외청外廳인 경찰청에 대한 인사권 및 승인이 필요한 중요 정책 사항을 관장한다. 직제상 차관 아래 있지만, 차관은 인사업무 등에 관여하지 않기 때문에 사실상 장관 직속으로 지휘 및 통제된다. 행정조직의 각 업무는 법률로 정해 수행하게 되어 있으나, 시행령을 이용하여, 신설하여 운용하는 것은 경찰의 독자적 외청 형태의 중립성을 침해하는 것으로 큰 논란이 되고 있다.

특히 행안부장관의 업무에는 치안사무가 빠져 있는데도, 이를 행정안전부 직제 개정령의 변경을 통해 행하는 것은 경찰의 중립성, 독자적 수사권을 침해하는 법률 위반이다.

민주·인권·민생이 경찰의 뿌리이다. '국민과 함께 하는 경찰: 책임을 다하는 국민의 경찰'은 국민이 무엇을 기대하고 있는가를 항상 고민하여야 한다. 특히 경찰의 대국민 법률서비스와 법률서비스체계의 구축이 필요하다. 이를 통하여,

첫째, 범죄 및 사건 관련자들에게 양질의 법률적 자문을 강화하고, 신속하고 확실한 법적용과 법집행을 이루어지게 됨으로써, 고소·고발사

건, 민원폭주를 여과시켜 형사사법의 비효율성과 낭비를 감소시킬 수 있다.

둘째, 사건 수의 감소를 통하여 수사·조사업무에 보다 충실할 수 있다.

셋째, 민원인, 장애자, 노약자, 소외계층 등과의 빈번한 접촉을 통하여, 이웃중심의 봉사활동, 민간과 경찰의 협력이 강화되고 지역사회와의 연대 협력에 기여한다.

넷째, 경찰의 법률교육의 강화, 경찰 내부의 법률지식의 고양으로 법 적용과 집행의 정확성과 수사전문화가 강화된다.

다섯째, 수사 분야 이외에 교통, 방범 등 범죄예방활동에서의 치안서비스 만족도를 높일 수 있다.

윤석열정부에 들어서 혼란스러운 시국치안에 경찰력이 허비되고 있다. 경찰의 독자적 외청으로서의 지위, 정치적 중립성을 해치는 시도가 계속되고 있다. 오랫동안 국민과 경찰의 염원에 의하여 어렵게 이루어진 민주·인권·민생이라는 경찰의 뿌리가 송두리째 흔들리고 있다.

'국민과 함께하는 경찰: 책임을 다하는 국민의 경찰'로 다시 복귀할 수 있도록 온 국민이 힘을 합쳐야 할 때이다.

제4부

나! 너! 우리! 모두!
흐르는 물처럼 법法

마음
도둑 잡기

(원광대신문, 2004.11.29.)

　개인과 개인과의 관계를 초월해 공적인 일을 하게 되면 누군가는 자기의 뜻과는 다르게 악역을 맡아야 할 때도 있다. 물론, 모든 공업公業에 있어서는 기본적으로 공평성과 형평성, 관용, 역지사지의 입장에 기반을 두고 일을 처리하려는 마음가짐은 말할 필요도 없이 중요하다. 이러한 자세는 공적인 일을 처리하는 악역을 맡은 사람도, 그것을 지켜봐야 하는 사람도 꼭 명심하여야 하는 덕목이다. 그러나 어떤 사람들은 어쩔 수 없이 궂은 일을 수행하여야 하는 사람에 대하여 '자기가 좋아서 한다', '누가 등 떠밀어 하는 것도 아니다', '성정性情이 원래 그렇다' 등의 한 발 비켜서 있으면서 말로 비난하는 경우도 있다.

　도둑은 세상에만 있는 것이 아니라, 사람의 마음 속에도 있다. 공적으로 악역을 맡은 사람을 비난함으로써 당당히 나서지 못하는 자신의 나약함과 공복의식을 회피하는 사람들의 마음 속에는 자기도 모르는 마음도둑이 자리잡고 있다. 공업을 수행하며 희생하는 사람에 대한 노고를 무시하고, 시기하는 것은 선공후사를 멀리하는 자신의 죄책감에서 잠시 벗어날 수는 있겠지만, 그가 속한 사회에 깊은 상처를 남기게도 된다.

　나를 대신해서 나서서 고생하는 힘겨움을 격려하기는커녕, 궂은 일을 피하려고만 한다면 누가 나를 위하여 희생하고 도움을 줄 수 있겠으며, 그러한 의식이 팽배한다면 고칠 것도 못 고치고, 버릴 것도 못 버리는 불행한 사회가 되는 것이다. 우리 사회의 유지 존속을 위하여 꼭 필요한 역할을 함께하지 못하는 마음도둑은 사회에 커다란 해악을 끼치게 된다.

한편으로는 공업을 수행하면서도 마음 속에 웅크리고 있는 한 줄기 사적인 이해와 교만, 공명심의 노예가 될 수 있음을 끊임없이 경계하여야 한다. 공과 사, 선의와 악의, 정正과 부정不正 등의 경계는 뚜렷하지 않고, 자칫 방심하면 우리를 함정에 빠지게 하는 위험성이 웅크리고 있다. 우리는 스스로를 객관화시키고, 공명심과 소소한 이해, 욕망과 탐심을 초월하고자 하는 마음공부를 게을리해서는 안된다.

옛 성현들은 '마음 속의 도둑을 잡으면 모든 일에 성공할 수 있다' 라고 하였다. 세상의 도둑을 미워하듯이, 우리 마음 속에 자리잡은 도둑을 잡을 수만 있다면, 우리 사회는 밝고 훈훈해질 것이다.

활짝 핀 꽃처럼
사랑의 말을

(원광대신문, 2004.04.12.)

진달래, 목련, 벚나무, 개나리 등이 꽃망울을 터트리며 생동하는 봄기운을 재촉하며 보는 사람들을 즐겁게 한다. 이럴 때에는 힘든 세파에 시달리면서 사심 가득한 탐심으로 내 앞의 이익만 좇는 어리석음과 다툼은 무의미한 것이 아닌가 반성해 본다. 그래서 성찰의 시간과 기회는 늘 우리들을 성장하게 하는 원동력이 되고, 나아가 우리가 살고 있는 공동체인 사회의 발전과 평화를 가져오는 시발점이 된다.

미움과 다툼의 원인은 사실 작은 이해利害의 충돌에서 비롯되고, 대화의 단절과 부재에서 그 이해의 조정이 곤란하게 되어 지속적인 갈등과 소모적 논쟁의 비생산적인 인간관계와 사회구조가 고착화된다.

　국회의원 선거를 둘러 싸고 각 정당들은 유권자인 국민을 상대로 공약의 성찬이 치열하고, 상대방의 말의 허점을 왜곡·과장하고 물고 뜯으면서 정략적 반사이익만을 획책하기도 한다. 이른바 정치적 무관심층인 청년세대들 유인하기 위하여 청년들의 투표참여의 소중함을 상대적으로 강조한 열린우리당 정동영의장의 말이 노인폄하의 말로 전화된 '노풍老風', '노풍怒風'의 결과로 열린우리당의 인기가 휘청거리고, 민주노동당 노회찬선거대책본부장의 쾌도난마식의 입담은 국민들의 폐부를 시원하게 하는 청량제로 높은 인기를 얻고 있다. 실로 ' 말 한 마디로 천냥 빚을 갚는다 '라는 속담이 어느 때 보다도 강조되고, 말의 진정성과 신중함을 다시금 깨닫게 한다.

　앞뒤를 싹둑 자른 상태에서의 '거두절미去頭截尾'의 화법과 인용은 그 본래의 진의와 무관하게, 그 말을 인용하고자 하는 사람의 선의와 악의에 따라서 좋게도 나쁘게도 평가되고 활용될 수 있다. '말을 하는 자는 그 말에 대한 무한 책임을 져야 한다' 라는 것을 엄중하게 인식하고, 좀 더 명확한 어법을 구사하는 것이 좋다. 남의 말을 전달하고 활용하고자 하는 사람은 말 한 귀퉁이에 있는 말꼬리를 잡아 올려서 몸통을 변질시키는 '본말전도本末顚倒'의 악의적 방법을 구사하여서는 안된다.

　사회가 유지·존속되려면 노·장·청의 세대 간 조화로운 어울림이 있어야 하고, 현실은 과거 선대의 노력과 희생 위에 있는 젊은이들이 힘껏 뛰는 열정의 공간이어야 한다.

　치열하고 어수선한 국회의원 총선 현장 속에서 '세대 간의 갈등조장의 함정은 무엇이고, 무엇을 얻고자 우리는 오늘을 살아가야 하고, 우리의 미래는 누가 결정하고, 어떻게 준비하여야 하는가?' 에 대한 물음에 지혜로운 해답을 찾아야 한다.

　꽃들이 활짝 피어 오르는 봄!

오늘은 꽃내음을 느끼면서 밝은 미래를 찾아가는, 온 가족이 손에 손 잡고 들녘에 나가서 희망찬 내일을 준비하는 여유를 가져 보자.

우리가 함께 이루어야 좋은 사회

(원광대신문, 2004.11.22.)

'선공후사先公後私'란 공적인 것을 먼저 하고 사적인 것을 뒤에 한다는 말이다. 중국의 사기史記 염파인상여열전廉頗藺相如列傳에는 다음과 같은 이야기가 있다. 진秦나라 소양왕昭襄王이 조趙나라 혜문왕惠文王에게 우호를 위한 연회를 제안하였다. 진나라의 위세에 겁이 난 혜문왕이 가기를 꺼려했는데, 명장군인 염파廉頗가 가지 않으면 조나라가 약하다는 것을 보여주는 것이라며 상대부 인상여藺相如가 수행하도록 해서 보냈다. 진왕이 조왕에게 악기를 연주시키려는 등 치욕을 당할 뻔하였는데, 인상여가 용맹과 기지를 발휘하여 무사히 회담을 마치고 돌아왔다. 인상여의 공을 인정한 혜문왕은 그를 재상으로 삼았고, 이에 지위가 염파보다 높아졌다. 염파는 자신이 조나라의 장수로서 나라를 위해 싸운 큰 공이 있는데도, 인상여가 말재간으로 자신보다 높은 위치에 올랐다며 화를 냈다. 이를 들은 인상여가 갖은 핑계를 대고 염파와 마주치지 않으려 하고 늘 피해 다니니 인상여의 식객들이 비겁하고 부끄럽다고 하였다. 이에 인상여가 말했다. '막강한 진나라 왕도 욕보인 내가 염장군을 두려워하겠는가? 나와 염장군이 있기에 진나라가 우리 조나라를 쳐들어오지 못하는 것이다. 그런데 그 두 호랑이가 싸우면 형세가 둘 다 살아남지 못할 것이다. 내가 그를 피하는 것은 나라의 급한 일이 먼저이고 사사로운 원한은 나중이기 때문이다.' 이 이야기를 들은 염파는 인상여의 대문 앞에 찾아가 사죄하였고 둘은 서로 목을 내놓아도 아깝지 않을 우정을 나누었다.

이 고사에서처럼 개인의 사정이나 이익보다 공공의 일을 우선시한다는 뜻으로 선공후사라는 말을 쓴다. 공직에 있는 사람의 마음가짐, 책임의식으로 자주 인용된다. 비슷한 뜻으로 사사로운 감정을 버리고 공공을 먼저 위한다는 말인 멸사봉공滅私奉公이 있고, 반대로 공적인 일을 빙자하여 개인의 이익을 꾀한다는 뜻의 빙공영사憑公營私라는 성어가 있다.

인간이 누릴 수 있는 재화財貨는 한정돼 있고, 그 가운데 개인적 탐욕을 극복하는 것이 태초부터의 숙제인지라, 선공후사를 한다는 것은 어려운 일이다.

우스꽝스런 비유인지 몰라도 독일인은 실용성, 미국인은 합리성, 프랑스인은 맵시, 일본인은 타인의 시선 등을 중요시한다고 하는데, 한국인은 '내 것만', '나만' 부터 가르친다는 말이 있다. 예컨대, 일본사람들은 남 앞을 지나칠 때마다 '미안합니다' 라는 말을 수없이 반복하는데, 한국인의 입장에서는 '내가 내 갈 길을 가는데 누구에게 미안해?' 라며 반문할 일이다.

한국에서는 지하철, 버스, 식당 등에서 아이들이 이리저리 뛰놀면서 소란을 피워 주의를 요청하면, '애들이 다 그렇죠', '당신은 아이 안 키워요? 라고 오히려 눈살을 찌푸린다. 자동차를 타고 가다가 차창 밖으로 침을 뱉거나 담배꽁초나 휴지를 집어던지는 것을 보는 것이 허다하다. 개인집 정원은 크게 꾸며 놓고 살면서, 그 담장 밖 도로에 주차금지라고 써 놓거나 장애물을 내놓는, 공용공간을 개인주차장화 하는 경우가 많다. 또한 도로변 상가는 보행자가 통행해야 하는 공용도로에 상품진열대, 주차금지표지판, 화분 등을 내놓고서 영업하는 것이 일반적이다. 이러한 행태는 '나만 이롭게!, 남이야 무슨 상관이냐!' 라는 우리 사회의 고질적 병폐이기도 하다.

지켜져야 할 공익, 침해당하는 공익보다도 사익추구가 더 우선시되는 것이다. 공익에는 무관심하며, 오로지 한 개인의 직접적인 이익과 손해만을 먼저 생각하는 것이다. 민주시민에게 공익이란 바로 자신을 포함한 사회공동체의 이익이어야 한다. 그래서 당장의 이익과 불편, 희생을 감내하고서라도, 더 큰 사회공동체의 공익을 먼저 생각하며, 그 공익을 지켜나가는 것이 민주시민의 당연한 의무로 받아들여지는 사회이어야 한다.

정치권, 사용자와 노동자, 교직단체 등등 여러 이익집단의 집단행동을 보고 있노라면, 하나 같이 자기들만의 이익을 먼저 내세우고 떠들어 대는 것 같다. 개인 또는 집단의 이익을 추구하는 것이 당연한 인간의 본성일 수는 있지만, 공익을 훼손하면서 한사코 자신들의 이익만 몰입하는 행태는 우리 사회를 양보와 타협, 퇴로가 없는 일방통행의 도로처럼 만들게 되는 것이다.

목소리 큰 사람이 이기는 사회, 정직하고 양보하는 사람이 손해 보는 사회는 불행한 사회이다. 공익을 이해하고 수용하는 사회, 공익을 일방적으로 강요당하지도 않고 사적인 이익도 존중받는 우리 사회가 되기를 소망한다.

대립과 반목을 넘어
희망의 빛을

(원광대신문, 2004.10.25.)

　우리나라에서 요즘 일어나고 있는 일들을 보면 급변과 혼돈, 대립과 반목, 끊임없는 반목과 국론분열 등이 난무하여 갈피를 잡을 수가 없다. 아직도 극좌, 극우의 색깔논쟁이 있고, '국가보안법' 폐지를 둘러싼 진영대립과 국론분열, 고교등급제 논란, 행정수도 이전을 둘러싼 격한 정치권의 공방, 조선·동아의 보수언론의 비생산적·수구적 갈등조장적 보도태도, 각종 현안에 대한 이해단체들의 원색적 광고 및 집회, 지역간·계층간 대립, 여야 간의 정파적 대립 등 극단적 갈등으로 혼란이 가중되고 있다.

　이러한 대립과 반목, 갈등은 상대방의 주장을 어느 정도라도 배려하고 수용할 마음의 준비와 자세가 조금도 없이, '나 아니면 너도 없는', '네가 죽어야 내가 산다' 라는 극한 공멸의 선동과 투쟁방식을 고수하면서 타협점을 이끌어낼 수 없는 여지도 허락하지 않는 전투적 상황에 빠져 있기 때문이다. 왜 이렇게 극한 분열과 반목의 당파적 대립의 나라가 되어 버렸는지 답답하다. 불확실한 국제정세와 경제상황에서 한치 앞도 내다 볼 수 없는 불투명한 상황에서 우리의 현재와 미래는 어떻게 펼쳐질지 막막하기만 하다. 그러다 보니 우리나라는 앞으로도 뒤로도, 나가지도 못하고 물러서지도 못하는 진퇴양난의 대치 속에서, 어느 것이 불의인지 진실인지 선택불가의 혼돈에 휩싸여 있다.

　김대중의 국민의 정부, 노무현의 참여정부의 최고의 취약점은 소신껏 정책을 결정하고 추진하기보다는, 정책수립과 그 추진과정에서 여론

취합능력 및 자정능력 등에서 결집된 힘을 보여주지 못한 것일 것이다. IMF를 극복한 김대중정부에서는 소수 국회의원을 가진 여당의 한계 때문에, 그 당시 거대 야당이었던 한나라당의 다수의 힘이라는 의회독재로 인하여 DJ 정부의 입법 및 정책추진에 사사건건 반대로 제대로 일할 수 없는 형국이었다. 노무현정부는 과반수 이상을 확보한 다수 여당의 의회권력을 가지고도 아마추어적인 정책입안과 추진으로 스스로 분열하고 국론분열의 빌미를 제공하지 않았나 생각된다.

우리가 선진국에 진입하려면, 기회주의적인 당파적 논리와 명분보다는 국가와 민족을 위한 장기적인 관점에서 거대 담론을 녹여 풀어내는 정책 결정과 집행이 있어야 하고, 소모적인 정략적인 접근과 무조건적인 반대만을 위한 반대를 지양하는 정치행위를 근절하여야 한다.

대한민국이 세계사의 주역으로 우뚝 서고, 세계인의 일원으로서 신뢰와 자부심을 가지려면 파당적 정치싸움과 극한적 반목과 대립을 지양하고, 소소한 이익 보다는 국가와 민족의 이익과 가치를 최우선으로 하여야 한다.

인권과 민주주의가 꽃을 피우는, 인류의 보편적 가치가 존중되고, 자유로운 사상과 시장경제가 보장되고, 개인과 공동의 이익이 조화로운, 대립과 반목을 넘어서는 우리나라를 만들어가는 것이 우리 모두의 책임이다.

여성 만세,
남성 만세

(원광대신문, 2004.03.29.)

우리나라에서 여성의 사회적 역할과 지위가 그 어느 때보다도 높아져 가고 있다. 강금실법무부장관, 여야 3당의 여성 대변인, 민주당의 추미애 의원, 한나라당 총재 박근혜의원, 총선에서의 다수 여성 정치인의 공천 등 정부와 정치권에의 여성 진출가 늘고 있고, 군대에서의 여성 장군의 탄생, 경제계에서의 여성 CEO의 활약, TV 드라마에서의 대장금과 여인천하, 왕의 여자 등을 보노라면 남성 위주의 사회에서 본격적인 여성 상위시대가 도래하는 것을 실감하게 된다.

오래 전부터 여성 상위시대, 간 큰 남편 시리즈가 유행처럼 회자되긴 하였지만, 요즘처럼 사회 각 방면에서 두드러진 활약을 하면서, 독립된 인격체로서의 여성의 사회적 진출이 본격적으로 두드러진 것은 처음인 듯 하다.

'여자 말소리가 담을 넘으면 안된다', '암탉이 울면 집안이 망한다' 등의 여성활동이 극도로 제한된 사회는 구시대의 유물이 된지 오래 전의 일이다. 오히려 능력이 있는 아내를 원하는 남편, 맞벌이가 결혼 상대의 조건이 되고, 아내 대신 육아휴직을 하는 것이 당연하고, 가사 분담 내지 가사전담을 하는 남편을 보는 것이 자연스러운 변화된 가정풍속도이다.

더구나 부부별산제, 재산분할청구권, 종중에서의 여성의 권리확대, 호주제 폐지, 남녀고용평등법 등 과거 남성 위주의 법률체계가 여성의 평등적 권리보장으로 개정되고, 남편에게 소박받고 이혼당했다는 여성이, 이제는 당당하게 이혼을 요구하는 당당한 주체적 지위로 전환된 것이다.

그러나 아직도 경력단절의 여성은 재취업이 힘들고, 가정폭력의 희생이 잔존하고, 성폭력의 대상으로 되는 등 열등한 사회적 지위는 개선할 점이 많다. 오랫동안 지속돼 왔던 사회구조가 하루 아침에 변화되기는 그리 쉽지만은 않으나, 여성 스스로가 유리벽을 깨고 사회적 주류로서 자리잡기 위한 피나는 노력을 해 나가야 한다. 또한 스스로 보조자적 지위와 일처리를 하면서 뒤로 물러서는 나약함도 버려야 한다. '여자이니까!' 라고 스스로 여성이라는 보호의 커튼에 숨어 안주하려는 태도도 버려야 한다. 여성의 권익은 누가 거져 주는 것이 아닌 피나는 노력에 의하여 쟁취되어지는 것이다.

물론 국가·사회도 여성의 사회적 활동영역과 지위 개선을 구축하는 의무를 가지고 있다. 여성이 사회활동이 강화될수록 도움을 받는 상대는 남성이고, 결국은 국가·사회의 강한 경쟁력이 되는 것이다. 여성도 남성도 우리나라의 People power의 양 날개이기 때문이다.

여성 만세가 남성 만세이다.

남자와 가정갈등

(전주일보, 1995.06.07.)

가사조정위원으로 봉사하면서 아내의 성적 요구를 원만하게 만족시키지 못하고 갈등 끝에 이혼신청한 부부를 보면서, 신세대적 젊은 부부

관계를 새롭게 설정하는 시대가 도래하지 않았나 생각이 들었다. 과거에는 남편은 직장에 다니면서 돈을 벌고, 아내는 집에서 아이를 키우고 살림하는 것이 일반적인 등식이었다. 그러나 이제는 부부가 맞벌이하는 것이 일반적이고, 부부 간에 육아와 가사노동의 분담이 당연시되는 것은 전통적인 부부관계가 무너지고, 남편과 아내의 역할과 지위에 대한 현격한 변화가 있는 것이다.

부부관계의 성적 부실이 원인이 되어, 이혼을 당하는(?) 남편에 대하여, '직장생활에서 죽살이를 치면서도 가족을 위하여 혹사하는 남자들이 집에 들어와서까지 조금 편안하게 쉬어야지 부인의 끝없는 잠자리 요구까지 응하면서 코피까지 흘려야 하느냐?', '내가 누구 때문에 고생하는 것인데, 집에서 놀고 먹는 마누라가 남편이 직장에서 얼마나 많이 고생하는지도 모르고, 색마처럼 그럴 수 있느냐?' 라고 분개하는 남편들도 있을 것이다.

과거의 여성들은 자신의 뜻과 주장을 외부로 내세우지 않고 차분하게 인내하는 교육을 받고 살았으며, 특히 성적 요구는 남편이 하는 바에 따라 그냥 수용하는 것이 정숙한 여인의 덕목인 것처럼 강요되었다. 만약에 이러한 것을 벗어난 적극적인 성적 요구가 드러나는 경우에는 '서방 잡아 먹을 년', '화냥년', '색녀' 등으로 매도되기도 하였다. 반면에 남성들은 자유롭게 성적 유희를 즐기면서 일부일처제가 아닌 일부다처제가 남성스러움의 전유물처럼 당연시되었던 시기도 있었다. 지금에 와서도 남성들은 공공연하게 '옛날이 좋았다' 라고 향수에 젖어 '아무 말 대잔치' 하는 남성 우위의 성의식이 잔존하고 있음도 현실이다.

이혼신청을 조정하다 보면, 부부간의 성적 불만족과 갈등은 시댁과 친정으로 비화·확대된 싸움으로 번지기도 하고, 돌이킬 수 없는 이혼으로 비화되기도 한다. 부부관계는 100% 성적 결합만으로 유지되는 것만은 아니다. 그런데도 어느 부부는 자신들과 타 부부와의 단순한 성적 결합의 횟수 비교와 성적 불만족에 대한 가벼운 말싸움에서 시작되어,

그 갈등을 부부간에 원만한 대화로 풀어내지 못한 채 본가와 친정에 알리면서 부부간의 문제가 아닌 제3자인 시댁과 친정의 문제로 확대 재생산되는 사려깊지 못한 언행을 한 사례도 있었다. 이 사례는 두 명의 아이까지 둔 부부가 자신들의 문제를 스스로 해결하지 못하고, 시댁과 친정에까지 비화시킨 것은 그간에 독립적 결혼생활을 해오지 못한 반증이다. 또한 부부간의 갈등을 제3자가 알게 되어, 이에 개입하게 되었을 때에는 화해를 위한 퇴로가 막혀 버리게 되는 사례도 있었다.

부부간의 갈등은 부부간의 인생관과 가치관의 차이, 경제적 자력의 유무, 직장에서의 스트레스, 소외감의 심화, 애정결핍과 이해심의 결여, 대화의 단절, 지적 능력의 차이, 성적 불만족 등 그 원인은 수도 없이 많다. 이러한 갈등은 부부간의 신뢰와 이해, 성숙한 대화 등으로 해결하는 노력을 하여야 한다.

오랜 세월 동안에 각기 다른 성장배경 속에서 살아왔던 부부가 완전 합일의 완전체가 된다는 기대는 무리일 것이다. 결혼은 서로 다른 존재가 만나서 사랑을 기초로, 한 가정이라는 공동의 유토피아를 위한 합창과 합주를 하는 것이다.

'바람난 가족' 지킴이

(원광대신문, 2003.10.06.)

'집으로', '죽어도 좋아', '바람난 가족' 등의 가족영화가 많은 사람들의 공감 속에 호평을 받고 있다. 현대사회에 있어 점점 해체위기를 맞고 있는 가족과 가정을 그 배경으로 한 영화가 호평을 받는 것은, 그만큼 화목하고 사랑 넘쳤던 가족과 가정을 복원하여야 한다는 위기의식이 작용한 긍정적인 신호로 보여진다.

3대가 함께 사는 가정, 다인多人 가정, 4인 가정, 3인 가정, 2인 가정, 1인 가정 등 갈수록 핵가족화에 따른 가족 구성원의 소수화는 전통적인 가족과 가정의 개념, 구성원 간의 융화적인 인간관계를 축소시켜 왔다. 비혼주의, 출산을 꺼려하는 세태 등 축소지향적인 사회풍조는 인간관계의 형식화, 몰인격화, 거래화 등으로 인하여 극단적·폐쇄적 이기성을 여실하게 드러나게 하는 가족의식을 등장시켰다. 따라서 '믿을데라고는 그래도 피붙이밖에 없다'라는 '나만', '내 자식만', '내 가족만' 이라는 편협성을 만연시키고 있다.

지난 세대에 있어서 한 집안의 정신적 울타리 역할을 하였던 할아버지와 할머니, 전통적 규범의식에 따라 자율적 절제능력이 충만했던 전통사회, 가족 간의 희생과 배려, 효, 서로 얼굴을 맞대고 부딪혀가면서 나누었던 도타운 정과 사랑 등은 지금은 잊혀진 먼 옛날의 전설이 되어가고 있다.

그래서 '집으로'라는 영화 열풍은 아직도 '가족', '가정', '가족애' 등에 있어서 희망이 있어 보인다.

그러던 차에 '죽어도 좋아', '바람난 가족' 등이 우리에게 시사해주는 것은 무엇일까? 노인과 성문제, 부부와 성문제, 부모 자식 관계, 자녀 교육과 성문제, 가족 간의 대화 부재 등 어린 아이부터 노인까지 이르는 가족관계 전반에 걸쳐서 현실에서 일어날 수 있는 여러 문제들을 함축적으로 담아낸 이야기이기 때문이다.

지금은 사회의 주역에서 은퇴해 물러나 있지만, 그들의 헌신과 노력에 의하여 현재의 우리가 존재하고 있음에 감사함을 잊고 살아서는 안된다는 것이고, 노년세대들도 젊은이들과 똑같은 사랑과 성의 문제로 고민하고 있음을 알 수가 있었다.

또한 바쁜 일상 속에서의 부부관계는 상대에 대한 무관심과 소홀, 대화부재로 인하여 한 집에서 산다는 것 외에는 의미를 찾을 수가 없게 되었다. 가장 소중하게 여겨야 하는 부부 간의 사랑이 힘든 직장생활과 자녀 양육 등에 지쳐서 후순위로 치부되는 일이 비일비재하다. 희미한 지난 청춘의 사랑으로 변질된 부부관계는 진정한 가족의 시원적始原的 출발을 망각하는 소홀함이다.

　부모와 자녀의 대화단절과 고립, 냉대와 무시, 상대를 배려하지 않는 일방적 눈높이의 강요는 가족에게 불균형적인 비정상적인 상태에 빠트리고, 결국은 가족과 가정을 해체시키는 결과를 초래하게 된다.

　'가족'과 '가정'이라는 울타리 속에서 가족의 사랑을 느끼고, 가정의 소중함을 생각하지 못한다면, 가족 서로 간에 마음을 툭 터 놓고 대화하고 합일점을 찾아내는 통로가 막혔다면, 그 가족과 가정은 풍비박산이 난 '바람난 가족'이 될 것이다.

　'바람난 가족'의 지킴이가 되지 못한다면 우리의 미래는 암울할 것이다.

스와핑(Swapping)에 대한 염려

(원광대신문, 2003.11.03.)

　요즘 우리 사회의 일각에서 드러난 충격적인 뉴스의 하나가 스와핑(Swapping)이다. 이것은 성性 모럴의 변화, 부부 간의 성적 취향까지도 엄청난 변화의 격랑 속에 있음을 보여준다. 개인의 성적 취향의 변화,

그 추구 과정 등을 일탈 또는 비정상 등의 편향된 기준과 잣대로만 비난하고 단죄하려는 것도 일응 폭거이고 만행이 될 수 있다.

부부 관계는 그 시대와 민족, 윤리적·문화적 차이에 의하여 다양한 차이가 존재하여 왔고, 그 차이가 차별적 비난의 대상이 아님은 분명한 사실이다. 대부분의 나라에서는 이제는 일부일처제가 결혼과 기본적 부부관계 유지의 틀로써 자리잡고 있다. 이렇다면 부부 간의 스와핑은 관련된 당사자들이 일치된 합의한 결과에 기초한 성적 행위이기는 하나, 바람직하고 적극 권장하기에는 무리한 사안이 아닌 듯 싶기도 하다.

오욕의 하나인 성적 욕망을 강하게 집착하고 추구하는 것은 인간의 당연한 본성에 기초한 것이다. 사랑을 추구하며 살아가는 사람들에게 결혼으로 맺어진 배우자라는 한 사람에게만 얽매이라고 하는 것은 강요일 수도 있다. 배우자 아닌 다른 사람과의 사랑도 때로는 아름답기도 하고, 추한 모습으로 다가 오기도 한다. 이번에 뉴스화된 부부 간의 스와핑은 그간에 사회적 이슈가 되지 않았을 뿐이지, 스와핑과 관련된 인터넷 사이트와 가입자가 많다는 것은 많은 스와핑 행위가 내밀하게 확산되어 왔음을 알 수 있다.

'부부 간의 스와핑의 결말은 어떻게 될 것인가?' 라는 의문을 갖게 된다.

부부 간의 사랑이 반드시 엄숙해야 하는 것만은 아니고, 항상 아름다운 것만도 아니다. 부부 간의 사랑은 강제할 수 없는 지극히 시적인 문제이고, 더구나 성적 취향과 추구, 편향적 기호는 도덕·윤리의 굴레로 가둬 놓을 수도 없는 것이다. 그러나 '스와핑이 바람직한 것인가? 모두에게 적극 권장할만한 것인가?' 라는 질문에는 우리들은 각자가 가지고 있는 나름의 여러 기준에 의하여 판단하고 결정할 수는 있을 것이다.

모든 것에 스스로 변화하지 않으면 정체되고 낙오되는 것이 현대사회의 특성이기도 하다. 그러나 남녀 간의 사랑과 부부 간의 애정은 가슴 설레임의 사랑이어야 하고, 잘 익은 농주의 향과 맛처럼 햇살처럼 퍼져

나가야 하는 것이 아닐까 싶다.

다행스럽게 '쇼킹'한 부부 간의 스와핑이 일부 소수자에게만 해당되는 성적 취향인 듯하다. 흔히들 '나쁜 것은 빨리 받아들이고, 좋은 것은 쉽게 받아들이지 않는다'라고 한다. 부부 간의 스와핑보다도 우리 사회에 만연된 부패, 퇴행적 정치문화, 비윤리적 사회환경 등을 먼저 스와핑해보는 것은 어떨까?

가정의 위기와 가정 내 폭력

(시사법률, 1998.09: 2025.02.28. 수정)

'가정'은 출생하여 최초로 만나게 되는 사회이다. 가정은 남편과 아내, 부모와 자식, 할아버지·할머니와 손자 등 가정구성원의 생활과 교제의 장場이다. 가정은 자녀의 신체적·정서적 성장과 발달, 자녀의 사회화, 성인의 인격의 안정화, 가정구성원의 생활화 등에 중요한 역할을 한다. 가정은 물적 환경, 경제적 환경, 사회적 환경, 문화적 환경 등이 상호 조화되어 가정구성원의 삶을 지탱해주는 원천이다.

'가정폭력범죄의 처벌 등에 관한 특례법'에서는 '가정구성원'이란 배우자(사실상 혼인관계에 있는 사람을 포함한다) 또는 배우자였던 사람, 자기 또는 배우자와 직계존비속관계(사실상의 양친자관계를 포함한다)에 있거나 있었던 사람, 계부모와 자녀의 관계 또는 적모嫡母와 서자庶子의 관계에 있거나 있었던 사람, 동거하는 친족를 말한다(제2조 제2호). 또한 '가정폭력'이란 가정구성원 사이의 신체적, 정신적 또는 재산상 피해를 수반하는 행위를 말한다(제2조 제1호). '가정폭력행위자' 란 가정폭력범죄를 범한 사람 및 가정구성원인 공범을 말하고(제2조 제1호), '피해자'란 가정폭력범죄로 인하여 직접적으로 피해를 입은 사람을 말한다(제2조 제4호). '가정보호사건' 이란 가정폭력범죄로 인하여 이 법에 따른 보호처분의 대상이 되는 사건을 말하고(제2조 제5호), '보호처분' 이란 법원이 가정보호사건에 대하여 심리를 거쳐 가정폭력행위자에게 하는 처분을 말하고(제2조 제6호), '피해자보호명령사건' 이란 가정폭력범죄로 인하여 피해자보호명령의 대상이 되는 사건을 말하고(제2조 제7호), '아동' 이란 〈아동복지법〉따른 아동을 말한다(제2조 제8호).

가족은, 첫째, 가정구성원들과 친밀성을 유지함으로써 정서적 안정과 지원을 얻고, 둘째, 경제적 협조의 단위로써 기능하고, 셋째, 자녀를 출산하고 그들을 사회화시키며, 넷째, 가정구성원에게 일정한 지위와 사회적 역할을 할당하는 기능을 한다.

이러한 가정의 기능파괴는 청소년의 일탈과 비행범죄와 밀접한 연관이 있는 것으로 설명되어진다. 가정과 범죄와의 관계는 청소년비행·범죄문제에 있어서 많은 논의가 있어 왔다. 이러한 논의는 가정의 구조적 측면과 기능적 측면에 중점을 둔 것이다. 가정의 구조적 측면에는 가정의 사회·경제적 지위, 결손가정, 확대가족 등이 포함된다. 가정의 기능적 측면에는 가정의 분위기, 부모와 자녀 간의 관계, 부모의 훈육 등이 포함된다.

종래에는 가정의 구조적 측면의 결함이 청소년 비행과 밀접한 연관이 있는 것으로 알려졌으나, 지금은 가정의 구조적 결함보다는 가정의 기능적 결함, 곧 부도덕 가정, 범죄가정, 갈등가정 등이 청소년비행과 관련이 많은 것으로 분석되고 있다.

가정기능이 파괴되어 가적 간의 심리적 갈등이 야기되면 어린이에게는 정서적 혼란을 초래하고, 대가족에 있어서는 고부 간의 갈등과 불화,

핵가족에 있어서는 부부 간의 불화와 심리적 갈등이 발새하고, 이것은 범죄의 주요한 원인이 될 수 있다.

　가정이 경제적인 어려움이 극심해지면 그로 인한 가족 간의 갈등, 가족 구성원의 분열과 해체 등으로 가정의 파괴가 심화된다. 특히 가족 간의 극심한 불화는 가정 내 폭력으로 이어지기도 한다. 가정 내 폭력은 심각한 사회문제로 '폭력의 요람搖籃으로서의 가정' 이라는 말처럼 그 폐해는 그 경험자의 인생의 평생에 걸쳐서 악영향을 끼치게 된다. 가정 내 폭력의 직접적 피해자와 그 관련자의 간접적 정신피해와 후유증은 실로 그 영향이 심대하고, 부모로부터 폭행을 당했거나 가정 구성원 중 일방이 폭행당하는 것을 목격한 자녀도 폭행이 학습되어 성년이 된 후 똑 같은 폭력을 답습할 가능성이 크다.

　가정 내 폭력은 가정 내의 프라이버시보호, 은밀성, 공권력의 개입 주저 등이 혼재되어 방관적인 사회인식과 무개입주의, 수사기관의 인지의 한계성과 소극적 대응 등으로 그 실태파악과 통제도 쉽지 않다.

　가정 내 폭력의 피해자란 가족 관계 등에 있는 자가 그 가정구성원에 대하여 행하는 형법상의 폭행, 유기와 학대, 체포와 감금, 협박, 명예훼손, 주거침입, 권리행사의 방해, 사기와 공갈, 손괴 등의 가정폭력범죄로 인하여 직접적 피해를 입은 자를 말한다. 따라서 그러한 행위로 신체적 상해나 정신적 상처를 피해자나 그 가정구성원이 입은 경우를 '가정 내 폭력' 이라고 정의할 수 있고, 그러한 행위가 가정구성원에 의하여 행하여졌거나 그렇다고 주장되는 것을 '가정 내 폭력' 이라고 할 수 있다.

　가정 내 폭력의 발생원인은 어떠한 정형적인 틀에 맞출 수는 없다. 그러나 가족 간의 인생관과 성격 차이, 가치관의 갈등, 패쇄된 고립감, 약물과 알콜중독, 도박과 게임중독, 훈육방식의 잘못, 아동학대와 혹사, 유기, 대화단절과 애정결핍, 이해심결여, 정신적 질병, 잠재적 폭력성, 지적 차이, 성적 불만족, 열등감 등이 주요 원인의 하나이다.

가정 내 폭력은 '상습화'의 길을 필연적으로 간다. 가정 내 폭력의 상습화는 한 번 시작된 폭력은 지속적인 구타의 관행화·습관화의 길을 거쳐서 더 큰 강도의 폭력성으로 상승되게 된다. 가정 내 폭력의 상습화는 처음 폭력에 대한 수동적·소극적·미온적 대처로 인하여 반복되고, 그 '가정파괴범'에 대한 확실한 응징이 없이 대충 유야무야, 흐지부지 끝내기 때문이다.

가정폭력의 악순환의 고리를 끊어내기 위하여서는, 첫째, 개인·이웃·지역사회 등의 유기적인 공동대처의 노력과 가정폭력에 대한 피해자의 진술거부·진술번복 등의 수사 비협조, 가해자의 처벌만이 능사가 아니라는 소극적 대처는 지양되어야 한다. 둘째, 화목한 가정분위기와 가족 구성원간의 소통 강화 등도 중요하다. 셋째, 가정 내 폭력은 상습성, 밀행성, 가해자와 피해자와의 특수관계 등의 특성이 있다. 법의 엄격한 적용, 수사기관의 적극적 개입, 가정보호 유관기관의 전문적 협조와 대응 등 파괴된 가정의 평화와 안정을 회복하여 건강한 가정을 만들어야 한다.

가정폭력과 관련된 법률로는, '가정폭력범죄의 형사처벌 절차에 관한 특례를 정하고 가정폭력범죄를 범한 사람에 대하여 환경의 조정과 성행性行의 교정을 위한 보호처분을 함으로써 가정폭력범죄로 파괴된 가정의 평화와 안정을 회복하고 건강한 가정을 가꾸며 피해자와 가족구성원의 인권을 보호함을 목적'으로 하는 '가정폭력범죄의 처벌 등에 관한 특례법', '가정폭력을 예방하고 가정폭력의 피해자를 보호·지원함을 목적'으로 하고, '가정폭력 피해자는 피해 상황에서 신속하게 벗어나 인간으로서의 존엄성과 안전을 보장받을 권리'를 기본이념으로 하는 '가정폭력방지 및 피해자보호 등에 관한 법률', '형법', '성폭력범죄의 처벌 등에 관한 특례법' 제14조(카메라 등을 이용한 촬영) 및 제15조(미수범)의 죄, '정보통신망 이용촉진 및 정보보호 등에 관한 법률' 제74조 제1항 제3호의 죄, 아동복지법 등이 있다.

안락사,
존엄사의 문제

(시사법률, 1997.08: 2005.02.28. 수정)

현대의학의 무한한 발전은 인간생명의 연장과 함께 '건강한 삶', '존엄한 삶' 이라는 인류의 공통의 희망을 실현하고 있다. 그러나 의학의 발전은 인간의 건강한 삶의 질을 향상시켰으나, 불치병을 앓고 있는 환자의 생명을 단지 연장시키는 도구로도 활용하고 있다. 완치불가의 불치병의 고통으로부터 본인 스스로가 생과 죽음을 선택·결정할 수 있는 자기결정권을 행사할 수 있는가도 새로운 도전이고 과제이다.

'인간답게 살 권리'에 '인간답게 죽을 권리'도 포함하여야 한다는 사고, 인식과 합의가 모아지고 있다. 이것은 병마의 극한 고통, 완치불가의 절망적인 상태 등으로 본인 스스로가 더 이상 무의미한 삶의 연장이라는 판단과 선택에 의해 생명의 연장과 단절을 결정하는 권리가 있고, 또한 그 가족과 담당 의사도 이에 참여할 수 있어야 한다는 것이다.

안락사의 허부 문제는 처음 영미법계 국가를 중심으로 시작하여 지금은 많은 국가에서 뜨거운 논쟁 주제가 되고 있다.

안락사는 원시 시대부터 현재에 이르기까지 그 형태와 시대상황을 달리하면서 변천하여 왔다. 고대 그리스에서는 고통 없는 죽음의 문제보다 기형아 등 생존가치가 없는 영아·유아 등 어린이의 살해문제가 중시되었다. 플라톤은 '기형아를 기르려 하지 말고 생후 즉시 버려라' 라고 하였고, 스파르타에서는 '건강한 자손을 만들기 위한 영아살해의 관행'이 있었고, 로마 시대의 세네카도 '기형아의 살해를 의미하는 안락사'를 거론하였다고 한다. 그러나 중세에는 기독교 사상이 지배하여 자살과 안락사도 '신에 대한 범죄'로 간주되었다.

근래에 들어와 영국의 베이컨에 의하여 안락사의 개념이 뚜렷한 개념과 내용을 갖게 되었다. 곧 베이컨은 '의사의 책임이 건강의 회복뿐만 아니라 고통의 완화에도 있고, 고통의 완화가 죽음의 길을 마련할 때도 있다'라고 주장하였다. 그 이후의 안락사에 대한 관심은 자연사를 안락하게 하는 문제에 그 중점을 두게 되었으나, 19세기 후반에 들어오면서 특히 영국에서는 안락사를 허용하는 입법의 문제로 거론되기 시작하였다. 현재에도 안락사를 합법화하자는 주장이 유럽 각국에서 나타나고 있다.

안락사는 형법상 직접적 안락사, 소극적 안락사, 존엄사, 적극적 안락사 등으로 구별된다. '직접적 안락사'는 고통을 완화시키기 위한 치료가 필수적으로 생명단축의 부수효과를 가져 오는 경우를 말한다. 예컨대, 불치병으로 심한 고통을 받고 있는 환자에게 고통의 감소를 위해 진통제를 투여하여 사망이라는 결과에 이르게 되는 경우를 말한다. '소극적 안락사'는 환자를 고통으로부터 빨리 벗어나게 하기 위하여 수혈, 인공호흡장치, 생명연장주사 등과 같은 생명연장의 적극적 수단을 사용하지 않는 경우를 말한다. '존엄사'는 회복 가능성이 없는 환자에 대해 무의미한 연명조치에 해당하는 의료행위, 즉 인공호흡장치, 심폐소생술 등을 중단해 인간으로서 존엄을 유지하면서 자연적으로 죽음을 맞도록 하는 것을 의미한다. '적극적 안락사'는 불치병으로 극심한 고통을 받고 있는 환자의 생명을 생명단축수단을 사용하여 적극적으로 생명을 단축시키는 것을 말하며 본래적 의미의 안락사이다.

안락사의 문제를 법이나 논리로 설명하기는 어렵다. 인간의 생명은 세상에서 대체 불가, 회복 불가한 가장 고귀한 절대적 가치이기 때문이다.

우리나라에서 존엄사에 대한 논쟁이 본격화된 것은 1997년 이른바 '보라매병원 사건'이다. 당시 환자는 보라매병원에서 응급수술을 받고 인공호흡기에 의존하고 있었다. 그 환자의 가족은 경제적 이유로 더 이상 치료할 수 없다며 병원 측의 만류에도 불구하고 퇴원을 요구했다. 이에 병원 측은 사망해도 책임을 묻지 않겠다는 서약서를 받은 뒤 환자를 퇴원시켰고, 이 환자는 얼마 뒤 사망했다. 이 사건에 대해 법원은 2004년 가족과 의사에게 각각 살인죄와 살인방조죄로 유죄를 선고했었다.

이 사건 이후에도 존엄사에 대한 논란은 계속돼 왔다. 2008년 2월 서울 세브란스병원에서 식물인간 상태에 빠진 환자의 가족들이 병원 측에 무의미한 연명치료에 대한 중단을 요구하면서 커다란 사회적 이슈가 되었다. 환자는 2007년 2월 세브란스병원에서 폐암 조직검사를 받던 중 과다출혈에 따른 뇌손상으로 식물인간 상태에 빠졌고, 인공호흡기를 부착하고 1년째 연명치료를 받아온 상태였다. 이에 환자의 자녀들은 기계장치로 수명을 연장하지 않는 것이 평소 어머니의 뜻이라면서 치료 중단에 대한 소송을 제기했었다.

이 사건에 대해 2008년 11월 28일 서울서부지방법원은 회생가능성이 없는 환자의 생명연장치료 중단 요구를 의사가 거부할 수 없는 경우, 인공호흡기의 도움으로 생명을 연장하고 있는 의식불명의 지속적 식물인간 상태인 환자의 의사에 대한 인공호흡기제거 청구를 인용한 사례에서 "생명연장 치료가 회복가능성이 없는 환자에게 육체적 고통이 될 뿐만 아니라 식물상태로 의식 없이 생명을 연장하여야 하는 정신적 고통의 무의미한 연장을 강요하는 결과를 가져오게 되어 오히려 인간의 존엄과 인격적 가치를 해할 수 있는 경우에는, 환자가 삶과 죽음의 경계에서 자연스러운 죽음을 맞이하는 것이 인간의 존엄과 가치에 더 부합하게 되어 죽음을 맞이할 이익이 생명을 유지할 이익보다 더 크게 된다. 따라서 의식불명의 식물상태로 인공호흡기에 의존하여 생명을 유지하고 있는 환자는, ① 치료가 계속되더라도 회복가능성이 없어 치료가 의학적으로 무의미하고, ② 환자가 사전에 한 의사표시, 성격, 가치관, 종교관, 가족과의 친밀도, 생활태도, 나이, 기대생존기간, 환자의 상태 등을 고려하여 환자의 치료중단 의사가 추정되는 경우, 자연스러운 죽음을 맞이함이 더 인간의 존엄과 가치에 부합하여 죽음을 맞이할 이익이 생명을 유지할 이익보다 더 크다. 따라서 생명의 연장을 원하지 아니하고 인공호흡기의 제거를 요구하는 환자의 자기결정권의 행사는 제한되지 아니하고 의사는 이를 거부할 수 없다(이에 따른 인공호흡기의 제거행위는 응급의료 중단의 정당한 사유가 있는 것으로 의사는 민·형사상 책임을 부담하지 않는다"라고 판시하였다(서울서부지법 2008. 11. 28. 선고 2008가합6977 판결).

그 후 이 사건에 대하여 2009년 2월 10일 서울고등법원은 "원고는 피고에 대하여 자신에게 부착된 인공호흡기의 제거를 청구할 권리가 있고, 원고에 대한 연명치료를 시행하고 있는 피고는 이에 응할 의무가 있다 할 것이다"라고 판시하였다(서울고등법원 2009. 2. 10. 선고 2008나116869 판결).

2009년 5월 21일 대법원 전원합의체는 연명치료 중단의 요건으로서 환자가 회복불가능한 사망의 단계에 진입하였고 연명치료 중단을 구하는 환자의 의사를 추정할 수 있다고 한 사례에서, "담당 주치의, 진료기록 감정의, 신체 감정의 등의 견해에 따르면 환자는 현재 지속적 식물인간상태로서 자발호흡이 없어 인공호흡기에 의하여 생명이 유지되는 상태로서 회복불가능한 사망의 단계에 진입하였고, 환자의 일상생활에서의 대화 및 현 상태 등에 비추어 볼 때 환자가 현재의 상황에 관한 정보를 충분히 제공받았을 경우 현재 시행되고 있는 연명치료를 중단하고자 하는 의사를 추정할 수 있다"라고 판시하였다(대법원 2009. 5. 21. 선고 2009다17417 전원합의체 판결).

이러한 대법원 판결을 계기로 정부는 2012년 12월 의료계와 종교계, 시민단체 등을 포함한 '생명윤리위특별위원회'라는 사회적 숙의기구를 구성해 연명의료에 대한 논의를 시작하여, 2018년 2월 4일 '호스피스·완화의료 및 임종과정에 있는 환자의 연명의료결정에 관한 법률'

이 제정되어 오늘에 이르고 있다. 이 법은 '호스피스·완화의료와 임종 과정에 있는 환자의 연명의료와 연명의료중단 등 결정 및 그 이행에 필요한 사항을 규정함으로써 환자의 최선의 이익을 보장하고 자기결정을 존중하여 인간으로서의 존엄과 가치를 보호하는 것'을 목적으로 한다.

저출산·초고령화 사회에서의 노후의 삶

(원광대신문, 2004.11.01.: 2025.02.28. 수정)

우리나라는 생활수준의 향상과 의료복지의 확대로 국민들의 평균 수명이 길어졌으며, 신세대들의 저출산경향의 고착으로 이미 2024년 말 65세 이상 인구가 전체 인구의 20%를 넘어서는 저출산·초고령사회에 진입했다. 25년 뒤엔 국민 4명 중 1명이 75세에 이를 것으로 전망되는 등 고령층 내 고령화도 심화되고 있다.

저출산·고령화 현상은 첫째, 여성의 사회 진출 증가, 독신 가구 증가, 핵가족의 보편화, 결혼과 출산에 대한 가치관의 변화, 자녀 양육비 및 교육비 부담 증가 등 출산율의 감소, 둘째, 의료 기술의 발달, 생활 수준의 향상 등 평균 수명의 증가 등이 주요 원인이다.

저출산·고령화 현상은 첫째, 생산 가능 인구의 감소로 인한 노동력 부족과 노동 인구의 노령화로 노동 생산성이 낮아져 경제 성장이 둔화되고, 둘째, 노후 생계와 건강 유지를 위한 비용이 증가하여 노인 부양에 대한 젊은 세대와 국가 재정의 부담이 증가할 수 있다.

저출산 현상은 태어나는 아이의 수가 감소하여 사회의 출산율이 낮아지고, 고령화 현상은 전체 인구 가운데 만 65세 이상 노년 인구가 차지하는 비율이 높아진다. 따라서 중장년층이 부족하고, 노인들의 경제적 자립능력이 고갈된 고령화사회에서는 노인들을 부축할 국가·사회적 여력이 격감되고, 결국 노후생활준비를 하지 못한 노인들은 곤궁에 빠지게 된다.

고령화 현상의 대응방안으로, 첫째, 연금 제도 개선, 노인 장기 요양 보험 제도 등 노인 복지 정책 및 제도 강화, 둘째, 평생 교육 및 재취업 기회 제공, 일자리 나누기, 임금 피크 제도 등을 통해 노년층의 경제 활동을 장려하고 활용하는 노년층의 경제 활동 장려, 셋째, 노인들의 삶의 질 향상을 위해 의료·복지 시설을 확대 등 노인 편의 시설 및 실버산업 확대, 넷째, 사회 구성원 스스로 젊을 때부터 미리 노후에 대비하는 노력 등이 중요하다.

핵가족화로 인한 가족애의 결여, 노후준비를 위한 경제적 자력의 실패 등으로 인하여 현실을 비관한 노인들의 자살률이 높아지고, 가족들로부터 유기되는 노인들이 많아지는 것이 현실이다. 인륜이 무너진 황폐하고 삭막한 사회, 무한 경쟁사회에서의 인간다운 삶이 보장되지 않는 사회에서의 노인문제는 어느 한 개인 또는 가정의 문제가 아니고, 어느 한 개인 또는 가정이 전부 감당하기에는 너무 벅찬 숙제이기에 국가·사회는 고령화 사회의 노인문제에 적극 해결하여야 하는 의무가 있다.

저출산·초고령화 사회에서 노년층의 건강한 삶을 위하여서는 그 가족, 사회·국가의 유기적인 연대와 협력이 절실하다.

국립중앙의료원의 중앙치매센터가 발표한 '대한민국 치매현황 2023'에 따르면, 2025년 국내 65세 이상 추정 치매 환자 수는 약 105만 명으로, 처음으로 100만 명을 돌파할 것으로 보인다. 국내 65세 이상 인구 중 치매 유병률은 약 11%에 달하며, 이는 65세 이상의 고령자 9명 중 1명이 치매를 앓고 있다는 것이다. 80대 중반 이상의 경우, 절반 가량이

치매 환자일 것으로 추정된다. 추정치매환자는 진단받지 않았지만 치매로 추정되는 인구까지 포함한 수치로, 2023년 약 142만명, 2040년에는 226만명, 2050년에는 315만명, 2060년에는 340만명까지 늘어날 것으로 예상된다.

참으로 걱정스러운 것은 치매환자에 대한 돌봄을 가족에게 전적으로 맡길 수도 없고, 국가·사회가 적극적인 역할과 지원을 하여야 하는 문제이다. 치매 환자 한 명을 1년 동안 돌보는데 들어가는 연간 관리비용은 2220만원으로 추산된다. 이는 연간 가구소득(5801만 원)의 3분의 1을 넘는 수준이다. 치매 치료를 위한 직접의료비 외에도 간병비, 보조물품 구입비, 장기요양비 등이 포함된 금액이다. 연간 국가치매관리비용은 2022년 기준 20조8000억원으로 국내총생산(GDP)의 약 1%를 차지했다. 5년 전인 2017년 14조2000억원보다 31.9% 증가한 규모다. 국가치매관리비용은 2030년 38조6000억원으로 늘고, 2040년에는 그 두 배인 78조2000억원, 치매 환자가 300만명을 넘은 2050년에는 138조1000억원에 달할 것으로 예상된다. 생산가능인구의 감소로 GDP는 역성장하고 있을 시점이다.

전문가들은 치매 예방과 관리를 위해 무엇보다 중요한 요소로 '건강한 생활 습관', '조기 진단', 그리고 '적절한 약물 치료'를 꼽는다.

한편, 날씨가 추워지는 가을부터는 집 없어 잠잘 곳 없는 노년층의 겨울나기 범죄(?)가 늘어난다. 왜냐하면 추워지면 노숙하면서 먹고 살기 어렵고 극한 죽음의 공포가 다가오기 때문에 숙식이 보장된 교정시설로의 자진 입소를 원하기 때문이다. 이러한 생존형·생계형 범죄는 형사처벌로는 해결할 수 없는 문제이다.

젊은 세대에 비하면, 고령화된 노인들은 사회적 역할 상실로 인한 공허감과 소외감, 경제적 무자력으로 인한 곤궁함, 신체적 노쇠로 인한 만성적인 질병 등등에 무방비하게 노출되어 있다. 또한 신체적·경제적 약자인 노인들은 때로는 곤궁한 생활고를 해결하기 위하여 범죄나 비행을 저지르기도 한다.

따라서 노후 사회적응에의 실패, 경제적 어려움 등으로 교정시설 내에서의 '안정된 생활'을 하고자 형사적 처벌을 감수하면서까지 생계형 범죄를 감행하는 것이다.

또한, 우리 사회는 건강한 노년층의 성적 욕구를 '주책', '이상심리와 행동'으로 치부하는 경향이 많다. 그러다 보니 유산배분과 가정사로 만남과 재혼이 쉽지 않고, 음성적 성매매로 인한 성병, 성폭행 등 음지의 성문화를 조장하기도 한다. 노인들은 무성적 존재無性的 存在가 아니므로, 건전한 성적 욕구를 즐길 수 있는 출구를 찾아야 하고, 가족들은 노인들에 대한 편견적 성차별을 하여서는 아니 된다.

우리 사회는 과거 사회의 주역으로서 역할을 다한 주역인 노인들의 사회적·경제적·문화적 뒷받침을 다하여야 할 책무가 있다. 노인들의 건강한 사회생활은 그들의 삶과 가정의 행복도 높이고, 각종의 범죄나 비행에 빠져들지 않게 하는 것이다. 현재의 노인들의 삶은 우리 미래의 모습이기도 하다.

어르신! 그 동안 고생하셨습니다. 이제 편히 즐기세요!

'있을 때 잘해' 잘사는 우리나라

(원광대신문, 2004.10.04.)

60세가 넘으신 어르신들은 가뭄과 흉작, 생산량 저조 등으로 먹거리가 많지 않아서 배고파하면서 보릿고개를 넘는 것이 참으로 힘들었던 시절을 뚜렷하게 기억하고 있을 것이다. 이제는 잘사는 나라가 되었지만, 먹는 것이 죽고 사는 문제였던 그 어려웠던 시절을 극복한지가 불과 얼마 되지도 않는다. 그런데도 비만, 성인병 등 너무 잘 먹고 풍족한 것이 문제가 되고, 한편으로는 결식아동, 식생활의 곤란 계층, 과도한 음식물 쓰레기 처리문제 등이 해결해야 할 사회문제가 되고 있다.

부의 균등한 분배, 경제적 무자력자에 대한 국가·사회적 배려가 강화되어야 하고, 의식주 문제의 해결은 국가가 해결해야 할 의무이기도 하다. 어느 한 계층만 잘 살고, 어느 한 나라만 잘 산다고 하여 좋은 나라 좋은 세상이 아니다. 세계·국가·사회의 유지 존속의 기본과 강한 경쟁력은 구성원 모두가 균형된 삶을 향유하고 함께 잘 사는 것으로부터 나올 것이다.

불과 얼마 전의 우리나라는 춥고 배고프고, 물자가 귀한 시대에 살았었는데도, 우리가 버리고, 재활용하지 않는 물품들이 산더미처럼 쌓여져 있다. 이제는 쓰레기를 수출하고, 매립지를 확충하고, 환경오염을 방지해야 하는 일이 시대적 과제가 되어 있다.

국가·지방자치단체는 재활용 시스템 구축하고, 시민들은 근검절약의 일상이 생활화되어야 한다. 때로는 재활용 가능한 자원을 모아 놓더라도, 그것이 방치되고 분류하고 수거하는 뒷처리가 되지 않는 경우도 많다.

어려웠던 IMF시절에 '아껴쓰고 나누어 쓰고 바꾸어 쓰고 다시 쓰는' '아나바다' 운동을 통하여 중고 물품을 서로 교환하거나 판매하는 시스템을 통하여 물자 절약과 자원 재활용을 실천하였었다. 그러나 멀쩡한 인테리어 교체, 가구와 옷 등이 산더미처럼 쌓여 있고, 과도한 음식물 쓰레기 등에 엄청난 자원을 투입하여야 하는 현실은 너무 아낌이 없는 '펑펑 낭비'의 시대이기도 하다. 이러다 보니 한편에서는 'IMF 기간이 좀 더 길어야 하지 않았나?' 라는 역설적인 시민의식전환의 필요성도 강조되기도 한다.

가난할 때도 부자일 때도 '있을 때 잘해'라는 말은 우리에게 주는 경계의 교훈임을 알아야 한다.

요람에서 무덤까지

(전주일보, 1995.11.09.)

한국에서는 여전히 뇌물 수수, 탈세를 포함한 부정한 축재와 수입에 의존하여 생활하는 것이 사회의 한 단면처럼 여겨지고 있다. 우리 사회에는 아직도 사람이 하는 일이 '되는 일도 없고, 안되는 일이 없는' 총체적 부패문화로 상징되는 비정상적인 상태가 지속되고 있다.

뇌물과 탈세 등 부패의 원인은 무엇일까? 그것은 인간의 탐욕과 부도덕하고 비윤리적인 본성에 기인한 측면도 있지만, 우리 사회에 만연된 고질적 병폐인 위로 향하는 관행적인 뇌물 공여와 수수, 업무처리에 있어서 법과 제도상의 미비로 인한 차별적·자의적 해석 적용, 이해 당사자들의 담합으로 인한 추악한 이익 추구 등이 비리와 부정, 부패의 원인이다. 또한 정통성이 결여된 독재정권의 부패, 정치자금과 관련된 비자금 조성, 선거부정, 정당한 공무집행을 처리하는 과정에서의 이해 당사자들로부터 받는 업무추진비, 회식비 찬조, 전별금 등을 빙자한 죄의식 없는 부정한 청탁과 상납 등의 부패연결고리가 아직도 많이 감소하고 있지만 끊임없이 자행되고 있다.

부정한 돈을 얻기 위하여 다른 민원인보다 차별적으로 신속한 일 처리를 해주고, 유리한 정보의 사전 제공과 공유, 인사상의 유리한 조처

등의 정실에 의한 부패, 이해 당사자들에게 불리한 또는 유리한 업무처리를 할 수 있음을 은근히 과시하면서 금품 등을 요구하는 위협형 부패, 행정적 조치나 묵인의 대가로 돈거래를 하는 부패 등이 있다. 이렇듯 부패가 만연된 사회에서는 시민을 위한 정상적인 공무집행은 이루어질 수 없다.

한편으로는, 어떠한 업무처리에 있어서 법과 자신의 양심과 소신에 의하여 적극적 행정행위를 하려고 하더라도 '혹시나 뇌물을 받고 일하는 것이 아닌가?' 라는 의심의 눈이 무서워서 소극적이고 관행적 무사안일의 복지부동의 행정처리를 하는 경우도 있다. 이러한 풍토는 국가나 공무원 전체에 대한 불신과 퇴행의 원인이 될 것은 뻔한 일이다. 그러므로 부패한 공무원을 척결하고, 법률에 근거한 원칙과 순리에 기반한 일처리가 통용되는 맑은 사회를 만들기 위한 가장 시급한 선결과제는 법규내용의 명백성 확보와 부정한 자를 발본색원하여 엄정하게 처벌하는 것이다.

우리나라의 경우 뇌물에 의하여 처벌되는 사람들의 수가 연 평균 200여명을 넘지 않고 있다. 이 수치로만 본다면 뇌물로 인한 부패문제는 그다지 심각하다고 할 수 없지만, 현실에서 느끼는 체감온도는 낮아지고 있지 않다. 은밀하게 이루어지는 부정청탁과 뇌물수수의 관행은 더욱 교묘하게 자행되고 있는 것이고, 재수 없게 적발되어 처벌받는 사람들이 불운한 사람으로 치부되고 현실은 바람직하지 않다. 뇌물죄를 범하여 부정한 행위를 한 자는 '5년 이하의 징역 또는 10년 이하의 자격정지' 등 너무 가벼운 법정형이기 때문에 일반예방효과가 미약하다.

또한 뇌물수수의 기회를 절연시키기 위한 예방적 지도감독과 감시, 고발을 강화하여 부정의 오염방지를 하는 형사정책적 노력이 필요하다. 뇌물공여과 수수를 절연하는 양심과 사회윤리적 도덕성의 회복, 지속적인 감사활동의 강화, 적정수준의 봉급인상, 범죄수익의 근원적 몰수, 내부고발자의 포상방안 등을 치밀하게 마련하여야 한다.

요람에서 무덤까지 부정과 부패에 물들지 않는 사회, 깨끗하고 맑은 청정사회를 만들어 후손에게 물려줄 책임은 오늘을 사는 우리의 회피할 수 없는 의무이다.

법法대로만 하면
참 편하던데

(전주일보, 1995.07.28.)

법法이란 그 사회의 개인과 공동선共同善을 지키고, 종교·도덕·관습 등의 사회규범과 함께 자연질서에 그 근거를 두고, 사회를 유지·존속시키기 위한 최소한의 정의실현과 질서유지 등을 위해 강제성을 띠기도 한다. 따라서 법은 정당한 정치권력이 정당한 방법으로 사회구성원의 총의를 바탕으로 만들어진 모두의 약속이다. 그래서 법은 사회적·국가적 법익과 개인적 법익을 보호하고, 그 침탈이 있으면 구제해 주는 역할을 한다.

만약에 법이 없다면 이 세상은 '만인의 만인에 대한 투쟁'의 야수野獸의 장場이 되어 아수라장이 될 것이다. 사회생활을 하면서 채권·채무관계, 소비자보호관계, 교통사고, 강도와 절도, 폭행과 상해, 주택과 상가 임대차, 임금체불 등 분쟁에 휘말리게 되는 경우가 있다. 이 때가 돼서야 법률지식의 필요성을 절감하고, 법이 있음에, 법의 보호 테두리가 큰 힘이 된다는 것을 실감한다.

한국인들은 법이란 선량한 사람과는 관련이 없는 먼 이야기이고, '법 없이도 살 사람'을 현실세상의 이상인理想人의 표준으로 삼기도 한다.

그래서 '법 좋아하는 사람치고 좋은 놈 못 보았다' 라고 악평하기도 하고, '소송 몇 년에 집안 망한다' 라는 말도 있다.

한국인들은 법을 현실생활에 직접 적용하며 살기보다는, 인정·지연·학연 등 정실情實에 매력을 느낀다. 법보다는 예외적인 다른 방법을 찾아 해결하려다가, 그 해결이 불가능하면 어쩔 수 없이 법을 찾는 경우가 허다하다. 법을 특정집단의 이익만을 위한 것이고, 보통 사람들에게는 구속·억압의 족쇄라 생각한다.

아마도 이런 이유는 법집행과 법적용의 공정성·형평성·일관성의 결여, 법 보다는 주먹이 또는 목소리 큰 사람이 이기는 사회풍토, 법을 통한 구제의 어려움, 정의·정당성 없는 독재정권의 법치주의를 내세운 인권탄압 등이 법불신과 법무용론으로 전화된 것이다. 법불신과 법무용론을 해소하기 위해서는 정치권력의 정화, 법집행기관의 신뢰회복이 선결되고, 일반국민의 사회부조리의 척결에 방관자적 태도를 지양하여야 한다.

법의 맹점을 교묘히 악용하는 법꾸라지, 패륜적 살해와 유기, 불법폐기물배출, 불량식품생산, 약물중독과 음주, 도박 등 범죄격증현상은 법이 제대로 기능을 하고 있는지 의심스럽다. 법은 종교·도덕·윤리 등의 최소한의 사회규범으로 사회 유지·존속의 공동체의 약속이다. 그러나 이것마저도 준수되지 않는 자들은 이 사회의 암적 존재로 인면수심人面獸心의 극단적 이기주의자들이다.

모든 사회생활관계를 '법대로만 하자' 라고 우긴다면 인정이 메마른 삭막한 사회가 될 것이다. 그러나 공동체 사회를 위하여 필요최소한의 법은 필연코 준수되어야 하고, 불법과 탈법으로 사회를 해체시키는 자는 사회방위의 차원에서 도태시켜야 한다.

'법대로만 하면 참 편한 세상' 을 만들자. 법의 생활화 운동, 윤리·도덕·양심 등 회복운동이 일어나야 한다. 법이 '종교와 도덕, 윤리의 왕국' 으로 회귀할 것까지는 기대하지 않는다. 그러나 법이 종교적인 권위로까지 느껴질 때에, 또한 법이 도덕의 왕국으로 승화하면 참 좋을 것 같다.

법 앞의 평등

(전주일보, 1996.01.05.)

얼마 전 세상을 떠들썩하게 했던 사형수 온보현과 지존파 살인공범들이 사형 집행되었다는 보도가 있었다. 처음에 그들의 범죄행각을 들었을 때에는 '세상에 어쩌면 인간의 탈을 쓰고 잔인하고 흉악한 범죄를 저지를 수 있을까?' 라며 몸서리를 치면서 분개하였었다. 그러나 사형이 집행되었다는 소식을 접하니 그들이 무척이나 안쓰럽고 불쌍하다는 생각이 들었다.

이 사회에는 '그들보다 더 나쁜 사람도 버젓하게 살고 있을 수 있고, 세상이 그들을 그렇게 만들지는 않았을까?' 하는 책임감이 더욱 크게 다가 왔다. 사회가 그들에게만 범죄의 모든 책임을 지우게 하는 것은 옳지 않다는 생각이 들었기 때문이다.

전두환·노태우 전 대통령의 천문학적인 부정축재도, 그런 대통령을 뽑은 우리 국민도, 부정한 뇌물을 공여한 재벌들도 공범일 것이다.

5·18 광주학살과 12·12 군사반란을 놓고 검찰은 전직 대통령을 포함한 내란과 무고한 시민들을 살육한 주범들을 '공소권 없음' 을 이유로 불기소처분을 하여, 그 피해자와 국민들의 가슴에 피맺힌 대못질을 하였다. 검찰은 5·18 광주학살과 12·12 군사반란 주범자들에 대한 불

기소처분은 검사의 기소독점주의에 근거한 배타작 재량권을 남용한 반인륜적·반헌법적인 부정한 행위이다. 5·18과 12·12로 인한 피해자는 죽임을 당하고, 병마와 고통 속에 살고 있고, 또한 법적으로 처벌받아 전과자로 살고 있다. 그러나 가해자들은 성공한 쿠테타의 주역이기에 '사법적 심사의 대상'이 될 수 없고, '법적 안정성' 유지 등의 궁색한 궤변으로 처벌할 수 없다는 사실에 분통이 터진다. 15년의 공소시효가 지나서 '공소권 없음' 불기소처분을 하였다는 것인데, 검찰은 직무유기를 하고 있었다는 말인가?

5·18 광주학살과 12·12 군사반란 관련자들에 대한 신속한 사법처리는 '법은 어느 누구에게나 예외일 수 없는 공평한 규범이기에 법적용에도 이중적인 적용은 있을 수 없다'라는 평범한 진리인 '법 앞의 평등'을 실현하는 것이다.

법은 강자만의 이익실현의 자의적·선별적 도구가 아니다. '법 앞의 평등'을 실현하지 않는 법적용은 국민을 법무력증에 빠지게 하고, 역사적 심판을 받게 된다. 검찰은 검찰권을 신속하고 정의롭게 행사하기를 촉구한다. 그렇지 않으면 국민적 공분과 함께 엄청난 국민적 저항을 받을 것이다.

돈 없고
재수 없어서

〈시사법률, 1996.10〉

법무부 교도소의 교화위원으로 수형자受刑者를 대상으로 교화를 위한 강의를 해 오고 있다. 특강을 할 때에 매번 하는 질문이 있다. 곧 '여기서 당연한 죄값을 치르고 있는 분 손 들어 보세요!' 한다. 100여명의 수형자 중에 4-5명만이 '그렇다' 하고 손을 든다. 나머지는 '돈 없고, 빽이 없어서, 재수 없어서 징역을 살고 있습니까?' 라는 질문에는 '예"하는 대답을 한다. 또한' 지금 바깥 세상에는 큰 죄를 짓고도 교도소에 오지도 않고 잘사는 놈들이 수두룩하지요?' 하고 물으면 더욱 큰 소리로 '예' 하고 대답한다.

 나는 이들의 힘찬 대답을 들을 때면, 그들이 범법행위에 대하여 스스로가 잘못을 시인하지 않는다면 아무리 좋은 교화 내용이라고 하더라도 성공할 수 없음을 깨닫는다. 이들을 상대로 '범법행위는 잘못된 것이다', '사회는 여러분을 따뜻하게 맞이할 준비가 돼 있다', '하나님의 사랑, 부처님의 자비', '선인선과 악인악과', '업보와 지옥' 등의 고리타분한 말로는 설득할 수가 없다.

 그래서 나는 '여러분! 왜 교도소에 와 있습니까? 멍청이 바보라서 그렇지요?' 라는 질문을 한다. 그러면 꾸벅꾸벅 졸던 사람들도 고개를 번쩍 들고 눈을 부라린다. '왜 우리가 바보 멍청이입니까?' 라고 화를 낸다. 나는 '이왕 죄를 지으려면 완전범죄를 하여야 합니다', '힘도 없고, 빽도 없고, 재수도 없는 사람들은 범법행위를 하면 안됩니다"라고 말한다.' 완전범죄를 할 능력이 없으면 범법행위를 하면 안 됩니다", '이왕하려면 형사사법기관을 능가하는 높은 지능과 범죄수법을 개발하여야 합니다', '돈도 있고, 빽도 있어야 합니다' 라고 역설적인 교화 강의를 하면 그 때서야 무슨 말인지 알겠다고 고개를 끄덕인다.

 재범, 누범 수형자의 비율이 상당히 높다. 재범율의 증가수치는 때로는 교화教化, 교정教正의 실패가 아닌가?, 오히려 교도소가 범죄자를 학습시키고, 악풍감염으로 범죄를 재생산시키는 곳으로 전락한 것이 아닌가?라는 의구심이 든다. 한편으로는 '범죄자의 교정이 가능한가?'라는 교정에 대한 회의감도 든다.

인간 사회의 육체의 병은 의학의 힘으로 적절한 치료를 받아야 치유가 되듯이, 사회병인 범죄는 엄격한 법집행과 함께 범죄자와 범죄에 맞는 분류 교정처우로 건전한 사회인으로 재복귀시켜야 한다. '형벌은 교육적이어야 하고, 그렇지 않으면 그 존재이유가 없다' 라는 교육형 범죄학자 '란짜' 의 말은 형벌이 추구하여야 하는 목적, 곧 범죄인에 대한 교정교육의 참 가치를 잘 표현한 것이다.

형벌을 통한 범죄자의 교정은 범인의 소질, 사회적 환경에 의한 반사회성을 교화·개선하여 범인을 재사회화 내지는 사회에 복귀시키려는 것이고, 장래의 범죄를 예방하고, 사회방위를 목적으로 한다. 형벌은 단순한 고통이 아니며, 범죄자를 극형에 처하여 복수하고, 일반국민들에게 공포스러운 범죄예방의 수단과 도구로 활용되어서도 안된다. 형벌은 악에 대한 응보가 아니라 악에 대한 선善으로서의 교화의 수단이다. 이러한 형벌 본래의 목적에 상응하지 않는 형벌은 맹목적인 형벌로서 그 자체가 악惡이다.

일정량의 사회에는 일정량의 범죄가 있다는 '범죄포화의 법칙' 을 들지 않더라도, 우리 누구나 범죄예비군이 될 수 있는 사회적 인간이기 때문이다. 형벌은 사회적으로 용인되지 않는 행위, 곧 윤리적·도덕적 비난가능성이 있는 반사회적·반인륜적 행위를 하였다는 것을 한층 확실하게 인식시키고, 그에 합당한 형벌을 통하여 장래에 있어서 범죄를 자제시키는 역할을 하는 것이다.

인간에게 완전한 육체적 건강상태를 유지할 수 없듯이, '사회 있는 곳에 범죄 있다' 라는 말처럼 범죄는 사회병이고 형벌은 그 치료수단이다. 범죄를 범하게 만든 사회환경이라면, 그 범죄행위의 책임을 온전히 개인에게 돌리는 것은 옳지 않고, 사회구성원인 우리 모두의 책임이다. 우리가 그들을 범죄자의 길로 가도록 내몰지 않았는가?, 다시 그들이 재사회복귀할 수 있는 곳을 남겨 놓았는가? 따뜻한 눈으로 그들을 감싸 안았는가? 등 많은 질문을 스스로에게 하여야 한다.

한편 교화위원들도 간혹 수형자들과는 다른 세계에 살고 있지 않은가?, 그들보다 낫다는 우월한 의식을 갖고 교화현장에 임하지는 않는가? 등의 자기반성도 필요하다. 우리 자신도 그들의 범죄행위를 방관 내지 조장하지는 않았나? 하는 책임감을 가져야 한다. 애틋한 눈으로 그들을 바라보면서, 그들과 함께 아파하고 고민하는 열린 마음이어야 진정으로 참된 교정교화가 가능한 것이다.

'법대로'가 한심한 정치파행

(원광대신문, 2003.12.01.)

노무현 대통령이 국회에서 통과된 '노무현대통령의측근최도술·이광재·양길승관련권력형비리사건등의진상규명을위한특별검사의임명등에관한법률안(김용균의원 외 147인)'을 재의해 줄 것을 국회에 송부하자, 원내 제1 야당인 한나라당의 대표는 단식투쟁에 돌입하고, 같은 당 의원들은 의원직 총사퇴결의를 해 온 나라가 시끄럽다. 이 같은 투쟁방식은 과거 독재정권하의 민주화 투쟁방식을 그대로 답습하고 있어서 황당스럽기 그지 없다.

국회는 일정한 법 절차에 의하여 '특검법'을 통과시켰고, 대통령도 법에 규정된 절차에 따라서 다시금 재의해 줄 것을 요청하는 재의요구권을 단순 행사한 것임에도 불구하고, 극한의 정쟁상태로 혼란이 가중되는 것은 이상한 일이다.

대통령의 입장에서는 법에 의한 절차에 의한 정상적인 재의요구권을 행사한 것으로 볼 수 있다. 한나라당 등 야당은 일방적으로 대통령에게 특검법의 수용을 강요하여서는 안될 것이고, 재의결을 통한 특검법의 국회의결을 존중하고 수용할 책무는 대통령에게 있는 것인데도 극한 정쟁으로 이끌어가는 정치권의 행태는 심히 유감스럽다.

우리 사회는 아직도 적법절차와 준법의식이 미약하고, 차별적이고 편의적인 법적용과 법해석을 상대에게 일방적으로 강요하는 관행이 아직도 남아 있다. 국가의 중대사를 결정하는 국회와 정부, 국회의원과 대통령이 헌법과 법률에 규정된 법정신과 입법목적에 알맞은 '법대로'의 수범의식이 없다면, 법을 경시한다면 일반시민에게 법치주의를 강요할 수 없다.

이번의 '특검법'의 국회 의결과 대통령의 재의요구는 둘 다 법이 정한 일정한 절차에 의한 합법적인 것이니, 상대방의 정치행위를 '집단적 생떼'이니, '국화를 무시한 폭거'이니 하면서 서로 비난할 필요도 없다.

한나라당은 처음부터 국민이 선거를 통하여 취임한 노무현 대통령을 대통령으로 인정할 수 없다는 선거결과 불복의 발언부터 시작하여 일련의 행자부장관의 사퇴안 가결, 감사원장의 임명동의안 거부, 대통령에 대한 탄핵과 형사고발 등 다수 거대 야당으로서의 '하면 못할 것이 없다'라는 의회독재 만능의 인식하에 정국을 파행으로 치닫게 한 책임이 크다.

노무현 대통령을 비롯한 집권(?) 여당은 새로운 정치 패러다임을 제시하지 못한 채 미적거리다가 당이 분열되고, 대통령도 '대통령 못해 먹겠다', '재신임 국민투표 제안', '거국 연립내각의 제안' 등 대통령으로서 품격없는 언행과 아마추어적 발상과 대치로 정국 혼란을 가중시키는 책임도 크다.

결국 정치권이 새로운 국가발전의 미래비전을 제시하지 못하고, 분열과 반목으로 인한 정치파행을 계속해 가다면, 국민들은 정치권에 대하여 무관심과 비난을 퍼붓게 될 것이다. 이는 궁극적으로는 냉소적 정치문화로 이어져 정치권이 공멸하는 위기를 자초하게 될 것이다.

과연 우리 정치사에서는 극한적 대립과 투쟁밖에 없는 것인가? 당리당략적 정파적 정치이익만 앞세우며 파행만 거듭할 것인가? 상식과 합리에 기초한 대화와 타협의 정치는 기대할 수 없는 것인가? 참으로 답답하고 한심스러운 정치 현실이다.

흔들림이 없는 공정과 상식, 바른 원칙과 기준

(원광대신문, 2003.09.22.)

사람들은 '세상을 살면서 공정과 상식, 바른 원칙과 기준을 세우고 지켜 나가는 것이 쉬운 일인가?, 어려운 일인가?'에 대한 물음을 수없이 하게 된다. 이에 대한 물음에 '쉽다', '어렵다'라고 이분법적으로 명쾌하게 답변한다는 것을 주저하게 될 것이다. 왜냐하면 개인적으로 처한 입장과 상황에 따라서 이 기준의 적용을 달리 할 수도 있기 때문이다.

만고불변의 원칙과 정의, 공정과 상식이 존재하는 것인지는 모르겠으나, 역사를 관통하고 통속하는 자연적 질서와 정의의 개념은 인정되어 왔기에 어느 정도의 공정과 상식, 바른 원칙과 기준을 세우는 일은 가능한 것처럼 보인다.

흔히들 우리 사회의 고질적 병폐로 지적되어 온 즉흥성, 편의성, 무원칙성, 이기심, 이기적 상황논리 등의 만연과 분열성은 공정과 상식, 바른 원칙과 기준에 대한 흔들림에서 비롯된 것이다. 그때 그때의 임기응변적 태처와 행동양식은 '원칙을 지키면 손해 본다', '나만 구태여 그럴 필요있나?', '나만 총대 매고 살아 봤자 소용없다'라는 패배의식과 일시적 회피심리가 그 원인일 것이다.

일반적으로 공정과 상식, 바른 원칙과 기준을 세우는 일보다는 개별적 이익의 추구와 지킴에 더 큰 목소리와 핏대를 세우는 경향은 이기적 존재인 인간사회에서는 불가피한 현상이기도 하다. 남의 일에 대하여서는 추상 같은 객관성과 합리성을 요구하면서도 막상 자신의 문제에 봉착하여서는 전혀 다른 잣대를 적용하려는 이중적 편의성은 그가 속한 집단의 경쟁력을 약화시키는 원인이 되기도 한다.

먼저 솔선수범하여 공정과 상식, 원칙을 지켜나가야 하는 위치에 있는 사람들조차도 나약함과 무소신을 신중성과 포용성으로 포장하고, 실체도 없는 비난에 대한 두려움으로 좌고우면하는 현실안주의 기회주의적인 행태도 비난받아야 할 것이다. 또한 '좋은 것이 좋은 것 아니냐?'는 적당주의, 보신주의와 '다 순리대로 되는 것이니 서두르지 말라!'라며 해야 할 당위론적 책무마저도 조급함으로 매도하는 중용적 면피성 태도도 지양할 일이다.

우리 사회에서 시급히 요구되는 것이 바로 공정과 상식, 바른 원칙과 기준을 세우는 일이다. 이러한 시대적 소명을 해결하지 않는다면, 이 시대적 소명이 무너진다면, 이것이 흐트러진 상황에서 호시탐탐 기득권적 이익을 누려왔던 반민족적 매국세력이 머리를 들고 저항을 가열차게 해 나올 것이다.

무엇보다도 집단지성의 상아탑인 대학에서는 공정과 상식, 바른 원칙과 기준을 세우는데 맨 앞에 서서 동참하고 나가야 한다.

뇌물 근절과
밝은 사회

(시사법률, 1996.12.)

우리 사회는 아이를 출산할 때부터, 그 아이가 성장해 가면서 어른이 되고, 어른이 돼서 사회생활을 하고, 생명을 다한 후 장례를 치를 때까지… 선처를 부탁한다든지, 급행료를 준다든지 저승길을 가는 노잣돈이 필요하다든지 등등 이루 헤아릴 수 없을 정도의 정상이 아닌 비정상의 부정한 청탁과 부정한 돈의 수수가 공공연하게 행하여져야 한다.

지금은 많이 깨끗해져 가고 있지만, 여전히 뇌물을 포함한 부정한 수입과 지출에 의존하여 살아 나가는 것이 당연한 것처럼 여겨야 하는 총체적 부정이 만연된 사회가 아닌가 싶다. 어느 한 구석도 깨끗한 곳이 없고, 그야말로 원칙과 정도, 기준이 무너져 버린 부패문화가 자리잡은 비정상적인 사회에서 아직도 헤어 나오지 못하고 있다.

뇌물과 부패가 끊이지 않는 원인은 무엇일까? 그것은 인간의 욕망이라는 본성에 기인할 수도 있겠으며, 선물관행과 보답의식, 이해당사자들의 사익추구와 결합된 탐욕, 법과 제도상의 결함과 미비, 정책집행의 자의성 등이 비리와 부정의 온상이 되고 있다. 예컨대, 독재정권권력자의 비자금과 불법 정치자금, 정당한 공무집행을 빙자한 각종 인허가 사무를 둘러싼 업무추진비 또는 신속처리 대가 요구, 행정적 조치나 묵인의 대가 요구, 회식비 찬조, 전별금 수수, 공사발주와 수주에서의 상납, 부동산개발 등 유리한 정보제공, 정실에 의한 인사상 혜택과 불이익 위협 등등 은밀한 부패의 고리가 길게 이어져 있다.

이러다 보니 공무원들이 적극적 행정을 하게 되면 '뭐 받았나? 뭐 줘야 하나?'라고 의심받고, 그러한 의심의 눈초리가 싫어 민원인을 위한 정상적인 공무집행은 기대할 수도 없다. 이러한 풍토 속에서는 양심과 소신을 갖고 공무를 처리하는 것이 불가능하고, 전체 공무원 조직에 대한 불신과 반감의 원인이 되기도 한다. 우리나라의 경우 뇌물수수로 인하여 형사상 처벌되는 사람의 수가 1995년의 통계를 보면 연평균 200여 명을 넘지 않고 있다. 이 수치로 볼 때 뇌물로 인한 부패상황은 그리 심각하지는 않으나, 우리가 현실로 느끼는 관행적 뇌물의 폐해에 대한 체감은 심각할 것이다.

때로는 '큰 도둑은 사정司正의 그물을 찢고 나가는데, 송사리형 작은 도둑만 처벌된다'라는 세평이 많기도 한다. 권력형 비리와 재벌들의 부패에 대하여 더욱 엄정한 수사와 처벌을 강화하여야 한다. '만인은 법 앞에 평등하다' 그러나 '강한 자에게 약하고, 약한 자에게 강한 법집행이 아니었나?' 라는 물음에 답하여야 한다.

뇌물 등 비리와 부정을 막기 위하여서는, 이 문제를 개인적 양심과 도덕성에 호소하는 것에 그쳐서는 아니 되고, 범죄수익금의 몰수, 내부비리고발자의 신상보호, 비리신고자의 포상금지급, 부패범죄자에 대한 공소시효의 연장과 형량 강화, 지속적인 감사활동, 사정활동의 강화 등이 필수적이다.

비리와 부패에 물들지 않은 밝은 사회를 만들어 후손에게 물려 주어야 한다. '요람에서 무덤까지' 깨끗한 사회 속에서 하루 하루를 기쁜 마음으로 살아갔으면 한다.

언론,
가까워도 멀어도 안 되나

(원광대신문, 2003.10.27.)

일부 언론기관에 대한 안티 시민운동이 활발해지고, 일부 방송사와 신문사 사이에 펼쳐지는 시비와 싸움은 별도의 권력으로 인정받고 있는 언론의 공기능성과 사명, 역할에 대한 성찰의 기회가 된다.

언론기관은 여론을 주로 형성하고, 선도해 가며, 그러한 밑바탕에서 때로는 통제받지 않는 거대한 권력으로 자리매김하여 우리 사회에 막강한 순기능과 역기능의 영향력을 행사하고 있다. 요즘에는 시민들이 과거에 단순한 정보수용자의 입장에서 머물지 않고, 일방적으로 제공받았던 정보와 정보제공자였던 언론기관에 대하여 능동적으로 대처하고 선별 수용하는 경향이 뚜렷하게 나타나고 있다.

기자와 언론기관에 대하여 '너무 가까워도 안되고, 너무 멀어서도 안된다', '난립되어져 있는 언론기관을 일대 개편해야 하지 않느냐?' 라는 시각이 많은 것 같다. 또한 일부 정권과 정당들이 각기 나름의 편향성을 가지고 언론기관을 정보 및 여론조작의 대상으로 활용한 측면도 많고, 일부 언론기관도 사익 추구의 관점에서 편향성 있게 여론몰이한 경우도 허다하다. 이러한 행태는 시민들을 우매하게 홀대하는 나쁜 짓이고, 언론의 공기능적인 사명과 역할을 훼손하는 공정하지 못한 일들로써 비난받아 마땅하다. 따라서 민주시민들은 그러한 잘못된 관행과 행태를 타하고 개혁하는 데 앞장을 서야 한다.

'치고 빠지는', '아니면 말고', '카더라' 등 무책임한 여론생성과 보도태도는 일반시민들을 우롱하고, 어느 것이 정의롭고 진실한 것인지

분간할 수 없게 만든다. 어느 것도 믿지 못하게 하는 절대 불신의 벽을 두껍게 만들고, 궁극적으로 우리 사회를 분열시키는 무책임한 편파적이고 선동적인 해악인 것이다. 따라서 시민들도 일방적으로 보도되는 사실을 '참'과 '거짓'으로 취사선별하고 적극적 진실확인의 자세와 노력을 가져야 하고, 악의적이고 고의적인 여론조작과 보도태도를 더 이상 발 붙이지 못하게 하는 데 힘을 합쳐야 한다. 입법부, 사법부, 행정부도 이의 시정을 위한 법적·제도적 보완 개선작업을 시급하게 진행하여야 한다.

무엇보다도 앞서서 악의적 정보생산자 집단과 언론의 공기능성과 사명, 역할을 망각한 일부 언론기관도 그간의 반민족적·매국적 잘못된 관행과 구습을 반성하고, 참회의 바탕 위에서 다시 시작하는 데 주저해서는 안 된다. 그렇지 않다면 우리 민족정기와 역사적 정통성을 바로 세우는 일에 동참할 수 없고, 우리 사회의 당당한 주역의 하나로서 자리잡지 못하는 '언저리 언론'라는 '욕받이'라고 놀림당하는 치욕을 받게 될 것이다.

이제 한국사회에서는 시민들이 힘을 합쳐 부정의를 정의로, 비정상을 정상으로, 비원칙을 원칙으로, 불공정을 공정으로, 비상식을 상식으로 돌려 놓아야 하는 것이 시대적 과제이다. 언론도 본연의 책무를 자각하고, 이 역사적 과업을 동참하여 수행하는 데 예외일 수는 없다.

신문 매체의
역할과 위기

(원광대신문, 2005.11.21.)

 언제부터인지 몰라도 신문을 보면 극정적이고 낙관적인 기사를 찾아볼 수 없다. 매일 기사화되는 내용이 너무 자극적이고, 극단적·부정적 사건과 사고 소식에 관한 것뿐이다. 또한 독자들도 대형 사건과 사고가 아니면 볼거리가 없다고 느낄 정도로 소소한 기사에는 관심을 두고 있지도 않다.
 인터넷 매체가 활성화되면서 조선, 동아, 중앙 등 거대 신문사들의 구독자 수도 격감하고, 그 영향력 또한 급속하게 위축되고 있다. 결국 '종이신문'(paper news)의 시장의 위축과 몰락은 눈 앞에 와 있으나, 종이신문의 존재가치는 여전히 남아 있을 것이다. 제3의 권력으로 무소불위하며 막강한 지위를 누렸던 지난 날의 향수에 젖어서, 기사를 통한 횡포, 불순한 의도의 정보조작, 왜곡되고 편향된 여론생산, 정권홍보의 첨병 역할 등을 계속한다면 그 존재가치가 급격하게 추락할 것이다.
 언론인이 그 역할과 사명을 제대로 수행하지 않는다면 언론은 최대위기를 맞게 된다. 국민들은 구독자들은 1년 내내 싸움질하는 정치인의 동정, 부정과 탈법적인 사회실상, 생활고에 의한 가족 동반자살, 향락과 탐닉적인 퇴폐 소식, 노동자의 산업재해와 죽음, 임금체불과 노동력 착취, 성폭행, 집단 따돌림과 학교폭력 등의 우울한 소식들로 가득찬 신문은 아예 보고 싶지도 않을 것이다. '차라리 신문을 보지 말자'라며 구독을 포기할 것이다.
 신문에는 현실의 모순과 갈등에 대한 비판과 함께 대안을 제시하고,

보통 사람들의 고단한 일상에 감동도 주는, 밝고 좋은 소식도 있어야 한다. 신문 내용에 매번 좋은 미담만 취급하라는 말은 아니다. 항상 비관적이고 부정적인 내용들로만 가득한, 대안도 없는 비난은 독자들에게 짜증과 피로감만 주게 된다.

신문은 거대한 담론도 좋지만 보통 사람들이 현실을 살아가는 소소한 일상, 그들의 삶에 직접적인 영향을 주는 지역뉴스, 생활 속에 꼭 필요한 good news에 소홀하여서는 아니 된다. 일방적인 뉴스 제공자의 입장에서 탈피해 뉴스 소비자의 입장으로 관점을 전환해서 취재·분석하는 역발상의 기사작성도 필요하다.

신문들이 독자들의 다양한 요구를 반영하지 못하고, 그 사회가 안고 있는 문제에 대한 대안을 예측해 제시하지 못한다면, 미래의 시대정신을 제대로 읽지 못한다면, 그 신문의 존재가치는 무의미하게 될 것이다.

위기의 신문!

어떻게 위기를 지혜롭게 헤쳐 나갈지? 기대와 함께 궁금하다.

진실과 왜곡 사이에서

(원광대신문, 2003.09.26.)

우리나라에서는 어떤 논란거리의 사건이 발생하면, 북풍, 세풍, 총풍, 안풍 등의 '풍風'을 붙이고, '게이트'라는 말로 표현하며 거대한 잘못과 음모가 도사린 사건으로 몰아가기도 한다. 또한 이해 당사자들이 서로가 너무 다른 주장을 강변하다 보니, 이를 접하는 시민들은 어리둥절하고 어느 쪽이 진실인지 분간을 할 수도 없다. 그러다가 얼마 지나지 않으면 슬그머니 대중의 관심으로부터 멀어지고 미궁에 빠져 흐지부지 되는 일이 허다하다.

하나의 예로써, '풍'으로 대변되던 대표적 의혹사건의 하나인 안기부 자금을 선거에 유용한 사건으로 공소제기된 전 안기부차장 김기섭과 전 신한국당 사무총장 강삼재에 대한 법원의 1심 유죄판결이 선고되었다. 강삼재씨는 무죄를 주장하면서 의원직 사퇴와 정계은퇴를 선언하였고, 김기섭씨는 교도소에 수감되는 처지에 놓이게 되었다. 이를 두고 한나라당은 정치보복임을 강변하며 정계은퇴를 만류하고, 민주당과 통합신당은 한나라당도 이제 낡은 정치의식과 그습을 청산하고 정치개혁에 동참할 것을 촉구하고 나섰다.

이러한 상황을 접하다 보면, 진영과 진영, 언론과 언론, 정치권과 정치권, 지역과 지역, 세대와 세대, 여성과 남성 등 실로 똑 같은 사안을 두고서 참으로 정반대의 첨예한 주장과 인식의 차이는 혼란스럽기만 하다. 이러한 혼란은 부풀려진 의혹과 풍설에 대한 올바른 보도와 실체적 진실을 발견하려고 하는 노력을 태만하게 한 결과이다. 그러다 보니 진실은 하나인데도 불구하고, 편의적 이중성과 편파적 악용과 왜곡이 난무한 주장만이 넘쳐나고 있어, 공정한 수사를 한 수사기관과 실체적 진실에 기반한 판결을 한 법원마저도 '어느 한 쪽을 편들어 주지 않느냐?' 라는 곡해와 불신을 초래한 것이다. 처음에 호들갑스럽게 대서특필되고 폭풍적 보도 송출이 막판에는 치밀하게 매듭 되어지지 않고, 유야무야 대충 잊혀져 버리고마는 일들이 수없이 많으니, 정의와 원칙의 판단기준 마저도 희미해지는 것이다. 이런 세태에서는 시민들은 정의에 기초한 법감정과 도덕적 기준을 바로 세울 수 없고, 암울한 도덕적 해이를 초래하게 된다.

진실의 발견은 사실에 기초한 객관적 언론보도, 팩트에 기반한 언론의 검증, 정치권 등의 외압에 눈치를 보지 않는 엄정한 수사권의 집행,

정의로운 사법부의 판결, 올바른 시비 판단과 주권행사를 해야하는 주권자인 시민의 행동 등을 통하여 할 수 있을 것이다.

민주시민들은 이제부터라도 정의와 진실을 밝히는 노력에 앞장 서야 한다. 이러한 노력을 어느 누구의 책임이라고 한 발 물러서 전가하거나, 적당하게 '인화', '화합', '좋은 것이 좋은 것' 이라는 허울에 빠져서도 아니 된다. 우리 모두는 올바른 정의를 세우고, 진실을 바로 잡는 데 있어서 일치된 합의로 함께 나가야 한다. 이렇게 하지 않는다면 정의가 무너지고 왜곡만이 뒤엉켜 우리 민족의 앞날은 암울할 것이다.

우리 사회의 품격 있는 의사표현과 언어사용

(시사법률, 1997.12.)

요즘 신문, 잡지, 방송, SNS 등에서 사용하고 있는 언어를 보면, 우리 사회의 시민들이 불감증에 걸려 큰 자극을 주지 않으면 느낌을 받을 수 없는 '무정성無情性의 상태에 있지 않는가' 라는 생각이 들기도 한다. 왜냐하면 너무 살벌하고 극단적인 용어의 사용이 난무하고, 그런 단어의 사용이 일반화되어 시민들에게 아무런 저항감이 없이 받아들여지고 있는 것 또한 문제가 아닐 수 없다.

스포츠에서는 붉은 악마, 폭격수, 대첩, 숙적, 사생결단, 결전, 벼랑끝 전술 등, 경제에서는 대란, 절벽, 폭락, 위기감 증폭, 악재, 붕괴 등, 정치권에서는 비장한 결심, 성전, 폭로, 고지탈환, 극약처방, 고독한 항전, 핵폭탄, 망나니, 전방위투쟁, 음해모략, 전운, 우군, 적군, 사활을 건 투쟁,

이전투구, 밀실야합, 응징, 법꾸라지 등 일일이 나열할 수 없을 정도로 살벌하고 섬뜩한 용어들이 무차별적으로 사용되고 있다.

사회가 복잡다기하여지고, 산업화·도시화된 익명 경쟁사회에서 현대인의 특성으로 어쩌면 무감각, 무관심, 소외, 고독, 타인과의 단절, 일상으로부터의 탈출, 자극적인 욕구탐닉, 끝없는 새로움의 추구, 극단적인 욕망추구 등이 주로 거론되고 있다.

선정성이 요구되는 대중매체의 특성상 사용하는 언어는 단순 명료하고 짜릿한 강렬한 메시지를 선호할 수밖에 없는 점을 어느 정도 인정한다고 하더라도, 부작용과 후유증을 고려함이 없이 정제되지 않은 표현을 방출하는 것은 지양되어야 한다. 대중매체의 여과되지 않은 보도태도는 궁극적으로 우리 사회의 언어사용의 야수화野獸化를 초래하는 위기를 가져 온다.

불안정한 사회의 특성상 대형참사, 부조리와 부패의 만연, 극악범죄의 격증, 혼란스러운 정치상황, 급변하는 경제상황, 계속되는 전쟁의 참화, 환경위기, 인구절벽 등 등 어느 한 순간이라도 평화롭고 안정적인 상황은 없고, 자고 일어나 보면 사건과 사고 소식에 정신이 혼란스럽기만 하다. 이러다 보니 현대인들은 만성적인 둔감 상태에 빠져 있지 않나 생각된다.

상상초월의 천문학적인 뇌물 액수, 폭사, 총기난사, 살인과 강간, 쿠데타, 환경파괴, 기후재앙위기, 전염병 등 극단적인 상황에 노출되는 지구촌의 생생한 보도를 매일 접하다 보니, 쇼킹하고 강력한 충격을 주는 뉴스가 아니면 오늘은 뉴스가 밋밋하고 볼거리가 없구나 하는 생각하는 경우는 어제 오늘의 일이 아니다.

정치권의 경우에 국민을 위한 봉사, 선공후사, 살신성인, 미래지향, 국가와 민족을 위하여, 역사 앞에 당당하게 등을 내세우며 자기희생의 정치를 한다고 하는 정치인들의 입에서 거침없이 내뱉는다고 할 수밖에 없는 정도로 감정적이고 후안무치한 극한 표현과 욕설 등이 담긴 정제되지 않은 '아무 말 대잔치'는 지방자치단체선거, 국회의원선거, 대통령선거 등과 맞물려 갈수록 격해지고 있다.

이러한 정치권의 '아무 말 대잔치'는 정치에 대한 혐오감과 무관심, 냉소주의를 심화시킬 것이고, 민주시민의 의식수준을 깔보는 저질스런 정치인의 단면이고 시급하게 청산되어야 할 전형적 폐습문화이다. 말은 그 사람의 인격의 자연스러운 표출의 한 형태이고, 더 나아가 그가 속한 집단과 사회의 수준을 측량케 하는 징표이기도 하다.

우리 선조들은 흔히 선비정신을 강조하고, 절제된 언행을 지켜나가며 사는 것을 생활수칙으로 삼아왔음은 주지의 사실이다. 은유적 멋을 내는 언어 사용, 곱씹어 생각하면 '아! 그런 뜻이 숨겨져 있었구나!'라고 그 말의 참된 의미를 깨닫게 하는 언어 사용을 즐겨한 것을 본 받아야 한다. '천냥 빚도 말 한마디로 갚는다' 라는 격언의 참 뜻은 무엇인가?

타인에 대한 비판적 표현이라 할지라도 그 상대방이 들으면서 진정으로 반성하고 깨닫게 하는 것이 아니라면, 오히려 그 말꼬리를 잡고서 반감과 역공을 불러 일으킬 뿐 본래 전하고자 하는 뜻이 전도된 반전된 상황을 초래하게 될 뿐이다.

정치인을 한 단계 높은 수준에 있는 사람을 평할 때 우리는 '정치가', 질 낮은 정치인을 폄하할 때는 '정치꾼' 이라고 부르기도 한다. 평소에 일반 세인들에게 존경받았던 인사들도 정치에 입문하게 되면 어느 순간에 말을 빈번하게 바꾸고, 마치 전쟁터에 나간 육탄돌격대처럼 고성과 욕설을 일삼는 모습을 보게 된다. 본래 그들이 숨겨 왔던 인격의 본 모습을 드러낸 것인지, 아니면 정치판이 그들을 일순간에 타락시켰는지 알 수가 없을 정도로 한심스러운 욕설과 작태가 난무하는 것이 비일비재하다. 이렇게 하여야 정치판에서 살아날 수 있기 때문인지? 오죽하면 저렇게 하겠는가?라는 안타까운 심정이 들고, '정치는 생물'이기 때문에 적자생존의 현실에서 어쩔 수 없이 총대를 메고 악역을 자임하여야 하는 것인지도 모르겠다.

김대중 대통령의 'DJ비자금'을 폭로하며 정치생명을 걸겠다는 사람은 처음의 서슬 퍼런 결연한 의지와는 전혀 다른 모습으로, 또 다른 내부적 폭로선언을 한 채 한 켠으로 비켜 서 있는 모습이다. 각 정당의 대변인들은 거친 욕싸움과 원색적인 비방전, 본질과는 거리가 먼 말장난, 음모론적 시각에 기초한 폭로 등 막가파식 공세를 퍼붓고 있다. 이러한 소모적인 저질 말싸움은 정당정치의 본령이 건전한 정책대결에 있는 것이 아니라, 상대편의 실수나 잘못을 '너 죽고 나 살자'라는 식으로 물어 뜯고 깎아 내리는 것임을 시민들은 잘 알고 있다는 것을 모르고 있는 어리석은 정치행위이다.

정치언어의 오염은 국민들의 정신건강에 해악을 끼치는 것이다. 청소년들에게 직업 선호도 조사를 한다면 아마도 가장 혐오의 대상으로 '정치인'이 아닐까 생각된다. 정치인들이 미래의 주인공인 어린이나 청소년들의 언어정서에 깊은 해악을 끼쳐서는 아니 된다. 이 사회에서 더 높은 역할 기대를 요구받고 있는 정치인들이 저질 말싸움과 욕설만을 하게 된다면 국가의 장래와 미래비전을 제시할 수가 없다.

최근 SNS 등을 통하여 대통령 후보들에 대하여 비난성 글을 게시했던 사람들이 경찰에 체포 입건되었다. 비방내용은 말로 표현할 수 없을 정도로 아주 원색적이고 저속한 것이었고, 더구나 그 피의자들이 모두 대학을 졸업한 고학력자인 사실은 더욱 놀라운 것이었다. 그들은 SNS의 익명성에 폭력적인 언사를 방출하면서도 자신들의 신분과 체면을 숨길 수 있다고 믿었던 듯하다. 불량스럽고 저질스러운 욕설, 협박성 비방의 글, 타인을 중상모략하는 음해성 투서 등을 SNS라는 새로운 의사전달의 매체 속에 자신을 교묘하게 감추고 행하는 언어폭력은 무책임하고 비열한 것이다.

목소리가 큰 사람이 이기는 사회, 폭언을 퍼붓는 사람이 이기는 사회, 논리적인 토론보다는 편파적·개인적 또는 집단이기주의에 빠진 사회에서 무엇을 기대할 수 있을 것인가?

우리가 분명히 알고 있는 것은 언어의 폭력성이 판쳐서는 안된다는 것이고, 집단 이성과 원칙, 공정과 상식이 무너져서는 안된다는 것이다. 그렇지 않으면 '악화가 양화를 구축하는 사회'가 될 것이기 때문이다.

말 실수와 유감, 죄송, 사의

(원광대신문, 2004.11.15.)

이해찬 국무총리의 발언으로 인한 국회 파행사태는 '사과하는 뜻'의 사의謝意를 표명하여 국회 정상화의 물꼬가 트였다. 이번 사태의 발단은 국회의 대정부 질문과정에서 이해찬 국무총리가 '한나라당은 지하실에서 돈이 담긴 사과상자를 차떼기하고 고속도로에서 수백억 원을 수수한 정당이 아니냐?' 라는 발언에 대한 한나라당 의원의 사과요구와 이에 대한 '당연히 사실을 그대로 말했을 뿐이다' 라는 사과 불가의 입장 차이에서 일어난 일이었다.

잘못된 일에 대하여 양해와 용서를 구하는 말로써는 사과, 미안, 송구, 유감, 죄송, 사죄, 통석痛惜의 념念 등이 있다. 이해찬 국무총리는 '사과 의사가 있다'라며 '사의謝意'를 간접적으로 표명하였다.

흔히들 '검토하겠다', '연구하겠다' 등은 부정과 거절의 완곡한 표현이고, 적당히 현 상황을 타개하기 위한 표현으로 미안, 유감, 죄송 등을 사용하기도 한다. 이런 점에서 이번의 '사의'는 '사과의 뜻을 가지고 있다' 라는 것이지, 진정으로 사과한다는 표현은 아닌 것이다.

어떠한 것을 잘못했을 때 하는 말로 '실수失手' 라고 한다. 이 말의 의미는 '숫자'를 잊어버리는 뜻의 실수失數와 말을 잘못한 것의 실언失言을 포함한 것이다. 우리는 흔히들 술을 먹고 나서 또는 작심을 하고 언행을 한 후에 "조금 술이 과해서 실수를 했습니다" 또는 "본의 아니게 실수를 했습니다"라는 말을 종종 사용하기도 하고 듣기도 한다. 이러한 황당한 '실수'를 당한 사람의 입장에서는 이 '실수'를 대범하게 이해하고 받아들인 것인가를 놓고 찜찜한 마음으로 고민하게 될 것이다.

잘못을 한 사람이 자신의 잘못을 단순한 실수로 치부하면서 일방적으로 잊으라고 강요하는 것이고, 만약에 이 실수를 빙자한 사과를 받아들이지 않는 사람을 오히려 옹졸한 사람으로 비난하기도 한다. 따라서 이러한 실수를 당한 사람은 그 사과의 수용 여부에 대하여 곤혹한 처지에 놓이게 되기도 한다. 적당히 얼버무리면서 잘못을 실수인 척 넘어가려는 임기응변적 태도는 진정한 사과라고 볼 수 없다.

잘못을 실수로 포장하지 않는 신중한 언행, 실수로 또는 고의로 인한 잘못에 대한 진심이 담긴 사과와 용서를 구할 수 있는 용기가 필요하다.

한국사회에서는 관용, 인화, 양보, 상생 등이 삶의 덕목이며, 인내는 모든 것을 아우르는 수양의 가치로 받아들여지고 있다. 그러나 동양적 윤리로 강조되는 관용, 인화, 양보, 상생 등은 스스로가 도덕적 · 윤리적으로 잘못을 범하지 않는 사람들이 공동선을 강조하는 가치로 설파하는 것이 의미가 있는 것이다. 단지 스스로의 잘못을 포장하고 회피하기 위한 도구의 언어로 악용되어서는 아닐 될 것이다.

진정한 용서와 해원, 인화와 상생 등은 어느 일방에 의하여 수용이 강요되어서도 아니 되고, 서로에 대한 깊은 이해와 신뢰, 포용이 있어야 가능한 것이다.

문화공간의 확충과
여가활용

(전주일보, 1995.07.06.)

출퇴근길에 드넓은 김제평야에 펼쳐진 누런 보리밭을 보노라면, 먹고 사는 것이 부족하여 허기진 배를 움켜 잡고 '보릿고개 넘기기가 왜 이다지 힘이 드는가?' 라고 우셨던 부모님 세대의 아픈 기억을 떠올려 본다. 보릿짚이 타는 붉은 빛과 구수한 내음은 지는 석양빛은 어우러져 한 폭의 아름다운 그림이 되어 진한 감동과 여운을 준다. 이러한 풍경과 감상에 젖게 되면 멋진 시상도 떠오르고, 활달한 필치로 그 아름다움을 그려보고 싶은 충동이 격한 풍랑처럼 일어나지만 그러한 능력이 없는 나로서는 마음만 앞서는 안타까움이 크다.

그래도 저녁노을이 있는 풍경, 그 아름다움을 보고 즐길 수 있는 여유를 가지고 있는 내가 있음에 감사하고 있다.

얼마 전에 조각작품 전시회에 간 적이 있다. 작품 중에 폐품 등을 재활용하여 탄생시킨 환경조각작품들을 보았다. 쓸모없어 버려지고 소각되거나 용광로에 녹여질 것임에도 불구하고, 그것을 재활용 구성하여 멋진 예술작품으로 승화시켜, 보는 이들에게 아름다움을 주면서 폐자원 재활용이라는 새로운 환경예술운동의 시작은 찬사를 받음에 손색이 없었다.

나는 음악과 미술 분야에는 직접 창작활동을 하는 능력이 전혀 없다. 따라서 창작활동을 하는 예술인들을 부러워하며, 그들과의 직접 또는 간접적인 교류를 하는 것을 즐거워한다. 그네들의 작품과 작품활동을 공유한다는 것만으로도 바쁜 일상에서 잠시라도 벗어날 수 있는 해방

구로써도 아주 유용하고 즐거운 감동을 주는 시간이기 때문이다.

우리나라도 이제는 어느 정도 배고픔의 굴레에서 벗어났고, 단지 육체적 공복감의 충족에만 매진해야 하는 시기도 지나갔다. 이제는 삶의 질을 높이고, 인간다운 삶을 누려야 할 때가 온 것이다. 저급한 문화, 퇴폐적 향락주의의 양산이 아닌 고품질의 삶을 완성해 갈 수 있는 여유와 기회가 많이 주어져야 한다.

아직도 먹자 판, 놀자 판 놀이공간은 급속하게 늘어나고 있다. 그러나 개인 또는 가족들이 여가를 즐기며 사색할 수 있는 문화공간과 기회는 많이 주어져 있지 않다. 농어촌과 도심 속에 확충된 각종의 문화공간과 레저활동을 위한 편의시설, 세심한 프로그램과 운영 등을 충분하게 지원하는 지방자치단체 또는 국가의 재원투자와 관심이 적극적으로 요구된다. 이러한 문화공간, 휴식공간, 놀이문화 등이 부족하면, 술마시고, 게임하고, 도박하는 식의 비생산적 여가행태가 줄어들지 않을 것이다.

문화공간의 확충과 여가문화의 확산은 자신뿐만이 아니라 우리 주변의 이웃을 둘러보는 성찰의 기회를 주고, 고품질 사회를 만들어 가는 시금석이 될 것이다.

술과 음주문화

(전주일보, 1995.11.04.)

술은 인간관계에 있어서 매개 촉진의 윤활제로서, 때로는 인간의 행복추구에 기여하는 순기능적인 역할을 하는 기호품의 하나이다. 그러나 절제되지 않은 과도한 음주는 신체적·정신적·가정적 역기능을 가져와 심각한 개인적·사회적·가정적 문제로 비화되기도 한다. 종래에는 성인 남성의 전유물처럼 여겨졌던 음주가 이제는 여성과 미성년자 층에게도 확산되고, 범죄 및 교통사고의 주요 원인으로 자리 잡고 있다.

우리 사회에서는 전통적으로 술 먹고 실수하는 것을 취한 사람이나 그 주사酒邪를 당한 사람이나 모두 '술에 취했다' 라는 말로 얼버무리고, 슬쩍 넘어가는 것에 익숙해져 있는 관대함을 보여주는 음주문화가 있다. 오죽하면 형법에서도 주취 중의 행위에 대하여는 가볍게 처벌하는 경우도 있으니 말이다. 과거 궁핍했던 우리 사회에서는 술은 사치스러운 음식으로 특권 귀족층만이 향유할 수 있는 것이었기에, 양반사회에서는 그들의 부도덕한 행위가 비난받지 않고 관대하게 취급되지 않았나 하는 생각도 든다. 엉터리 소리지만 '법은 양반에게 미치지 않고, 예의는 쌍놈에게 미치지 않는다' 라는 말이 있기도 하니 말이다.

알코올이 우리 인체에 미치는 영향은 중추신경계에 대한 작용으로 외부로부터의 자극을 과소평가하거나 과대평가하는 단순한 장애에서부터 시작하여, 자극을 잘못 판단하는 착각, 없는 자극도 있는 것으로 자각하는 환각 등의 장애를 가져 온다. 또한 사고와 행동의 장애, 의식의 혼란과 혼탁의 장애, 기억항진과 건망증, 기억착오와 기억장애 등을 초래하고, 인간의 지적 또는 의지적 작용의 장애를 유발하기도 한다. 또한 지나친 음주는 범죄촉진의 원인이 되고, 실제 음주가 범죄의 원인이 되었던 비율이 전체 형법범 중에서 약 5% 정도를 차지하고 있다.

알코올중독의 진행을 보면, 1차 단계는 각종의 사회적 동기에 의하여 음주를 시작하나 타인보다 쉽게 이완감 내지 진정감을 느끼고 연일 술을 늘려 나가는 '징후기' 이고, 2차 단계는 전날 취중에 있었던 일들을 기억하지 못하고 남 몰래 술을 마시고 끊임없이 술 생각에 빠져 있으면서도 죄의식을 갖게 되는 '전추기' 이고, 3차 단계는 술을 먹기 시작하면 통제력을 잃고 양을 조절하지 못하고 음주하는 것에 대한 변명과 허세적 거동과 언사의 공격성, 몇 차에 몇 시까지 또는 휴간일休肝日을 지정하고 술을 먹는 '위험기'이고, 마지막 4차 단계는 술을 자기하고 지위가 낮은 사람하고만 먹고, 윤리적 판단과 사고능력의 장애가 수반되며, 불안감과 손떨림, 인격의 황폐화가 일어나는 '만성기'기 된다.

술을 먹는 사람들은 쉽게 자신이 취했다고 자인하는 사람들이 드물고, 항상 술을 먹어야 하는 이유가 있고, 어쩔 수 없이 술을 먹는다고 변명하는 습관이 강하고, 이미 그 자신이 알코올중독이 되었다는 사실을 수긍하려 들지 않는다. 요즘에는 24시간 편의점 등이 생겨나서 시간의 제한 없이 어디에서든지 술 구매가 쉬워졌고, 술집이 많아 마실 수 있는 공간과 기회가 늘 열려 있어서 취한 자와 알코올중독자가 늘어나고 있다.

음주습벽이 좋지 않은 자에 대한 관대한 사회문화는 이제는 지양되어야 한다. '술힘'을 빙자한 의사표현과 행동은 떳떳하지 못한 행태이고, 자신의 잘못된 언행을 술의 책임으로 두루뭉술하게 치환시키는 비겁함도 더 이상 용인되어서는 안된다.

진정한 술꾼들이여! 오늘은 절제된 음주로 정담과 흥취를 함께 나누는 행복한 술잔을 기울여 보자.

삼풍백화점
붕괴 참사와 교훈

(전주일보, 1995.07.21.)

삼풍백화점 붕괴 참사 현장에서 살아 나온 세 명의 젊은 신세대는 인간생명의 끈질김과 존귀함을 단적으로 드러내 준 환희의 생존드라마이다. 기성세대의 건설비리와 '눈 가리고 아웅' 하는 식의 부조리한 부패가 수백 명의 고귀한 생명을 앗아간 것이다. 우리 사회에서는 평범하게 자연사하는 것은 불가능하고, 자신과 전혀 상관없는 타인의 잘못 때문에 더 이상 안전하지 못하게 되었다. 자기가 자신을 지키지 않으면 안되는 세상이 되었다.

이 땅에서 뇌물, 부조리, 비리와 부패, 요행주의 등은 사라질 수 없는가? 바르고 건전한 상식을 가진 사람은 무능한 존재로 폄하되고, 어찌하다가 한탕주의로 온갖 부정을 일삼는 사람들이 잘 사는 나라가 되었는지 안타깝기만 하다.

우리 주변에서는 '모두가 도둑놈이다', '나만 깨끗해 봐야 무슨 소용이 있느냐', '나 혼자만 손해 본다' 라는 자조적인 말들이 일상화되어 있는 것은, 우리 사회가 부정과 비리의 늪에 빠져 있는가 싶기도 하다. 어디에서부터 고쳐 나가야 할지, 누구와 함께 이 난국을 헤쳐 나가야 할지 막막하고, 사회개량의 한계성을 절감하며 체념하기도 한다. 그저 못 본 척하고 사는 것이 속 편한 세상살이일지도 모른다.

우리 사회에 만연된 부정과 비리, 부조리 등의 총체적 사회구조적 모순과 심각성을 누구나 공감하고, 그 악풍감염을 막아야 한다는 것을 절감하고 있기도 한다. 그러나 구조적인 거대한 사회악에 대항하여 싸운다는 것은 일 개인의 의지와 실천으로는 불가능한 일일지도 모른다.

이번 삼풍백화점 참사를 지켜보면서, 인간생명의 고귀함, 부정과 비리로 쌓아온 욕망의 탑은 결코 오래 버티지 못하고 붕괴된다는 교훈을 얻었을 것이다. 순간적인 이익 추구만을 위한 부정과 타락의 결과로 자신 뿐만 아니라 가족, 사회의 붕괴를 초래한다는 사실을 알게 되었을 것이다.

우리 사회에 만연된 부패의 고리를 단절하고, 부정과 타협하지 않고 공동선을 위한 정의, 공정과 상식이 봉용되는 사회적 합의를 도출해 낼 수 없다면 우리 사회의 발진과 유지 존속은 불가능할 것이다.

'새만금'(새로운 만남에 금지된 사랑은 없다)과 금수강산

(원광대신문, 2003.06.02.)

새만금 사업은 지난 13년 동안에 걸쳐 진행해 와 현재 총 공사의 72%의 매립 진척율을 보이고 있다. 환경보호론자들은 '삼보일배三步日拜'를 하면서 공사중단을 요구하고, 사업추진론자들은 새만금 사업의 타당성에 대한 검증은 이미 끝난 사안으로 결코 중단되어서는 안된다며 사업추진의 강행을 옹호하고 있다.

노무현 참여정부에서는 새만금 사업을 지속적으로 추진하면서도, 한편으로는 사업중단과 사업강행의 모든 가능성을 열어 두고, 새로운 구상을 검토하여야 한다는 입장에서 '새만금신구상기획단'을 신설하기도 하였다.

새만금 공사의 중단을 요구하는 측에서는 거의 마무리 단계에 와 있는 물막이 방조제를 어떻게 복구시켜야 하는가에 대한 명쾌한 해결책을 제시하지 못하고 있다. 단지 풍력발전소 건립, 조력발전기 설치, 뻘 등의 자연생태계의 가치, 환경보존 등을 강조하고 있다. 사업강행을 추진하는 측에서는 '절대 농지의 확보를 통한 식량자급, 땅 넓히기를 통한 국토확충과 유용한 토지 활용 등을 내 세우고 있다.

양쪽의 주장이 나름의 설득력이 있기도 하다. 다만 어느 입장이 더 현실성이 있고, 더 합리적인 대안제시를 하고 있는가로 귀결된다. 처음 새만금 매립을 구상할 당시의 사업목적과 현재의 지향점은 상당한 차이가 날 것이다. 환경보존과 사업강행은 현재보다는 향후 먼 미래를 바라다보는 신중하고 치밀한 검토와 예측이 반드시 선결조건이어야 한다.

새만금 사업에 대한 치열한 찬반 논란은 환경보존과 개발이익이라는 국민과 정부의 관심을 높이고, 다양한 시각과 인식의 폭을 넓혔다는데 만족할만한 성과가 있다.

과거 권위주의적인 개발독재의 정권에서는 환경파괴에 대한 문제제기는 국가발전을 저해하는 좌파 빨갱이들의 공안사건으로 핍박받았으나, 참여정부에서는 정부 스스로가 앞장 서서 친환경적 개발과 자연환경생태계 복원을 중시하는 정책을 전면에 내세우고 있으니 다행스럽다.

새만금 사업의 처음 구상은 낙후된 지역발전이라는 시혜적 차원에서 시작되었고, 그러다 보니 먼 미래를 예측하기보다는 졸속한 결정을 한 것이었다. 그 후 사업추진과정에서 나타나게 되는 여러 문제점을 해결하려는 충분한 검토와 보완대책의 수립이 미비하고, 의견통합과정이 미숙하다 보니 사업성 자체에 대한 시비가 계속되고 있다.

이제부터라도 정부와 찬반론자들은 배타적 찬반 주장만을 고집하지 말아야 한다. 이미 72%가 매립이 진행된 시점에서, 임기응변의 땜질 처방과 구호적 차원의 대처는 근원적인 해결방안이 될 수 없다.

'새만금'을 '새로운 만남에 금지된 사랑은 없다'의 줄임말이라고 한다. 새만금은 처음 만나는 두렵기도 한 실험적 도전이다. 세계사적으로도 가장 길고 큰 간척사업이다. 새만금은 우리 한민족의 큰 꿈이 서려 있는 미래의 자산이다.

새만금도 후손에게 물려줘야 할 소중한 우리의 금수강산이다.

전북의 공장 유입!
과연 득得인가? 실失인가?

(전주일보, 1995.04.13.)

최근 들어 전북지역에는 공업단지, 농공단지의 확대 조성과 각종의 산업공장, 화학공단 등이 유치되고 있다. 농업 중심의 전북지역이 급속히 공업화도시로의 진행이 가속화되고 있는 것이다. 전북도민들은 낙후된 전북지역의 발전, 지역재정수입의 증대라는 막연한 기대감에서 찬성하고 있는 듯하다. 그러나 공장유치로 인한 직업창출과 타지역으로부터의 새로운 노동인력의 유입, 본토인과 이주민과의 문화적·정서적 차이와 갈등, 부족한 주거공간과 여가시설의 확충, 오수·폐수·폐기물처리·대기오염과 수질오염 등 많은 문제점들이 나타나고 있다.

1960년대부터 1980년대에 걸쳐서 급속하게 공업화가 진행된 지역으로는 포항, 울산, 창원, 마산, 구미 등이 있다. 이 지역들은 대기오염, 수질오염 등으로 자연생태계가 파괴되는 극심한 폐해에 고통받고 있다. 과거 정부의 경상도 중흥정책으로 인하여 상대적으로 '전라도 푸대접'이라는 지역갈등의 도화선이 되기도 하였다. 특히 전북은 인구감소와 급격한 도세道勢 약화를 체감하는 지역으로 낙후되었다.

그러나 지금에 와서는 오염되지 않은 산천과 수질, 쾌적한 공기와 안락한 주거환경 등을 누리면서, 산업화·공업화 여파로 심하게 몸살을 앓고 있는 타 지역과 비교하면서 과거 박정희·전두환 정권부터 이어진 '전라도 홀대정책'에 불만과 원성이 컸었는데도, 이제는 오히려 쾌적한 환경에서 살게 해줘서 고맙게 생각하고 있다. 왜냐하면 타 지역은 산업화·공업화의 우선정책으로, 고용인력의 급격한 증가와 타지역으로부터의 유입, 도로교통망과 기반시설의 부족, 수질과 대기오염, 주거공간과 교육시설의 미비, 교통혼잡, 사회갈등과 일탈, 범죄와 비행 등 각종의 심각한 사회문제가 야기되고 있기 때문이다.

아직도 우리 전북지역은 삭막한 도시문화보다도 인정이 넘치는 농촌문화 또는 전통문화가 긍정적 영향을 주면서 그 주류로 자리잡고 있다. 인정 깊은 가족관계 또는 사회적 연대로 인간관계와 사회관계가 인간중심적이고 정情의 중심적인 전통문화의 긍정적인 영향을 누리고 살고 있다.

이 시점에서 우리 전북도민은 현재 갑작스럽게 대량 유입되고 있는 공장들이, 타 지역에서도 유치에 탐을 내는 공장인가? 친환경적인 양질의 공장인가? 현지 토착민의 취업기회가 보장되는가? 지방재정수입에 크게 기여하는가? 새로운 인구유입의 효과가 있는가? 등등의 다각적·종합적인 검토와 판단을 하여야 한다.

한번 파괴된 자연환경은 다시금 회복할 수 없는 미래의 후손의 재앙이기 때문이다.

중벌만으로 범죄 막을 수 없다

(한국일보, 1984.04.24.)

통금해제, 학생들의 교복과 두발의 자율화 등 일련의 조치에 수반하는 자율의식과 자율행동의 부재, 치안능력의 부족함으로 인하여 충동적이고 즉흥적, 향락적인 청소년 범죄가 늘어나고 심각한 사회문제화

되고 있다.

범죄는 사회악이다. 그러나 범죄인까지 악인으로만 낙인 찍고 대하여서는 아니 된다. 범죄인의 범죄행위는 법에 의하여 엄격하게 처벌하여야 하나, 형벌만으로 모든 범죄행위와 일탈행위를 다스릴 수 없다. 엄중한 형벌로써 사회의 모든 악에 대처할 수 없는 한계가 있어, 중한 형벌만으로는 범죄예방과 범죄 억지력을 발휘할 수도 없다.

형벌은 그 목적이 사회의 건강성을 유지하고 회복하는 데 있기 때문에, 범죄를 사전에 예방하고 범죄인을 교정시켜 사회에 재복귀시키는 방향으로 큰 존재 의미가 있는 것이다.

범죄의 예방과 방지를 위하여는 첫째, 결손가정환경의 개선이 시급하다. 통계를 분석하여 보면 청소년범죄의 대다수가 부모들의 지나친 과잉기대, 방임, 가정내 가족 구성원 간의 불화와 반목 등 화목한 가정생활의 결핍으로 인한 것임에 주목할 필요가 있다. 둘째, 실추된 교권의 회복, 전인全人교육의 강화, 입시 만능교육의 탈피 등으로 학교 교육이 정상화되어야 한다. 셋째, 각종 유해 유흥업소 등의 격증, 영리추구에만 몰입된 악덕 상술 등이 비행과 탈선의 온상이 되기도 한다. 따라서 교육과 행정당국의 철저한 지도와 단속이 강화되어야 하고, 건전한 여가 활용을 위한 시설과 공간의 확충, 프로그램의 개발도 시급하다. 넷째, 경제적인 여유와 함께 그에 상응하는 정신적 성숙, 물질 숭배적 세태의 극복, 비인격적 인간관계의 탈피, 쾌락·탐닉적 찰나주의의 극복, 공동체적 가치관의 공유, 도덕성의 회복이 필요하다. 다섯째, 범죄인의 성공적인 개선과 교화를 통한 재사회화를 촉진하고, 재범·누범을 촉진시키는 만성적인 범죄인자를 분석하여 대처하는 범죄인의 재사회화프로그램의 개발이 시급하다. 여섯째, 범죄인에 대한 배타적·사시안적斜視眼的 태도의 불식, 범죄발생에 대한 사회인의 책임의식의 연대, 교정시설의 개선을 위한 인적·물적 투자가 확대되어야 한다.

범죄는 개인의 신체적·정신적 결함 또는 가정·학교·사회 환경 등

복잡한 다면적인 요소에 의하여 발생하는 것이기 때문에, 발생한 범죄의 뒷면에 있는 드러나지 않은 원인도 함께 종합적으로 분석하여 대책을 마련하여야 한다.

교육과 행정 당국의 종합적인 대책도 중요하지만, 일반 사회인의 방관자적이고 국외자적인 방임태도를 지양하고, 우리 모두가 함께 사는 공동체의 일이라는 것을 공감하고 서로 협력하는 것이 범죄를 막는 지름길이 될 것이다.

재벌가들의 각성이 절실하다

(원광대신문, 2005.10.10.)

과거 정권하의 불법도청과 금전로비, 전 주미대사 홍석현의 임명과 사임, 금산법 내용을 둘러싼 삼성그룹의 엄청난 로비력, 삼성·엘지·두산 등 재벌가의 기업 승계 등의 문제는 현행법의 테두리와 일반 국민의 법감정과 맞물려 큰 사회적 이슈가 되고 있다.

현대그룹 정주영 명예회장의 타계 말기에 있었던 형제들의 '왕자의 난', 두산그룹 경영권분쟁으로 인한 형제 간의 고소와 투서, 진정 등 골육상쟁은 그 많은 돈이 도대체 뭐길래 인륜을 져버리며 죽기 살기의 형제들의 싸움질인가?라며 많은 국민들은 인생무상과 추함을 느꼈을 것이다.

이러한 재벌들은 국민들의 시선은 안중에도 없이 그들의 안방에서나 할 파렴치한 싸움을 보란 듯이 하면서 국민을 바보 취급을 하는 것 같다. 또한 한보그룹 정태수회장의 거액 횡령사건은 IMF의 위기를 가져온 파렴치범이 건강상의 이유를 들어 교도소에서 출소한 후 갱생의 삶을 사는 것이 아니라 아주 나쁜 악행을 또 다시 자행한 것이었다.

제왕적 재벌들의 이익탐닉과 향락추구, 친족 간의 재벌 승계 등을 보면, 국민의 혈세와 노동자의 희생 위에서 성장한 재벌들이 아주 작은 지분만 가지고서 법망을 이리 저리 피해 가면서 거대한 기업을 자기 손아귀에 넣고 흔드는 것을 알게 된다.

재벌가들의 범죄행위는 일반 형사잡범과는 다른 영역의 범죄이다. 따라서 이들의 행위는 경제적 빈곤을 이유로 어쩔 수 없이 소규모 절도나 강도짓을 하는 곤궁범죄도 아니고, 비호권력의 도움도 받아가며 기득권을 유지하기 위한 고도의 법지식과 술수를 악용하는 악의적 지능범죄이다. 권력도 있고, 돈 있고 뒷배가 있는 상류층들은 죄를 지어도 꾀병으로 인한 병보석, 형집행정지, 사면·복권으로 쉽게 법망을 빠져 나온다. 그러나 돈 없고 빽 없는 서민들은 '악만 남아서' 인지 몰라도 아프지도 않은 이상한 축복(?)을 받고 긴 수형생활을 다 마쳐야 한다. 이러한 자조적自嘲的 말들이 회자되는 사회풍조에서는 사회적 정의가 사라지게 된다.

우리 사회에서 정의가 살아 숨쉬고, 피와 땀으로 이룬 '성공사다리'를 오른 신화가 많아져야 한다. 합법을 가장한 탈법적인 우회로를 통한 재벌상속과 승계를 철저하게 막는 법과 제도적 장치가 우리 사회의 안전판이 되는 것이다.

정상적으로 세금 내고 돈 버는 것이 쉬운 사회, 누구나 성공의 사다리를 밟고 올라갈 수 있는 자수성가의 기회가 보장된 사회, 이 사회가 바로 꿈과 희망과 미래비전이 있는 사회이다. 이런 사회를 만들기 위하여 각계 각층의 깨우침과 분발이 더욱 요구되는 시점이다.

제5부

나의 삶의 여정

그리고 어머니! 아버지!

1. 송광섭의 삶의 여정

1) 출생과 학교 시절

나는 1920년생 아버지와 1930년생 어머니 사이에서 4남 2녀 중 남자 막둥이로 태어났다. 아버지는 문관고시를 합격하고 20대에 면장, 서기관 등을 거치신 분이었다. 어머니는 대지주였던 외가에서 태어나 여고를 다니신 분으로, 양반 가문인 아버지에게 시집을 오셨다. 나의 6대조 할아버지는 이조참판吏曹參判, 5대조 할아버지는 예조참판禮曹參判, 4대조 할아버지는 도정都正 등의 관직을 역임한 양반집이었다.

나는 6·25 한국전쟁을 직접 겪지는 않았지만, 1950~60년대의 어려운 경제 상황으로 초등학교 시절 월사금을 내지 못하여 담임에게 대나무 막대기로 맞기도 하면서 1학년을 보냈었다.

중학교 시절에는 태권도를 하여 은메달을 따기도 하였고, 고등학교 시절에는 의과대학에 진학할 목표로 열심히 공부하여 우수한 성적의 이과 모범생이었다. 불행하게도 예비고사 마지막 시험에서 답안 작성에 답을 밀려 쓴 잘못을 시험 종료 직전에 알았으나, 엄격한 감독관의 통제로 시정할 수 없어서 예비고사 성적이 망하여 내 인생의 진로가 바뀌게 되었다. 1977년 7월 27일 둘째 형이 군대에서 순직하는 바람에 '자식이 죽으면 가슴에 묻는' 아버지, 어머니의 몸서리치는 슬픔을 보았다. '나'라도 작은 형 몫까지 부모님께 효도하여야 한다는 마음을 먹게 되었고, 이러한 상황에서 재수도 할 수 없어 의사의 길을 가지 못하게 되었다.

둘째 형이 군대 갈 때 사춘기 시절이었던 나에게 "너, 부모님께 잘하지 않으면 죽어"라는 말에 "형님, 잘 다녀와"하고 헤어짐이 형과의 마지막 만남이었고, 나에게 형이 한 마지막 유언이 되었다. 지금도 집안에 큰일이 생길 때면 어김없이 내 꿈에 둘째 형님이 나타나시곤 한다.

대학에서 장학금을 받아야 하였기에 어쩔 수 없이 지방에서 대학을 다니게 되었다. 의대를 들어가지 못한 마당에 고등학교 때 이과를 다녔던 나였지만 아버지가 법학을 전공하셨기에 법학으로 진로를 변경하게 되었다.

대학 시절에는 음악다방에서 DJ도 하고, 연극반에 들어가 연기도 배웠고, 시론, 작시법, 음악통론, 일러스트레이션, 수사학 등도 수강하며 문학도의 꿈도 꿨었다. 이는 후일에 문학평론가, 수필가로 등단하는 토대가 되었다.

2학년 때부터는 사법시험 원서를 제출하고 자취집과 독서실에서 하루 15시간 이상을 공부하였다. 그러면서도 막상 시험 당일에는 사법시험 고사장에 가지 않았다. 이러한 이유는 아버지의 문관고시 합격 후 공무원 생활을 보면서 고시에 대한 매력을 느낄 수 없었기 때문이다.

대학 4학년 때는 '신학대학원'에 가서 '목사'가 되려고도 생각하였으나 평생을 목사로서의 삶을 살 자신이 없어서 포기하고, 사회학, 심리학, 범죄학, 종교학 등 도서관의 책을 모조리 빌려다 보았다. 이때 읽으면서 작성했던 '자기학自己學 노트'가 있다. 여기서 '자기학'이란 사람들이 인간의 실존과 존재이유에 대한 깊은 사색과 고민, 자기 자신과 삶에 대한 열정과 사랑이 부족한데도 불구하고 자기 외적인 타인과 타 학문에만 매몰돼 집착하고 있다는 생각에 '자기학'이라는 제목의 나만의 성찰 연구 노트를 만들어 사용하였다. 이 노트 자료는 후일 '범죄학과 형사정책'을 집필할 때 참고할 수 있었다. 1970~80년에 걸쳐 대학을 다니면서 '교련 반대운동', '이리공단노동자지원투쟁', 함석헌옹 초청 강연 날에 원광대 본관 앞에서 마이크를 잡고 학생을 모아 익산역과 경찰서 앞까지 '독재반대투쟁 가두행진'을 선도하기도 하였다. 전두환 12·12사태 후 5·17 비상계엄 때에는 3개월여 숨어 지내기도 하였고, 그 후 음지에서 활동하여 노출되지 않았던 운동권 생활로 퇴학은 당하지 않았다.

대학 4년 동안에는 거의 3/4은 수업에 참석하지 않았으나, 4년 통산 성적 1등으로 졸업하는 영예도 얻었다.

2) 대학원 시절

우리나라에 팽배해 있는 매판자본주의와 친미사대주의, 종속주의를 극복하고, 노동자와 일반 서민들의 권익보호의 삶을 살고자 대학원 석사과정에 '사회법'을 전공으로 입학하게 되었다.

그러나 한국에는 사회법 전공 교수를 그 당시에는 거의 찾아볼 수 없었다. 특히 원광대 법학과에서는 시간강사도 찾기 어려워서, 자퇴하던지 전공을 변경하라는 통첩을 받아서 어쩔 수 없이 전공을 형사법으로 바꾸게 되었다.

석사과정 때부터 조교를 하면서 지도교수님의 지시로 지도교수의 학회 발표논문, 공저자 교재 일부분 집필, 지도교수의 박사논문 집필. 지도하였던 교육대학원·행정대학원생의 학위논문을 대리 집필하기도 하는 비정상의 혹독한 시련이 그 당시에는 정신적으로 힘들었지만, 후일에 내 지적 범위를 확장시키는 전화위복의 계기가 되었다.

대학원 석사논문은 '금지의 착오에 관한 고찰', 박사논문은 '위법수집증거의 배제법칙에 관한 연구'이다. 특히 박사논문의 경우에는 그 당시에는 형사법(형사소송법 전공가능자)으로 채용하였지, 형사소송법을 주전공으로 해서 교수를 채용하는 경우가 전무하였기에 엄청난 모험이기도 하였다.

대학원과 조교, 시간강사를 하는 20대의 10여년은 '나'라는 존재가 없이 '지도교수'의 뜻에 따라 움직일 수밖에 없는 나약하고 한심한 시기였으며, 내가 나중에 교수가 되면 내가 겪었던 아픔은 내 제자들에게는 절대 겪지 않게 하겠다는 굳은 결심을 하게 되는 '타산지석'의 인고의 세월이었다. 그런 결심의 덕분인지 내가 교수로 임용된 이후 학부 때부터 가르친 제자 중 3명이 형사법 전공 교수로 대학에 임용되어 활발한 연구활동을 하고 있다.

대학원 석사과정 때에는 정신적으로 힘든 시기였음에도, 동국대 정년 후 원광대에 5년 계약으로 오신 일본 유학파인 민법학의 태두라고 칭송받았던 장경학 교수님에게서 수업을 받으면서 학문적·문학적으로 많은 영향을 받게 되었다. 그는 번역법률문화에의 기여, 을유문화사 발간 '괴테 평전'과 '사도법관 춘향전' 등을 저술한 법학과 문학을 통달하신 큰 스승이었다. 경성제국대학 법학부 출신의 상법 김용태 교수님으로부터는 독일어와 일본어, 문학 등을, 일본 유학파인 75세가 넘으셨던 이승구 교수님으로부터는 영어원서강독에서 영어 문법을 배우는 등 귀중한 시간이기도 하였다. 이 세 분들의 격려와 학문적·인간적 사랑과 지도를 받으면서 법학뿐만이 아니라 철학, 문학, 세상을 보는 다양한 관점과 시각 등 박학다식한 '보편적 지식을 가진 형사법 학자'가 되는 연단의 시기이었다.

대학원과 시간강사 시절에는 경제적 여유가 없었기에 흔히들 하는 사회활동에서 처세라는 이름의 술과 식사접대, 선물 등을 하여야 하는 세태에 부응할 수 없었다. 이것을 극복하는 길은 오로지 '실력만이 최고'

라는 일념으로 공부만 열심히 하였었다. 이 당시에 이미 형법총론, 형법각론 등을 교재로 출간하려고 원고를 3/5 정도 작성해 놨는데, 지금도 연구실 캐비넷에 보관하고 있다. 박사과정에서 형사소송법 분야를 주로 연구하게 되어 형법총론과 형법각론의 실체법을 연구하는 시간이 줄어들게 되었다.

3) 시간강사와 교수 채용과정

박사 취득 후 모교에서는 어리다는 이유로 시간강사 자리도 쉽게 얻을 수 없어서, 전북대, 호원대, 방송통신대 등에서 한 동안 보따리 장사를 하였다. 이 시기에 3대 신문사 중 한 곳의 기자 시험에 합격하여 막막한 시간강사 생활을 접고 가야 하나 교수가 되려고 버텨야 하나 고민할 때, 어머니께서는 "법학박사 만들 때는 기자 하라고 뒷받침한 것이 아니니, 어머니가 살아 생전에는 먹고 재워 줄 것이다"라는 강력한 격려 말씀에 따라 그 후 3년여 시간강사를 더 하게 되었다. 어머니는 참 통 크고 사랑이 많으신, 평생을 자식 사랑과 남편 봉양을 하신 분이고, 항상 "막둥이는 통이 커서 좋다. 남에게 베풀고 살아라"라는 말씀을 수시로 하시었다. 나에게만은 농담과 장난도 많이 하시고 받아주셨던 하늘 같은 어머니이고 때로는 친구와 같은 어머니이시었다.

교수채용 시에는 그 당시 법대학장이었던 헌법 교수님이 논문이 석사는 형법, 박사는 형사소송법을 전공한 것을 '전공 불일치'라고 본부 면접에서 선언하고, 전공 불일치로 낙인 찍고 반대하고, 교무처장은 '법을 전공하는 사람들이 사기꾼이 많다'고 힐난하기에 법 전공자들의 사회적 역할 기대가 클 뿐 사기꾼이 많다는 것은 개인적 편견에 불과하다고 전투적으로 대응하고, 원불교 법인의 대학교라서 대학법당의 원불교 교감은 어머니와 내가 기독교 신자라고 원불교도가 아니라고 훼방을 놓기도 하였다. 1989년 12월에 초빙공고된 교수들은 이미 결정되었는데도, 나는 보류되었다. 채용 보류된 3개월여 동안에 1등으로 인사위원회에 올라갔음에도 불구하고 법학과 교수 채용을 하라는 학생들의 데모의 배후 조종자라는 등의 모략과 훼방에 화가 나서 코피가 나기도 하였고, 법만 없더라면 나를 비방하고 반대한 분들을 찾아가 항의하고 싶었으나, 연약한 내 자신과 현실이 원망스러울 뿐이었다.

1990년 2월 초 어느 날 늦은 시각의 막차 버스에서 내려 교회 앞을 지나가는데 찬송가 소리가 들려 나도 모르게 부흥회를 하는 교회로 들어가게 되었다. 묵상하는데 지금까지 반대한 분들에 대한 분노와 울화통이 '모든 것이 내 자신의 문제이다' 라는 생각이 들면서 뜨거운 눈물을 한참 흘리고 난 후 가슴이 후련해지면서 담대한 마음과 평안함이 찾아왔다.

그 다음 날 새벽 5시 30분경에 원광대학교 총장님이 직접 통화하여 면담하자고 하여 총장실로 가니, 군산에 살고 있는 법대학장을 선물 들고 찾아가 잘 부탁하라는 것이었다. 이를 고민하며 찾아가지 않던 중 2차, 3차, 4차 다시 불러 찾아가라고 하였으나, 그렇게 하면서 교수가 된다는 것은 부정한 일로써 학생들 앞에 당당하게 설 수 없을 것 같아서 끝내 가지 않았다.

마지막으로 1990년 2월 24일 총장님 5차 면담 중 6개월 후에 재공고 낸다고 하셨다. 모교에서 보류되고 채용 연기된다는 것은 나는 앞으로 모교에서 교수가 될 수 없을 것이고, 차라리 교수가 되기를 포기하고 학교를 상대로 교수채용부작위청구소송과 반대한 교수들을 상대로 명예훼손으로 고소하겠다고 얼토당토 않는 말을 하며 탁자를 치며 억울함을 호소하며 일방적으로 총장실을 문을 나섰다. 그 때 총장님이 "다시 와 앉아"라고 말씀하셔서 다시 돌아와 소파에 앉아 엉엉 울었던 기억이 새롭다. 총장님은 그간의 3개월여 동안 나의 뒷조사와 풍문조사를 한 결과, 이는 허황된 누명(강사시절 교수 채용 데모 사주 혐의)으로 밝혀졌고, 실력이 뛰어나다는 세평이나 경제적 어려움으로 '처세'를 하지 못한 것이라며 위로해주며 '교수로 채용이 되면 잘할 수 있냐'고 물으셨다. 잠시 후 총장님이 비서실장에게 법대학장 오라고 하라는 말을 들으면서 법학관으로 가니, 법대학장이 6개월 후에 다시 재공고를 낸다고 하면서 총장실에 다녀올 테니 기다리라고 하셔서, 10여 분 기다리니 학장실로 다시 오셔서 하는 말씀이 "너, 핵 파워이다"라고 하셨다. 그 때 나는 나의 임용을 극구 반대하셨지만 앞으로 "잘 모신다"라는 약속은 못하지만 "'어떻게 하면 잘못 모실까'라는 궁리는 하지 않겠다"라는 약속을 하였다. 그러니까 나는 1990년 2월 24일에서야 극적으로 교수 임용이 결정되었고, 신임교수 연수도 받지 않은 유일한 교수이었다.

그 이후 헌법 교수였던 그 은사님의 화갑기념논문집도 내가 주도하여 봉정하였고, 정년 후 암으로 투병중인 경제적 궁핍상황을 알게 되어 병원치료비를 감액토록 조처하여 퇴원 후 본인이 나를 평생 잘못 봐서 미안하였다는 귀한 손편지도 받는 기쁨도 누렸다.

나의 석사, 박사 지도교수 명형식 은사님은 술을 무척이나 좋아하셨다. 은사님은 정년하신 이후 많이 아프셨고, 정기적으로 제자 교수들과 함께 찾아뵙고 식사도 하였었으나, 오랫동안 투병하시다가 귀천하셨다. 입관식 때 나의 10여년의 20대 청춘을 힘들게 하셨던 은사님을 보면서, 이렇게 가면 아무 일도 아닌 허무한 인생인데 왜 그렇게 힘들게 하셨나 하며 서러움에 엉엉 소리 내어 울기도 하였다. 지금도 스승의 날에는 산소로 찾아뵙곤 한다.

4) 학회활동의 추억

석사 시절부터 서울과 전국 지방에서 개최되는 학회에 다녔고, 이것은 후일 지방대출신의 한계를 극복하는 전환의 계기가 되었다. 이 시기에 박사 주심교수였던 성균관대 김종원 교수님, 〈형사소송법강의〉의 저자 백형구 변호사님, 숙명여대 이영란 교수님, 이화여대 이재상 교수님, 고려대 김일수 교수님, 강원대 이한교 교수님, 단국대 박양빈 교수님 등을 만나 학계의 대선배님으로서 은사님처럼 교유하면서 많은 학문적 도움을 받기도 하였다.

또한 동아대 허일태 교수님, 서울대 신동운 교수님, 건국대 손동권 교수님, 한양대 오영근 교수님, 이화여자대학교 조균석 교수님, 성균관대학교 노명선 교수님과 김성돈 교수님, 동아대학교 하태영 교수님, 인하대 원혜욱 교수님, 원광디지털대학교 신이철 교수님 등은 형님 또는 친구와 후배로서 형제와 같은 정으로 지금까지 지내오고 있다.

한국비교형사법학회, 한국형사소송법학회, 한국형사법학회, 한국피해자학회, 한국형사정책학회, 한국교정학회, 한국경호경비학회 등에서 주로 학회 활동을 하였고, 현재는 한국비교형사법학회회장을 역임하고 고문, 한국형사소송법학회 고문이다.

5) 교수 임용 후 시련과 해외연수

1990년 3월 1일자로 정시 교수로 채용된 후 사법시험 대비 모의고사, 형사모의재판 지도, 강의 등을 하면서 열심히 살아왔다. 그러나 은사와 동료 교수들의 비협조로 학생들의 지도가 힘들었고, 어떤 교수는 나의 방목형 강의 방법과 출석을 부르지 않는 나를 총장에게 고자질하여 불려가는 등 그간의 온갖 고생을 마다하지 않은 결과가 이것밖에 안 되는지 회의가 들어 1992년 11월말경에 대학에 사표를 제출하였다.

그 후 총장님이 불러서 사표 제출 사유를 묻고는, 슬럼프가 왔으니 휴직을 하던지 1년간 해외연수를 가보면 어떠냐고 제안하셨다. 그 당시 학교 규정으로는 임용 후 10년 이내는 장기해외연수를 할 수 없었는데, 총장님이 파격적으로 결재하여 미국과 일본에 접촉하였고, 일본 나고야 남산대학 법학부에서 2주 후에 초빙교수 승낙이 와서 1992년 12월 23일 일본으로 무작정 출국하였다.

일본어도 못하는데도 가서 3개월 동안에 일본어를 열심히 공부하여 일본어와 영어를 혼합하여 강의를 시작하였고, 남는 시간은 형사법 관련 일본, 독일, 미국, 프랑스 등 형사법 관련 문헌을 하루 12시간 이상씩 연구실에 앉아서 읽었다. 그러다 보니 한국에서 보고 배웠던 교재들의 내용이 거의 일본 교재의 번역 수준에 불과하였고, 그 원전은 다시 독일임을 알게 되었다. 토요일과 일요일도 없는 형사법의 '문리'를 깨우치게는 행복한 날들이었다.

1년 후 귀국 송별회에서 초청 교수와 법학부 교수들이 나의 1년간 출퇴근 기록을 내놓으며 하는 말이 "언제든지 다시 오면 받아 주겠다"라는 격려의 말을 들으면서, 술잔과 정을 한껏 나눴던 기억들이 생생하다. 그 기간 일본 사람들에게는 치밀한 관찰력과 성실한 기록 습관, '강자에게는 약하게, 약자에게는 강하게' 라는 생각을 갖고 있음을 깨닫게 되었다. 그러한 예로써는 숭실대학교에서 온 교수에게는 "OO 씨!"이라고 하고, 나에게는 '선생님! 또는 교수님!'이라고 차별적으로 부르길래, 그 연유를 물어보니, "OO 씨!"라고 불렀던 분은 연구도 않고 놀러 다니기만 한다는 것이었고, 나는 열심히 도서관에 다니고 연구실에 나와 연구하기 때문이라는 것이었다. 이 1년여의 기간은 지방대 출신, 지방대

교수로 전락하지 않고 우물안 개구리를 벗어나는 학문적 도약의 시기이었다. 후일에는 뉴질랜드와 호주에서 가족들이 영주권을 얻게 되고, 아들 교육을 위해 결혼생활의 2/3 이상을 따로 떨어져 생활하게 되는 계기가 되었다.

6) 학문연구에서의 소신

1994년 형사소송법강의를 발간하면서 머릿말에 일본 남산대학 법학부의 초청교수였던 '上口裕' 교수님에게 감사의 글을 남겨서 보내기도 하였고, 이어서 법학개론, 형사정책 등 교재를 출간하는 등 30대 중후반은 열정적인 연구의 질풍노도의 행복한 여정이었다.

지방대학 출신의 나에게는 해외연수가 큰 학문적 도약의 발판이 되었다. 책을 출판 한 후에는 백형구 변호사님과 이재상 교수님, 김일수 교수님, 이한교 교수님, 박양빈 교수님, 나를 낭만파 마지막 교수라고 아껴주셨던 이영란 교수님 등으로부터 〈형사소송법〉,〈형사정책〉,〈법학원론〉 등 교재출판에 대한 격려를 많이 받았다. 나를 학계·학문적 고아에서 벗어나게 해준 동아대 허일태 형님, 학계에서 나를 따뜻하게 안착하게 도와준 한양대 오영근 형님 등이 고맙기만 하다.

부모님의 와병 이전에는 여러 학회에 거의 빠짐 없이 참여하며, 발표, 토론, 사회를 보았고, 발표와 토론, 논문심사를 하면서 내 나름의 원칙과 학문적 깊이로 활동하였다.

〈형사소송법〉과 〈형사정책〉,〈법학원론〉 등은 대학가와 신림동 고시촌에서 교재로 많은 호응을 얻어 개정판을 쉴새 없이 내게 되었다. 특강에서는 좋은 명성과 평판을 들었다고 자부하기도 한다.

법무부 형사법개정특별위원회 위원으로 활동하면서 한국 형사법의 법제 발전에 열정을 다 바쳐 가며, 이론적 토대를 제공하였고, 오랫동안 법무부, 대검찰청, 경찰청, 한국연구재단, 한국법무형사정책연구원 등으로부터 수십 건의 연구비를 매년 받아서 연구보고서 및 연구논문을 발표하는 데 도움이 되기도 하였다.

　나는 한국의 형사법학계에서 '이파리'나 '잔가지'를 연구하는 것이 아닌 '숲 전체'를 연구한 학자, 나만의 색깔로 문장을 완성하는 교재출판, 독특한 주제의 연구보고서와 논문, 하나 주제로 가지고 몇 시간을 강의할 수 있는 근본 있는 학문적 토대, 내 나름의 독자적 학설을 구축하여 〈형사소송법〉과 〈범죄학과 형사정책〉, 〈법학원론〉 등의 교재를 수정·보완하면서 학문적으로 나는 끊임없이 노력하고 살아 왔다.

　젊은 시절에 한국의 형사법학계에서 '송광섭' 하면 모르는 사람이 없을 정도로 '학문적 일가'를 이뤄야겠다는 연구 욕심으로 때로는 하루 12시간 이상의 힘든 독수리타법의 컴퓨터자판을 두들겨서 현재도 손가락 아픔을 안고 살고 있다. 그러나 연구 이외의 학내, 사회활동으로 연구에 전념하지 못한 시기도 있어서 학문적 아쉬움이 크기도 하다.

7) 대학 내에서의 활동

　1997년부터 교수협의회 부회장을 맡으면서 총장직선제를 관철시켰으며, 법인이사회가 직선총장을 임명하지 않아 교수 100여 명을 모아서 원불교 총부에 들어가 이광정 종법사님께 항의시위를 주도하였고, 4년 후 총장으로 꼭 임명한다는 약속을 받아냈다. 그런 와중에 이광정 종법사님의 속명이 '광정'이시니 '광명정대' 하시라고 한 발언이 문제가 되어 해직시키라고 원불교총부에서 난리가 났었는바. 이광정 종법사님이 "예수는 이름이 아니더냐, 부처는 이름이 아니더냐"라고 하셔서 일거에 해직 파문을 가라앉히시고 친히 나를 불러 격려하셨던 기억이 새롭다.

총장 임명에 실망하여 화가 나서 1999년 9월 1일로 뉴질랜드 남섬 캔터버리 대학교 로스쿨로 1년간 해외연수를 떠나게 되었다. 학교를 소홀히 하면서 어떤 때는 골프를 오전 오후 두 번씩 36홀을 치고, 낚시도 하면서 울분을 달랬고, 캔터버리대학교 로스쿨의 담당 학생들과 뉴질랜드 남섬 천문대로 가서 잔디밭에 누워서 별과 화성을 보면서 많은 시간을 대화하면서 지냈던 낭만이 있었던 해외연수 시절이기도 하였다.

뉴질랜드로 떠나기 전에 노트북 컴퓨터를 준비하며 문학도를 꿈꾸던 시절을 회상하면서, 매일 주옥 같은 아름다운 글을 한 편씩 써야 한다고 결심하였었다. 그러나 단 한 편의 글도 쓰지 못하고 있다가, 귀국을 앞둔 2000년 8월 초에 골프를 함께 치던 뉴질랜드 회계사가 '왜 영주권을 신청하지 않느냐?'고 묻길래, 뉴질랜드에서 살 계획이 없다고 하였더니 '남들은 이민 영주권을 얻고 싶어 안달인데' 하면서 의아해하였다.

그 날 저녁에 뉴질랜드 이민성 홈페이지에 들어가서 보니 나는 일반이민 해당자였고, ILETS라는 영어시험의 4개 영역을 귀국을 앞두고 한 번에 통과여야 하는 기회밖에 없었다. 내가 법학교수이지 영어를 전공한 교수라 아니라서 불안하였으나, 단번에 시험에 합격하여 체면이 서게 되었다. 그 후 뉴질랜드와 호주에서 학교 다니는 아들과 여행하면서 영어 단어 배틀을 하여 이기는 기염을 토하기도 하였지만, 아들이 져주었는지 아니면 내가 이겼는지 의문이 들기도 한다.

2002년 12월부터 원광대학교 발전위원회 사무처장, 대외협력처장, 산학협력단장, 신문방송사 주간교수, 개교 60주년 기념사업준비위원장 등의 대학본부에서 보직하면서 모교의 발전에 혼신의 힘으로 정성을 다하였다. 군대에 원불교 군종 4대 종교로의 편입성사, 중국과 미국ㆍ

캐나다 · 뉴질랜드 · 일본 등과의 해외교류, 대학본부 발주 건물신축 계약 · 식당계약 · 컴퓨터 구입 · 자판기설치계약 등 부조리 척결, 개교 60주년 행사 성료, 원광대학교 출신 언론인모임 · 원광대학교 출신 고위공직자모임 · 원광대출신 문인회 · 원광대출신 미술인회 등을 새롭게 부축하여 학교발전에 기여하게 하는 괄목한 성과를 이루었다.

8) 가족상황

현재 가족은 호주에서 살고 있다. 큰아들은 치과의사로, 작은아들은 변호사로 호주 ACCC에 근무하고 있다. 남들은 자식들 잘 키워 성공하였다고 한다. 그러나 결혼생활의 2/3 이상을 별리 생활하여 아내에게 늘 미안한 마음이고, 방학 중에야 잠시 함께 있으면서 아들에게 '열심히, 더 열심히'만을 강조하다 보니 칭찬은 하지 못하고 산 날들이 후회스럽다. 또한 나의 부모님께는 호주에 사는 손자들과 함께 하는 즐거움을 드리지 못한 안타까움이 있었고, 살아 생전에 손자들을 늘 그리워하셨는데도 불효해서 죄송스럽기만 하다.

나는 평생을 부모님, 할아버지와 함께 살아왔다. 내가 일본, 뉴질랜드, 호주에 장기간 있는 경우에도 전기불통과 양변기 고장, 수도 고장이 나면 한국에 형들이 있음에도 불구하고 어김없이 막둥이인 나에게 전화해서 해결을 원하셨다. 한국에 있을 때도 내가 바빠서 병원 예약을 한후 큰 형과 함께 가시라고 하면, 안 가신다고 하면서 내가 가야 든든하다고 하시고 용돈도 부족하시면 내놓으라고 호통도 치시는 등 허물없이 편하게 대해 주시는 부모님이셨다.

아버지는 2000년 4월부터 교통사고로 10여 년 와병하시다가 90세의 일기로 천국에 가셨는데, 처음 와병 기간 3년 동안에 걸쳐 "살게 하려면 채찍을 들고 몰아야 한다"라는 원로 의대학장님의 충고대로 차마 말로 할 수 없는 혹독한 재활교육을 눈물을 머금고 해서 다행히 걸으셨다. 살 만큼 인생을 사셨는데 왜 그러냐는 동네 어른들의 비난과 수근거림도 들어야만 했다.

어머니는 평생 하나님을 믿으면서 사시다가 2024년 7월 19일 95세의 일기로 천국행을 하셨다. 아버지 떠나신 후 6개월 후 "막둥아!, 나는 이제부터 아무 일도 하지 못하겠다." 하시면서 모든 살림을 놓으시고, 10여 년 동안 고혈압, 고지혈증, 직장암, 대장암으로 고생하였을 뿐 아니라 마지막에는 직장을 드러내어 장루를 차고 사셨다.

어머니는 아버지 살아계시는 동안에는 뒤늦게 젊으셨을 때 못하신 서예로 입문하여 대한민국서예 대상, 대한민국현대서예 대상 등 입선, 특선하시어 '성봉'이라는 '호'로 활동하시면서 서예가로 명성을 쌓으셨다. 어머니가 장루 생활로 바깥출입이 자유롭지 않았지만, 모시고 다니면서 좋은 곳, 맛있는 식사 등을 하시게 하려고 최선을 다하였다. 아버지에 대한 혹독한 재활 운동의 후회스러움이 남아 어머니에게는 보행 운동 등을 부드럽게 하려고 하였으나, 생사가 달린 문제라서 때로는 힘든 보행연습을 하도록 강권하기도 하면서 그렇게 의지가 강하신 어머니가 아기처럼 변해가는 모습이 애절하였다. 요양사 한 번 부르지 않고 어머니 목욕 등 간병 등을 해오다가 2023년 11월 19일에 암이 재발하여 더 이상 입으로는 식사하지 못하게 되어 병원 특실을 얻어 한 방에 살면서 8개월간 간병인도 없이 24시간 돌봐 드리는 시간이 정말 행복한 온전한 어머니와의 만남이었다. 유언으로 "나는 행복했다. 너도 행복하라"라는 말씀을 남기셨고, 마지막 순간에 "하나님께 나 효도했다고 복 많이 주셔야 한다고 말씀드려요, 아버지께 막둥이 효도했다고 말씀드려요, 1997년 7월 27일 먼저 가신 작은 형에게 내 몫까지 광섭이가 했다고 해요"라는 내 말에 응, 응, 응 세 번을 대답하시고 침을 삼키면서 천국으로 향하셨다.

　아직도 집안의 어머니 유품을 정리하지 못하고 있으며, 어머니가 평소에 "집 앞의 소나무밭을 정원으로 꾸몄으면 좋겠다"라는 소망에 부응하여 공원화 작업을 하면서 그리움과 슬픔을 달래고 있다.

9) 정년 후의 삶

　얼마 전 동아대학교 로스쿨에서 정년 퇴직하신 부산의 허일태 형님을 방문하여 형님의 깊고 드넓은 지적 세계를 보면서 경외와 감탄을 하고 돌아와서 나의 연구의 삶을 뒤돌아보았다. 형님에게 나의 견줄 수 없는 한계를 절감하여 … 앞으로도 출간했던 〈형사소송법〉과 〈범죄학과 형사정책〉, 〈법학원론〉의 교재를 개정작업을 계속하리라고 마음먹었다. 이제부터는 나만의 색깔, 학설과 주장, 내용이 있는… 그러나 누구나 공감할 수 있는 농익은 학문적 이론 구축과 새로운 지적 세계를 여는 글을 쓰기로 결심하였다.

　나의 인생의 1/3은 부모님의 간병 기간, 결혼생활의 2/3는 별리 생활이었다. 이제부터라도 내 가족과 함께하며 정신적·시간적 여유를 찾아서 끊임없는 지적 활동의 깊게 그리고 폭을 넓혀 나가려고 한다.

(2025.07.30.)

2. 그리운 어머니, 아버지

다림질

(2024.07.14.)

95세 어머니!
쇠잔한 추억 속의 희노애락

고통을 감내하는 신음소리
병실 안에 가득하고

24시간 병상 간호
나는 다림질을 한다.

어머니의 굴곡진 인생살이
기쁘고 힘들었던 어머님의 한평생

화사하게 웃음 짓던 어머니의 옷매무새
생과 사 갈림길에
구겨진 환자복만 눈물로써 펴고 있다.

외로워! 외로워!

(2022.05.19)

평소에 유달리 사랑이 많으셨던 어머니와 아버지이시었다.

어머니는 아버지가 돌아 가신 후 아버지의 산소에 가시면 "왜 나 혼자 두고 가셨어! 나 외로워 외로워!" 서럽게 우시곤 하셨다.

아버지 산소 앞 돌의자에 앉으셔서 "나 죽으면 아버지 옆에 묻고 봉분을 크게 하여 하나로 해주어야 한다"라고 꼭 말씀하셨다.

산소에 가시자면 어서 가자고 하셨다. 그러던 어머니가 쇠잔하시자 "가면 뭐하냐!" 하시면서 한숨을 지며, 차에서 내리기 힘드신 듯 차 속에 앉아서 아버지 봉분을 바라보고 눈물을 흘리셨다.

어머니와 함께 병실에서

(2023.11.23.)

어머니는 2023년 11월 22일로 94세 생일을 맞으셨다. 수년 전 대장암, 직장암 수술을 받고 장루를 차고 생활하시고, 언제부터인지 약간의 알츠하이머(치매) 증세와 함께 무릎 수술 후 걷기에 어려움이 있으시다.

어머니와의 일상에서 아침 출근길에 성모복지관(주간보호센터)에 모셨다가 오후 4시에 함께 퇴근해 오던 때가 아쉬웠지만 행복한 시절이었다는 생각이 든다.

어느 날 아침 출근길에 서울에 갈 일이 있어서 저녁에 모시러 가는 시간이 약 30여분 늦을 것이라고 말씀드렸고… 서둘러 복지관에 들어서는 순간 출입문만을 오롯이 쳐다보고 계시는 어머니를 본 순간 나는 울음이 터져 버렸다. 동료분들이 다 귀가한 후 소파에 홀로 앉아서 '우리 막둥이 언제 오는가' 하고 기다리고 애타게 기다렸을 어머니의 마음을 생각하니 큰 불효를 한 것 같아서였다.

한번은 병원에 모시고 가서 진료 후 약처방을 받아 길 건너편의 약국을 가기 위해 길가의 벤치에 앉아 계시라고 하고, 나 자신도 어머니가 혼자 앉아 계신 것이 못 미더워 계속 쳐다보면서 다녀오자, 한 순간도 나에게서 눈을 떼지 않던 어머니께서는 "우리 막둥이 나 떼어 놓고 도망갈 줄 알았네" 하시던 말씀에 "나는 어머니 없으면 못살아요"라며 엉엉 울기도 하였다.

오래 전 풍습이라던 고려장, 부모가 집을 찾아올 수 없게 먼 곳에 유기하거나 이민을 간다는 티비 프로그램, 요즘 아파트 이름을 어렵고 긴 영어로 작명하여 나이드신 부모님들이 찾아오기 어렵게 만든다는 웃지 못할 말들을 떠올리면서… 다시는 어머니를 절대로 혼자 있게 하지 않겠다는 나 자신과의 약속을 하게 되었고, 이렇게 살다보니 사회생활도 학회활동도 거의 10여년 넘게 접고서 살고 있다.

3년은 더 살아야겠다

(2024.02.10.)

아버지가 돌아가신 후 나에게 "나는 3년은 더 살아야 한다"라고 말씀을 하시길래, "왜요?" 하고 물으니 "내가 바로 죽으면 줄초상 났다고 말 듣는다"라는 말씀이셨다. 아버지 돌아가신 후 6개월여 됐을 무렵 어느 날 "막둥아! 나 이제 아무것도 못하겠다. 기억이 잘 나지 않는 것이 바보가 되는 것 같다"라는 말씀을 하셨다. 모든 살림을 놓으셨다. 옛날 일들은 다 기억하시는데, 최근에 일들은 기억을 잘 못하신다. 걷는 운동을 힘들다 피하시고, 드시는 음식도 줄어들고, 쇠잔해 가시는 과정이 10여 년이 넘었다.

어머니 나에게 할 말 없어요?

(2024.05.25.)

갈수록 기력이 쇠잔해지시는 어머니를 보면서 기회 있을 때마다 어머니에게서 받을 유언이나 추억을 말씀을 듣고 싶어 여러 가지 질문을 한다.

어느 날 아프신 어머니에게 "나에게 해 줄 말 없어요?" 하고 여쭤 봤다. 어머니는 잠시 생각한 후 "나는 행복했다. 막둥이가 있어서"라고 말씀하셨다. 순간 어머니께서 당신의 병 수발을 든 나에게 큰 선물의 말씀을 하신 것이라는 생각에 눈물이 범벅이 되었다. "나에게 해줄 말은요?" 하고 다시 여쭈어 봤다. "너도 행복하라"라고 말씀을 하시면서 내 머리를 쓰다듬으셨다.

오늘 말씀이…

나에게 어머니의 살아오신 삶과 나의 앞으로 살아갈 삶에 대한 당부이고, 마지막 유언이었다.

8개월의 즐거운 마지막 여행

(2024.07.19)

　어머니는 입을 통한 음식섭취가 불가능해져서 병원에 입원하셨다. 의사는 어머니의 여정이 '1주일 정도' 남았다고 하였으나, 돌아가시기 마지막 8개월은 병원 특실을 얻어 온전히 24시간 병실에서 지내면서 어머니의 삶과 함께하는 마지막 여행을 하는 호강을 하게 되었다. 대화를 나누고, 온몸을 닦아 드린다. 동영상과 사진을 찍으면서 즐겁게 어머와의 마지막 데이트를 하며 시간이 가는 줄도 모르고 지냈었다.
　어느 날 어머님의 체온이 오르락 내리락, 맥박이 떨어졌다 회복되고… 어머니와의 이별 시간이 다가왔다. 급히 형제들에게 연락하여 임종을 하게 하였다.
　어머니가 의식이 없는 상태에서도 나는 할아버지와 아버지와의 임종의 경험이 있었기에, 어머니의 귀에 나의 마지막 세 가지 소원을 말씀드렸다. "하나님께 나 효도했다고 복 많이 주셔야 한다고 말씀드려요, 아버지께 막둥이 효도했다고 말씀드려요, 1997년 7월 27일 먼저 가신 작은 형에게 내 몫까지 광섭이가 했다고 해요" 라는 내 말에 응, 응, 응 세 번을 아주 작게, 나만이 알아 들을 수 있는 대답을 하셨다. 그리고 눈물을 흘리시며 95세의 삶을 마감하시었다.

귀는 마지막까지 열려 있다

(2024.10.20.)

나는 할아버지, 아버지, 어머니를 임종한 경험이 있다.

할아버지는 집에서 어머니의 병수발을 오랫동안 받으시면서 지내셨다. 마지막 임종의 시간에는 혼미하셨던 정신이 또렷해지신 후 눈을 뜨시고 임종을 위한 찬송가를 부르시는 어머니의 손을 잡으시고 '너, 고생 많았다'라고 말하신 후 눈물을 주르르 흘리시면서 약하지만 가쁜 숨을 들이키면서 90세로 나이에 삶을 마감하셨다.

아버지는 3개월여 중환자실에 계셨다. 수술 후 집중치료실에 계신 하룻밤 사이에 엉덩이와 허리에 욕창이 생긴 어처구니 없는 돌이킬 수 없는 병원의 실수이었다. 아버지는 의식은 명료하였으나, 의식과 몸은 별도인 채로 3개월여 입원해 있으셨다. 입원환자에게 제일 무서운 것이 '욕창'이라는 것을 심감하였다. 뼈가 드러나는 깊은 살패임과 고름. 살이 썩는 악취 등으로 병원에서 퇴원해서 임종하시는 것이 좋겠다라는 의사의 권고를 강력하게 면박하면서 중환자실에 강제(?) 입원시켜서 치료를 강행하였다. 점점 욕창은 낫아졌으나, 어느 날부터 기력은 쇠잔해지시고 맥박과 체온은 기준 이하로 내려가고 임종이 다가왔음을 알게 되었다. 입원 기간 동안에 의사와 간호사, 간병한 경험이 있는 분들의 말은 '귀는 끝까지 열려 있다'라는 말을 들어 왔고, 영화나 티비드라마에서 의식이 없다고 보는 환자 앞에서 한 말들을 깨어나서 온전하게 기억하고 있다는 것을 보아 왔다. 그러나 그런 말들을 반신반의하고 살아왔었다.

아버지의 호흡과 맥박, 의식이 임종이 다가 왔음을 알게 되었을 때, "아버지, 내 말 들려요? 물으며 알아 들으시면 눈 세 번 깜박이세요" 하면 세 번 눈을 떴다 감으시고, "다섯 번 해보세요" 하면 다섯 번 떴다 감으신다. "아버지! 어머니랑 형들에게 연락할테니 어머니랑 형들이 오실 때까지 기다리셔야 해요" 말씀드리니 알아들으신 느낌이 들었다. 어머니와 형들에게 연락하니 몇 차례 위기를 넘기신 후라서 이번에도 무사히 위기를 넘기실 것으로 생각하기에… '이번에는 돌아가실 것이다' 라고 말한 후 살아 생전에 아버지 몸을 닦아드려야 한다는 생각에 얼굴과 온몸을 깨끗하게 해드리는 와중에, 어머니와 형들이 와서 찬송가와 기도를 드리게 되었다. 찬송가와 기도가 끝난 후 나는 아버지께 "어머니 잘 모실게요. 그동안 아버지 고생 많으셨어요. 저 어머님 모시고 잘 살게요. 편히 하나님께 천국으로 가셔요!"라고 말하자 맥박이 떨어지며 90세의 나이로 숨을 거두셨다. 그 후 입안에 호흡을 위해 넣어 두었던 에어웨이를 제거하다 보니 앞니가 두 개가 부러진 것을 발견하게 되었다. 그것을 본 순간에 '아! 아버지가 어머니와 형제들에게 임종을 하게 하시기 위하여 막심을 쓰시느라 이를 악물고 참으셨구나!' 라는 생각이 들었다. 의식이 없는 동안에도 내 말을 알아들으시고 눈을 깜박이시고, 어머니와 형제들의 임종을 위하여 마지막 온 힘을 다하여 생을 붙들고 계셨던 아버지의 깊은 사랑을 옆에서 지켜본 의사와 간호사, 가족들은 경험한 것이었다.

유품 정리

(2024.12.31.)

어머니께서 평생 살아온 집에는 어머니의 모든 역사가 살아 숨 쉬고 있다. 거실에는 어머니와 앉아 계시고, 아직도 침대에 어머니가 누워 계신 듯하다. 옷장의 옷, 신발장의 신발, 어머니가 드시던 약, 어머니가 쓰시던 비품 등등 아직도 그대로이다.

오랜만에 집에 온 작은형과 동생이 "엄마 사실 때와 똑 같이 그대로이네!" 한다. 나는 아무것도 치울 수가 없어 그대로 두고 산다. 아직도 어머니와 함께 웃고 장난치며 살고 있다.

현관 신발장에는 실내화, 슬리퍼, 구두, 겨울 장화, 사놓고 신지도 못하신 새 구두 등 가득하다.

올해의 마지막 날이다.

나는 어머니에 대한 그리움, 추억, 눈물을 상자에 담고 있다.

나를 막(?) 대해주셔서 나는 행복해

(2025.05.08.)

어머니와 평생 함께 살아온 나였기에, 어머니를 마지막까지 함께 모셔왔던 작은 형은 느낄 수 없었던 어머니의 표정에서 읽어내는 반응, 강의와 휴식을 위해서 어머니 곁을 잠시 떠날 때는 어머니는 "어디 가냐?" 하시며 가지 않았으면 하는 바람과 다시 병실에 돌아 왔을 때의 어머니께서의 반가움과 안도감의 표정 등은 잠시도 나를 병실에서 떠날 수 없게 만들기도 하였다. 그러니 작은 형은 내가 잠시 병실을 비웠다 가면 "어머니, 좋아하는 막둥이 왔네!" 하고, 여동생은 "어머니는 오빠만 좋아 하나봐!" 하기도 하였다. 목욕을 시켜 드릴 때도 "평생을 함께 해서 그런지 우리 막둥이는 허물도 없고 부끄럼도 없어!"라고 하시던 어머니이셨다.

살아 생전에 아버지도 어머니도 나에게는 "야! 돈 내놔라, 어디 태워다 줘라, 뭐 사오거라" 등 필요하신 것은 거침없이 말씀하셨는데, 웃자고 "왜 형에게는 돈 내놓으라고 안하셔요?" 하면 "알아서 하여야지 왜 내가 그런 말을 하느냐!"라고 하시며, 허물없이 나를 막(?) 대하셨던 부모님이 고맙기만 하다.

골동품 막둥이

(2025.05.29.)

아픈 어머니와 집에서 생활하다 보면 무료한 어머니에게 웃음과 기쁨을 드리기 위하여 농담과 우스갯소리를 많이 한다. 어머니가 못생겼다고 하면 어머니는 "복지관에 가면 나보다 이쁜 사람이 없다, 내 인물이 보통은 넘는다 등등…" 말씀하신다. 그럼 "아버지가 잘 생겼어? 어머니가 잘 생겼어?" 하면 "네 아버지 인물이 세상에서 최고이지, 네 아버지 같은 미남은 세상에서 본적이 없다"라고 하시면서 "너도 내 속에서 나와서 미남이다"라고 하시면서 환하게 웃으신다.

천재이신 아버지가 공부 못한 어머니 만나서 손해 보았다고 하면 "나도 공부 잘했다"라고 하시고, 그럼 "성적표 떼어 보라"고도 하신다.

내가 정원에서 소나무 전지를 하고, 산소 벌초를 하면 "네 아버지는 아무 것도 못하셨는데… 너는 나 닮았나봐" 하시면서 내가 잘하는 것은 모두 다 어머니 닮아 그런 것이라고 하시면서 흐뭇해 하셨다.

장루를 비울 때 미안해 하시면서 "우리 막둥이 흰머리 많아 났네" 하시면, 나는 "어머니! 내가 어머니보다 흰머리 많으니 나를 오빠!라고 불러야 해요" 하면서 우스갯소리를 한다. 그러면 "오빠!"하시면서 "네 이놈!" "너 골동품이야 골동품" 하시고 "네가 골동품이면 나는 골동품 어머니네.", "골동품은 귀한 것이다"라고 소리내어 크게 웃으셨다.

"어머니 3년만 사시겠다고 하셨는데, 벌써 10년이 넘으셨어요. 왜 약속을 어기셔요?"라고 하면 "에끼놈!" 하면서 환하게 웃으시던 어머니, "너 없으면 웃을 일도 없다", "너는 위트가 있고, 입술이 뾰족한 것이 매력이 있다"라고 하시면서 웃으시곤 하였다.

어머니와 함께 살면서 생긴 많은 추억과 함께한 웃음이 나에게는 커다란 유산이고 축복이었음을 알고 있다.

2000년부터 2024년까지의 아픈 아버지와 어머니와 함께해온 날들이 나도 자식을 키워가면서 부모님의 한없는 사랑이 무엇인지를 알게 되면서 60세가 넘어가면서도 철이 드는 과정의 연속이었고, 고생이 아닌 기쁨이 충만된 시간이었다.

아버지가 천국에 가신 후에도 내 곁에 어머니가 계셨기에 아버지의 빈자리를 많이 실감하지는 못하였는데, 2024년 7월 19일 어머니마저 홀연히 가시고 나니 그 빈자리가 너무 커서 아무런 재미가 없는 무미건조한 날들을 보내고 있다.

산소 벌초

(2025.06.03)

5대조 할아버지부터 모셔 놓은 산소이다. 나는 할아버지로부터 산소 벌초와 산소 관리를 아버지를 거치지 않고 바로 인계를 직접 받았다.

3대가 함께 살아왔고, 아버지는 객지에서 직장생활을 주로 하셨기 때문이다. 할아버지는 어린 철부지 나에게 "네 아버지는 어려서부터 일을 아주 하기 싫어 하였다!"라며, 산소 벌초를 돕는 나에게 미안해 하시기도 하였다.

산소 관리를 하려면 1년에 벌초와 잡초약 살포를 최소 여섯 번 이상을 하여야 한다. 힘든 일이었지만, 산 관리가 당연한 나의 의무라고 여겼다.

아버지가 돌아가신 후 어머니도 건강이 좋지 않아지셨다. 산소 벌초를 할 때면 예초기를 메고 집을 나서면서 어머니께 산소로 물을 가져 오셔야 한다고 부탁한다. 잠시 후 땀을 뻘뻘 흘리시면서 아버지 무덤 앞 돌의자에 힘드시다면서 앉으신다.

막둥이가 목마를 것을 걱정하셔서, 아프지만 힘들게 걸어오셨던 어머니의 크신 사랑이다. 어머니의 건강을 위하여 막둥이 아들은 이런 불효를 오랫동안 해왔다.

오늘도 벌초를 하고 왔다. 목이 말랐다.

나를 위하여 물을 갖다 주셨던 어머니는 '나 죽으면 아버지 옆에, 그리고 함께 하나의 큰 봉분으로 만들어라' 라던 유언대로 아버지와 함께 누워 계신다.

"아버지, 어머니! 보고 싶어! 내 곁에 있었으면 좋겠어, 내 마음 알지?"
오늘도 나는 울고 있다.

참화(?) 면한 명품 소나무

(2025.06.29)

2014년 7월 19일 어머니가 가신 지 거의 1년이 되어 간다.

드 넓은 정원에는 어머니가 좋아하시던 길게 옆으로 누운 소나무가 있다. 그 소나무를 보면 항상 "아들아! 미안하다"라고 하셨다. 내가 중학교 시절에 세 그루의 소나무를 심었었다. 지금과 달리 나의 어린 시절에는 소나무는 산소에만 있는 나무이고, 집 정원에는 심지 않는 불문율이 있었다.

어머니는 어느 날 두 그루의 소나무를 베어냈었고, 집 뜰 모퉁이에 있던 참화(?)를 겨우 면한 소나무가 바로 명품 중의 명품 소나무이다.

짧지만, 강렬한 기억의 편린片鱗들

칠순이 넘어 서실에 다니시면서 대한민국서예대전, 대한민국현대서예대전 등에 입선과 특선을 하시고, 주변에 글을 써서 표구로 만들어 주시면서 기뻐하셨던 성봉 최전호 어머니.

새로 지은 교회의 강대상의 조명등을 봉헌하시고, '마음 속에 항상 기도의 등불이 켜있어야 한다' 라고 하시던 어머니.

젊은 시절 나 때문에 속상해 하시며, "너도 자식 나서 키워보면 내 마음 알 것이다." 하시던 어머니.

20대의 젊은 나이에 군입대 후 순직한 둘째 아들을 보내고서는, '부모가 죽으면 땅에 묻지만 자식은 가슴에 묻는다' 라며 평생 눈물로써 양섭 형을 그리워하셨던 어머니.

아버지와 지극한 사랑과 정성으로 사시면서 수시로 "아들들 인물이 아버지만 못해! 나는 이 세상에서 아버지처럼 잘생긴 남자는 보지 못하였다." 라던 어머니.

동네 아주머니들의 편지를 직접 써주시면서 '여자도 배워야 하는데', 명희(큰딸)도 남들은 2년제 사범대학 나와서 선생님 하면 된다고 하였지만, 4년제 대학을 보내서서 유명한 문학평론가와 수필가로, 국문과 대학교수로 만들었던 어머니.

"나 많았다!" 어렵게 살면서도 "우리집 자식들은 삐뚤어지지 않고 잘 커줘서 고맙다."라며, "나 너희들 키우느라고 고생 많았다."라며 눈시울을 붉히시며 자랑스러워하시며 흐뭇해 하시던 어머니.

어느 날 출타 후 귀가하던 마을 버스 속에서 '며느리, 자식 흉보는 사람들을 보았다' 라며, '나는 며느리고, 자식이고 흉 안 본다. 내 자식들 잘 키워 놨으니 지들이 알아서 효도하든 말든 알아서 할 것이다' 라며 자식에 대한 서운함도 일절 함구하시고 사셨던 어머니.

손자 기현을 항상 감싸주고 편들어 주셨던, 손자 기명을 "할아버지 젊은 시절 닮았네." 하고 이뻐해주시던 어머니.

막둥이인 나랑 살아서 그런지 손자인 기현과 기명이 더 정이 많이 간다고 하시며 외국에서 살아 만나지 못하는 그리움에 눈물 짓던 어머니.

새벽녘 잠이 깨어 보니, 무를 잡수시고 '속쓰려 속 쓰려' 하시며 배를 움켜 잡던 어머니.

배 고프던 어린 시절! 밥을 더운 물에 끓여 먹던 시절! 자식들에게 밥을 다 퍼주시고 남은 물만 먹으면서 배고픔을 참으시던 어머니.

둘째 양섭이가 점심먹기 운동하자고 하였다면서 배고프고 어려웠던 시절 자식들에게 배부르게 먹이지 못한 아쉬움을 토로하시던 어머니.

큰 형이 군복무 중 교통사고로 제대하여 직장이 없을 때 나에게 부탁할 게 있으니 유언이다 생각하고 "둘째 양섭이가 죽고 큰형도 죽을 뻔하다 살아서 다행이다. 네가 사회생활도 잘하고 발도 넓으니 네 큰형을 교수로 만들어 달라"고 하시던 간곡한 말씀과 3년여 후 교수로 임용되었을 때 내 손을 잡으시며 기뻐하시며 "고맙다 고맙다"하시던 부모님.

할아버지의 도움 없이 독학으로 일제 강점하에 역무원시험에 합격한 후 '조선놈들 더럽나' 라는 일본인의 비아냥에 새벽부터 나가서 역사무실 책상과 창틀을 5-6차례 닦고, 조선인 주산 경진대회에 나가 우승하니 일본인 역장으로부터의 업신여김이 없어지고 함부로 대하지 않더라는… 피나는 노력과 실력이 앞서야 한다는 아버지의 가르침.

6·25전쟁 중에 공무원이셨던 아버지는 인민군에 붙잡혀 갇혀 계셨다가, 퇴각하는 인민군들이 수감자들을 죽창으로, 우물에 빠트려 죽였는데, 아버지만 주민들이 살려달라고 탄원해서 기적적으로 살아났다는 아버지.

많은 돈을 축재하지 못한 아버지에 대한 나의 투정에 '바르고 정직하게 살아야 한다'. '부모가 자식에게 물려줄 유산은 누구의 부모님은 훌륭한 분이었다' 라는 것을 남겨야 한다. '손가락질받는 부모여서는 안된다' 는 신념을 강하게 설파하며 불의와 부정에 절대 타협하지 않으셨던 아버지.

아버지 70세! 가족 축하모임에서 당신의 살아온 날들을 회고하면서 "힘들었다. 나 자신은 너무 힘들어서 내 자식들은 세상과 타협하며 좀 더 유연하고 융통성 있게 살아갔으면 좋겠다" 하시면서도 당신만은 "다시 태어나도 지금과 같이 바르고 정직하게 살아갈 것이다" 라던 아버지.

나에게 "꼭 너도 아버지 닮았다.", "씨도둑은 못한다" 라고 하시던 어머니.

3. 다시 찾은 하나님

1) 방황과 일본 나고야에서의 하나님

나는 어릴 적부터 어머니와 형제들과 함께 교회를 당연한 것처럼 다니게 되었다. 모태신앙으로 자랐기 때문이다. 그러다가 대학시절부터는 슬슬 무신론자가 되었고, 그 후 교회를 나가지 않으면서 세상사 놀이에 빠져 살았다. 대학 졸업 후 대학원에 다니면서도 친구들과 어울려서 밤 늦게까지 술 마시고, 교회의 새벽 종소리를 듣게 되면 하나님의 품으로 돌아가야 하는데 하면서도 타락한 내 자신을 돌아보면서 애써 그러한 생각에서 벗어나려고만 하였다.

대학원에 다니면서 공부와 세상사는 일에 얽매여 내가 아닌 내 모습으로 살아야만 하였고, 박사학위를 받고 교수가 되어야 한다는 일념으로 진정한 내 사람의 모습을 생각해 볼 여유도 없이 10여년을 보내고 말았다. 박사학위를 취득하고 대학교수가 되기 위하여 여러 대학의 문을 두드렸고, 어느 대학에서는 사용할 연구실까지 보고 왔으나, 최종 발표에서는 탈락된 경우도 있었다. 시간강사를 하다 지쳐서 한국 3대 유력 일간지 한 곳의 기자 시험에 합격하여 전직을 고민할 때 어머니께서는 "너를 박사를 만들 때는 교수 만들려고 공부시켰지 기자하라고 고생한 것이 아니다. 어머니가 살아 있는 동안에는 먹고 재워 줄 테니 버텨야 힌다"라는 격려루 그 후 3년간 시간강사를 하면서 고생하기도 하였다.

1989년 12월말경 모교인 원광대학교 법과대학에 형사법 교수 채용 면접에 임할 때 생각지도 않았던 은사님들의 반대로 임용이 보류되는 큰 시련을 겪게 되었다. 임용이 보류되자 처음에는 터무니없는 이유와 모략으로 나를 반대한 교수들과 그러한 상황에서 나 자신의 무력함에 대한 분노로 코피가 터지기도 하였다. 1990년 1월 어느 겨울밤 지친 몸으로 버스에서 내려 허망한 밤하늘을 보면서 무심히 지나쳤던 교회 앞을 지나고 있는데 찬송가 소리가 들려 왔다. 그래서 나도 모르게 교회 안으로 들어갔는데, 부흥회 예배 중이었다. 묵상하면서 기도하는 가운데 눈물이 주체할 수 없을 정도로 쏟아지면서' 모든 일들이 내 탓이다'라는 생각과 함께 나를 음해하고 임용 반대한 은사들에 대한 원망과 설움이 한 순간에 없어지고 마음에 평화가 충만함을 느꼈다. 기도 중에 내 자신이 하나님의 존재함에 대한 간증자가 되고, 하나님을 전파할 수 있는 사람으로 다시 태어날 수 있게 간구하였다.

    이런 은혜를 받은 다음 날 이른 아침에 총장님의 전화와 면담, 여러 곡절을 자연스레 해소하고, 학생들 앞에 부끄럽지 않은 정정당당한 모습으로 1990년 3월 1일자로 교수로 임용되게 되었다.

    그런데 왜 이렇게 일요일은 빨리 돌아 오는지… 하나님 앞에서 나의 잘못됨을 고백하고 하나 하나 줄여나가는 삶을 살다가, 어느 순간에 다시 세상일의 노예가 되어 버린 나를 발견하였다. 또한 학생들을 가르치는 일에도 흥미도 잃어버리고 슬럼프가 온 것을 느꼈고, 1992년 10월경 교수직을 떠나기로 결심하고 사표를 제출하였다. 사표를 제출하니 총장님이 면담요청이 와서 뵈었더니, 휴직을 하든지 외국 연수를 가서 마음을 다스리고 오라는 충고를 하셨다. 나는 임용된 지가 3년여밖에 되지 않아서 학교 규정상 외국연수를 할 수 없었는데, 총장님의 특별배려와 격려로 1992년 12월초에 일본 나고야의 카톨릭 종립대학인 '남산대학 법학부'에 객원교수로 나가게 되었다. 처음에는 일본어도 할 수 없었고, 학교에서 제공하는 좋은 아파트 숙소와 연구실 문제 등이 일사천

리로 해결되는 상상도 할 수 없는 큰 행운은 하나님의 은혜이었다. 아침 일찍부터 저녁 늦게까지 연구실에서 형사법에 관한 일본, 독일, 미국, 프랑스 등의 문헌을 읽으면서 형사법의 문리를 깨우치는 희열을 느꼈다. 그러한 연구활동을 하면서 단순하고 온전한 참된 신앙인의 삶을 살고자 하였다. 일본에서는 아주 드문 한인교회를 찾아서 비가 오는 가운데 자전거를 타고 이 골목 저 골목을 찾아 헤매이던 중 비바람 속에서 희미하게 들려오는 찬송가 소리를 들었다. 그 찬송가가 어찌나 은혜롭고 감동적이었는지 지금 생각해봐도 기적 같은 '미꾸니교회'와의 첫 만남이었다. 이는 어릴 적 신앙의 힘이, 어머님의 찬송과 기도가 커다란 울림으로 내 안에 잠재되어 있음을 깨닫게 되었다.

작은 집 2층의 다락방에서의 예배는 고단한 이국異國에서의 삶을 해갈시켜주는 애절한 하나님과의 만남이었다.

학교에 오전 8시경에 출근하여 저녁 10시경까지 연구실에서 연구하다 보니, '책을 써야겠다'라는 생각이 들어 〈법학통론〉이라는 법학입문서를 집필하고, 이어서 〈형사소송법원론〉이라는 기본서를 집필하게 되었다. IBM 286 컴퓨터로 매일 12시간 이상 워드작업을 강행하고 집에 오면 기력이 탈진하였다. 그러나 1년여 기간 동안에 그 흔한 감기 몸살 한번 걸리지 않고 전공서적을 2권(이후 1995년 한국에서 〈범죄학과 형사정책〉 출간함)이나 집필할 수 있었던 것은 내 지식과 능력을 벗어난 하나님의 은혜와 역사이었다.

일본에서의 생활과 30대 중반 나이의 형사법 관련 기본서의 출판이라는 엄청난 학문적 성과는 한국 형사법학계에서는 전무후무한 일이었고, 이것은 내 능력이 아닌 하나님의 예정과 은혜이었음을 고백한다. 지금까지도 내가 하는 기도는 '내게 학문적 지혜를 주셔서 학문적 성과로 하나님을 증명하고 찬송할 수 있도록 해주세요'이다.

지금은 소식이 끊겼지만 일본 나고야에 있으면서 오사카로 가서 박목사님의 설교를 들으러 갔던 일, 미꾸니교회 이00선교사님의 가르침, 나고야대학 유학 후 강원대 교수가 된 최장수 집사님 등의 예배인도, 홍00 집사님과 성가대의 은혜로운 찬송, 정00집사님과 장00형제의 사랑과 헌신 등이 아직도 내 가슴에 기쁨을 전해준다.

내가 나고야를 떠나 오기 전에 마지막으로 교회 예배 후 내가 교우들에게 한 간증은 '하나님은 불공평하시게 내게 너무 많은 특혜와 사랑을 주셨다' 였다. 항상 한없는 사랑만 주심에 두렵기도 하고, '언제나 나는 그 사랑하심에 보답할 수 있을 것인가?' 라는 물음 속에 하루 하루를 살고 있다.

(1995.04.15)

2) 뉴질랜드에서의 하나님

나는 1999년 9월부터 2000년 8월말까지 1년간 나는 뉴질랜드 남섬 크라이처지 캔터버리대학교 로스쿨에 방문교수로 1년간 있게 되었다.

한국에서의 전투적·투쟁적 삶에 지쳐서 무작정 뉴질랜드 남섬에 도착하니 기거할 집도 마련되어 있지 않아서 한국 교민들이 다니는 '절' '법당' 추운 바닥에서 첫날밤을 보내게 되었다. 습하고 추운 '부처님 모신 법당'에서 나만 믿고 따라온 아내와 큰아들의 잠을 자는 모습을 보니 무모한 나 자신의 삶이 한없이 후회스럽고 슬펐다. 기독교신자인 우리 가족이 '부처님 모신 법당'에서 주지스님의 배려로 1주일여를 보내게 되는 인연은 모든 것이 예정돼 있는 삶을 살아나가는 것이 우리네 인생이 아닌가 싶기도 하였다.

처음에는 모든 것이 어설프고, 한국에서의 일들로 인한 삭막한 마음으로 정신적인 안정이 매우 힘들었다. 그래서 매일 골프장에 가서 오전

18홀, 오후 18홀 골프공을 뻥뻥 치면서 내 마음 속의 울분을 날려버리기도 하였었다. 그러던 중 어느날 나와 함께 골프를 쳐왔던 분이 나에게 처음 보았을 때는 '분노로 가득찬 화난 사람 표정' 이었는데, 이제는 '편한 얼굴' 이 되었다고 속 마음을 털어 놓았다. 모든 것을 내려 놓고 살아야 하는 평범한 일상이 최고의 행복한 날들이었다는 것을 깨닫게 되는 1년여이었다.

우리 집안의 기둥인 큰아들이 학교에 잘 적응하여 우수 학생에게 주는 '벳지(badge)'를 많이 받아오고, 교복상의가 '뱃지'로 가득찼을 때의 그 기쁨과 자랑스러움은 아직도 내 가슴에 뿌듯하게 남아 있다.

어느 정도 생활이 안정되고 교민들이 다니는 '앙문교회'에 다니게 되었다. 모든 것이 부족한 교회에서 내가 할 일이 무엇인가를 찾아보았다. 목사님 사택의 정원이 나무 전지 등이 전혀 되어 있지 않아 엉망이라서 나무 전지와 나무 이식 등을 하여 멋진 정원으로 재탄생시켰고, 교회 신도들을 위해서는 예배 후 친교 골프모임을 만들어 귀국할 때까지 경품 등 후원하였었다.

뉴질랜드 남섬에서의 1년여의 행복한 시간이 마감될 무렵 귀국을 얼마남지 않은 시점에 알게된 지인이 나에게 "왜 뉴질랜드 영주권을 얻지 않느냐?"고 물어왔다. 남들은 뉴질랜드에 살기 위해, 자녀교육, 어학연수 등의 이유로 이민도 오고 영주권을 얻으려고 하는데도 그냥 귀국하려고 하는 내가 이상했던 모양이었다. 아무 생각 없이 1년간 편하게 쉬다가 귀국할 생각이었던 나는 이 말을 듣고 뉴질랜드 이민성 홈페이지에 들어가 이민과 영주권 관련 정보를 보게 되었다.

귀국을 앞 둔 1주일 전에 급히 서류를 갖춰 'work visa'를 연장하러 이민성에 가서 제출하니 담당자가 바로 나의 비자를 3년 연장(남들은 1년 단위로 연장됨)하여 발급하여 줘서, 아내와 아이들은 비자가 어떻게 되느냐는 물음에 "당신은 1주일 후에 귀국하니 바로 비자 연장을 해주었고, 아내와 아들들은 뉴질랜드에 계속 있을 수 있도록 비자서류를 처리

할 것이다. 걱정하지 말아라."라고 웃으며 "Don't Worry!" 하는 것이었다. 뉴질랜드에 오래 살아온 교회신도들은 나의 이러한 특혜성(?) 비자 연장은 그간에 본 적이 없다고 하면서 하나님의 은혜라며 기뻐하고 축하해주기도 하였다.

뉴질랜드 남섬에서 작은아들도 얻고, 그 후 북섬으로 이사하기 위하여 자동차에 온 가족을 태우고 크라이처치를 떠나 남섬 픽톤항에서 북섬 웰링턴항에 도착, 로토루아를 거쳐 오클랜드 브라운스베이의 집까지 즐거운 자동차여행을 한 추억은 잊을 수가 없다.

뉴질랜드 북섬 오클랜드 브라운스 베이에서는 잠시 렌트집에서 살다가 집을 사게 되었다. 큰아들은 공립 중·고등학교를 다녀서 등록금을 절약해 주었고, 작은아들은 초등학교를 다녔었다. 그 후 큰아들이 호주 브리스번의 퀸즈랜드대학교 의대에 합격하여 호주로 먼저 떠난 후, 뉴질랜드 생활을 끝내고 호주로 이사를 하게 되었다.

뉴질랜드의 처음 도착과 영주권과 시민권의 취득, 아이들의 멋진 성장은 오로지 하나님의 은혜 속에 모든 것이 이루어졌음에 감사한다.

(2013.02.28)

3) 호주에서의 하나님

내 인생의 가장 큰 전환점은 일본, 뉴질랜드, 호주에서 일어난 것이다.

처음 우물안 개구리였던 법학자를 일본에 있게 하여 연구의 문리를 깨우쳐 형사소송법, 법학개론, 범죄학과 형사정책 등을 집필하게 만든 지혜와 역사는 나 스스로 얻은 것이 아닌 하나님께서 일방적으로 내게 주신 온전한 무한 사랑의 결과이다.

강퍅한 마음의 전투적·투쟁적 한국에서의 삶을 종결을 위해 하나님께서는 뉴질랜드에서는 오롯하게 가족들과 함께 갈급했던 영성 회복을 예비하셨음을 안다.

  호주에서는 큰아들은 처음 다녔던 의대를 자퇴하고 다시 치과대학을 나와 치과의사로 살고 있고, 작은아들은 뉴질랜드와 호주에서의 잦은 이사로 인한 초등학교 시절을 잘 극복하여 공립 중·고등학교를 졸업하여 퀸즈랜드대학교 로스쿨을 졸업하여 변호사로서 호주 정부기관에 근무하고 있다.

  큰아들과 작은아들은 그간에 살아왔던 브리즈번 집 엄마 품을 떠나 멜버른에서 각자 집을 사서 안정적인 삶을 살고 있다.

  아들들을 훌륭하게 성장하여 안정적인 삶을 사는 것을 보면, 이 모든 것이 하나님의 은혜이고 사랑의 결과라고 믿는다.

  전 세계를 무대로 활동하는 아들로 키우고 싶어 선택한 외국생활로 인하여, 나의 부모님은 손자들을 자주 보지 못하셔서 항상 그리워하셨다. 이것이 불효라서 마음이 아프다.

(2025.05.17)

4) 현재의 하나님

  철없던 어린 시절에 만났던 하나님!
  청춘 시절에 방황하며 하나님과의 나의 일방적인 이별 – 그러나 항상 하나님은 나를 지켜봐 주시고 돌아올 날들을 기다려 주신 하나님!
  둘째 형의 군대에서의 순직 후 부모님의 절망과 나의 가슴앓이를 달래주셨던 하나님!
  일본 나고야 다락방 한인교회에서의 가슴으로 만났던 하나님!
  법학자로서 크게 성장할 수 있게 만든 지혜의 원천이신 하나님!

불의·부정에 타협하지 않고 살 수 있게 힘을 주신 하나님!
아버지와 어머니의 삶을 관통해 역사하신 하나님!
아버지와 어머니와 함께 예배당 맨 앞 의자에 앉아서 만났던 하나님!
아버지 돌아가신 후 어머니와 함께 예배당 맨 앞 의자에 앉아서 만났던 하나님!
어머니 돌아가신 후 혼자서 예배당 맨 앞 의자에 앉아서 만나고 있는 하나님!
때로는 나 자신의 삶을 부끄러워하며 만나는 하나님!

이제! 온전하게 하나님을 만나는 나를 만나고 싶다.

(2025.06.23.)

제6부

나의 꿈! 아이들의 성장 일기

오클랜드 도착기

(2003.03.05. 아빠)

한 달여 만에 다시 오클랜드에 왔다. 공항에서 기명은 아빠를 향해 달려와 품에 안긴다. 집으로 오는 차 속에서 기뻐서 노래하는 기명이다. 발을 아빠에게 내밀면서 잡아 달라고 하더니, "milk please!" 한다. 기명이가 많이 컸다. 유치원도 이제는 잘 적응하여 놀고 있다고 한다. 감기가 들었는지 코가 제법 나온다.

집에 도착하여 한국에서 가져온 가방 속의 과자를 보더니 좋아한다. 과자 한 봉지를 들고 사라지더니 어느새 먹고 있다. 형 대신 아빠를 부르는 습관이 덜 됐는지 나를 "형!" 하고 부르더니 다시 "아빠!"라고 부른다.

김밥을 잘 먹는 기명이다. "book! book!" 하면서 책을 읽어 달라고 한다. 기명은 약간 마른 편이다. 키가 크려고 하는 모양이다.

학교에서 돌아온 기현은 감기 기운이다. 아빠가 집에 와 있으니 아주 좋아한다. 기현은 이제 어깨가 딱 벌어져서 제법 청년의 모습이다. 아빠와 거의 키가 비슷하다. 마음이 넓은 기현은 엄마를 도우면서 동생도 키우고, 모든 것을 잘하고 있어 고맙기만 하다.

기명이의 유치원 모습, 고마운 기현

(2003.03.12. 아빠)

기명을 픽업하러 유치원에 갔다. 갈 때마다 맨 뒷줄에 비스듬하게 앉아 있는 기명이다. 선생님이 말하는 것을 듣는지 마는지 알 수 없는 자세이다. 살며시 들어가 기명 모습을 캠코더로 촬영하는데, 어느새 아빠를 발견하고 옆의 선생에게 "아빠 me!", "dad!"를 반복한다. 손을 잡고 집으로 향하는 우리는 즐겁기만 하다. 앞서 가던 기명이가 달리기를 하면서 집으로 향한다. "조심 해!" 하면서 나도 걸음을 재촉한다.

요즘에는 "what? what?" 하는 질문이 많아지고 있다. 점점 사용하는 단어가 늘어간다. 큰아들 기현이가 세 살 무렵에 "이게 뭐야?" 수도 없이 질문을 반복하였던 기억이 떠올랐다. 어느 날 기현이가 말을 문장으로 이어서 하는 것을 보고 깜짝 놀랐던 기억도 떠오른다. '아마도 어린 아이들의 머리에는 우리들이 하는 일상의 말들을 듣고 저장하고 있다가 어느 순간에 문장으로 이어서 한다' 는 것을 알게 되었다.

큰아들인 기현은 여기 온 지 약 3개월이 되니 영어에 귀가 트이고, 수업받는 데 지장이 없었다. 4년이 지난 지금은 거의 완벽하다고 할 정도로 고급 영어를 구사하여, 여기 뉴질랜드 사람들에게도 칭찬을 들을 정도이다.

기현은 얼마 전 시험에서 100점을 맞았다. 내가 옆에서 도와주지도 못하는데, 어린 동생을 엄마와 함께 돌보면서 얼굴 한번 찡그리지 않고 열심히 공부해 주는 아들이 고맙다. 기현은 나하고 키가 거의 같아지고, 착한 마음은 기현의 키보다도 훨씬 더 커 버려 넉넉하고 훌륭한 청년이 되어 간다. 이제는 뉴질랜드의 생활에서 내가 기현의 도움을 받는 경우가 많아지고 있다. 처음 낯선 뉴질랜드에 도착하여 가족을 데리고 능숙하지 않는 영어로 집 구하고, 전화 놓고, 전기 개통하고, 기현을 초등학교에 입학시키고… 많은 일들을 나만 바라보는 가족에게는 힘든 척도 할 수 없어 신경을 곤두세웠던 날들이 벌써 4년 전이다. 이제는 가족들의 정착도 완전히 성공적이다.

"기현아!, 아빠는 너에게 항상 고맙다. 사랑해, 기현아, 아빠 마음 알지?"

무거운 마음으로, 나의 작은 형에 대한 기억

(2003.03.13. 아빠)

내일이면 한국으로 출국한다. 가족을 여기에 두고 가기 때문에 귀국이 아닌 출국이다. 내가 원광대학교 대외협력처장 보직을 맡고 있어서 우리 대학 학생들의 어학연수를 위한 협력대학과의 업무 때문에 일정이 바빠서 가족들과 많은 시간을 가지지 못하였다. 둘째 기명과는 함께 놀아줬던 시간이 있었어도, 나의 친구인 큰아들 기현과는 시간을 많이 함께하지 못하였다. 항상 미안한 마음을 기현에게 가진다.

기명은 하루가 다르게 달라지며 성장하고, 자기만의 독특한 성격이 나오고 있다. 기명은 부드럽게 대하면서 좀 더 차분하게 행동하도록 많은 것을 설명하고 이해시켜야 한다.

기현은 많은 진보를 거듭하고 있다. 이제 손색이 없을 정도로 모든 일을 잘하고 있다. 다른 한국 아이들처럼 부모에 의존적이지도 않고, 스스로 창의력과 노력에 의하여 학교생활을 잘하고 있다. 오늘도 점심시간에 게임을 하여 캔디를 타왔다고, 동생을 주려고 남겨 왔다. 참으로 고마운 형이다. 기현의 동생 사랑에 눈물이 맺힐 정도로 가슴이 뭉클하였다. 아직도 어린 나이임에도 동생을 생각하는 천사 같은 마음에 감동받아 기현이를 보면 흐뭇하다.

내가 어릴 적에 나의 성엽형은 초등학교 시절 학교에서 점심시간에 나눠주는 빵을 먹지 않고서 여동생 연희에게 주기 위하여 하루도 빠지지 않고 가져왔었다. 나는 욕심이 많아서 다 먹고 왔건만 작은형은 본인의 배고픔을 참아냈던 기억이 나서 눈시울이 뜨거워졌다. 작은형은 항상 지금까지 나와 부모님을 위하여 희생을 한 분이다. 좀 더 더 잘해 드려야 하는데, 마음만 앞설 뿐 제대로 잘하지 못함을 후회한다.

이제 내일이면 이곳을 떠난다. 가족들이 하나님의 은총 속에서 잘 있기만을 간절히 기도한다.

우리 기현, 기명이가 최고라네!

(2003.03.14. 아빠)

기현의 하교시간에 맞춰서 픽업을 갔다. 멀리서 다가오는 기현은 싱글벙글거리면서 한 손에 종이를 들고 달려온다. "아빠 나 1등이야!" 하며 성적표를 내민다. "그래!" 하고 받아보니 very good 5개, satisfactory effort 3개였다. 아주 좋은 성적이다. high school에 가서 처음으로 받는 탁월한 종합성적표이다. 기현은 성격, 품행, 친구, 체육 등 모든 면에서 아주 유능한 청년으로 성장하고 있다.

기명은 유치원 갈 때 도시락에 넣어 준 사과를 먹어야 한다는 약속을 했지만 먹지 않고 그대로인 도시락을 본다. "아빠와 같이 먹자"며 서로 나눠 먹었다. 엄마가 "기명이가 다 먹었니?"라는 질문에 "아빠랑 같이 먹었다"라고 대답한다. 나는 "응"이라고 대답할 것으로 생각하며 지켜보았다. 아빠랑 먹었다고 솔직하게 대답한다. 참으로 정직한 나의 요정이다.

기명은 오늘 아빠가 한국으로 가는 줄 아직은 모르고 있다. 공항으로 가게 되면서 아빠와의 이별을 생각할 것이고, 한 동안 나의 빈자리를 보며 "아빠!" 하면서 허전함을 메울 것이다.

기현아, 기명아, 잘 있어라. 아빠가 한국에 있는 동안에도 건강하게 잘 있어라!

기명! 우유를 끊다

(2003.03.22. 형)

드디어 기명이가 우유를 끊으려고 노력 중이다. 오늘은 처음이라서 그러는지 많이 힘들어 한다. 하지만 잘 견뎌내는 동생 기명이가 참으로 대견스럽다. 아침에는 배가 많이 고픈지 일어나자마자 엄마에게 밥을 달라고 칭얼댄다.

참으로 잘 적응하는 기명이가 너무 귀여웠다. 하지만 낮잠을 잔 후로는 우유가 많이 먹고 싶었는지 짜증을 내며 울었다. 그래서 할 수 없이 우유를 젖병이 아닌 컵에 주었더니 먹은 후 울음은 멈췄지만, 그래도 짜증스러운 얼굴이다.

동생이 우유를 끊고, 아프지 않고 잘 커갔으면 좋겠다.

엄마도 하세요! 내가 들어갈 쥐구멍(?)은 어디일까?

(2003.03.25. 엄마)

환절기에 들어서니 기명의 감기가 오락가락이다. 아침에 일어나면서 기침이 나오는지 감기약을 달라고 한다. 젖을 떼고 이유식을 먹이는 것이 안쓰럽고 마음이 아프다. 기명은 잘 따라주고 대신에 식사량이 늘었다. 오후에 엄마를 보는 순간 밀크를 찾다가도 다시 '밥'을 찾는다. 주로 김치와 된장국이지만, 요즘은 우유를 대신할 수 있는 단백질류를 먹인다. 고기와 야채를 갈고 시금치를 섞는다. 기명은 입맛에 맞는지, 아니면 허기진 배를 채우는지 평소보다 두 배를 먹고, 오렌지를 먹는다.

기현은 하이스쿨에 다니면서 학교 매점에서 점심을 사 먹는 것을 좋아한다. 기현이가 좋아하는 음식 재료를 사서 샌드위치를 만들기를 권한다. 작년에 캠프 참가하며 도보행진에서 먹었던 샌드위치가 맛있었다면서 오늘은 샌드위치를 만들어 간다.

기명은 김치와 밥을 원한다. 한국 촌놈인가 보다. 가끔 기명은 음식을 입 속에 오랜 시간 넣고 다닌다. 보통 먹기 싫을 때 하는 행동이다. 그럴 때 재채기를 하거나 기침을 하면 어김없이 입 속에 있던 음식은 사방에 떨어진다. 기명은 아랑곳하지 않는다. "음식이 입 속에 있을 때는 손으로 입을 가리고 하세요" 설명을 하나 그 때 뿐이다. 여러 번 그 얘기를 반복하니 고개만 끄덕인다.

기현을 픽업하면서 차 속에서 운전 중 내가 재채기를 한다. 금방 낮잠에서 잠을 깬 기명이가 엄마를 부른다. 뒤를 돌아보니 손바닥으로 입을 가리며 "'에취' 할 때는 이렇게 하세요" 한다. 그 표정이 진지하다. 나는 "미안해 기명!" 하면서도 웃음을 참지 못했다. 이것이 산교육일까? 듣는 둥 마는 둥 하던 아이가… 엄마의 행동을 보면서 지적을 하니 내가 들어갈 쥐구멍(?)은 어디일까?

Holiday

(2003.04.11. 엄마)

올해 2003년 새 학기가 시작되고 이제 한 학기가 지났다. 아이들의 방학은 나에게도 편안함을 준다.

기현은 여유롭게 저녁시간을 즐긴다. 평소에 보고 싶었던 영화를 보고, 형과 함께 놀고 있는 기명은 덩달아 좋아한다. 눈(snow)을 보지 못한 기명인 'snow dog'이라는 영화 속에서 미국 '앨라스카'의 온통 눈 덮인 장면이 계속되니 궁금해 한다. '하늘에서 비(rain)처럼 하나님이 내려주시는 거야!' 하니 고개를 갸우뚱한다. 단지 '비'만이 연상이 되는지 '레인'만을 반복한다.

기현은 지난 주부터 학기 말 시험을 보면서도 스트레스 받지 않고 즐거워한다. 한국에서 긴장하며 열심히 공부하던 모습과는 사뭇 다르다. 기현은 시험에 강박 스트레스가 전혀 없다.

유치원의 방학 중에 기명의 생일이 있어 유치원에서는 오늘 생일 축하를 해 줬다. 기명을 데리러 가니 생일 축하를 받는 기명의 표정이 심각하다. 평소엔 넉살 좋던 녀석이 대중 앞에 나가니 쑥스러웠는지, 유치원에서 만든 케이크를 들고 굳은 표정으로 앉아 있다. 벌을 서고 있는 듯한 기명의 모습이다.

방학이 시작되니 동네 분위기가 북적대고 들뜬 기분이다. 학교 방학은 긴 휴가이기 때문이다. 기현이와 나는 방학 동안 책을 많이 읽고 테니스와 수영을 열심히 하자고 계획을 세워 보았다. 그러나 기현에게는 미안한 마음이다. 기현은 친구들과 여행하면서 놀고 싶었지만, 엄마의 마음을 헤아리느라 그러지 못한다.

기현이가 있어 마음 든든하다. 기명이가 있어 에너지를 받는다. 기쁨을 주는 두 아들! 지붕을 때리며 거세게 내리는 비에도 아랑곳하지 않고, 오늘 밤에도 나의 두 아들은 꿈나라행이다. 사랑하는 내 아들 둘!

아빠 Boy

(2003.04.15. 엄마)

기현은 때로는 자기가 좋아하는 것만 기억한다. 예를 들면 게임을 한다든지, 친구와 약속을 했다든지, 가족과 여행을 한다든지 등등. 그러나 나머지를 기억의 명단에서 삭제시키며 편리하게 생활한다.

기현의 동네 친구들이 스스로 자동차를 만들어서 노는데, 보기에는 예쁘지 않지만 동네가 떠나갈 정도로 소음을 일으키며 타고 다닌다. 기현인 그 친구들이 찾아오면 반가워한다. 어제는 자동차에 '뮤직 카세트'까지 추가 설치하고 기현을 찾는다. 4시까지 돌아올 것을 약속하고, 기현은 휘파람을 불며 나갔다. 그들은 유유히 사라졌고, 다시금 동네는 정적에 휩싸였다.

어제는 아빠 생일이다, 한국으로 전화하려고 시간을 보니 한국은 새벽 6시 반이다. 하지만 기명이가 아빠를 찾으니 전화를 한다. "생일 축하해요"

기현은 동생과 놀면서 형 말을 듣지 않으면 기명에게 "bad boy"라고 한다. 기명은 그 말뜻을 아는지 모르는지 "아빠 boy", "엄마 boy boy"라며 형에게 한마디도 지지 않으려 한다.

기명은 특별하게 말의 변화가 보이지는 않는다. 뭔가 자기의 표현을 하고자 끊임없이 중얼중얼한다. 특히 엄마나 형이 잘못됐다고 지적할 때면 더욱 심하게 중얼중얼. 기명의 중얼거림에서 약간의 정확한 단어를 듣고 상황을 이해하지만, 기명이가 무슨 말을 하는지 아직은 불명확하다. 하지만 그건 기명이 생각의 표현이고, 자아발견이다. 상대편에게 기명 자신을 열심히 설명하고 표현하는 것을 본다. 모두 알아듣지 못하지만 기명의 말을 "그래, 그래" 하면서 들어 준다. 그러면 더욱 신이 나는지 또 다른 주제로 엄마에게 설명하고, 자신의 의견을 이야기한다. 때로는 스스로가 잘못한 일이 있으면 엄마에게 살며시 다가와 '뽀뽀'를 하며 사랑의 작전으로 웃음을 선사한다.

가끔 TV를 보는 기명이의 꽉 다문 입술을 본다. 무언가 해내고야 말 것 같은 의지가 보인다. 그런 때 나는 다가가 그 입술에 '뽀뽀'를 하며 안아주면 간지럽다는 듯 몸을 빼내며 장난을 한다. 그 모습이 더욱 사랑스럽다. 집에 있기를 좋아하는 '집돌이' 기명은 가끔 형과 외출준비를 하면 "싫어" 하면서 집에 있겠다고 떼를 쓴다. 산책을 하자고 해도 집만을 고집한다. 무슨 어린아이가 집이 좋아 밖을 나가지 않겠다고 하는지. 그렇게 엉뚱하게 가끔은 자기만의 방식을 요구한다. 그런 모습도 귀엽다.

"기명 누구 아들?" 하면, "형!" 한다. 하하하, 귀여운 둘째 아들 기명!

공짜 피자

(2003.04.16. 기현)

40시간 famine은 세계적인 단체 World vision이 개최한 것이다. 이것은 가난하고 경제적으로 힘든 나라의 아이들과 그들의 가족을 위하여 참여자가 40시간 동안 고통을 체험하면서 음식을 굶는 대신에 그 돈을 모아 이 사람들을 도와주는 것이다.

올해에는 나도 참가하였다. 그래서 나도 40시간 동안 주스와 사탕만 먹고 지냈다. 생각보다 힘들었지만 보람 있는 일이었다. 나는 오늘 $41.00을 모았다. 그 공로로 공짜로 피자 하나를 받았다. yeah!!

Baby 기명!

(2003.04.27. 엄마)

　개학을 앞둔 주말이다. 일찍 일어나 메일을 체크하고 육아일기를 쓴다. 기명은 'mum'을 부르며 눈도 뜨지 못한 채 귀여운 고사리 손을 흔들며 '하이' 한다. 달려와 엄마의 품에 꼭 안겨 TV 쪽으로 손을 내미는 것 dms 기명의 하루 시작의 알림이다.
　토요일 아침! 기명은 서랍을 열고 아빠가 그리운지 가족 녹화 테이프를 고른다.
　기명을 촬영한 최초 테이프를 보면서, 우리는 아침시간이 흐르는 것도 잊고서 과거 속으로 묻혀버렸다. 늦은 잠에서 깬 기현이도 합세를 하고, 기현은 3년 전 본인의 모습이 촌스럽다고 웃는다. 정말 두 아들의 모습은 뉴질랜드 남섬 '크라이스트 처치'에서의 우리의 생활을 그대로 보여준다. 가족이 서로를 그리워하며 사는 것은 결코 바람직하지 않다. 기현은 할아버지, 할머니와의 통화에서 "보고 싶어요, 건강하세요" 등등 얘기를 한다. 그 모습은 나의 눈시울을 뜨겁게 만들고, 그렇게 우리는 주말 아침을 웃음으로 그리움으로 시작했다.
　기명은 하루 동안 여러 가지 테이프를 본다. 토이 스토리, 엘모, 텔레토비, 위글스, 그리고 동화책을 읽고, 그림을 그린다. 처음에는 손목에 힘을 너무 주어 연필이나 색연필을 부러트리고, 싸인펜을 눌러 사용할 수 없게 만들었다. 이제는 사물의 비슷한 모양을 그리고 색칠을 한다. 사람의 얼굴을, 그리고 눈과 입을 그려 엄마에게 설명을 한다. 발음이 정확하지 않아 다시금 질문을 하면 기현은 옆에서 통역해준다.

까치발의 추억

(2003.05.06. 엄마)

Fathers day!

유치원이 끝날 시간 기명을 데리러 가니, '매니저'가 나를 부른다. 나에게 아빠 모양을 한 커다란 인형을 꺼내 보이며 자랑스럽게 이야기 한다. '파더스 데이'를 맞아 유치원의 아이들이 인형 안에 손을 넣고 움직이며 하고 싶은 동작과 말을 하는데, 기명이가 굉장히 잘했다며 싱글벙글 웃으면서 칭찬한다. 아마도 자기 자식이라도 그렇게 기뻐하지는 않을 듯하다. 덩달아 나도 싱글벙글. 아직은 언어가 서툴러 잘 알아듣지도 못했을 텐데…

그러는 중 기명은 자기가 그린 그림을 찾아오고, 다시 영리한 아이라는 칭찬을 듣는다. 그런 즐거움에 오전 동안에 지친 내 정신이 맑아진다.

기명은 이제 혼자서 불을 켠다. 발뒤꿈치를 들고 화장실, 목욕탕, 토이룸 등… 스스로 모든 것을 하는 기명은 언제나 당당하다. 그 모습을 보니 기현이가 어렸을 적 한국 집의 전기 스위치가 닿지 않던 4살이었던가? 아버님의 반가운 음성에 기현을 보니 까치발을 하고 불을 켰던 아들의 모습이 떠오른다.

기명은 아빠가 없는 빈자리가 허전한지 항상 엄마 옆에서 잔다. 어제 새벽! 이불을 차내고 자는 기명에게 이불을 덮어주는데, 축축한 느낌이 이상해 확인해 보니 '쉬' 실례를 하였다. 잠을 자는 기명을 깨워 옷을 갈아 입히니 부끄러운지 피식피식 웃기만 한다. 능청스러운 녀석!

"엄마 싫어!", "하이"

(2003.05.07. 엄마)

반성을 해본다. 바쁘다는 핑계로 모든 일에 기명에게 재촉할 때가 많다. 때로는 그런 엄마가 싫은지, "엄마 싫어!" 라고 말한다. 그럴 때면 "미안해, 기명!" 이라고 말한다.

기명은 형이 학교 간 후에 아침을 먹는다. 눈을 비비며 나와 엄마의 품에 안겨 어리광을 부린다. TV를 켜고, 담요를 뒤집어쓴다. 때로는 엄마에게 손을 흔들며 "하이" 라고 한다.

좋아하는 TV프로그램을 보며 과자를 찾는다. 배고픔의 신호다.

유치원에서 기명은 오전에 세 시간을 보내고 돌아와 엄마와 함께 점심을 먹는다. 점심 먹으며 녹화 테이프를 보면서 많은 율동을 한다. 엉덩이를 흔들고, 다리를 움직이는 모습은 '프로' 춤꾼처럼 대단하다.

기명은 낮잠 잘 시간이 되면 어김없이 '슬리핑' 을 외치며 침대에 가 눕는다. 이불 속에서 엄마와 장난칠 때면 개구쟁이 모습 그대로이다. 너무 오랜 시간 낮잠을 자면 깨우기 위해 "기명, 사랑해" 라고 속삭인다. 그러면 간지러운 듯 몸을 흔들고 미소 지며 엄마의 목을 끌어 안는다.

오후! 우리의 시간은 햇살 만큼이나 따뜻하고 포근하다.

속 깊은 큰아들, "속속속닥닥닥"

(2003.05.08. 엄마)

　기현은 축구부에 선발되었다. 축구를 하고 싶어 하더니 그 소원이 드디어 이루어졌다. 축구화를 사고 싶어 한다. 기현은 사고 싶어 하는 비싼 축구화가 있었으나, 저렴한 것을 선택한다. 항상 그런 기현이다. 그런 속 깊은 큰아들에 엄마는 마음이 짠하다. 나는 기현이가 원하는 축구화를 사줬다. 기현 "엄마, 고맙습니다. 열심히 하겠습니다" 한다. 이제는 모든 운동에 자신감 넘치는 용맹한 전사이다.
　지난 일요일에는 골프연습장에 다녀오더니 골프에 대해 조금은 알 것 같다고 한다. 테니스 역시 코치가 바뀌니 열심이다. 공부에 좀 더 치중했으면 하는 게 부모의 마음이지만 그러한 욕심은 접어야 할 듯하다.
　앞으로 수학 경시대회가 있고, 다시금 호주에서 개최하는 일본어에도 도전한다. 새벽이면 조금 더 자고 싶을 텐데도 알람 소리와 함께 문틈으로 불빛이 보인다. 느긋한 것은 기현의 타고난 성격이다. 가끔은 한국에서 하던 방식으로 채근도 해 보지만 반응은 잠깐이다. 느긋한 여유를 가지고 생활하는 방식이 여기의 '오리지날 키위' 같다.
　기현은 가끔 기명이가 들으면 안 될 말은 나의 귀에 대고 속삭인다. 욕심 많은 기명도 그냥 지나칠 수 없어 나의 귀에 대고 속삭인다. 다 알아들을 수 없지만, 나는 고개를 끄덕여 준다. 나 역시 기명의 귀에 속삭인다. "기명! 사랑해" 하회탈 같은 웃음을 주는 기명은 재미가 있는지 나의 귀를 다시금 당긴다. "속속속닥닥닥"
　아빠의 전화를 기다리다가도 막상 전화가 오면 받지 않는다. 목소리라도 듣고 싶어 하는 아빠의 애틋함과는 전혀 관계가 없다. 고이얀 놈!
　고향의 모든 가족이 그립다. 그리고 때로는 한국의 복잡함이 그리워지기도 한다.

건강 체크

(2003.05.14. 엄마)

    Mother's Day를 앞두고 기명이 유치원에서 카드를 만들었다. 카드 안에는 'Happy Mother's Day, Love Mum! Kimyung'이다. 테이프로 붙인 Tea가 하나 선물로 들어 있고, 이 '티'는 키위들이 가장 좋아하는 차 종류다. 난 가슴이 벅차올라서 기명을 껴안았다. '기명! 고마워. 고마워' 그러자 우리의 송기명. 그 카드를 빼앗아 간다. 그리고서는 하는 말 "Me! Mother's Day!, the end".

    기명의 정기적인 건강체크를 위해 병원에서 레터가 왔다. 예약하고 기현과 함께 병원에 가니, 기명은 장난감에만 온통 관심이 있다. 간단한 테스트를 하기 위해 간호사가 들어왔고, 기명은 호기심이 가득. 여러 알파벳을 섞어 놓고 하나씩 지적하며 같은 알파벳 찾기: 기명인 아주 작은 H를 찾고 즐거워한다. 다음은 동그라미를 그려 놓고 똑같이 그리기: 기명은 연필을 야무지게 잡더니 비슷한 모양을 그린다. 3살 아이가 매우 영리하다는 간호사의 말.- 매우 영리하다 = 나의 생각과 같음(?)

    청력, 시력검사에 이어 청진기로 가슴을 진찰하고 뉘여서 생식기 등을 관찰하지만, 기명의 마음은 다른 곳에 있다. 키와 몸무게를 재면서 보았던 '캔디'만이 그의 마음을 사로잡는다. 검사 도중에도 입에서 중얼중얼 - 캔디! 캔디!. 기명의 키: 102센티미터, 몸무게: 18킬로그램.

    기현은 동생의 건강 체크를 기다리며 배가 고팠었는지, 가까운 식당에서 2인분을 뚝딱.

기명은 그곳에서도 오로지 관심은 정수기. 어느 곳에서나 모든 사물이 그의 관심의 대상이다.

너! 세 살 맞니?

(2003.05.15. 엄마)

기명은 낡고 색이 바랜 '베개 커버'를 좋아한다. 새로운 '베개 커버'로 바꿨더니 눈물이 글썽글썽 한 채로 베개를 들고 왔다. 놀라서 이유를 물으니 이전의 낡은 '베개 커버'만을 찾는다. '베개 커버'를 바꾼 이유를 설명해보지만, 모든 게 다 싫다고 고개를 흔든다. 그래서 3년이 지난 낡은 '베개 커버'를 그대로 사용한다. 기명은 잠을 잘 시간이 되면 얼마나 사랑스럽게 그 베개를 껴안고 비비는지… 베개만큼 기명의 잠을 도와줄 만한 것은 없어 보인다.

기현에게는 어려서부터 그랬지만, 기명에게도 어린이 프로그램를 녹화해서 보여 준다. 기현은 1주일에 1회 정도 보고 싶은 영화 CD를 빌려주고, 기명은 거의 엄마의 손때가 묻은 녹화 테이프를 본다.

며칠 전 '아이스 데이지'라는 테이프를 기명은 외울 정도로 반복해서 보았다. 오늘이 보는 것이 네 번째이다. 난 혼자서 보는 기명 옆에 다른 일을 잠시 미루고 앉으니 거의 끝나가는 장면이다. 기명은 손등으로 눈물을 닦는다. 마지막 장면에 어린아이가 산 속에서 오랫동안 가족들과 헤어져 동물들과 함께 생활하다가 극적으로 아빠를 만나 포옹하는 장면이 나온다. 그리고 그동안 같이 생활했던 동물들과 작별의 인사를 하는 장면이었다. 기명은 혼자만의 목소리로 영화 속의 주인공 역할을 하고 있다. 두 눈은 빨갛고, 손은 bye!, bye!를 하고 있다. 엄마가 그런 기명을 보고 "기명! 우는 거야?" 한다. 기명이가 운다는 말에 놀란 기현이가 공부방에서 나온다. "어! 기명이 진짜로 우네!, 왜 울어? 왜 울어?" 한다. 기명은 우는 것이 쑥스러웠는지, 허공에 발을 흔들며 얼굴을 가린다. "너!, 세 살 맞니?"

기명은 잠이 오는지 점점 나의 품을 파고든다. 형에게 'good night!'을 외치는 기명이다.

퍼즐

(2003.05.21. 엄마)

비가 오니 반갑다. 우리집 정원의 말라가는 나무와 잔디에도 매일 물을 주는 것이 큰일이었다. 비가 내린 뒤 온 도시가 깨끗하다.

기현은 매일 점심에 버터에 구운 빵만을 선호한다. 가끔은 샌드위치를 만들어 주려고 햄이나 야채를 사게 되면, 지켜 보는 기현의 얼굴 표정이 신통치가 않다. 버터에 빵을 굽고, 딸기잼을 바르기 전 자른 부분이 같게 하기 위해 빵들의 모양을 맞추는 것을 보며, 기현은 "엄마는 매일 아침에 퍼즐을 하시네요" 재치 있게 말을 한다. 참으로 맛깔스러운 표현이다.

기현은 아빠에게서 전화가 오면 엄마를 부르는 소리가 다정다감하다. 아빠도 그런 기현의 정감 어린 말투를 좋아한다. 기현은 아직도 엄마의 침대를 그리워하고, 잠들기 전과 아침이면 엄마의 볼에 사랑의 '뽀뽀'를 한다. 수시로 동생에게도 볼에 '뽀뽀'를 해주지만, 기명은 싹싹 닦아내며 매정하게 투정하기도 한다. 기현은 부드러움과 다정한 면을 동시에 갖췄다.

기명은 이제 짧은 문장을 만들어 말을 한다.

"What is this?", "What's that?", "Where, go?" 등등… 그 뜻을 이해하고 사용한다는 게 대견스럽다.

기명은 또한 감성이 풍부하다. 영화를 보면서 주인공이 부모와 헤어져 고생하는 장면을 보면서 눈물을 흘린다. 옆에서 집중하지 않는 엄마에게 함께 보기를 원한다. 아마도 혼자서는 주인공과 같은 공포를 느끼며 불안한 마음이 생기나 보다. 엄마가 보고 있는 책을 덮어 버리고 끌어당기기도 한다. 이미 서너 번 본 듯한데도 매번 눈이 빨갛게 변하면서 눈물을 흘리고, 그 눈물은 팔로 쓱쓱 닦는다. 그런 모습이 귀여워 옆에 와서 바라보며 웃는 형에게 쑥스러웠는지 발길질을 한다. 성장하는 단계가 사뭇 기현이와는 다른 모습을 보인다.

이번 주 유치원에서는 '트랜스 포트'에 관해서 배운다. 기명은 자기가 좋아하는 것이라 그런지 재미있어 한다. 엄마가 유치원에 갈 때마다 선생님들의 칭찬이 대단하다. 사랑스러운 아들 기명!.

Queen's Birthday

(2003.06.02. 엄마)

작년과 달리 추위를 느끼며 산다. 물론 한낮은 여름을 방불케 할 정도의 뜨거운 빛이 내리지만, 해가 지면 겨울임을 하늘은 알려 주고 있다. 겨울옷을 준비하면서 한국의 뜨거운 여름을 생각한다. 지난 금요일 오후부터 마음이 느긋해진 것이 긴 휴일 탓이었으리라. 영국 여왕의 생일을 맞아 모처럼 아이들과 쉬면서 편안한 주말을 보냈다.

기명은 유치원에서 친구들과 함께한 놀이를 재현하곤 한다. 그러면서 선생님들이 한 행동이나 말 등을 흉내를 낸다. "sit down please! Ki Myung" 아마도 이런 말을 많이 들었는지 반복한다. 엄마가 웃으며 선생님이 "기명에게 그랬나 보구나" 하니 긍정도 부정도 하지 않고 다시금 끝의 이름만 바꿔 말한다. "sit down please! Mum"

기명이가 즐겨보는 어린이 방송 프로그램 중에서 날아다니는 장면이 나온다. 재미가 있는지 높은 곳에서 뛰어내리며 'flying'을 한다고 "Mum look!" 하고 외친다. 유치원을 다니기 전에는 집에서 단순하게 하던 놀이를, 이제는 유치원에서의 배움을 연장하며 집안을 웃음바다로 만든다. 스스로 놀다가 다치더라도 결코 우는 법이 없다.

기명은 형과 함께 TV를 보면서 이해할 수 없는 장면이 나오면 형에게 질문한다. "what happen?" 기현은 어린 동생과 있는 것이 좋은지 함께 놀기를 좋아한다. 친구 같은 느낌도 드는지, 하교 후 옷을 갈아입으면서도 기명을 부른다. 형에게 달려가 둘이서 장난치며 노는 것을 보면 11년의 차이가 없다.

이제 또 다시 한 주의 시작이다. 기현은 학교에서, 기명은 유치원에서 제 나름의 성장의 몫을 할 것이다.

엄마! 이것도 저것도

(2003.06.03. 기현)

기명이가 원하는 리스트가 계속 늘어난다. 장난감부터 커텐까지 기명이는 우리의 'Boss'이다. 집에서 TV를 보면서 현관문 위 창문으로 햇빛이 들어오자 그곳에도 커텐을 달자고 한다. 그 후로 커텐만 보면 사자고 한다. 그리고 TV광고를 보면서 장난감 광고가 나오면 그 광고에 나오는 모든 것을 다 사달라고 한다. 애완견이 나오는 광고가 나오면 그 애완견을 원한고, 장난감 집을 원한다. 아마도 내일은 자동차와 기차를 원할 것이다.

기명이가 커가면서 호기심이 아주 많아진다. 모르는 것이 나오면 "What is that?" 하며 물어 본다. 그리고 영화나 TV프로그램에서 어떠한 일이 발생하면 "What happen?"이라고 질문한다. 아주 신기하다. 금방 이런 문장들을 배워 사용하다니… 이제는 영어 단어도 많이 알고 있다. 기명이가 처음에는 집에서는 한국말을, 유치원에서는 영어를 쓰니 말이 늦어서 걱정을 많이 했다. 다행이다. 기명이가 조금 더 크면 한국말을 따로 배워야 할 것 같다.

우리나라 한국말을 잊어버리면 'national identity'를 잊는 것과 마찬가지니까!

누나

(2003.06.05. 엄마)

유난히 정이 많고 외로움을 많이 타는 것은 송씨 집안의 내력일까? 이것도 심각한 유전의 일종인가 보다. '외로움'은 아빠, 기현에 이어 이제는 기명이까지 내려왔다. 같은 유치원에 다니는 한 살 많은 여자아이의 집에 몇 번 초대를 받아 가더니, 유치원을 가면서도 누나를 찾는다. 유치원에 도착해서도 누나가 안보이면 눈물을 글썽인다. 특별히 잘 놀아주는 것 같지도 않은데 좋아하는 이유는 따로 있다. 여자아이라서 장난감의 종류가 다르고, 유난히 장난감을 많이 가지고 있다. 누나집의 2층에 올라가 놀 때면 가끔 기명이가 마음에 안 들어 밀기도 하여 울면서 내려오기도 한다. 역시 유치원에서도 자기 또래의 아이들과 어울리며 어린 기명과는 상대도 해주지 않는 새침떼기이다.

그런데도 유치원 끝날 시간에 기명을 데리러 가서 보면, 책을 읽어 주는 시간에 항상 누나 옆에 앉아 머리를 만진다든지 관심을 끌기 위한 작전을 많이 시도한다. 그럴 때면 누나는 귀찮다는 듯 머리를 흔들고 싫어하지만, 아랑곳하지 않고 누나만을 바라본다. 그리고 누나집에 가겠다고 고집을 피우기도 한다.

기명과 함께 쇼핑을 했다. 지난번에 사고 싶어 했던 장난감 하우스를 사주니, 자동차 등 더 많은 것들을 사달라고 한다. 바깥에서 점심을 먹으려 하니 김치를 찾는다. 한국 촌놈이라 김치가 그리운가 보다. 집으로 와서 김치와 된장국으로 맛있는 점심을 먹는다.

배려심

(2003.06.12. 엄마)

뉴질랜드는 한국과는 계절이 반대여서 현재 6월은 겨울이기에 한국의 더위를 실감할 수 없다. 이곳은 매섭게 눈보라가 치지도 않으나, 때로는 다리가 시리는 보이지 않는 추위이다. 한국의 온돌에 익숙해진 관계로 바닥의 '카페트'는 4년이 된 지금도 왠지 어설프다. 하지만 기현과 기명은 반팔이 좋고, 맨발이 편안하다. 건강하다는 증거다.

요즘은 조금의 시간적 여유가 생겨 기명의 유치원이 끝날 시간보다 일찍 가서 기명의 움직이는 모습을 지켜본다. 책 읽어주는 시간에는 앞자리에 앉아 열심히 귀를 기울이는 모습을 보면 대견하다. 조금씩 말을 알아듣고 이해하는지 재미있어 하고, 선생님의 동작을 곧잘 따라서 한다. 그리고 집에 와서 엄마에게 설명을 해준다. 아직은 서투른 한국말과 영어를 섞어서 표현을 하지만 분명한 의사 전달을 한다.

모든 것을 쉽게 지나치는 기현과는 사뭇 다르다. 부지런함과 정리할 수 있는 눈은 하나님께서 기명에게 특별히 주신 선물이다.

즐거움

(2003.06.13. 엄마)

책을 읽어주면 기명은 좋아한다. 이번 주는 유치원에서 예수님에 대해 많은 말씀을 듣는다. 그런 기명에게 잠들기 전 어린이 성경책을 읽어주니 유치원에서 배운 내용을 얘기한다. 기명은 혼자서도 옷을 잘 입는다. 입었던 옷에서 팔을 빼고, 새로운 옷을 입을 때면 즐거워한다. 계절이 바뀌면서 작년에 입었던 옷이 새로운지 색상이나 디자인을 보면서 선택하고, 목을 넣고 팔을 뺄 때마다 원, 투를 세면서 박수를 쳐주는 엄마와 함께 장단을 맞춘다. 양말을 신으며 "기명은 못해"를 외치며 엄마에게 발을 내밀 때면 어찌나 사랑스러운지 아들의 발에 '뽀뽀'를 한다.

주말의 한가함을 만끽하고 싶은 형에게 눈치도 없이 '뽀뽀'로 사랑을 표시한다. 일주일을 과제와 시험에 피곤한 형에게 장난을 건다. 그러다 기명의 우는 소리와 함께 엄마의 눈치를 보는 큰아들이다. 엄마는 결코 누구도 나무랄 수 없다. 에너지가 넘치는 작은아들은 조금 전의 긴장감에도, 또한 형의 마음은 헤아리지도 않고 자기가 하고 싶은 장난을 한다. 이제는 그 장난에도 흥미를 잃었는지, "mum"을 외치며 함께 놀자고 한다.

"형! 헬로우! 놀자"

(2003.06.13. 엄마)

기명은 형의 공부방에 들어와 회전의자에 각종 물건들을 올려 놓고 의자를 돌리며 즐거워한다. 기명은 신이 났다. 의자를 돌리기 위해 책상을 잡고 손으로 밀며 힘을 준다. 그것도 싫증이 났다.

방문을 닫고 누구의 방해도 싫다는 듯 혼자서 놀고 있다. TV소리가 멈췄다. 고요하다. 오로지 기명의 웃음소리만이 방안 가득하다. 방문을 닫고 항상 자기편인 엄마와 단둘, 이것저것 만져 보지만 엄마의 제지에 약간 주춤, 과연 형 방의 모든 물건이 온전할까?

거실로 나가라고 하니, 자기의 모든 물건을 들고 나간다. 쿠션, 베개, 이불, 그리고 TV를 보는 형에게 외친다.

"형! 헬로우! 놀자"

서로를 확인하며

(2003.06.19. 엄마)

기명은 유난히 단것을 좋아한다. 먹고 난 후 매번 양치질을 하게 한다. 하루 종일 종류별로 입맛에 맞춰 골고루 이것 저것 먹는다.

유치원에서 집에 오면 식사 후에야 모든 군것질을 할 수 있다는 것을 안다. 그래서 "엄마! 캔디, 초콜릿" 하다가도 다시금 "엄마 밥"을 외친다. 먼저 후다닥 밥을 먹고 빨리 캔디, 초콜릿을 먹고 싶은 것이다.

유치원에서 10시 15분의 '티타임'은 집에서 준비해 간 기명의 런치박스로 해결하지만, 좋아하는 음식만 먹고 과일은 그냥 남겨 온다. 집에서 와서는 배고픈지 점심을 맛있게 먹으면서 계속 유치원에서 배운 것을 이야기한다. 하지만 다 알아듣지 못한다.

식사가 끝나기가 무섭게 "엄마!" 하고 외친다. 엄마의 허락이 떨어지면 "예스"라는 발음이 어찌 그리도 씩씩한지… 좋아하는 캔디, 초콜릿 등 과자들을 먹는다.

음식을 준비하느라 엄마의 소리가 들리지 않으면 기명은 불안한지 엄마가 주방에 있음을 확인한 후 다시 자기만의 세계로 몰입한다. 엄마도 역시 기명의 또 다른 소리가 들리지 않으면 '낮잠을 자나?' 하고 확인한다. 우리는 서로 '있음' 확인을 반복하다가 눈이 마주 치면 환하게 웃는다. 어린 아이이지만 혼자만의 쓸쓸함이나 외로움을 안다. 또 그 아이로 인해 나 역시 허전함을 지운다.

가끔은 내가 거실 바닥에 앉아 빨래를 정리하거나 신문을 보면 소리 없이 다가와 어깨를 주물러준다. 혼자서 앉기를 싫어하는 기명은 뾰족한 엉덩이를 들이밀면서 엄마의 무릎으로 올라온다. 싱긋 웃으며 은연중 허락을 구하는 그 눈빛은 사랑이 가득하다. 엄마나 형이 할 일이 있어 함께 해주지 않으면 소파나 미끄럼틀 뒤에 엎드려 외로워한다.

아빠가 없어 더욱 외로움을 타는 걸까?

감기

(2003.06.24. 엄마)

'모터웨이'의 불빛이 하나 둘 늘어간다. 이른 새벽, 각자의 일터를 향해 출발하는 불빛이 창을 통해 보인다. 기현은 달콤한 새벽잠의 유혹을 떨치고 일어나 공부를 한다. 두 아들이 모두 감기에 걸렸다. 아침, 저녁으로 온도가 내려가 한겨울에도 반소매만을 고집하던 기현도 몸이 안 좋은지 약을 먹고 뜨거운 차를 마신다.

기현은 어릴 때 감기에 걸리면 "엄마 기도해주세요" 하던 기억이 난다. 유독 신앙이 좋았던 기현은 건강도 하나님에게 맡긴다. 선택해주셨으니 돌봐주시는 이도 하나님이라 믿는다.

기명은 토요일부터 목이 잠기고 기침을 한다. 병원에 가니 귀에 감염이 됐다고 한다. 유난히 약 먹기를 좋아하는 기명은 돌아오는 차 속에서 약을 달라고 조른다. 주일에는 교회도 가지 못하고 엄마와 함께 집안에서 하루를 보낸다. 월요일에도 "기명이가 많이 아파서 유치원에 못 가겠구나?" 하니 좋아한다. 엄마와 같이 있는 것이 더 즐겁다고 고개를 끄덕인다.

오늘 새벽은 기침을 하지 않고 잠을 잘 자고 있다. 잠결에도 약을 먹자고 하면 벌떡 일어나 잘 먹는다.

"기명! good boy" 끄덕끄덕 다시 꿈나라.

정원에서 새들의 아침 인사가 시작됐다. 기명과 기현의 건강이 빨리 회복되기를 기도한다.

"엄마 Gun!"

(2003.07.09. 엄마)

모든 학교가 2주 동안의 방학이다. 기현은 방학을 시작하며 친구의 생일 초대로 하룻밤을 자고 왔다. 기현은 부쩍부쩍 크는 것을 느낀다. 나는 기현 나이에 무슨 생각을 하며 친구들과는 무슨 얘기를 하며 날을 샜을까?

기현의 학교에서 그룹별로 영화 촬영을 준비한다고 소품으로 모자와 권총을 사서 기명에게 보여 준다. 기명은 제법 총을 들고 회전시킬 줄도 안다. '토이 스토리'라는 영화를 보더니, 하늘을 나는 동작, '로보트' 팔을 이용해 발사하는 동작 등을 하며 혼자서도 즐거워한다.

기명은 2주 동안의 유치원 방학을 이해하지 못한다. '방학'을 설명할 때면 '응 응' 하며 고개를 끄덕이지만 유치원에 가지 않는 것만으로 대만족이다. 매일 형이 옆에 있고, 늦잠을 잘 수 있으니 좋은가 보다. 때로는 유치원이란 단어만 나와도 배가 아프다며 얼굴을 찡그린다.

기명은 좋아하는 자동차가 나오는 책을 읽고, 형의 총을 가지고 놀면서 오후를 보낸다. 기현과 함께 정원을 정리하고 풀을 뽑는 동안 가끔 고개를 밖으로 내밀고 잘 있는가를 확인할 뿐 바나나, 쿠키, 캔디 등을 혼자서 찾아 먹고 TV를 본다. 그리고 가끔 정원으로 나와서 엄마, 형에게 '뽀뽀'를 한다. 뒤돌아서 가는 모습이 씩씩하다.

기현은 마음의 여유가 있다. 근심 걱정이 없는 아이다. 좋은 성품을 가졌다고 칭찬을 받는다.

기명이가 낮잠에서 깼다. 눈을 비비며 하는 말 "엄마 Gun!"

형에게 총 쏘지 마라! 형! 빵빵빵!

(2003. 07. 13. 아빠)

일찍 일어난 기명은 나의 침대로 와 "Wake up!" 한다. "10분만" 하니 다시 "Wake up!" "Wake up!" 한다.

'Sunday market'에 구경을 나갔다. 기명은 장난감 파는 곳으로 나의 손을 끌고 다닌다. "칩스!" "칩스!" 하길래 '포테이토칩'을 사준다.

오후에 잔디를 깎는 기현이가 의젓하다. 기현이가 잔디 깎는 것을 전담하였다니 폭풍 성장한 기현이가 든든하다. 기명은 전지가위를 들고 작은 가지를 자르기도 한다. 눈썰미가 대단한 기명이다. 한번 본 것은 잘하는 기명이다. 나무를 자르기 위한 의자 위로 올라가서 놀다가 떨어져 무릎이 다쳤지만, 아랑곳하지 않고 웃으면서 노는 기명이다. 귀여운 기명이는 쉴새 없이 일을 만들고 명랑하게 논다.

저녁을 먹을 때 삼겹살에 밥 한 그릇을 다 먹고 난 후, "과자 yes!" 한다. 밥을 먹었으니 이제 과자를 달라는 말이다. 기현은 어릴 적에 과자 등 단 것을 거의 먹지 않았는데, 기명은 과자 등을 좋아한다.

한번 보고 들은 것은 그대로 잊지 않고 행동하는 기명이가 영특하다. 유치원에서도 선생에게 영리하다는 말을 수 차례 듣는 기명이다. 유치원에서 빵 만드는 시간에 그것을 보고 집에 와서 해보자고 한다. 무엇으로 만드냐는 물음에 'egg, butter' 등을 말한다. 참으로 귀엽고 영특한 놈이다. 지금은 거실에서 혼자서 떠들면서 **TV**를 보고 있다. 재미가 있는지 혼자서 큰 소리로 떠들고 있다. 잠시 후 꿈나라로 가면 온 집안에 조용할 것이다.

기현은 기명이가 있어 행복하다고 말한다. 기현과 기명은 잘 어울리는 형제이다.

거실에서 기명이가 총을 쏘면서 논다. 형 하는 말! "형에게 총 쏘지 마!" 그래도 아랑곳하지 않는 동생 기명이다.

형! 빵! 빵! 빵!

주걱 들고 밥통째

(2003.07.15. 아빠)

기명은 혼자서 거실에서 비디오를 보더니 저녁을 먹으러 오지 않는다. 그래서 한 번씩 가져다주는 것을 먹으며 "please!"를 연발한다. "기명! 이리 와서 밥 먹자" 하자, 달려와 밥통을 껴안더니 주걱으로 밥을 먹는다. 욕심이 많아서인지 밥을 주걱으로 먹는다. 밥과 치킨 튀김, 감자 위에 소스를 얹어 놓은 음식이 맛있다며 "good taste" "good taste" 한다.

유달리 감자, 치킨, 고기, 생선, 과자 등 좋아하는 것이 많다. 수시로 입에 먹을거리를 달고 살고, 기분이 좋으면 호탕하게 웃음도 크다.

형과 거실에서 놀면서 우는 소리가 나서 가보니 눈물이 뚝뚝 떨어진다. 형이 잘못했으니 때려 달라고 한다. 형을 때리는 시늉을 하여도 울음이 그치지 않는다. 그래서 나는 '형도 아빠 아들, 기명도 아빠 아들' 하면서 내가 맞겠다고 나의 엉덩이를 때리자 금세 울음이 멎는 기명이다. 이 방법이 형제 간에 우애하고, 효자 아들 만드는 기술이다.

기명은 나에게 "dad! come" 한다. 가서 놀자는 표시이다. "사랑해 기명! 아빠랑 놀자"

뒤끝 작렬 아빠!

(2003.07.16. 아빠)

　기명이와 수영장에 갔다. 2년 전에 '크라이스트 처치'에서 산 수영복이 이제는 딱 맞는다. 몸이 많이 컸다. 튜브를 타고도 처음에는 물을 두려워하는 것 같았다. 가만히 놓아두고 지켜보니 슬슬 움직이기 시작한다. 남들이 하는 걸 지켜보고, 스스로 물놀이 하는 법을 익히는 눈치이다. 잠시 후 튜브를 타고 발을 조금씩 움직이더니 나중에는 온통 어린이 수영장을 휘젓고 다닌다. 이윽고 어른 수영장에도 가자고 하더니 물속에 뛰어 들며 "Dad!" 하면서 함께 하자고 한다. 어른 수영장은 물 온도가 차서 덜덜 떠는 기명을 다시 어린이 수영장에 데리고 가니 신나서 노는 기명이다. 세 시간 동안 수영장에서 놀더니 몸을 이리 저리 바꾸면서 발로 물을 차는 솜씨가 날렵해진다. 잠시 후 튜브를 밀어 내더니 맨몸으로 수영하려고 한다. 아직은 미숙하지만 서서히 물을 익히는 단계이다. 몇 차례 수영장에 오면 스스로 수영을 익힐 것 같다.

　수영을 마치고 차에 오르니 "sleeping" 하더니 스스르 잠이 든다. 기명이가 잠자는 동안에는 집안은 온통 조용하고 평화로운 분위기이다. 잠자고 나서 그런지 볼이 발그레 하고 이쁘다. '뽀뽀' 하려고 하니 도망 다니며 아빠에게 오지 않는다. 지 놀고 싶을 때만 나를 찾고, 냉정하게 "Dad! no!" 한다. 기명은 배신자 아들이다.

　기명은 현재 거실에서 TV를 보면서 목소리를 높여 간다. 잠시 후면 "Dad!" 하면서 나에게 올 것이다. 나도 그 때는 "기명 no!" 하면서 배짱을 부려볼 생각이다. 아빠도 뒤끝이 있음을 보여 주리라. 그러나 다짐과는 달리 "Dad!" 하는 기명의 말이 떨어지게 무섭게 곧바로 "Yes" 하며 달려 갈 것이다.

기명 침대에 좀 누웠다고

(2003.07.25. 아빠)

기명 침대에 누워 봤다. 단단한 침대 매트리스가 좋은 느낌을 준다. 그대로 누워서 눈을 좀 붙이려 했더니, 기명은 자기 침대에 내가 누웠다고 입을 뾰족이 하면서 항의한다. "그래! 이놈아 내 침대에 가서 잔다." 기명은 자기 침대 위의 이불을 가지런하게 놓고 흡족해한다. 힘들게 자식 키웠더니 벌써 자기 것만 챙기고 "자식 키워 봤자 소용없다더니 그 말이 맞는가 싶다" 기명은 자기 아쉬울 때만 "Daddy come," "Daddy look!"을 외치며 끌어당긴다.

기현은 주말을 맞아 매주 금요일에 하던 테니스를 월요일로 옮겨 한가한 오후 시간을 보낸다. '헤럴드' 신문을 읽으며 새로운 영어 단어를 공부한다. 기현은 표현은 잘하지 않지만 아빠와 함께함을 뿌듯해한다.

아들들의 그리움은 더 커져만 간다

(2003.08.05. 아빠)

기명이가 무선조종 자동차를 고장 냈다. 자동차를 정상적으로 조종하는 것이 아니라 마구잡이로 몰고 억지로 조종하니 고장이 나는 것은 당연하다.

아빠가 있어서인지 갈수록 버릇이 나빠진다. 무조건 떼를 쓰고, 팔을 잡아 이끌면서 강제로 일을 성사시키려고 한다. 든든한 후원자인 아빠가 한국으로 돌아 가면 허전할 것이다.

　기명에게 며칠 전 아빠가 한국에 갈 것이라고 하자 얼굴 표정이 싹 달라지더니 침대로 달려가 누워 버린다. 그리고 가끔 문을 열고 나에게 고함을 지른다. 뭐라고 하는지 몰라도 아빠 가지 말라는 불만을 표현하는 것이다.

　그러나 아빠는 오늘 한국으로 출발한다. 아내와 기현, 기명이가 마음이 걸린다. 예정했던 날짜를 채우지 못하고 조기 출국하는 바람에 가족들의 실망이 아주 크다. 아침부터 부산하다. 기명은 일찍 일어나 TV를 보고 있다. 아직은 아빠가 가는지 모른다. 유치원 갔다 온 후에 설명하여야 한다.

　아빠가 가면 기현, 기명의 마음은 크게 허전할 것이다. 아들들의 그리움은 더 커져만 간다. 슬프다.

기현의 휘파람!

(2003.08.15. 엄마)

　아침을 알리는 소리 중에는 기현의 휘파람도 빼놓을 수 없다. 6시에 알람을 맞춰놓고 겨울 아침 따뜻한 침대 속에 더 파묻히고 싶겠지만 기현은 어김없이 일어난다. 책상에 앉아 아빠와의 약속을 지키며 공부를 한다.

　기현의 옆에 앉아 나는 아이들의 일기를 쓴다. 이 시간은 기명에게 방해받지 않는 유일한 시간이다.

　기현은 한 과목씩 목표치를 달성할 때면 어김없이 휘파람을 분다. 손가락으로 소리내기를 배워 똑똑 소리를 내더니 목으로 소리 내는 방법을 터득하는 중이다.

기현은 요즘 시험의 연속이다. 한 term이 끝나면 시험을 보고, 그 때마다 기현은 만점을 향해 달린다. 3 term이 시작되고 몇 주 동안의 평가에 대한 성적표를 가져 왔다. 성공적인 유학생활이다. 한국 부모의 욕심은 끝이 없다. 기현에게 만족스럽지 못한 점도 있지만 난 모든 것을 주님께 감사드린다.

기현의 휘파람이 새벽을 가른다.

이 아침! 기현의 휘바람! 나에게는 아름다운 음악이다.

우리는 가족, "1 am sorry!"

(2003.08.16. 엄마)

토요일이다.

기현의 축구게임이 취소되고 모처럼 늦잠을 자는 아이들의 이불을 덮어 주고 밖을 나오니 상쾌하다. 여기저기 안팎을 다니며 정리하는데 기명은 나를 부른다. "엄마"

잠에서 깬 아이의 모습은 정말 사랑스럽다. 이불 속으로 들어가 안아주니 냉정하게 엄마 침대로 가라고 한다. 기명을 사랑하니 옆에 함께 눕고 싶다고 해도 아랑곳하지 않고 엄마 침대로 가서 누우라고 한다. 이런 때는 피하는 게 현명?

삐진 척 다시 나와서 하던 일을 하고 기명에게 가니 엄마에게 애교를 부린다. 그런 기명을 무릎에 앉혀 놓고 가족에 대해 설명하고 때로는 양보도 하는 것이라고 알려주며 약속을 하자고 손가락을 내미니 눈물이 글썽인다. 이내 엄지손가락까지 내밀며 도장을 찍는 기명을 보니 웃음이 나온다.

　기현의 책장을 사려고 가는 차 속에서 기명은 장난감 때문에 다시금 욕심을 부리고, 기현은 그런 기명에게 아침의 약속을 상기시킨다. 기명은 웃으며 형에게 양보를 한다. 어린아이지만 약속은 지키는 것임을 알고 있다.

　집으로 와서 기명은 배가 고팠는지 잡채와 김치를 먹고, 기현과 무선 자동차 조종을 한다. 둘에게 각각 아빠가 차를 사주셨지만 형의 큰 자동차를 보며 작은 자동차인 자기 것에는 관심이 없다. 나이 차가 11년이지만 보는 눈의 높이는 같은 것일까?

　기명이가 울면서 달려온다. 얼마나 서러운지 알아들을 수가 없다. 그런 아이를 안고 달래주니 엄마의 몸까지 흔들린다. 형을 혼내 달란다. 그래서 현장검증(?)을 가니 형의 자동차를 던져서 흠집을 내놨고, 기현은 화가 나서 기명의 보물 중 하나인 베개를 던졌단다. 그래서 기명은 서러워서 엄마에게 달려왔단다. 서로 사과하라고 중재를 선다. 착한 기현은 동생을 안아 "sorry!"를 하건만, 기명은 사과를 하지 않고 특유의 뾰족한 입을 내밀기만 한다. 그러다가 겨우 들릴 듯 말듯한 귓속말로 "1 am sorry!"를 한다. 뒤돌아 나오니 어느새 서로는 뒹굴며 깔깔깔 웃고 있다.

　이런 아들들이 있음은 나에게 행복이다.

기명이 마음

(2003.08.19. 엄마)

　기명은 늦게야 잠이 들었다. 기현과 엄마는 고요함 속에서 우리의 시간을 즐길 수 있다. 그러나 내일 아침에 일어날지, 한밤중에 일어나 놀자고 할지 걱정이다.

　기명은 요즘은 책읽기를 좋아한다. 유치원에서도 앞자리에 앉아 선생님의 책 읽는 소리에 열중하고, 때때로 엄마에게 설명도 해준다. 특히 '토마스'라는 기차가 나오는 책을 좋아하고, 그림만으로도 등장하는 기차의 이름 등을 안다. 간혹 엄마가 이름을 잘못 얘기하면 엄마에게 지적하며 다시금 설명을 해준다.

　이번 주는 경찰에 대해 유치원에서 배운다. 기명은 소방차를 만들어 빨간색을 칠하고 본인의 이름을 써 놓았다. 하지만 그 밑에 선생님이 'fire truck'이라고 제목도 함께 적어 놓으니, 기명은 자기 물건을 찾으며 기명의 이름이 아니라고 도로 놓고 나온다. 쓸 수는 없지만 항상 본인의 이름을 보고 읽는데, 제목과 함께 써놓으니 자기 것이 아니라고 생각한다. 설명과 함께 기명의 이름을 확인시켜 주니 친구들과 함께 만든 자기의 물건을 껴안는다.

　기명은 엄마와 형이 항상 좋지만은 않다. 엄마가 기명의 마음을 알고 척척 들어줄 때만 "엄마, 예뻐"하면서 '뽀뽀'를 퍼붓는다. 하지만 뭔가 하지 못하게 하거나 싫어하는 것을 요구하면 "엄마 미워"하며 미끄럼틀이나 소파 사이로 숨어 한 동안 나오지 않는다. 형에게도 마찬가지이다. 형이 기명에게 놀이의 수준을 맞춰주면 그 때서야 '헤' 하며 좋아한다.

　기명은 우리 집의 분위기를 환하게 만드는 묘한 에너지와 파워가 있다.

　음악을 좋아하는 기명은 가끔 음악테이프를 들여 달라고 한다. 하지만 그 발음이 정확치 않아 'music'이 '무식'으로 들린다. '신발'의 발음 또한 이 상하다. 즉, '시발'이다. 그러나 'music'이 나오면 일단 엉덩이부터 흔드는 모습이 일품이다. 동작 하나 하나가 구성지다. 아빠를 닮아서인지 춤동작이 멋스럽다.

　기명이가 잠을 자니 집안이 고요하다. 자는 그 모습이 너무 사랑스러워 깨우고 싶어 안달하는 기현을 데리고 나와 우린 이 시간을 즐긴다. 기현은 기명이가 없으면 심심해하기도 한다.

새벽에 일어나 함께 하는 이 시간!

(2003.08.21. 엄마)

비가 하늘에 구멍이라도 뚫린 듯 쉬지 않고 퍼붓는다. '게라지' 문이 쌀쌀한 날씨 탓에 열리지 않고 말썽을 부린다. 그 때마다 기명은 차 속에서 걱정이 되는지 완전히 열릴 때까지 확인하고 "Yes!"를 외친다.

유치원이 끝나면 더 놀고 싶어 "엄마 going?" 하던 녀석이 오늘은 친구를 초대하니 "엄마 home!, 기명 home!" 한다.

날씨가 춥고 비가 와서 따뜻한 국물의 우동을 끓여 주었다. 기명은 입맛에 맞았는지 친구는 놀이에 열중해 먹지 않는데도 기명은 중간, 중간 와서 한 그릇을 다 먹는다. 기명이가 우동을 이렇게 좋아할 줄이야. 후식으로 과일을 주니 과일 이름을 부르며 자기 몫을 챙긴다.

기명이가 아기 때 사용하던 침대를 팔기 위해 광고를 냈다. 출산을 한 달 앞둔 엄마로부터 전화가 왔다. 기명은 3년 동안 함께했던 침대지만 새로운 침대가 있어서 미련 없이 떠나보낸다. 엄마와 기명은 침대를 향해 "새 주인에게 사랑 많이 받으세요!" 마음으로 기도해 본다.

기현은 '체크 리스트'를 만들어 스스로 공부의 양을 조절한다. 수학에서부터 운동까지 하나 하나 체크하며 목표를 향해 도전한다. 사춘기에 들어서 약간의 갈등이 있는 듯하지만 잘 극복하리라 기대한다. 어려서부터 순종만 하던 아이인데 기현의 조금의 변화에도 오히려 엄마의 반응이 거세다. 아들 눈높이에 맞춰 이해하고 도움이 되려고 노력한다.

새벽에 일어나 함께 하는 이 시간! 우리의 마음이 하나임을 느낀다.

아빠에게 레터를

(2003.08.24. 엄마)

매일 우편함을 확인하는 사람은 기명이다. 유치원을 마치고 집에 와서 혹 엄마가 우편함 쪽으로 가면 "Me"를 외치며 달려간다. 그리고 아무 것도 없으면, 어깨를 한번 으쓱하고 들어간다. 기명은 편지 봉투에 든 내용물들을 좋아한다. 하지만 봉투에 아빠와 엄마의 이름이 써 있는 것은 거의 중요한 우편물이라 못 만지게 하면 다른 광고물들도 보지 않고 삐진다. 기명은 삐짐이 대장!

몇 주 전 유치원에서 레터를 쓰고, 보내는 놀이를 배웠다. 그림을 그리거나 글씨를 쓸 수 있는 아이들은 직접 글을 써서 부모님에게, 그리고 기명이처럼 아직 쓸 수 없는 아이들은 선생님들이 이름을 써주고, 그곳에 그림을 그린다. 기명은 "I Love Mum!"이라고 쓰고, 하트 모양을 빨간색으로 그려서 뒤에서 기다리는 엄마에게 달려와 전한다. 작은아들에게 처음으로 받았던 편지다. 가슴이 뭉클해지고 감격해서 기명을 꼭 안아줬다. 엄마의 마음을 아는지 모르는지 답답하다며 품에서 빠져 나가려고 한다.

테이블 위에서 빈 봉투를 보더니 아빠에게 레터를 보낸다고 한다. 봉투에 조그만 수첩을 넣고, 볼펜과 가위도 함께 넣어 비닐 테이프로 감는다. 겉봉에 "아빠의 이름을 써주세요" 하며 엄마에게 내민다.

"기명아! 아빠 이름이 뭐지?" "광섭"

한국에서 할아버지 할머니가 들으시면 놀라시겠다. 엄마가 봉투에 이름을 적어주니 신이 나서 테이프로 편지 봉투를 칭칭 감는다. 그 후 "아빠에게 전화를 해주세요" 한다. 하지만 통화내용은 전혀 편지와 관계없는 대화이다. 갖고 싶은 장난감만 이야기한다.

"Purple color, Yes!"

(2003.08.27. 엄마)

골프를 하고 집에 돌아오니 기명은 수염이 생겼단다. 기명은 신이 나서 수염을 설명한다. "Purple color Yes!" 보라색으로 입 주위를 색칠하고 신이 나는 기명이다. 기명은 보라색을 좋아한다. 책을 볼 때도 보라색이 있는 책을 가장 먼저 선택한다. 캔디나 새콤달콤 젤리 등을 먹을 때에도 보라색을 먼저 먹는다. 유치원에서 색칠 놀이를 하고 옷에 묻혀 오는 것은 주로 보라색이다.

TV를 보면서 남녀가 함께 춤을 추는 것을 보더니 "뮤직"이라고 외치며 평소 듣던 카세트를 튼다. 마침 흥겨운 음악이 나오고 우리는 카메라를 준비하느라 바쁘다. 엉덩이를 흔들고 박수를 치며 온몸을 움직이는 동작이 그렇게도 아름다울 수가 없다. 율동 하나 하나가 '프로' 춤꾼이다. 기명은 끼가 넘쳐 흐른다.

저녁식사 후 우리는 운동을 한다. 기현은 Push-up을 100개, 아빠가 Push-up 하면서 했던 박수치기를 중간 중간에 한다. 처음에는 힘들어하더니 이제는 거뜬히 하는 여유가 있다. 그 모습을 보고 기명도 박수를 치며 따라서 한다. 엎드린 상태에서 박수를 치는 기현과는 전혀 다르게 기명은 박수를 치고 재빨리 엎드린다. 전쟁 중 대피하는 병사들의 모습을 연상케 한다. 우리가 웃는 웃음에 기명도 즐거운지 지칠 줄 모른다.

"엘로우 칼라, 화이트 칼라 No!"

(2003.08.28. 엄마)

기현은 비가 오지 않으면 버스를 탄다. 선글라스를 끼고, 음악을 들으며 걸어서 버스정류장을 향해 간다. 그곳에서 친구를 만나 이야기를 하며, 버스를 타고 학교에 가는 것을 좋아한다.

기명은 아침이면 조금은 쌀쌀한 날씨지만 엄마와 걸어서 유치원에 간다. 처음에는 걷기 싫어 꾀를 부리더니, 지금은 아주 좋아한다. 엄마가 신발을 들고 현관으로 나오면 "엄마 walking?" 하며 문을 열고 나간다. 우리는 지름길을 택해 걷고, 그 길에 이름을 만들어 주었다. 기명이가 즐겨 보는 TV프로그램의 주인공 이름이 '옥토퍼스'이다. 기명은 그 이름을 지어주며 '옥토퍼스'는 다리가 많아 빨리 갈 수 있다고 말한다. 가끔 다른 차가 우리 차를 추월하면 바퀴를 많이 달고 빨리 달리라고 한다. 바퀴와 다리가 많으면 '빠르다'고 생각하는 것이 참으로 영특하다. 나는 팔불출 엄마?

엄마와 유치원을 오고 가며 많은 집들을 보면서 각각의 집들의 색상에 관심이 많다. 그러면서 우리 집의 색상을 바꾸면 좋겠다고 한다. 기명은 "무슨 색상을 좋아하니?" 음- 블루 칼라, 엘로우 칼라, 퍼플 칼라. 벽은 블루 칼라, 기명의 방은 퍼플 칼라,

"엘로우 칼라, 화이트 칼라 No!" 지금 집의 색상이 싫증이 났나 보다. 당장 색상을 바꾸자 하기에 "아빠가 오시면 말씀드리자" 하니, 매일 매일 엄마와의 대화 중심이 집의 색상을 바꾸는 이야기다.

한국의 꽃샘추위마냥 겨울이 지나 가며 기온이 뚝 떨어졌다. 오일 히터를 틀고 감기에 걸린 기명을 안고 우리는 꿈나라로 향한다.

어른의 말과 행동은 아이의 산교육이다

(2003.09.02. 엄마)

한국의 1960-70년대를 생각케 하는 제목이다. 한국과는 달리 특별한 난방장치가 없는 이곳은 겨울을 나기 위한 방법이 많이 있다. 오클랜드의 추위는 10도 안팎이지만, 한국처럼 온돌시설이 돼 있지 않은 바닥으로 한기는 시간이 갈수록 더함을 느낀다. 그래서인지 한국에서 오래전 유행한 밍크담요나 이곳의 양털로 만든 담요가 겨울철이면 적잖은 가격으로 판매가 되고 있다. 난 그런 담요를 사서 침대에 깔고 거실에서 사용한다.

기명 역시 빨간 담요의 깊은 맛을 알았는지, 주방의 '하이 체어'에 앉아 형이 타준 초코 우유를 마시더니 추위를 느꼈는지 빨간 담요를 가지고 와 어깨에 두르며 아빠를 찾는다. 지난 달 이곳에 왔던 아빠가 이곳의 추위에 어깨에 담요를 걸치며, 이렇게 따뜻할 줄 몰랐다며 내려놓을 줄 모르더니 기명은 그것을 기억하며 담요를 어깨에 걸치고 아빠를 그리워한다.

비단 이 일 뿐만이 아니라 아빠와 함께 했던 많은 추억들을 잊지 않고, 아빠와의 약속을 지키려 노력한다. 목욕탕에 키가 닿지 않아 낮은 의자를 밟고 올라가게 만든 것을, 아빠가 서랍장에 의자가 부딪치면 서랍장에 상처가 나니 항상 사용할 때면 약간 사이를 두고 사용하라고 했다며 번번히 사용할 때마다 엄마에게 설명한다. 그 말투와 표정은 흡사 아빠와도 같다. 또 한 가지 문을 열 때 벽에 부딪치면 상처가 나니 문을 조심스럽게 열 것을 설명하는 모습 또한 아빠와 같다. 아이들에게 설명하고 가르치는 것은 어느 누구나 할 수 있다. 하지만 실천하기는 어른이나 아이나 힘든 일이다.

이제 기명은 네 살이다. 판단능력도 부족하고 사리분별력도 부족하지만, 부모로부터 설명을 듣고 가르침을 받은 것은 잊지 않고 실천한다. 산책 중 기현이가 도로에서 축구공을 발로 차며 지나가니, 도로에서는 차가 다니고 위험하니 조심하라고 한다. 그 때마다 형에게 조심할 것을 일깨워준다.

아이들은 은연중 어른들의 행동이나 말투를 배우고 실천한다. 어른의 말과 행동은 아이의 산교육이다.

Music School

(2003.09.03. 엄마)

기명은 평소 TV를 보거나 음악을 들으면, 그냥 보고 듣는 것으로 끝나지 않고 그 끼를 발동한다. 몸을 흔들고 노래를 부르고, 옆에 있는 형이나 엄마를 붙잡고 함께하자고 부추긴다. 보통의 아이들이 음악을 좋아하고 리듬에 맞춰 그 때마다 알맞은 동작을 하는 것이 아이들만의 감성이다. 순수하기 때문에 주위를 의식하지 않고 있는 그대로 마음을 전달하는 행위이다.

어제 기명은 유치원을 함께 다니는 친구와 '뮤직 스쿨'에 갔다. 10여명의 친구들과 한 분의 선생님은 마주하는 순간부터 율동이 시작된다. 지도하는 선생님이 직접 작사 작곡한 곡은 아이들의 마음을 움직이기에 충분하다. 모든 악기와 동작에 필요한 도구들에 기명과 엄마의 입을 다물지 못하게 한다. 단 5분도 집중하지 못하는 아이들을 위한 재치 있는 선생님의 움직임은 기명의 호기심을 불러 일으키기에 충분했다. 선생님의 뒤를 따라다니는 기명의 키는 딱 선생님의 엉덩이의 높이이다.

열심히 선생님을 바짝 쫓으며 따라하는지 함께 앉아 보고 있는 엄마들에게 웃음을 선사하기에 충분했다. 색깔을 고르고 실로폰을 치면서 한 살 많은 형이나 누나들을 따라 가기가 조금 벅차 보였지만, 선생님 옆에 앉은 덕분에 개인교습(?)을 받으며 그 특유의 재치를 부린다. 기명의 '프로'다운 '끼'에 주변 사람들은 크게 놀랐고, 기명은 주위의 칭찬을 받는다.

열성적인 엄마들이 어린아이를 끌고 여기저기 다니며 아이에게 맞는 재능을 찾으려 노력한다. 선생님은 기명은 고생하지 않아도 그 길을 찾은 것 같다면서 칭찬한다. 이곳 사람들은 사소한, 정말 조그마한 것만으로도 칭찬을 아끼지 않는다. 역시 같이 간 엄마들의 칭찬 또한 기분을 우쭐하게 만든다. 짧은 시간이었지만 기명의 뛰어난 순발력과 유연한 동작을 상상하면 웃음이 절로 나온다. 마무리 하면서 손등에 찍어준 음자리표 스탬프를 받는 순간 기명은 손을 잡는 엄마의 손을 뿌리치며 지워진다고 한다. 그리고 집에 가면 손을 씻지 않겠다고 미리 선전포고?

기현은 학교에서 돌아오자 마자 배가 고프다고 한다. 성장의 시기라 그런지 평소의 두 배를 먹고도, 다시금 주방으로 들어와 먹을 것을 찾는다.

기현은 새벽 네 시에 일어나 하루를 시작한다. 힘들겠다. 듬직한 큰아들이다.

기명은 양치질과 세수를 하면서 손등의 음자리표 스탬프가 지워질까봐 노심초사 한다. 결국은 음자리표 안에 그려 있는 그림 중 눈이 지워졌다고 울상이다. 금방이라도 눈물이 뚝뚝 떨어질 듯하다. 그런 기명을 안아준다. 엄마를 껴안으며 하는 말! "엄마, 예뻐"

아빠에 대한 그리움

(2003.09.06. 엄마)

기명은 모든 일을 아빠와 연결시킨다. 행동 하나 하나에서 아빠와 함께 했던 기억을 찾아낸다. 양치질 하면서 아빠를 생각하고, 세수 하면서 아빠를 생각하고, 유치원에 걸어가면서 아빠에게 bye bye! 했던 기억을 하며, 순간순간 아빠를 그리워한다.

아빠의 버릇을 기억한다. 식탁에 앉아 식사준비를 하는 엄마를 향해 눈을 깜박이며 윙크하며, 갑자기 양쪽 눈을 동시에 깜박이며 '아빠가 이렇게 한다'고 한다. 그러면서 기명의 눈에는 눈물이 고이고 말을 잇지 못한다. 엄마가 그 모습을 보고 "기명아! 사랑해!" 하면서 안쓰러워 안아주니 울먹울먹한다. 아빠가 생각날 때면 아빠와 함께한 추억을 떠올리면서 자주 눈물을 흘리는 기명이다.

기현은 의젓하게 아빠의 그리움을 겉으로 내색하지 않고 마음으로만 되새긴다. 동생만큼 보고 싶은 마음이야 더하겠지만, 그런 동생을 달래며 안쓰러워한다. 잠깐 방학이면 와있는 아빠이다. 아기일 때는 보는 순간만 기억하고, 엄마가 옆에 있는 것만으로도 만족하더니 이제는 아빠를 많이 그리워한다.

가족이 떨어져 산다는 것은 큰 아픔이다.

엄마! me만 chair 없어

(2003.09.08. 엄마)

아침에는 춥다. 추워서 움츠리며 유치원에 가는 기명에게 자켓을 하나 더 입기를 권하니 고개를 흔든다.

12시에 유치원에 데리러 가니 얼굴이 추워 빨갛게 상기되어 있다. 점심 초대를 받아 가까운 거리라서 걸어가니 몇 개의 횡단보도의 벨을 누르며 신이 나서 엄마를 따라온다. 점심을 먹은 후 만화영화를 보지만 집만큼 편안하지가 않은지 엄마를 부르며 집에 가자고 한다. 낮잠 잘 시간이 지나서인지 힘이 없는 기명을 업고 나오니 허리가 휘청하다. 엄마가 아파서 안 되겠다고 해보지만 기명은 막무가내로 엄마의 등만을 고집한다. 다시금 업고, 골목길을 나가면 내려야 한다는 다짐을 받은 후 우리는 노래를 부르며 집으로 돌아왔다.

점심 때 식사량이 부족했는지 쥬스와 과일을 먹는다. 기명이가 좋아하는 테이프를 틀어 주고, 정원 손질을 하다가 들어와 보니 어느새 꿈나라에 가있다. 내 집의 편안함이 이것이리라.

기현은 오늘 스포츠가 두 가지가 있는 날이다. 차 속에서라도 음식을 먹여 보내려 치킨 커틀렛을 만들고, 잠자는 기명을 차에 태운다. 밀레니엄 스포츠센터에 도착하니 기현은 암벽타기가 일찍 끝났는지, 놀이터에서 친구들과 놀이를 하고 있다. 기현에게 달리는 차 속에서 준비한 음식을 먹이고, 옷을 갈아입혀 테니스 코트에 가니 시간적 여유가 있었다. 우리는 운동장의 럭비게임을 보며 모처럼 환하게 여유 있게 웃어 본다.

그런 중에도 기명은 잔다. 한밤중인 양 숨소리가 깊다.

기명은 '땡큐' 라고 말한 뒤 '유어 웰컴' 소리를 듣기를 좋아한다. 한 단어, 한 문장을 배워 나가는 유치원의 생활이 그에게 영어와 한국말의 차이를 느낌과 동시에 혼란스러운 갈등 또한 많으리라 생각한다. 하지만 유치원 친구들과 쉽게 적응하며, 소통하면서 스스럼없이 잘 놀고 있는 것 같다.

기명은 오늘 유난히 글을 쓰고 있는 엄마 옆에서 심통을 부린다. 엄마와 형이 각자의 의자에 앉아서 공부하고 글을 쓰는 엄마와 형을 보면서 '왜 자기만 의자가 없냐?'고 눈물을 흘린다. 형이 잠깐 일어난 사이 형의 의자를 차지하여 보지만, 돌아온 형에게 의자 다툼을 해 본다.

그러나 "엄마! me만 chair 없어."

추억의 사진, 우리가 이렇게 떨어져 사는 것이 맞나?

(2003.09.09. 엄마)

기명의 외로움을 느낀다. 기현이도 주말이나 되어야 시간이 나고 기명과 함께할 수 있다. 그러니 엄마만으로 놀고 보는 시야가 한정되니 걱정이 된다. 엄마의 작은 움직임 하나까지도 기명에게는 큰 표적이다. 특히 스터디에서 형은 공부하고, 엄마가 컴퓨터라도 하는 것 같으면, 혼자 있다는 기분만을 기명은 참을 수 없는지 순간 순간 나타나 평소에 못 만지던 형의 것을 엄마의 든든한 뒷배를 믿고 만지려고 한다. 그럴 때 나와 기현이가 동시에 기명을 나무라면 기명의 눈에는 눈물이 글썽글썽. 그런 기명을 안아서 무릎에 앉혀 함께 컴퓨터를 하니 모든 것이 엉망, "그래 엄마와 사진을 보자"

추억의 사진 페이지를 여는 순간 아빠의 사진이 화면에 뜬다. 벌써 기명은 준비한 눈물을 흘리며 "아빠!"를 부른다. 화면을 확대시키고 아빠의 모습을 더 자세히 보면서 기현과 얘기를 하니 기명은 본격적으로 울면서 혼자서 무언가 설명한다. 그런 기명을 달래고 "다음 사진은 무엇?" 하니 역시 옆에 있는 또 다른 아빠의 사진을 원한다. 그리고 다시 눈물. 어디서 그 많은 눈물이 나오는지… 옆에서 바라 보는 기현도 눈물을 참는 모습이 역력하다. 그러면서도 동생을 달래는 기현이다. 우리가 이렇게 떨어져 사는 것이 맞나?

우리는 분위기를 바꾸려고 기현과 기명이 함께 찍은 사진을 보며 불과 1년 전 일들을 떠올려 본다. 하지만 기명은 그 사진 속에서도 보이지 않는 아빠지만, 그 순간 아빠가 무엇을 하며 그곳에 있었는지, 그 1년 전의 상황을 사진만으로 떠올리며 또 눈물을 글썽글썽.

할아버지 사진을 보며 한국에 다니러 갔을 때 기명이가 발로 할아버지 정강이를 찬 기억을 한다. 그리고는 덧붙여 할아버지께서 한 "No, No"를 하였다. 모든 기억이 새롭기만 하다.

남편의 지난 5월의 사진은 생소한 느낌마저 감돈다. 젊음은 사라지고 중년의 신사가 멈추지 않는 인생의 레일을 달리고 있는 느낌이다. 그 표정이 나를 슬프게 한다. 어쩌면 울고 싶은 사람은 기명 보다 나와 기현일지도 모른다. 사진을 보며 마음은 무거웠지만 우리는 각각 상상의 나래를 편다.

아이들의 성장을 지켜보면서, 나 자신의 인생도 함께 돌아본다. 후회하고, 반성하고, 감사하고, 기뻐한다. 아이들과 함께 살아 있는 삶 자체가 축복이다.

바닷가에서

(2003.09.13. 엄마)

"야! 바다가 보인다" 운전을 하면서 가끔 외치는 소리다. 기명은 주말에 유치원의 친구들과 바닷가에 갔다. 날씨가 풀려 봄을 자랑이라도 하는 듯 햇볕이 따갑다. 주차장은 만원이고, 마음이 급한 기명은 약간의 주차공간만 보여도 차를 세우라고 뒤에서 소리를 지른다. 친구들과 만나기로 했는데, 주차할 곳을 못 찾으니 안타까워한다. 잠시 후 차를 세우고 기명과 바닷가로 향했다. 드디어 친구들을 보자 엄마의 손을 뿌리치고 쏜살같이 달려간다. 새로 단장한 놀이터에서, 바닷가에서 마음껏 뛰놀고, 모래사장에서는 옷을 입은 채 뒹굴고, 바람을 향해 모래를 날리고, 장난감 삽 등을 이용해 모래성을 만들었다. 친구들의 손을 잡고 모래밭을 뛰고 노는 기명은 한 마리의 나비와 같다. 기현도 함께 왔으면 좋으련만…

기현은 방학을 맞이하기 위한 시험이 다음 주부터 시작이다. 이 시험이 끝나면 2주 동안의 방학을 하고, 우리는 여행 계획을 세웠다. 지도를 보며 행복해하는 기현을 본다. 두 아들은 영화를 감상하는 중이다. 기명은 아는 단어가 나오면 따라서 말한다. 아직은 한국말이 서툴지만 열심히 자기 의사를 표현한다. 형에게 서운할 때면 "형! 미워" 하다가도 이어서 웃음소리가 난다.

아이들이 성장함과 동시에 상대적으로 나는 쇠퇴한다.

훌쩍 커 버린 기현

(2003.09.15. 엄마)

며칠 전 우리는 가족사진을 한 장 받았다. '와이토모' 동굴에 갔었을 때 찍은 사진이었다. 사진 속의 기현은 엄마보다 어느새 훌쩍 커버렸다. 엄마의 어깨를 감싸며 찍은 그 사진을 보며 나는 눈물이 났다. 항상 내게는 아기 같았던 기현이가 가끔 씩 엄마를 번쩍번쩍 들어 올린다. 손의 크기를 재 보면 고사리 같은 손이 이제는 크기가 엄마보다 훨씬 크다. 발은 커서 얼마 전까지도 엄마와 크기가 같더니 이제는 항공모함이다. 어려서 엄마의 하이힐 구두가 신기한지 한국 시골집의 높고 미끄러운 계단을 오르내리며 즐거워하던 기현의 얼굴이 떠오른다.

기현의 나이에는 돌을 씹어도 소화가 된다더니, 며칠 전 기현은 학교에서 티타임에 런치까지 모두 먹고, 런치시간에는 학교에서 파는 파이를 사 먹었다고 한다. 오후 3시 15분, 학교가 끝나는 시간에 픽업을 가면 먼저 배가 고프다는 말부터가 인사이다. 먹고 싶은 것도 많고, 먹는 양도 2-3인분이다. 그러고도 돌아서면 배가 고프다며 또다시 먹을 것을 찾는다. 기현을 보면 기쁨이 넘쳐나고, 즐거운 마음으로 아들을 위해 나는 먹을 것을 만든다.

이제는 기현은 보호해야 할 어린아이가 아니라, 엄마가 의지하고 기대고 싶은 나의 든든한 기둥이다.

Soccer Party

(2003.09.16. 엄마)

기현은 겨울 동안의 축구경기를 마무리 했다. 아침 추위에 떨며 기명을 데리고 다니며 응원을 할 때면, 시원찮은 실력이 답답해 소리도 질러보며 추위를 이겨 나갔었다. 기현이가 속한 레벨에서 고득점으로 1등의 영광을 안고, 기념으로 사진을 찍고 파티를 열었다.

파티 장소가 농장을 하는 친구 집이다. 기현은 엄마가 밤 늦은 시간에 다시 픽업하는 것이 미안했던지 친구에게 부탁해 나오는 차를 타겠다며 걱정하지 말라는 인사를 뒤로 파티장으로 들어갔다. 아들이 커서 그런 걱정까지 해주는 것이 대견하고 고마우면서도 한편으로는 서운한 마음이 들었다.

늦은 시간 친구의 부모 차로 집에 도착했다. 친구 집 수영장에서 수영을 해서 머리가 아프다며 일찍 침실로 들어간다.

집안이 고요하다. 기현이의 웃는 소리, 기명과 장난하는 소리, 휫바람 등이 없는 집안은 적막강산이다. 기현이가 원해서 뉴질랜드에서의 정착을 선택했고, 지금까지 기현의 뒷바라지를 하며 살면서 기현의 존재는 그냥 아들이었다. 하지만 기현이가 아파하며 혼자만의 시간을 가질 때면 집안의 대들보가 무너지는 기분이다.

덩달아 기명이까지 일찍 "sleeping me!" 하며 침실로 향한다.

기명의 패션

(2003.09.17. 엄마)

 겨울의 햇살과는 다른 더위를 느끼게 하는 햇볕이 쨍쨍하다. 봄이 시작되는 바닷가는 점심시간에는 주차할 공간이 없다. 모두가 런치박스를 들고 봄볕을 쬐며, 바닷가에서 잔잔히 흐르는 물결을 바라보며, 삼삼오오 짝을 지어 점심을 먹으며 즐거운 시간을 갖기 때문이다.
 바닷가의 백사장에서 맨발로 모래를 밟으며 걷는 기분은 일상생활에서 벗어나 모든 것이 씻겨 내려가는 기분이다. 한마디로 "상쾌하다"
 기명은 역시 오늘도 유치원에 갔다 온 후 옷을 갈아입는다. 새로운 서랍장을 사서 기명 방에 놓으니 하루를 시작하는 옷 단장은 기명의 몫이다. 보라색을 좋아하는 것 같다가도 어느 날은 초록색에 매달린다. 파란색을 좋아했다가 어느 날 아침은 빨간색 바지를 입고 나온다. 그리고 티셔츠 역시 바지의 색상에 따라 변화를 준다. 양말과 팬티 또한 각각에 맞게 찾아온다. 큰아들에게서는 좀처럼 찾아볼 수 없었던 현상이다.
 기현은 겨우 14세가 되면서부터 혼자만의 스타일을 고집했을 뿐이다. 기현은 불과 몇 개월 전부터 뉴질랜드의 패션을 선호하며 엄마와 약간의 의견 충돌이 있었을 뿐 거의 엄마와 의견일치다. 그러면서 가끔 한국의 1960-70년대의 패션을 연상케 하는, 이곳의 '촌티' 스타일에 젖어가는 기현을 볼 때면, 순진하고 기현의 소박한 면을 발견한다. 굳이 이곳에서 그리고 우리 아들에게 부모의 스타일이나 또 다른 감각을 강요할 필요를 느끼지 않는다.
 기명은 또한 이제는 혼자서 양치질과 세수를 한다. 물론 아침에만 스스로 하게끔 허락하기는 하나. 그럴 때마다 한 번 목욕탕에 들어가면 나올 줄을 모른다. 형이 아침마다 머리에 젤을 바르며 손질하는 것을 배우고 양치질과 세수, 그리고 마무리로 머리에 물을 바르고 나온다. 때때로 형의 젤을 사용했는데, 요즘은 잘 나오지 않는지 물만 바르고 나온다. 그리고는 엄마 앞으로 와서 양 팔을 벌리고 "짜짠-" 이 모습은 TV에서 본 장면이다.

어제는 너무 오랜 시간 나오질 않아 들어가 보니, 거의 다 사용해서 바닥에 조금 남아 있는 젤 통에 물을 넣고 흔들어 머리에 바르고 있다. 그렇게 하면 젤이 나오리라 생각한 기명이의 머리는 천재가 아닐까? 기명의 대단한 아이디어임이 틀림없다. 하지만 "형이 이 사실을 알면 싫어할 것 같구나"라고 하며 멋지게 차려입은 기명을 데리고 유치원으로 향한다.

오늘도 행복한 하루의 출발이다.

기명이가 이만큼 컸어요

(2003.09.21. 엄마)

기명이가 신생아일 때에는 car seat를 대여하는 곳이 있어 6개월 동안 저렴한 비용으로 빌려 사용을 하다가, 이민 온 친구의 딸이 사용한 카시트를 물려받아 3년을 사용했다. 하지만 기명은 가끔 카시트가 작은지 안전벨트를 할 때면 "고추가 아파요" 한다. 아직 몇 년은 더 사용해야 해서 기명을 데리고 카시트를 사러 가니 기명이가 원하는 것이 없다. 유치원 친구가 사용하는 카시트는 기명이가 좋아하는 TV 프로그램의 캐릭터 그림이 있고, 양 옆에 포켓이 있다고 설명한다. 자기가 원하는 물건이라 그런지 꼼꼼하게 본 것 같다. 본격적으로 그런 카시트를 찾았지만, 어느 곳에서도 발견할 수 없어 다른 것을 사자고 하니 고개만 흔드는 기명이다.

기현과 함께 어린이용품을 판매하는 곳의 명단을 만들어 순회를 했다. 다행히도 '토마스' 그림이 있는 것을 발견하고, 우린 지친 것도 잊고 모두 좋아서 박수를 쳤다. 어른들의 수준으로 보기에는 파란색과 연두색으로 치장을 한 그것만으로도 눈길이 안 가지만, 기명은 자신의 눈높이에 맞게 필요한 부분을 잘도 찾아 쇼핑을 한다. 가끔 선데이 마켓을 가도 그 나이에 필요한 것을 그 번잡한 곳에서도 발견해내는 신통함을 보인다.

어제는 기명은 세 번의 패션쇼를 했다. 콧물이 흘러 감기약을 주면서 "기명이가 아직은 추운데 여름옷을 입어서 감기에 걸렸나 봐" 하니 고개를 흔들며 "No" 한다. 옷을 바꿔 입을 때면 방문을 닫고 갈아입고 엄마나 형에게 보여주고 또 다시 다른 옷을 고집한다. 상의도 바지 속에 넣어 주면 고집대로 밖으로 빼서 입고 만족을 한다. 가끔은 수영복을 겉옷 위에 입기도 한다. 딸 없는 우리 집에 기명은 딸 역할을 해준다. 기명의 뛰어난 감각과 스스로의 선택에 자유로움을 주기 위해 생각과 행동을 존중해 주기로 한 기현과 엄마이다.

"그만해, 멈춤"이라는 표지판은 없다

(2003.09.24. 엄마)

기명은 날아다니는 슈퍼맨이다. 소파 위를, 테이블 위를, 의자 위를 날아다닌다. 온전히 걷기란 그에게는 아깝다. 샤워 후 큰 타월을 어깨에 걸쳐주니 정말 날개를 달아준 것처럼 되었다. 순간 "엄마 윙" 하는 기명의 말은 눈이 반짝거리며 곧 날 듯한 기세다. 그럴 때 정도가 지나치고,

다칠까 위험해 보여 하지 말라고 부탁하지만, 그건 기명이에게는 기름을 부어주는 것밖에는 아무런 효과가 없다.

기명이가 나이 3살하고도 5개월이다. 에너지 발산을 위해 하루에 소비되는 양은 얼마나 될까? 기현을 키울 때는 느끼지 못했던 체력의 한계를 느낀다. 하지만 엄마의 파워와는 관계없이 오로지 기명은 그저 그 나이 그대로일 뿐이다. 때로는 사랑스럽고 귀여워 함께 행동하며 맞춰 보지만 나는 이내 지치고 주저앉고 싶다.

기현은 그런 동생에게 큰 힘이 되는 형이다. 기명 역시 엄마에게 서운하고 슬플 때면 형에게 의지한다. 그런 형제애가 뜨겁다. 기현이가 방학을 해서 2주를 함께 보낸다. 아침에 눈을 뜨면 형과 함께 하루를 시작하고, 온 하루를 형과 함께 보낸다. 유치원에 가지 않고 집에서 사랑하는 가족과 함께 보내는 시간들이 기명에게는 너무나 행복하다. 그런 그에게 "그만해, 멈춤"이라는 표지판은 없다.

오늘도 하루를 시작하며 기명의 목소리는 활기차다. 아침에 눈을 뜨면서부터 운동하러 간 엄마를 부르며 대답이 없으면 싫어하고, 오늘 아침에도 "엄마"를 부르며 나온다. "아들!" 대답하는 엄마의 목소리에 아주 행복해한다.

엄마의 옷차림을 보고 "엄마 going?" 하면서도 엄마가 옆에 있으니 걱정 끝. 이 글을 쓰는 엄마의 무릎에 앉아 보다가 형과 거실에서 만화영화를 본다. 쉬가 마려운지 형에게 응석을 부린다.

두 아들을 내게 주신 하나님께 감사드린다.

Finding Nemo

(2003.09.27. 엄마)

뉴질랜드에서의 '니모' 열풍은 대단하다. 뉴질랜드에 상륙한, 디즈니에서 만든 영화 '니모'에 뉴질랜드인들은 빠져 있다. '니모 캐릭터'는 아이들이 사용하는 모든 물건에 프린트가 되어서 나오고, 순식간에 아이들을 유혹한다. 이불커버, 타월, 책, 맥도날드, 치약, 칫솔 등등.

기명은 '니모'가 있는 것을 발견하면 이것저것 다 집으면서 Please! Please! 한다. 기명은 '니모 스티커'가 붙은 치약과 칫솔을 사고 좋아하며 양치질을 한다. 서점을 가니 '니모' 책과 스티커 등 많은 종류가 있다. 욕심을 부리는 기명을 달래 몇 가지 책과 스티커로 일단락을 지어 보지만, '니모' 열풍은 한 동안 계속될 것 같다.

하루 종일 가랑비가 내린다. 아이들을 데리고 시내로 나갔다. 방학을 시작하며 한 약속이다. 웰링턴을 가기로 약속했지만 사정이 생겨 갈 수가 없다. 시내 번화가는 주차할 곳도 없지만 얼마 전부터 주말에도 주차비를 받기에 버스를 탔다. 기명은 평소 타고 싶어 하던 버스를 탄다고 하니 외출준비에 적극 협조적이다. 그러나 버스는 우리를 무려 1시간이나 기다리게 했고, 기명은 지쳤는지 잠이 들었다.

자가운전을 해서 가면 20분 정도면 갈 곳을 한 시간 가량 걸려 도착하니 비와는 관계가 없다는 듯 시내 거리는 붐빈다. 마침 시민들을 위한 무료 행사가 많아 더욱 더 붐비고, 길거리 행사는 빗속에서도 진행이 됐고 우리는 모처럼 주차에 신경 쓰지 않고 편안한 시간을 보냈다. 기명은 설으며 다리가 아픈지 업히고 싶어 했지만 다시금 걷는다. 기현은 젊음이 있는 시내 번화가가 좋은가보다. 앞장서서 걷는 기현의 발걸음이 가볍다. 분주하고 번잡한 거리를 걸으니 마치 한국에 온 기분이다.

우리는 서둘러 돌아오는 버스를 탔다. 출발할 때와는 달리 버스 안이 포근한 느낌이다. 기명이가 많이 피곤했는지 다시금 잠을 청한다. 아마도 집으로 돌아간다는 안도감 때문인 듯하다. 잠이 든 기명을 안고, 업으며 집에 도착하니 오후 4시이다. 잠이 깬 기명이도 집에 오니 좋은지 김치와 밥을 찾는다. 김치와 꽃게탕으로 저녁을 먹고, 아이들은 주말영화를 보고 있다.

엄마! 마음이 들떴어요

(2003.09.30. 엄마)

아빠의 전화를 받고 흥분을 한 큰아들 기현! 10월 16일 도착하는 여행객을 통해 기현이가 바라던 선물을 보낸다는 아빠와의 통화는 그를 흥분시키기에 충분했다. 기현은 "엄마! 제가 왜 마음이 이럴까요?" 하면서 "아! 알았다. 아빠의 선물 때문이다" 한다.

기현은 그만한 나이에 자기 것에 대한 욕심도 부리고, 고집도 부리련만 큰아들답게 항상 엄마의 마음부터 헤아린다. 동생부터 챙기느라 자기의 생각이나 욕심은 접는 아이다. 그런 기현을 남편은 멀리 한국에서 전화와 메일을 통해 용기를 주고 힘을 준다. 남편은 서로 떨어져 사는 그리움만으로 아이들이 원하는 것은 무엇이든 해주고 싶어 한다. 항상 부모님과 자식들을 우선하여 챙기면서도 정작 자신만은 뒷전이다. 이런 면을 기현이가 닮았나? 마음은 항상 태평양처럼 넓다. 얼마 전 기현은 갖고 싶어 하던 컴퓨터게임 CD를 엄마의 눈빛만으로 이내 사고픈 마음을 정리하고 더 이상 표현하지 않는다. 마음이 짠하다.

밤새 비를 동반한 강한 바람이 불더니 아침에 커텐을 걷던 기현이가 깜짝 놀라 엄마를 부른다. 집 앞에 심어 놓은 나무 두 그루가 쓰러져 주인의 손길만을 기다리고 있었다. 기현과 함께 나가 흙으로 돋우고 나무로 받쳐 주었다. 그런 중에도 여전히 바람은 나무들을 흔들고 우리조차도 중심을 잡고 설 수 없게 만든다. 목장갑을 끼며 도와주겠다고 따라 나온 기명도 강한 바람에 숨을 쉴 수 없었는지 슬그머니 집 안으로 들어간다.

오랜만에 아이들을 위해 양념치킨을 만들었다. 소스를 만들며 기현에게 튀김가루를 묻혀줄 것을 부탁하니 기명도 덩달아 손을 씻고 나온다. "me help?" 하면서 이미 손은 녹말가루 속에 들어갔고, 식탁과 카페트는 하얀 옷으로 단장이 된다. 기명은 마냥 흥겹기만 하다. 그런 중에 기명 욕심은 발동을 하고 형보다 많이 하고 싶어 모든 닭조각들을 하나 둘 자기 앞으로 잡아 당겨 놓는다.

매콤한 양념치킨을 얼굴을 찡그리면서도 형과 같이 맛있게 먹는다. 평소에 이런 음식을 즐겨하지 않는, 가끔 아이들과 함께 먹으면서 웃던 남편이 생각난다. 아이들도 이 순간에 아빠를 생각할까?

Whangarei, 기명은 여자친구 찾아 삼만리

(2003.10.02. 기현)

이번 방학에 아이들이 가고 싶다던 웰링턴은 가지 못하였지만, 구름이 낀 날씨를 무릅쓰고 간 Whangarei!

다른 날 같으면 텅텅 비어 있을 한가한 '모토웨이'가 꽉 막혀 있다. 모처럼 여행을 가려 하니 노로공사가 이곳 저곳 진행되고, 우리 앞을 막는 대형 트럭들, 시작이 좋지 않았다.

하지만 여행의 즐거움을 잃지 않으며, 2시간 30분 운전하여 Whangarei 에 도착하였다. 빌딩과 자동차로 오염된 Auckland에서 벗어나니 마음이 탁 트이면서 아주 산뜻한 기분이 들었다.

우리의 Whangarei 여행의 목적은 Kauri(뉴질랜드에서만 있는 나무) Clock Factory 방문이다. 이웃들에게서 소문을 들었던 곳이다. 그래서 많은 기대를 하고 갔는데, 막상 가보니 우리는 당황하고 말았다. 소문난 곳이라서 거대한 시계공장일 것이라는 생각했었는데, 작은 구멍가게 같은 곳에서 사람들만 북적대고 있었다. 2시간 30분이나 운전해서 왔는데, 실망이었다.

Whangarei의 다운타운을 걷다가 Northland's Clapham's Clock Museum 을 관람하기로 하였다. 각종의 많은 시계가 모여 있었다. 모든 시계가 한 빌딩으로 모인 것 같았다. 일본에서부터 프랑스까지. 마치 타임머신을 탄 것처럼 1760년도에서 2003년도까지… 아주 흥미로운 볼거리 경험이었다.

박물관 옆에 있는 카페에서 Potato Fries와 Nacho를 먹었다. 그곳에서 동생 기명이는 키위 여자친구를 만나서 졸졸졸 따라 다녔다. 그리고 음식이 나오자 Potato Fries를 그 여자아이에게 가져다주느라고 바쁘게 뛰어 다녔다. 그런 모습을 보며 엄마와 나는 흐뭇해하며 우스운 걱정을 하였다. 기명이가 벌써 여자에게 관심을? 장가를 보내야 하나 말아야 하나?

"엄마! 많이 예뻐", "형! 많이 예뻐"

(2003.10.03. 엄마)

기명의 최고의 칭찬이다. 엄마나 형이 자기의 마음에 들면 "엄마! 많이 예뻐", "형! 많이 예뻐" 무엇이 기명의 마음을 이토록 기쁘게 만들었을까? 기명의 마음과 달리 엄마나 형에게 서운함을 느끼면, "엄마! 미워, 형! 미워" 미안한 마음에 달래주고 안아주려고 하면 자기 몸을 빼어낸다. '뽀뽀' 하면 입술을 닦아내고, 손을 잡으면 손을 털어낸다. 그럴 때면 어찌나 냉정한지 찬바람이 쌩쌩 불며 집안에 냉기가 감돈다. 그러면 기현은 기명을 업어 주고, 목마도 태워 주며 기명의 마음을 풀어주려 온 정성을 다한다. 기명은 그런 형에 의해 마음이 풀리지만, 삐진 삐짐이 기명의 마음을 안 풀어주는 엄마는 여전히 기명의 적군(?)이다.

기명의 성장과정은 엄마에게 많은 생각을 하게 한다. 기명은 성격이 급하고 고집불통이라서 마음의 문을 닫게 하면 안 된다. 그럴수록 설명하고, 순간 순간 다른 분위기로 바꿔주고, 장소를 옮긴다든지, 좋아하는 행동을 하게끔 유도 하며… 어린아이지만 그 아이의 자존심을 세워 준다. 그리고 나면 엄마와 형에게로 와서 미소를 띠며 자기의 마음이 풀렸다는 걸 암시해준다. 미운 척 했던 엄마와 형에게 "엄마! 많이 예뻐", "형! 많이 예뻐" 한다.

이제는 기명이도 성장의 변화가 생기며, 자아가 형성되고, 상대방의 마음도 헤아릴 줄 아는 아이가 되었다. 삐짐이 기명도 항상 삐지기보다는 스스로를 조절할 줄 안다. 생각할 수 있는 능력이 있는 인간이기에 가능하다. 기명은 영특한 아이다.

늦둥이 기명을 키우며 인생 공부를 다시 시작한다.

기명아, 기명아

(2003.10.06. 엄마)

결코 한 번 불러서는 기명은 대답이 없다. 그렇다고 두 번째 대답이 양호한 것도 아니다. 바쁜데 왜 불렀는지?하는 생뚱한 얼굴이다. 외출 후 방문을 닫고 들어가 나오질 않아서, 부르니 마지못해 나오는 아이의 모습은 다른 색깔이다.

어제는 광고 용지에 있는 할인쿠폰을 오리더니 bag을 달라고 한다. bag 속에 여러 가지 물건을 넣고는 엄마에게 'magic' 하면서 열어 보인다. 선글라스와 권총 그리고 손목시계는 기명의 필수품이다. 외출 시 선글라스를 잊고 나오면 집에 도착할 때까지 선글라스, 선글라스 노래를 부른다. TV를 보면서도 선글라스로 색의 다름을 느껴 본다. 손목시계는 항상 슬리핑 타임이다. 식사 중에도 시계를 보며 '슬리핑 타임' 하며 웃는다. 그리고 중간 중간 권총을 꺼내 검지 손가락에 끼고 서부의 사나이처럼 돌린다. 제법 실력이 늘었다. 그 맵시가 일품이다.

기현과 저녁식사를 준비하는데, 기명은 TV를 보면서 얘기한다. "엄마, 왔다 갔다 먹어?" 무슨 말인지 몰라 어리둥절해 하는 엄마에게 기현은 통역한다. TV를 보면서 식탁을 오고 가며 먹겠다는 뜻이란다. 기명의 말은 아직은 들을 때마다 깊게(?) 생각하지 않으면 알 수가 없는 표현들이 많다. 기현은 그런 엄마에게 "요즘은 엄마보다 내가 통역을 더 잘하는 것 같아요." 하면서 웃는다.

식사 중 기현과 많은 이야기를 한다. 홍합국을 먹으면서 기현은 "이 홍합도 홍합농장에서 나오나요?" 한다. 홍합농장? 양식장이 아닌가? 이곳에서는 양식장을 'farm'이라고 한다.

기명은 '왔다 갔다(?)' 밥을 먹는다. 해물을 좋아하지 않는 기현은 엄마의 성화에 못 이겨 홍합국을 먹는다. 해물이 건강에 좋은 거야! 큰아들!

젓가락 마스터

(2003.10.07. 기현)

기명은 무엇이든 잘한다. 젓가락이든 가위질이든. 닥치는 대로 무엇이든 상관없이 마술처럼 배우고 커나가는 사랑하는 동생이다. 물론 기명이도 "싫어. 못해"도 하지만, 어린아이의 수준으로서는 아주 유능하다. 아직 마음을 표현하는 말이 완벽하지 않지만 많은 것들로 나를 놀라게 한다.

기명이는 손재주가 아주 좋다. 손에 무엇을 쥐기만 하면 그 물건을 아주 실용적으로 잘 사용한다. 연필이면 그림을, 가위이면 그림들을 광고지에서 오려낸다.

오늘 저녁에는 자주 사용하지 않은 젓가락으로 매운 김치를 집어서 물에 씻었다. 처음에는 힘들어하던 기명은 이제는 확실한 젓가락질의 '감'을 잡은 것 같다. 다른 아이들은 젓가락질을 잘하려면 오래 걸린다던데. 나도 5-6살 때부터 젓가락질을 잘하였다고 부모님이 말씀하셨는데, 기명은 "아니 벌써!"이다.

어떤 것에 실패하면 포기는커녕 더욱 더 열심히 노력해서 끝장을 보는 '끝장파'이다. 이러한 장점을 잘 살려가면서 기명이가 건강히 성장하면 좋겠다. 그리고 형의 말도 잘 들었으면 좋겠다.

항상 놀라운 능력들을 보여 주는 기명. 우리에게 웃음을 준다.

엄마는 한 달에 얼마 벌어?

(2003.10.25. 엄마)

기현은 아르바이트 광고용지 배달로 첫 수당을 받았다. 1주 1회, 매주 금요일 배부, 1회 220부, 4주: $68.91. 4주마다 4회에 관한 수고비가 통장에 입금된다.

수당 입금 날짜를 손꼽아 기다리던 아이가 제 날짜에 입금이 안 되니, 늦은 시간임에도 담당자에게 확인 전화를 한다. "너무 늦었으니 내일하면 어떻겠냐?" 라는 엄마에게 "내 돈인데?" 한다. 전화로 확인하니 오후 늦게 넣었으니 내일은 입금될 것이라는 담당자의 답변이다. 다음날 등교하면서 엄마에게 입금 확인을 부탁한다. 기현을 14년을 키우면서도 자기 것에 대한 큰 애착을 보이는 것은 이번이 아마 처음이고, 대견한 생각이 든다.

처음 아르바이트 일을 하는 것에 걱정을 많이 하였다. 이곳의 아이들의 하는 일반적인 아르바이트이고, 좋은 경험이라 생각해 허락했지만 매번 걱정이 앞선다.

학교를 마친 후 입금을 확인하고서 기현은 엄마에게 묻는다. "엄마는 한 달에 얼마 벌어? 아빠는 한 달에 얼마 벌어?"

작은 액수지만 당당함이 들어 있다. 정말 기현의 아르바이트 한 달 수입이 만만치 않다. 광고지 배달: $68.91, 집 정원 잔디깎기: $20, 때때로 집안일 돕기: $10 등등.

유난히 금요일의 날씨는 흐리고 비바람이 잦다. 기명을 데리고 기현의 광고용지 배달을 도와주며 운동 삼아 다녀 본다. 의젓한 기현이가 든든하고 그저 대견할 뿐이다. 하지만 아직은 어린 나이라서 때로는 가난한 아이라고 볼 수 있는 주변의 시선을 의식하지 않을 수는 없나 보다.

즐거운 마음으로, 운동하는 기분으로, 또한 주변의 시선은 기현을 대견하게 바라보는 긍정적인 시선으로, 그 생각을 바꾸라고 용기를 준다.

그러면 기현은 "엄마! 걱정하지 마세요." 의젓한 아들이다.

도시락 두 개

(2003.11.01. 엄마)

기명이가 누워서 재롱을 부린 게 엊그제 같은데, 벌써 3년하고도 6개월이 지났다. 이제는 행동하기에 앞서 엄마나 형의 허락을 구하고, 부탁하며, 상대방을 배려하며, 인정할 줄 아는 생각 있는 아이로 성장하였다.

1년 전 기명이가 유치원에 갈 시기가 돼서 지역마다 있는 국립유치원에 등록을 하니 1년 정도를 기다리라고 하였다. 이곳을 다니며 친구들을 만나고, 지역이 같고, 또한 초등학교도 유치원 친구들과 같이 들어가 적응하기에 좋은 장점이 있어 오랜 시간을 기다린 끝에 드디어 기명의 나이와 순서가 맞아 연락이 왔다. 물론 유치원비도 donation 형식의 단 '$2'이라는 것 또한 큰 장점 중의 하나다. 그래서 오전은 종전에 다니던 유치원에, 오후에는 국립유치원에 월, 화, 목요일에 다닌다. 오전 10시와 오후에 티타임이 있어 도시락을 싸야 하니 하루에 두 개의 도시락을 준비한다. 한국은 요즘 무상급식으로 중·고등학생도 싸지 않는 도시락을 기명은 유치원을 다니며 두 개씩 싸간다.

고등학교 시절 대학입시를 준비하며 가지고 다녔던 도시락 추억에 잠겨 본다. 기현은 고시 공부하는 것 같다며 그런 동생의 모습을 흐뭇해한다.

엄마! car 어디 있어?

(2003.11.04. 엄마)

기명은 이제 짧지만 문장을 만들어 말을 한다. 유치원이 끝나고 엄마 손을 잡고 주차장을 향하면서, 순간 엄마를 놀라게 한다. 말이 늦어 때가 되면 하리라는 확신을 갖고 기다렸는데, 완벽한 완성된 문장을 사용하여 말을 하였다. "엄마! car 어디 있어?" 라는 말이다.

아! 나는 행복하다.

큰아들의 조언

(2003.11.06. 엄마)

여름을 앞둔 뉴질랜드의 뜨거움은 모든 걸 녹여 버릴 듯 강렬하다. 한국에서는 양산을 쓰거나 그늘을 찾아 햇볕을 피했는데, 선탠을 하는 '키위' 들을 보면 그래도 피부는 White를 자랑한다.

기명은 오전, 오후 유치원에서 햇볕에 노출된 채 놀 것을 생각해 이번 주부터 발라주기 시작한 썬 크림 바르기를 싫어한다. 바르는 과정과 냄새가 싫은지 잠깐 구름에 가려 해가 보이지 않을 때면 어김없이 하늘을 보며 "sun이 없다" 라고 말하며 바르기를 거부한다. 기명보다 한 살씩 많은 유치원의 친구들이 모자를 거꾸로 쓰는지 기명도 따라서 쓴다. 그리고 뒷부분 모자의 크기를 조절하기 위해 만든 구멍 사이로 머리카락을 빼서 한껏 멋을 부린다.

기명은 아직 익숙지 않은지 오후 유치원에 가기를 싫어한다. 오전반이 끝나고 집에 와서 점심을 먹으며, "나 여기 있어", "나 집에 있어"를 반복하며 눈물을 흘린다. 엄마와 집에서 있기를 좋아한다. 몇 번의 눈물에 마음이 약해져 기현에게 얘기를 하며 네 살이 넘어 보내고 싶은 마음을 보인다. 기현은 단호하다. 깜짝 놀라며 엄마의 생각이 틀렸다고 한다. 지금처럼 보내면서 친구들도 사귀고, 학교 갈 준비도 하여야 한단다. 여기서는 다섯 살에 학교에 들어가니 기현의 말이 맞아 약해진 마음을 추스르고 기명의 눈물에 스스로 강해지려 노력해 본다.

기현의 나이가 몇살인가? 14살의 큰아들이 순간 이렇게 커 보이고, 반면에 엄마는 늙어가는 모습이 보인다. 말수가 적은 기현이가 가끔 내 자신을 뒤돌아보게 할 때가 있다. 주위에서 나무랄 데 없이 반듯하게 컸다고 칭찬을 할 때면 나는 기뻐서 팔불출 마냥 웃음을 환하게 짓기도 한다.

다행히 기명은 울 때와는 달리 오후 유치원에 도착하면 잘 논다. 달리는 차 속에서 "Oak tree Kindy, Impact Church Kindy" 하며 스스로 위로하는 듯하다. 도착하면 엄마는 가는 것으로 알고 bye bye!를 하며 걱정했던 엄마의 마음을 환하게 만들어 준다. 불안한 마음에 한동안 지켜본다. 그림을 그리고, 역시 보라색으로 먼저 손이 간다. 다음에는 여러 가지 공구가 있는 곳으로 가더니 망치질을 하고 톱질을 한다. 마음으로야 함께 놀아주고 싶지만, 아이 스스로 잘하는 것을 괜한 엄마의 노파심인 것 같다.

무거운 발길이 가벼워진다.

수영장

(2003. 11. 11. 엄마)

토요일은 기현의 테니스 레슨이 있는 날이다. 기현을 내려주고 기명과 장을 보러 갔다. 집 방향과 다르니 기명은 뒤에서 "엄마! going?" 기명의 편리한 화법이다. "Doing? Going?" 요즘은 'enough'를 배웠는지 음식이 먹기 싫으면 "엄마! enough" 이라고 표현한다. 아직 완벽한 문장은 구사하지 못하지만, 엄마나 형, 그리고 상대편이 알아듣는 데는 지장이 없는 듯하다. TV에서 나오는 광고나 만화영화에서 나오는 음악 등은 따라서 한다. 대사 또한 또렷한 발음을 한다. 제법 흥얼거림이 정확하다. 엄마나 형이 옆에서 듣고 놀라며 박수를 치면 더더욱 흥이 나서 잘 알지 못하는 부분까지 따라서 한다.

하지만 아직도 아기임이 틀림없다. 기명은 '아기'라는 표현을 싫어한다. 그럴 때면 "me, boy!"라고 반박한다. 아직도 낮잠을 자야 하고, 잠에서 깨면 형보다는 엄마가 있기를 간절히 원한다. 그러나 상황 판단은 잘하는 편이다. 엄마가 정말 옆에 있어 줄 상황이 아님을 알게 되면 형이 태워주는 목마를 타고 헬로우를 외치기도 한다.

점심 후 수영장을 가니 기명은 자기의 방식대로 엄마를 옆에서 꼼짝할 수 없게 만든다. 수영을 가르치니 물이 무서워 온몸이 뻣뻣하다. 보드를 받쳐 엄마가 끌어주며 따라다니라고 한다.

기명을 수영강습을 받게 해야 할까?

큰아들 기현을 뿌리 깊은 나무라고 표현하고 싶다. 이제는 키도 훌쩍 커버려 엄마가 기대고 싶은 듬직한 나무로 성장했다. 가끔 동생 기명이가 많이 귀찮고 힘들 텐데도 사랑으로 받아들인다. 동생에게 목마를 태워주며 움직일 때면 아빠가 와 있다는 착각을 한다. 아빠의 역할을 대행함이 어찌 그 뿐이랴!

 기현은 방학을 앞두고 다음 주부터는 시험이 시작된다. 전년도에 테스트 했던 시험지를 구하고, 스스로 답을 찾고, 글을 써나가며 준비하는 모습에 엄마는 든든하다. 기현은 오늘도 새벽에 일어나 공부를 한다. 공부로 인한 피곤함은 말로 다할 수 없겠지만, 맑은 새벽공기를 마시며 하루를 시작함이 얼마나 정신건강에 도움이 되고 있는지를 깨달은 듯하다.

 며칠째 비가 내리지 않아 정원이나 밭이 말랐다. 작년에 지었던 농사에서 떨어진 씨들이 봄이 되니 제각기 얼굴을 나타낸다. 상추, 아욱, 방울토마토, 시금치들이 싹이 나오고 있고, 기현과 기명이가 좋아하는 딸기를 심었더니 제법 잘 자라고 있다.

OK! 엄마!

(2003.11.14. 엄마)

 "Sorry 엄마" "Ok 엄마" 요즘 기명의 대답 중 일부분이다.
 엄마가 부탁을 하거나 나무랄 때면 어김없이 나오는 대답들이다. 힘없이 부드럽게, 특유의 억양으로 대답할 때면 나도 모르게 웃음이 나온다. 무서운 엄마임을 보여줘야지 하다가도, 이 말을 듣는 순간 나는 웃음이 절로 나오게 된다.
 기현은 이런 동생의 대답을 들을 때마다 웃음을 참지 못하며, "이렇게 대답하는데 누가 화낼 수가 있겠어요?" 한다. 그 대답은 엄마의 마음을 위로해주기도 하지만 중요한 건 기명의 반응이다. 대충 넘겨보려는 그 아이만의 생각이 숨어 있다. 하루 동안 기명의 그런 대답은 아마 2, 30

번?

밥이 먹기 싫으면 배가 아프다며 배를 움켜쥐고 괴로워하는 표정을 짓는다. 물론 처음에는 놀라서 약을 먹이고 '엄마 손은 약 손'을 하며 만져 주기도 했다. 하지만 약을 받아먹는 기명의 표정은 언제 아팠냐 하는 표정. 송씨 집안의 내력인지 약 먹는 건 프로 중 프로, 이제는 밥이 먹기 싫어 배가 아프다고 할 때면 속지 않는다. ㅎㅎㅎ 그때 역시 기명의 대답은 "Sorry 엄마" 정말 능청스러울 정도다. 배가 정말로 아픈 줄로 엄마가 믿어서 위기(?)를 극복하면 좋고 아니면 말고 이런 마음을 가진 듯한 표정이다. 하지만 팔불출 엄마는 엉덩이를 두드려 주며 "예쁜 아들!" 한다.

기현은 다음 주부터 시험이다. 본인은 NZ수준으로 볼 때는 최선을 다하지만, 한국 수준인 엄마의 마음을 흡족하게 하는 열심은 아니다. 하지만 새벽이면 어김없이 일어나 최선을 다하는 모습은 높이 평가하고 싶다. 결과? 물론 만족하리라 확신한다.

두 아들이 깊은 잠에 빠졌다. 내일은 토요일이다. 기명은 조금씩 요일에 민감해지며, 아침이면 유치원에 가는지부터 확인한다.

내일 아침도 일어나면 "Mum! Kindergaten Yes?" or "Holiday?" 할 것이다.

기명의 법칙

(2003.11.14. 엄마)

기명은 아침에 깨어나면 엄마를 부르고 형에게 달려간다. TV를 보고, 비디오테이프를 틀어줄 것을 요구한다. 그러면 유치원에 가야 한다고 하면 "아! 맞다." 라는 대답과 함께 '유치원에 갔다 와서 보자'라며 스스로에게 말한다.

 식사를 할 때면 한 자리에 앉아 먹기보다는 식탁과 거실을 왔다 갔다 하며 먹기를 원한다. 양치질을 배우고 난 후부터는 양치질을 해야만 잠자리에 들 수 있다고 생각한다. 참 좋은 습관이다.

 식사를 한 후 "양치질을 하세요" 하면 "엄마! 슬리핑?" 한다.

 아침에 방에 들어가 하루의 패션에 대해 고민을 하고 스스로 결정해서 옷을 입는다. 하지만 그런 선택에 대해 엄마는 반대를 거의 하지 않는다. 가끔은 계절에 맞지 않아 당황스럽기도 하지만 크게 상관하지 않는다

 유치원에 가기 전, 아침에 모든 준비를 마친 기명이 TV 시청 시간은 여유롭다. 프로그램이 끝나면 유치원에 가기 위해 가방을 어깨에 메고 출발을 한다. 때로는 걷기를 싫어하는 기명이 꼭 하는 질문이 있다. "엄마! 워킹?"

 때로는 아침의 맑은 날씨가 좋아 걷자고 하면 얼굴을 찡그리며 "me, 다리 아퍼" 하며 허리를 굽히고 우는 소리를 한다. 건강을 위해서, 그리고 하늘을 바라보며 엄마와 손을 잡고 가보자 하면 금세 얼굴이 환해지고 한 집, 한 집 지나치며 집 마다의 특성을 이야기한다. 밤새 달팽이가 그려 놓은 시멘트바닥의 지도를 보며 달팽이는 어디를 가느라 이 길로 갔는지? 지금은 왜 달팽이의 모습이 보이지 않는가? 에 대해 의문을 갖는다. 개가 있는 이웃집을 지나갈 때면 혹 개가 짖을까 봐 엄마에게 조용히 하라며 "쉿!" 하며 걸음조차도 사뿐사뿐이다.

 유치원에 도착하면 엄마에게 안겨 '뽀뽀'를 하고 '바이 바이'를 한다. 간혹 기명이가 흔드는 손을 보지 못해 '바이 바이'로 답을 하지 않으면 다시금 돌아와 '뽀'를 하고 확인을 한다.

 정오가 되어 유치원 마치는 시간에 기명을 데리러 가서 보면, 선생님의 읽는 책은 뒷전이고 엄마와 눈을 마주치며 입술만 움직인다.

 "엄마! going?, 엄마! doing?" 이 시간 이후 어느 곳을 갈 것이며, 무엇을

할 것인지를 궁금해 한다. 집에 도착하면 손을 씻고 방문을 닫고 무언가를 한다. 문을 열고 나타나는 기명은 또 다른 패션이다. 아마도 유치원에서 집에 가면 무슨 옷을 입을 것인지를 미리 마음 결정하고 오는 것 같다.

사랑스러운 기명은 큰아이에게서 얻지 못했던 아기자기한 즐거움이기도 하다. 기현은 화요일인 오늘이 시험 둘째 날이다. 옆에서 수학을 열심히 풀고 있다. 어제 제2외국어 시험은 100% 만족(?)이라고 했다. 기현, 파이팅!

기현의 외출

(2003.11.22. 엄마)

기현은 2003년을 마무리하는 학년말 고사를 치르고 친구집으로 하룻밤 여행을 떠났다. 교외에 위치한 친구네는 아빠가 목장을 하고, 엄마는 기현이가 다니고 있는 '랑기토토 칼리지'의 수학 선생님이다.

기현의 침대를 보며 기현이 없이 하룻밤을 보내기가 못내 서운한 마음이 들었다. 친구 차에 오르며 연신 싱글거리며 기현은 손을 흔들며 갔다. 기명은 처음엔 형이 금방 오려니 했다가 오지 않는 형을 찾는다.

주말에 기현이가 했던 아르바이트를 기명과 둘이서 대신하였다. 가끔 기현을 도와주는 역할만 할 때에는 운동 삼아 가벼운 마음이었다. 혼자서 기명과 한다는 것이 여간 힘든 게 아니다. 220부의 광고지는 줄어들 줄 모르고, 점점 무거워지는 발걸음에 큰아들이 고생이 많았구나 생각이 든다. 기명도 엄마를 따라 다니지만 점점 힘이 드는지 좋아하는 비디오테이프를 보며 혼자 집에 있겠다고 한다. 그런 아이를 집에 혼자 놔두고 다니기가 걱정이 돼서, 나 혼자서 겨우 한바퀴 돌고 돌아오니 "엄마 finish?" 하며 환한 얼굴로 엄마를 마중한다. 아이구 모르겠다. 나머지는 새벽에 하여야겠다 하고, 기명과 둘만의 오붓한 저녁 시간을 가져 본다.

기명은 점점 우는 소리를 잘한다. 어린양을 하느라 그런지 유난히 엄마 품만을 그리워하고, 아기로 다시 돌아간 것 같다. 눈물은 미리 준비한 듯 상황에 따라 주르르 흘러나오고, 멈추는 것 또한 올림픽 감이다.

국물을 좋아하는 기명은 후루룩후루룩 잘 마신다. 밥보다는 군것질을 좋아하지만, 엄마가 식사 전에는 허용하지 않는다는 것을 알기에 밥을 약간 먹은 후 엄마의 마음을 푼 후 자기의 목적 달성을 한다. 초콜릿을 좋아해서 하루의 양을 정하고, 먹고 난 후에는 항상 스스로 양치질을 한다. 하지만 좋아하지 않는 과일 등을 먹을 때면 몇 번 먹는 시늉만 하다가 나에게 인심을 쓰는 척하며 먹여주기까지 한다. 웃기는 사랑스러운 아들이다.

이전에는 어린이 TV를 볼 때는 신나는 음악이 나오고 장면이 쉽게 바뀌는 프로를 좋아하더니, 영어를 이해하고, 알아듣기 시작하면서부터는 시청하는 프로그램의 차원이 한층 높아졌다. 때로는 주위가 소란스러우면 "쉿!" 하며 조용히 해줄 것을 요청한다.

이제 유치원 생활을 한 지도 1년이 돼간다. 깜짝깜짝 놀랄 정도로 생각지 못한 단어들을 쏟아 부을 때면 어린아이들의 깨끗함이 스펀지처럼 흡수한다더니, 기명의 늦은 말을 걱정하던 지난 시간들을 위로해 준다.

아침이다. 기현은 어젯밤 얼마나 좋은 시간을 보냈을까? 아마도 날을 밝히면서 친구들과 많은 얘기를 하고 이제야 꿈나라에 갔는지도 모르겠다.

친구들에게 bye! bye!

(2003. 11. 26. 엄마)

아침에 유치원에 도착하니 친구들이 기명을 기다린 듯 반갑게 맞이 한다. "하이! 기명" "하이! 기명"

그러나 기명은 대답을 하지 않고 허리에 손을 얹고 입을 삐죽이 내밀기만 한다. 잘난 척(?)하는 표정이다.

그러더니 곧바로 출석부에 싸인도 하기도 전에, 어깨에 메고 있던 가방을 엄마 손에 넘겨주고, 친구들을 따라 놀이를 찾아 나선다. 그런 모습을 보며 안심하고 돌아서는 엄마를 보고 기명은 돌아와서는 "엄마 뽀뽀" "엄마 뽀뽀"

낮 12시 기명을 데리러 다시 유치원에 갔다. 선생님은 책을 읽고 기명은 친구들에게 둘러싸여 무엇인가에 열중이다. 하나 둘 아이들을 찾아 들어오는 엄마들의 소리에 기명은 그 때서야 엄마와 눈을 마주치며 씽긋 웃는다.

주차장에서, 그리고 출발하려는 차 속에서 "창문을 열어주세요" 하더니 양쪽의 친구들을 향해 바이 바이를 외친다. "유안 빠빠이, 크리스 빠빠이"

유치원에서 함께 하루 8시간을 보내며 어쩌면 가족보다 더한 사랑들을 느끼는 걸까?

기현의 평화로움이 계속되고 있다. 지난 주 치른 시험결과가 한 과목씩 나올 때마다 만족해하는 모습이 보기 좋다. 열심히 한 결과의 흡족함이다.

12월 5일부터 두 달간의 방학이 시작이다. 기현은 배낭여행의 꿈을 갖고 있다. 아르바이트로 용돈을 저축하며 세계를 여행하려면 얼마나 많은 시간을 걸릴까? 하며 궁금해 한다.

아빠처럼

(2003.12.03. 엄마)

기명은 아침식사를 하며 콩조림을 먹지 않겠다고 투정을 부린다. 콩을 먹으면 건강해지고 키도 많이 클 것이라고 설명을 한다. "아빠 처럼?" 하고 나를 쳐다 본다. 기명의 얼굴을 보니 눈에는 눈물이 글썽 들썽, "아빠를 만나면 I Love You 할 거예요" 라는 말을 한다. 갑자기 우리 가족은 아빠 생각으로 침울… 하지만 다시금 기운을 되찾고, 아빠가 뉴질랜드에 오시면 공항에서 맞이하는 상상들을 해본다.

기명은 손을 씻으러 목욕탕에 들어가면 '함흥차사'. "기명 뭐 하니? 짜잔~" 하며 나타난 아이의 머리는 온통 하늘을 향해 서 있다. 무스 대신 물을 잔뜩 바르고 얼굴에 물이 뚝뚝 떨어지지만 만족해하며 엄마에게 자기 모습이 어떤지 묻는다. "Me 아빠 같아?", "그래 정말 멋있구나. 엄마는 아빠가 오신 줄 알았어요" 신이 난 기명은 자기가 머리를 어떻게 만들었는지 설명하느라 조그만 입술이 바쁘다.

기현이가 키에 대해 이야기 할 때면 먼저 알아듣고 아빠와 비교도 한다. 엄마도 아빠보다 작고, 형도 역시 아빠와 비교할 수 없다는 표정이다. 기명이가 아는 그 모든 사람들을 동원해도 아빠만큼의 큰 키는 존재하지 않는다. 시계를 손목에 차면서도 "아빠같이" 라는 말이 따라 붙는다. 기명에게는 함께 살지 않는 아빠가 가장 위대하고 그리운 대상이다. 그리고 그 순간은 항상 눈물이 함께한다. 아빠! 빨리 오세요.

기현은 내일 방학이다. 방과 후 피곤했는지 편도가 붓고 감기기운이 있어 약을 먹고 잠이 들었다. 칼리지 1년 동안의 생활이 많이 힘들었겠구나 하는 생각을 하니 마음이 쓰인다.

기명과 함께 정원을 한 쪽의 밭에 나가 보았다. 빨갛게 익은 딸기를 기명이가 직접 따서 먹게 하려고 아껴뒀었는데 새들이 어느새 따먹었는지 없어져 버렸다. 잔뜩 기대를 했던 기명은 새들이 먹었다는 설명에 "으응" 한다. 정원에서 자전거를 타고, 낙서도 하더니 엄마 옆에 와서 풀을 뽑는다. 잠시 후 그것도 싫증이 났는지 엄마 귀에 대고 귓속말을 한다. "기명 초콜릿 Yes?" 한다. 나는 기명의 귀여움에 거절할 수가 없다.

지금 이 글을 쓰고 있는데도 또 다시 귓속말을 한다. "엄마 초콜릿 Yes?" 엄지와 검지로 하트 모양을 만들고 애교를 부리지만 더 이상은 허용할 수 없다. 기명이가 좋아하는 초콜릿이지만 하루의 양을 정해 놓았기 때문이다. 기명은 엄마가 거절할 줄 알면서도 부탁을 하고, 그러나 결코 떼를 쓰지 않는다. 고집이 세지만 지혜로운 아이다.

엄마에게 사랑을

(2003.12.05. 엄마)

기명은 컴퓨터 작업을 하고 있는 엄마의 팔에 '뽀뽀' 하고 싱긋 웃고 나간다. 다시 들어와 회전의자에 앉아 의자를 돌리며 엄마에게 조금씩 가까이 다가오는 기명을 안아주니 눈물을 글썽인다. 기명은 항상 엄마가 옆에 있어 주기만을 원한다.

형과 함께 책을 읽고 잠을 자라고 하니, 또 눈물을 흘리며 "형 예뻐 No", "형 예뻐 No" 그러다가 형과 놀고 있는 기명의 웃음소리가 크게 들려온다. 기명은 자기의 기분에 따라 형, 엄마가 좋고 싫고의 반복이다.

유치원에서 편지쓰기를 배우더니 엄마나 아빠, 그리고 형에게 가끔 레터를 보낸다. 오늘은 엄마가 기명에게 편지를 써서 주니 기분이 좋은지 하루 종일 들고 다니며 소중하게 간직한다.

기현은 어제부터 2개월의 방학에 들어갔다. 우리가 한국에 들어갈 기회가 생겼지만, 아빠를 모두가 기다리는 중이다. 기현은 의젓하게 묵묵히 기다리지만, 기명은 선물을 생각한다. 벌써 온 집안이 들썩거린다.

벌써 마음이 변했어요. 아이구 나는 망했다

(2003.12.07. 엄마)

아들 둘을 키우다 보니 큰아들에게서 느끼지 못했던 것들이 작은아들에게서 발견한다. 어려서부터 의젓하고 순하기만 했던 기현이었지만, 그런 중에도 엄마 품에서 잘 떨어져 오히려 마음으로 서운할 때가 많았었다. 의외로 기명은 기현에 비해 씩씩하고 남성다운 면모를 두루 갖추고 있음에도 엄마 품에서 떨어지는 것을 싫어한다. 막내라서 어린양도 심하고 항상 엄마의 주위에서 벗어나지 않는다. 그럴 때면 힘이 들지만 엄마만을 사랑하는 작은아들에게 따뜻함을 느낀다.

기명은 몇 개월 전부터 갖고 싶어 하는 장난감이 있었다. 크리스마스를 앞두고 세일을 하기에 큰마음을 먹고 어제 사줬다. 기명의 표현대로 하면 'Cooking' 이다. 기명은 주방용품에 관심이 많다. 하루 온종일 그것에 매달려 음식을 만들어 엄마와 형에게 주면서, 얼마나 즐겁고 만족해 하는지 엄마 역시 뿌듯함을 느꼈다.

그랬었는네 아뿔사! 기명은 다시 새로운 장난감을 사달라고 한다. "그럼 쿠킹과 바꿀까?" 하니 "음-" 하며 생각을 하던 기명은 "응!" 하고 대답을 한다. 혹시나 하고 반복해 물어보니 역시나 "응!"이다. 비록 세 살이지만 그 얼굴에 미안해하는 미소로 말이다. 정말 쉽게 변하는 자기 마음에 미안함을 느꼈을까? 쿠킹 쿠커를 선물한 지 겨우 24시간이 지났을 뿐이다.

주일이다. 기명은 오전 영어예배부터 참석해 즐겁게 왔다 갔다 하더니 예배 도중 잠이 들었다. 오후 한인교회의 예배 때에는 형을 따라 유치부에서 친구들과 예배를 드리고 초콜릿을 받아왔다.

조금씩 엄마 품을 떠나보지만 단 5분을 넘기지 못하고 돌아온다. 어느 곳을 가든지 엄마 귀에 속삭이는 기명 "엄마 go home"

기현은 예배 후 축구를 하고 와서 피곤한지 일찍 잠이 들었다.

형! 추워?

(2003.12.11. 엄마)

이 여름에 웬 추위?

기명은 네 살이 가까워지는 지금도 낮잠을 잔다. 낮잠을 잔 날은 저녁에 잠이 잘 안 오니 뒤척이며 고생을 한다. 엄마가 잠자리에서 읽어주는 서너 권의 책은 기명의 잠 재우기에는 턱없이 부족하다. 그래서 낮잠을 자지 못하게 노력을 해봤지만 결국은 늦은 시간이라도 잠을 잔다.

오늘은 낮잠을 자지 않고 형과 잘 노는 것 같아 모처럼 촉촉해진 밭을 정리한다. 기현은 골프 연습을 하고, 기명은 물총으로 장난하며 온 집안을 뛰어다닌다. 하지만 골프 연습을 하느라 형이 같이 놀아주지 않으니 슬그머니 방으로 들어간다. 그리고는 "형아! 형아!" 형을 부른다.

기명이가 "형! 추워?" 물으니 기현은 "아니" 대답을 한다. 그러나 기명은 방으로 "형 추우니까 들어 와 들어 와" 한다. 혼자 노는 것이 심심했는지 뜨거운 햇볕이 쨍쨍 시간에도 춥다는 엉뚱한 발상을 하는 기명이가 귀여운지, 기현은 엄마에게 기명의 마음을 전하며 웃는다. 형이 놀아준다고 하니 다시 밖으로 나와서 형과 자동차를 타고 동네가 떠나갈 듯 웃는다. 밭에서 일하는 엄마에게 와서 '뽀뽀'도 해 주고, 물놀이를 하면서 형의 바지에 물을 뿌리며 박수를 치며 좋아한다.

기명의 지나가는 모든 길은 흔적이 남고 남아나는 것이 없다. 안방 욕실에 있는 체중계에 올라 몇 번 콩닥거리는 것 같더니 체중계가 더 이상 움직이지 않는다. 모든 장난감의 손잡이나 뜯기 쉬운 부분은 일단 잡아서 뜯어 놓고, 엄마에게 본드로 붙여 달라며 갖다 놓는다. 한두 번이 아닌지라 그냥 가지고 놀라고 하면, 눈물을 글썽이며 꼭 고쳐서 사용해야 한다며 엄마에게 영어 반, 한국말 반으로 부탁을 한다.

온 집안이 조용하다.

기현은 오후 늦게 구워준 사과파이를 먹고 배가 고픈지 라면을 끓여 먹는다. 방학 중의 계획표를 짜 놓고 실천하기 위해 노력한다. 자신과의 약속을 지키는 모습을 보면 대견스럽다.

테니스, 수영, 노후 보장

(2003. 12. 15. 엄마)

뉴질랜드의 요즘 날씨는 5년 동안 살면서 처음 느끼는 무더위다. 아마도 오존층의 파괴로 인한 기후변화는 이곳 뉴질랜드도 예외는 아닌 것 같다. 밖은 항상 뜨거운 태양에 눈을 뜰 수 없을 정도지만, 집안은 언제나 서늘하다. 쾌적한 날씨에 한국의 습한 여름과는 달리 지낼만한 여름이었는데 이제는 무덥기만 하다.

High School이 방학에 들어가고, 유치원이나 초등학교, 중학교는 아직 학교생활을 한다. 기현과 엄마는 기명이가 유치원에 가 있는 오전 시간을 활용하고자 테니스클럽에 회원가입을 하고, 우리는 테니스 경기를 했다. 기현은 코치에게 배운 써브 연습을 하고, 엄마는 공을 받아주며 뙤약볕에서 땀을 흘렸다. 운동하기 편안한 복장을 한 엄마와는 달리 연세가 많은 할머니들의 멋진 미니 스커트 복장이 보기 좋았는지, 엄마에게도 멋진 스커트를 입으라고 권한다. 수영장을 가도 걷기도 힘들어 보이는 노인들이 아쿠아를 하고, 또한 쉬지 않고 수영을 하는 것을 보고 많이 놀랐다. 한국에 계신 부모님을 생각하며 참 다른 삶을 보는 것 같아 왠지 가슴이 찡해졌다. 노후 보장제도가 잘 돼 있는 이곳의 노인들의 생활은 여유가 있어 보인다. 스포츠를 즐기고, 삼삼오오 짝을 지어 노상 카페에서 커피를 마시며, 미소 짓는 여유로운 모습은 마음의 여유를 갖게 해준다.

운동을 마치고 돌아오는 길에 기명의 크리스마스 선물을 사고, 꼭꼭 숨겨 놓은 뒤 깜짝 놀라게 해주기로 둘만의 비밀을 만들었다. 유치원에 기명을 데리러 간다. 차 속에 함께 와 있는 형을 보고 반가운지 연신 손을 흔들며 "형! 형!"을 부른다. 따뜻한 형제애를 본다.

"형! don't like", "형! 형!"

(2003.12.21. 엄마)

정원을 정리하고, 그늘을 찾아 아이들과 모처럼 시간의 여유를 가진다. 하늘을 바라보니 구름의 모양이 아름답다.

차를 마시며 아빠를 생각하고, 오실 날짜를 확인하니 열흘 남짓이다. 든든한 큰아들 기현은 말없이 하늘을 바라보지만, 누구보다도 그 그리움은 더하리라. 기명은 아빠에 대한 이야기만 하면 온통 선물, 선물이다. 엄마는 무슨 생각할까?

차를 마시며 여유를 갖는 엄마 옆에서 자전거를 타던 기명은 나무 가지에 걸쳐 있는 거미줄을 보고 엄마 손을 잡아끈다. "엄마! 배트맨 하우스", "배트맨 하우스?" "그래! 거미줄이구나" 가끔 기명의 영어와 한국말의 혼합사용은 엄마에게 혼동을 준다. 하지만 단순해서 잊고 사는 단어들을 잠시 생각할 기회를 주는 아들이 고맙다.

식사 때마다 하는 기도를 기명이가 싫어한다. 간단하게 "아멘만 하세요." 하니 이마에 손을 올리고 경례를 한다. '하나님께 경례'이다.

엄마나 형이 대표기도를 하면 눈을 뜨고 장난을 하는 듯하지만, "예수님의 이름으로 기도 드렸습니다" 하면 그 다음은 바로 '아멘' 이라는 것을 알고 가장 큰 목소리로 "아멘!" 그것만으로도 감사하다.

어제와 오늘 이틀 동안 형에게 불만이 있었는지, "형! don't like"를 자주 한다. 외출할 때면 기명의 안전벨트를 매어 주느라 늦게 타는 형을 놓아두고 가자고도 한다. 그리고는 장난스럽게 웃는다. 그런 기명에게 정말 형을 놓고 가자며 출발하여 조금 가는 시늉을 한다. 갑자기 눈동자가 커지며 뒷좌석에서 안절부절이다. '요 녀석 많이 놀랐겠지' 하고 뒷좌석을 돌아보니 눈물을 글썽인다. 차 밖에 있는 형을 안타깝게 부른다. "형! 형!"

"Yours talking 많이, Noisy!"

(2003.12.23. 엄마)

기명의 의사표현이 분명해졌다. "No", "No thanks", "Why" 엄마나 형이 기명에게 감사의 표시를 해야 할 부분에 하지 않아도 "Thank you say to me" 하며 꼭 확인을 한다. 그리고 기명의 대답 "Your Welcome"이다.

저녁식사를 하는 중 기명의 위험한 행동을 보고 엄마와 형이 동시에 기명이를 부르며 조심할 것을 부탁한다. 기명은 두 귀를 막으며 소리를 지른다. "Yours talking 많이, Noisy!"

기현은 식사 전이나 후에 엄마에게 꼭 감사의 말을 한다. 기현 "엄마! 잘 먹겠습니다." 하면, 기명 "잘스(잘) 먹어 엄마!" 한다. 기명의 모든 표현이 완벽하지 않다. 영어와 한국말 두 가지를 동시에 배워 나가기 때문이다. 그래서 말이 늦지만 조금도 문제될 것은 없다. 머릿속에 입력되어지고 있는 무수한 단어들과 문장들이 어느 날 펑펑 쏟아져 나올 것이다.

때로는 시끄러울 정도로 기명의 표현이 많아졌다. 식사 중, 산책 중, 책을 읽으며, TV를 보는 중에도 대답하기가 버거울 때가 많다. 수 많은 말을 하며, 엄마의 대답에 귀를 기울이고, 기명의 의견과 맞지 않으면 이해가 될 때까지 물어보고, 결국은 답을 얻어낸다. 그 때에는 기명의 표현은 "맞다. 맞다." 하며 손뼉도 함께 친다.

아직은 외출 후 옷을 갈아입어라 또는 손을 씻어라 하는 엄마의 말에 기명의 대답은 "괜찮아, 괜찮아"이고, 상처가 나서 약을 발라주며 걱정하면 역시 "괜찮아, 괜찮아."이다.

넘치는 사랑

(2003.12.24. 엄마)

한해를 마감해야 할 시간이 다가온다. 집을 정리하고, 마음을 정리하면서 사랑에 대해 생각해 본다. 아빠가 아이들과 함께하지 못한 시간이 점점 많아지면서 우리가족은 서로에게 더욱 더 깊은 애정을 가지고 생활한다. 아빠에게 받지 못하는 부족한 사랑을 위해, 다른 표현으로 서로 사랑을 섬세하게 나눠주고 메워 준다. 우리는 항상 서로의 마음들을 위로하며 달래주는 방식들을 안다.

커 가는 아이들을 보면서 넘치는 사랑에 홀로 눈물지어 본다. 큰아들 기현은 말없이 듬직하게 항상 엄마에게 친구이자 연인이고, 개구쟁이 둘째 기명은 쓰린 마음을 미소로 또는 큰 웃음으로 채워주며, 따뜻함으로 엄마의 가슴을 위로해준다. 정말 하나님께서는 엄마에게 넘치는 큰 축복을 주셨다.

기현은 친구와 '반지의 제왕'을 보러 갔다. 기현에게 출발 전 두둑한 용돈을 주니 "약간은 부담스러운데" 한다. 나의 아들이지만 착하구나 하는 생각에 아침부터 나는 팔불출이 된다.

외출을 하지 말고 집에 있기만을 원하는 기명은 형 없는 쓸쓸한 오전을 보내더니, 엄마 옆에서 낮잠을 잔다. 새벽 네 시부터 내리던 비는 멈추었고, 햇살이 가득이다. 기현은 햇살 가득한 하늘이 보이면 "하나님이 도와주시는 거야!" 하며 순간순간 기쁨을 노래한다.

아기자기한 기쁨을 남편과 함께하지 못하는 것이 많이 아쉽다.

새해 첫날! 모두가 모이니 든든하고 행복하다

(2004.01.01. 엄마)

2004년 새해 첫날이다.

보통 때와 다름없이 운동을 나가려고 현관을 나서니 조용한 아침이다. 오늘은 새벽마다 걸으며 "good morning" 하며 마주치던 얼굴들도 보이지 않는다. 우리 집 역시 고요하다. 기현아빠는 아직 시차에 적응이 안 되는지 우리들과 다른 시간대에 살고 있다. 한밤중에 혼자서 TV를 시청하기도 하고, 식사 시간 또한 불규칙하다. 그런 때마다 아이들은 종종 걸음으로 안방을 들락날락거리며, 아빠가 일어나기만을 기다린다.

아빠가 일어나 대화를 나누고, 운동을 하며, 그 동안 달라진 그리고 보여 주고 싶은 많은 것들을 함께하고 싶음이리라. 기현은 아빠가 도착하기 전 날에는 흥분해 잠을 이룰 수 없다더니, 아침 일찍 일어나 차분히 책상에 앉아 아침공부를 한다. 기명은 시종일관 아빠에 관한, 그리고 선물에 대해서만 반복된 말을 하고 다닌다. 그리고 엄마와 형을 따돌리고 오로지 혼자서 아빠를 독차지하려 한다. 기명의 아빠 욕심에는 달리 이겨낼 방도가 없다. 또한 기명은 아빠가 사 온 옷과 선물들을 만지지도 그리고 볼 수도 없게 하면서 혼자서 자기만의 공간에서 놀고 있다.

기명은 아빠가 오니 엄마와 형의 모든 부탁이나 말들은 혀를 뾰족하게 내밀고 듣지도 않는다. 이제는 아빠가 있으니 아무것도 아쉬울 게 없다는 표정이다. 괘씸한 녀석! 벌써 배신을…

하루 종일 아빠만 찾으며 잠도 자지 않을 것 같더니만. 하품을 하면서도 노는 기명을 보고 잠자러 가자고 하니 엄마를 따라 온다.

기현과 기명의 밝은 웃음과 아빠가 함께 있는 우리 가족! 이 모두가 모이니 든든하고 행복하다.

산책하며

(2004.01.02. 아빠)

저녁에는 온 가족이 산책을 하였다. 기현은 자전거를 타고, 기명의 손을 잡고서 어두워지는 밤하늘을 쳐다보면서 별들을 보았다. 기현의 자전거행은 시종 즐거운 표정이다. 다행히 선물로 사준 자전거에 만족하는 기현은 "아빠, 고맙습니다" 한다.

손을 잡고 걷는 손에 땀이 젖어 들건만 기명은 자그마한 손으로 내 손을 꼭 잡고 걸어간다. 하늘의 별도 보고, 크리스마스를 위해 장식해 놓은 멋진 전구로 만든 '크리스마스 트리'도 보고 아이들과 산책을 한다.

집으로 돌아 오는 길에 기명을 어깨 무등을 태워주니 대만족이다. 기명은 참으로 많이 컸다. 조금 걷기만 해도 "아빠 다리 tired"를 외치던 기명이가 상당히 먼 거리를 투정 없이 걷는 것을 보니 대견스럽다. 앞서서 걷는 기명의 뒷모습이 어찌도 그리 옹골찬지 흐뭇한 것은 엄마와 아빠이다.

자식을 키우는 재미가 쏠쏠하다던데, 하루 다르게 커가는 아들들이 나를 기쁘게 한다.

유치원에서 재롱잔치를 한 비디오테이프를 돌려 본다. 기명도 잊지 않았는지 그대로 따라서 한다. 재롱잔치 날에는 집중하지 않고 딴 짓을 하던 녀석이 테이프를 보면서는 잘 따라 한다. 아빠가 와서 흥분하였던지 큰아들, 작은아들 '응아'를 하지 못하였는데, 오늘에야 드디어 '응아'에 성공해서 후련한 표정들이다.

기명과 기현은 내가 오고 나서 먹는 양도 줄었단다. 아빠가 식사를 대신해 주는 즐거움을 주는 모양이다. 오늘은 기명과는 놀이를, 기현과는 골프연습장에 다녀왔다. 기현은 피곤한지 잠을 자러 갔으나, 기명은 장난감 놀이를 하면서, 감자튀김, 새우깡, 과일 등을 먹더니 밤 11시가 되어서 잠이 오는지 "good night daddy" 하고 침대로 간다.

아빠가 하는 대로

(2004.01.08. 아빠)

기명에게 양치질을 하라고 한다. 아빠가 하지 않았으니 자기도 않겠다고 한다. 그래서 "언제 아빠가 양치질을 하지 않았어요?" 하고 물으니, 그런 말 한 적이 없다고 딱 잡아떼면서 형을 들먹이며 한참 말이 길어진다. 위기 탈출용으로 아빠를 이용하니 설명이 길어진 듯하다. 기명의 기준은 모든 것이 다 아빠인 것처럼 보인다. 과자를 달라면서도 아빠가 "Okay" 했다고 한다.

어제 정원 손질을 하느라 녹초가 되어 기운이 없다. 그런데 정원을 바라보며 기명은 "looking good"이라고 한다. 어린 눈에도 달라진 정원 모습이 보기가 좋았던 모양이다. 그런 기명의 말에 힘이 다시 살아난다.

기명은 수시로 'nemo' 테이프를 사달라고 한다. 하지만 아직 뉴질랜드에 그것이 수입되지 않아 안타깝다.

기명에게는 아빠는 슈퍼맨이고, 만능해결사인데 말이다, 하지만 사줄 수 없는 상황을 이해하는 기명이가 대견스럽기만 하다. 'nemo' 영화는 이미 형과 함께 보았다고 한다.

기현은 옆에서 공부 중이다. 아직도 공부를 스스로 하기보다는 아빠가 원하기 때문에 공부하는 것처럼 보이기도 한다. 다음 주에는 기현이가 가고 싶어 하는 뉴질랜드의 수도 웰링턴으로 여행을 갈 계획이다.

아빠의 정이 그리운 기명이고, 사춘기 기현에게도 아빠가 필요한 시기이다. 가족의 의미는 함께 살면서 사랑을 나누는 것인데, 내가 이렇게 살아야 하나? 회의감이 든다.

기현아! 고마워!

(2004.01.08. 아빠)

저녁에 기명과 놀이터에 갔다. 그네를 타고 놀이기구에 올라가 유격훈련할 때 걷는 그물망 위와 외줄타기 등을 거침없이 하는 기명을 보고 감격했다. 두려움 없는, 용기 있는 기명이가 자랑스러웠다. 미끄럼틀을 타고, 두 손으로 매달려 미끄러지는 놀이기구를 타고, 즐거워하는 기명을 보면서 모처럼 한가한 여유를 느꼈다.

집으로 오는 길에 더 산책하자는 말을 뒤로 하고, 혼자서 집으로 간다고 앞서서 걷는 기명을 보고 "저놈 혼자 놔둬도 가겠네?" 하면서 뒤를 따라 집으로 왔다.

기명은 집에 도착하자마자 "형! 형!" 하고 형을 부른다. 기명은 형이 아주 좋은가 보다.

기현의 희생으로 기명이 밝게 성장한 것이다. 엄마와 함께 기현은 동생의 기저귀를 갈아주며 키워 왔다.

큰아들 기현에게 항상 마음의 빚을 지고 산다.

기현아! 고마워!

뉴질랜드 생활

(2004.01.09. 기현)

이곳에서 오랫동안 생활하다 보니 한국어가 점점 멀어져 가는 것 같다. 벌써 5년이라는 세월이 흘러가고 한국이 그리워진다. 아빠가 한국 집 정원마당도 멋지게 꾸미셨다고 한다. 할아버지, 할머니도 보고 싶다. 이곳에서 교민신문으로 접하는 한국! 이제는 낯선 나라가 되어 버렸다. 기명은 앞으로 한국을 기억할 수 있을까도 걱정이다.

기명은 하루가 다르게 영어 실력이 좋아져서 흐뭇하다. 아빠는 일요일에 뉴질랜드 운전면허시험을 보신다. 지금은 supervisor가 같이 동행할 때만 운전하실 수 있다. 어머니께서 아빠의 supervisor가 되셨다. 아빠가 필기시험을 통과하셨을 때 얼마나 기뻐하시던지. 뉴질랜드의 국가고시(?)에 합격! 합격! 아빠께서는 한국의 할아버지, 할머니께 자랑거리가 생겼다고 기뻐하신다.

요즘 아빠가 뉴질랜드에 도착하신 후로부터 여기에 살고 있는 지인분들의 전화가 많이 온다. 어느 분은 골프, 어느 분은 낚시. 아빠와 함께하는 나만 모처럼 호강하는 것 같다.

어머니는 얼마 전 깡통을 따다가 손을 다쳐서 아무 일도 못하신다. 그래서 아빠가 설거지까지 다하신다. 아빠가 오셔서 우리 가족 모두 다 호강하는 것 같다. 기명도 편들어 주는 든든한 아빠가 계시니, 이제 어머니도 나도 저리 가라다. 어떤 때에는 머리를 콕 때려주고 싶다.

아빠가 가시면 어떻게 하지? 기명뿐만 아니라 모두가 썰렁할 텐데… 아빠가 한국으로 가실 날짜가 가까워진다. 아빠가 다음에 또 오실 때 더욱 더 흐뭇하게 해드릴 수 있을까? 고민이다. 아빠가 가시면 기명도 기가 팍 죽을 텐데 걱정이다. 어머니도 허전하실 것이다.

아빠가 오랫 동안 여기에 계셨으면 좋겠다.

이틀 밤을 자면

(2004.01.12. 아빠)

이틀 밤을 자면 이곳의 가족을 두고 다시 한국으로 가야 한다. 2주 동안에 정들었던 가족을 뒤로 하고, 한 달 정도 일찍 귀국하는 마음이 무겁기만 하다. 1년에 한 달밖에 가족과 함께할 수 없는 이런 생활이 과연 바람직한 것일까? 괴롭다.

오늘 기명에게 "아빠 곧 한국에 간다"고 말하니 "Why?" 한다. 아직도 아빠하고 떨어져 사는 이유를 이해하지 못하는 기명이다. 지난번에는 떠나는 아빠를 보며 울음을 참는 기명을 보고 내가 먼저 울음을 터트렸었다.

기명은 아침에 일어나면 그 특유의 엉덩이를 높이 들고 소파에 엎드려 TV를 본다. 귀엽고 기특하기만 하다.

오후에는 거실을 정리하면서 기명의 양손에 물건을 들려놓고, 싸인펜도 함께 갖다 놓으라고 하자 "daddy!" 하면서 싸인펜을 입에 물려 달라고 한다. 순발력 있는, 영리한 기명을 보고 한참이나 웃었다.

캠코더로 기명의 일상을 찍으려고 하면 손을 내젓고 머리를 숙이는 버릇은 여전하다. 기현과 내일 아침 일찍 골프를 치기로 하였다. 이번 일정에서 큰아들과의 골프는 마지막이다.

동생을 위하여 헌신적이고, 엄마에게 무한 도움 주는 기현이가 없었다면 뉴질랜드의 정착은 꿈도 꾸지 못할 일이었다. 참으로 장한 기현이다.

감동의 밤

(2004.01.21. 엄마)

가뭄 끝의 단비이다. 어제부터 약간의 비로 시작해 우박까지 내리더니, 오늘은 새벽부터 강한 빗줄기가 지붕을 때리는 소리에 잠이 깼다. 옆에서 잠자는 기명은 그때마다 엄마만을 찾을 뿐 눈은 그대로이다. 꿈 속에서 아빠라도 만나는 걸까?

기현은 어제 잠깐 내리는 우박을 보며 우리 텃밭을 걱정한다. "엄마! 우리 토마토 어떻게 해?"

오늘 한국 SBS방송국 지휘자이신 김정택 장로님의 찬송 간증은 엄마의 마음을 변화시키고, 기현의 마음을 감동의 물결로 이끌기에 충분했다. 늦은 시간 오클랜드 시티에서 하는 찬양행사라서 망설였는데, 오기 "참! 잘했다" 하는 생각이 들었다.

기현도 오랜만에 마음껏 웃고, 박수 치며 주님을 찾고, 수없는 아멘의 외침은 사춘기를 접하고 있는 그의 마음을 하나님도 아시리라. 그리고 우리를 위로해주심을 확신하니 눈물이 나는 감동의 밤이었다. 기명은 지루하고 힘이 드는지 엄마의 손목시계로 장난하고 군것질하고 객석에 아는 친구들이 보이면 손가락을 흔들며 서로 눈을 마주치며 놀았다. 엄마와 형이 박수 치면 하지 못하게 한쪽 손을 잡아 서로 포개 놓고 소리가 나지 않게 하고, 같이 기도하고 '아멘'을 하라고 하니 "No" "No"이다.

집으로 돌아오는 시간은 또 다른 감동이었다. 한밤 중 시티의 스카이 타워의 불빛은 여느 날보다 아름다움이 더했고, 차창 밖의 야경은 기명이조차도 눈을 반짝이며 조용히 감상을 한다. 이 시간 우리가 주님이 아니고서야 어찌 이런 짜릿한 경험을 할 수 있을까?

집에 도착하니 기명은 배가 고픈지 된장국에 김치를 곁들여 숨 한 번 쉴 틈 없이 맛있게 먹는다. 이런 모습 아빠가 보면 "애를 굶겨요, 굶겨!" 하시겠지? 아이들 걱정되시면 빨리 오세요.

눈높이를 맞춰 주세요

(2004.01.21. 엄마)

기명이가 엄마를 부른다. 등에는 배낭을, 한 손에는 수영가방을, 다른 손에는 기명이가 가장 좋아하는 푸우 이불이 들려 있다. 깜짝 놀라 "기명이 그렇게 가방을 들고 어디가?" 하니 심각하게 생각한다.

오늘 하루 옷장을 정리하며 필요 없는 물건을 한쪽으로 고르며, 이번 주말쯤 게라지 세일을 해 볼까? 하는 마음으로 정리를 하는 중 기명은 자기가 필요한 여러 가지 물건을 챙기며 무거운 줄 모르고 온 집안을 들고 다닌다.

어른의 눈높이로 보기엔 중요하지 않으나, 기명에게는 소중하다.

엄마의 음성이 밝고 아름다우면, 기명이조차도 사랑이 가득한 목소리로 대답하고, 달콤한 뽀뽀의 연속이다. 하지만 엄마가 저기압이고, 그리고 화라도 낼라치면 미리 알고 방어하며 혼자만의 성을 쌓는다. 이제는 'like'와 'don't like'를 아주 분명히 표현할 줄 안다. 14살인 기현이조차도 기명의 변화에 깜짝 놀랄 때가 많다.

사랑하는 우리 아이들! 지금은 영화를 보며 그 속의 주인공들이 되어 가고 있다. 나의 눈높이, 나의 방식과 틀에 아이들을 가두어서는 아니된다. 나를 돌아 본다.

자다가 쉬를 했어요

(2004.01.26. 엄마)

아침이면 늦잠을 자는 기명이다. 오늘 역시 늦잠을 자는 기명을 깨우려 볼에다 입을 맞추니 어디선가 냄새가 난다. 이불을 들추고 보니 언제 쉬를 했는지 많이 말라 있다. 아이가 놀랠까 봐 마음을 달래주고, 옷을 갈아 입혀주니 또 다시 "쉬! 쉬!" 하며 화장실로 뛰어 간다.

"기명이 쉬는 어디서 해야 해?" "I don't know" "엄마를 깨우지 그랬어" "I don't know"

침대에 쉬를 하고 미안한 마음이었는지, 엄마의 질문에 무조건 다 모른다. 함께 햇볕에 이불을 말리고 매트를 내놓으니 매트 위로 올라가 장난을 한다. 이불을 빨고, 말려서 침대정리를 해주며 옆에 있는 기명에게 '쉬'에 대해 얘기를 한다. "I am sorry mum" 그런 기명이가 사랑스러워 꼭 안아준다.

기현의 옷들을 정리하는데, 기명은 형의 작아진 옷들에 대해 욕심을 낸다. "형같이 크면 이 옷 다 입을 거야" 욕심이 많은 기명은 형이 경쟁상대이다.

주일이면 교회에서 활동을 많이 하는 기현과 시간이 맞질 않아 기명은 엄마와 함께 일찍 집에 온다. 그럴 때면 기명은 카시트를 앞자리로 옮겨 형이 평소에 차 속에서 하던 일을 흉내 낸다. 서랍을 열어보고, 햇빛 가리개의 거울을 보며 아주 의젓하게 앉아 있다.

외출을 할 때면 이것저것 점검을 하느라 차에 늦게 타는 형을 두고 엄마에게 속삭이며 장난을 한다.

"형! 놓고 갈까?" 그리고 빙그레 웃는다. 개구쟁이 기명!

Garage Sale

(2004.01.30. 엄마)

NZ에 산 지도 5년째다. 이것저것 정리하다 보니 버리기 아깝고 또 다른 사람들은 필요하겠다 싶어 게라지 세일을 하기로 했다.

올 여름 들어 두 번째 더위라는 27℃의 오클랜드의 더위는 짧게 입은 반바지마저도 똘똘 말아 올리게 만들지만, 기명과 엄마는 엄청난 가게라도 오픈하는 듯 신이 났다.

기명은 정리해 놓은 물건 등을 이곳저곳을 살펴보며 다시금 어지럽히고, 엄마는 조금이라도 예쁘게 꾸미기 위해 기명과 씨름을 한다. 어제 아침 인터넷에 게라지 세일을 알리니 많은 문의 전화와 찾아오는 손님들로 북새통을 이뤘다.

기명은 형이 학교에 가고 없으니 심심하던 차에 찾아오는 손님들 틈에서 신이 났다. 혹 어린아이라도 있는 손님이 오면 금상첨화이고, 그 아이와 어느 틈새에서 노는지 조용하다.

기명은 점심을 게라지에서 먹자고 한다. 우리는 마치 소풍이라도 온 듯 게라지 밥상을 차리고 웃어 본다.

게라지 세일을 해서 비록 모은 돈이 적지만 아이들에게도 물건을 아끼고 절약하는 소중함을 알리는 좋은 시간이었다.

오늘은 한국에서 친구 아들이 단기유학을 오는 날이다. 공항에 마중을 나간다고 얘기하니 기명은 궁금해 한다. 공항에 가는 날이면 아빠가 한국에서 오는 것으로 알기 때문이다.

한국에는 아빠 말고 또 다른 사람들도 사나?

Kindercare 첫날

(2004.02.02. 엄마)

지난 금요일부터 내리기 시작한 비는 주말에도 지속됐고, 월요일인 오늘 아침은 퍼붓는다는 표현이 맞을 만큼 앞이 보이지 않았다.

기명은 지금까지 다니던 유치원을 떠나 새로운 곳으로의 첫날이었다. 약간 긴장을 하는 듯 했지만 옛 친구가 있다는 기대감으로 그다지 힘들지 않게 새로운 환경에 들어갔다. 기명은 친구를 만난다는 기대감으로 엄마와의 아침 이별을 그리 힘들어하지 않았다. 하지만 그 친구는 나이가 한 살 많아 다른 반으로 옮겨졌고, 그런 사실을 알지 못했던 기명이다.

그 동안 유치원을 오전에만 다녔던 기명에게 오후까지 연장하는 것이 무리라고 생각하면서도 시간이 해결해 줄 것이라 믿고 있다.

오후에 기명을 데리러 가니 선생님 옆에서 기명은 울고 있다. 얼굴을 보니 오랜 시간 운 듯하고, 엄마의 마음은 아파서 가슴이 뛰었다. 선생님에게 자초지종을 들으니 밖에서 놀다가 모기에 물렸고 약을 발랐다고 한다. 하지만 그 눈물은 결코 모기 때문이 아님을 어찌 엄마가 모르랴!

선생님은 아이가 하루 동안 아주 잘 놀았고, 참 좋은 아이라고 칭찬을 한다. 하지만 선생님도 기명의 마음을 알고 싶은 듯 엄마가 기명에게 물어봐 줄 것을 요청한다. "기명이 재미 있었어?" "기명이 왜 울었어?"

Kindercare 첫날! 오늘은 첫날이고, 기명이가 적응하는데 시간이 더 필요할 것이다.

기명은 집에 돌아와 먹고 싶었던 칩스와 초콜릿을 먹기 위해 어김없이 먼저 손을 씻는다. 그리고 어제 산 스쿠터를 타고 온 집안을 돌며 엄마! 엄마! 엄마를 부른다. 유치원에서 부르고 싶었던 엄마를 부르지 못하였음이리라!

내일 아침이 오면 아마도 Kindercare를 가지 않겠다고 떼를 쓸 것 같다. 오늘 밤, 기명을 위해 주님께 기도하리라.

기명의 대답

(2004.02.16. 엄마)

엄마와 기명은 오늘 아침 아주 기분 좋게 유치원에서 헤어졌다. 조금씩 친숙해진 선생님, 그리고 친구들! 모두가 아침에 만나면 손을 들고 '하이!. 하이!'를 한다. 기명은 엄마와 'bye! bye!' 하고, 엄마의 차가 보이지 않을 때까지 손을 흔든다. "아이 러브 유 맘" "아이 러브 기명 투" 서로의 목소리는 들을 수는 없지만 우리는 눈빛으로 아침 이별의 사랑을 나눈다.

오후에 엄마의 학교가 끝나고, 기명이를 데리고 오면서 유치원에서의 생활을 물으면 기명은 설명을 한다.

오늘은 눈 옆에 상처가 있어서 선생님에게 물으니 모른다고 대답하며 미안해한다. 기명에게 물으니 '도어'에 얼굴을 다쳤다고 장황하게 설명한다. 옆에서 변명을 늘어놓는 선생님보다는 눈빛만으로 통하는 우리 아들의 그 설명이 훨씬 엄마의 가슴에 와 닿는다.

아빠하고 전화할 때도 기명은 '그립다, 사랑한다'고 마음을 전달하려 하지만, 아빠와 기명이가 서로 나누는 마음 속 사랑의 표현을 말로 하기에는 아직은 서툴기만 하다.

기명은 또한 엄마, 형에게 시운할 때에는 입을 샐쭉 샐쭉 한다. 서운한

'삐짐이' 감정표현을 할 때면 웃어서는 안 될 상황이지만 웃음이 절로 나온다. 그 모습이 이뻐서 우리는 모두 큰 웃음으로 마무리한다.

때로는 늦둥이 기명으로 인해 힘들고 지칠 때가 많다. 그러나 기명 때문에 사랑을 느끼고 즐거움을 가득 안고 산다.

기현이가 어려서 기명 나이일 때쯤 하루에도 수 백번 하는 "이게 뭐야?, 뭐야?" 질문을 하였었다. 기명도 항상, 어디를 가는지? 무엇 때문인지? 그리고 왜? 라는 질문이 끝이 없다.

Butterfly, "잠 잘 때 손톱이 자랐어요"

(2004.02.18. 엄마)

군것질을 좋아하는 기명은 식사시간이 괴로운 시간이다. 식사시간에는 조용히 앉아 식사하도록 가르치지만 역시 점잖게 앉아 식사하는 것은 그다지 흥미로운 일이 아닌 듯하다. TV를 시청하며 식사하기를 원하고, 또는 마지못해 식탁에 앉더라도 한 순간을 앉아 있질 못한다. 급기야는 부채, 파리채, 효자손 등 바구니에 들어 있는 여름용품들을 꺼내 엄마의 등 뒤에 옷 사이로 넣어 날개 모양을 만들어 나비 같다며 날아볼 것을 요구한다. 식사 도중 어설픈 엄마의 몸짓에 만족할 수 없는 송기명은 양팔을 벌려 시원하게 날갯짓을 해보라며 시범을 보인다. 그러면서 점점 밥하고는 먼 거리를 만들며, 식사시간을 Play Time으로 만들어 버린다.

매일 바쁘다는 핑계로 기명의 손톱에 무관심한 탓인지 바쁜 아침 보니 엄청나게 자라나 있다. 기명 "손톱이 어느새 이렇게 자랐을까?" 하니 기명이가 "잠 잘 때 손톱이 자랐어요" 한다. 그 초롱초롱한 눈빛은 알지 못하는 엄마를 가르치는 선생님 같다. 늦은 시간 기명의 손톱과 발톱을 다듬어주면서 우린 새록새록 사랑의 열매를 따 먹는다.

더운 날씨 탓인지, 신발의 재질이 문제인지 어느 날부터인가 기명은 신발에서 냄새가 난다고 신지 않는다. 유난히 좋아하는 신발이지만, 냄새는 싫은지 고개를 흔들며 싫어한다. 계속해 비가 오는 관계로 슬리퍼를 신고 다니는 기명에게 다른 신발을 신든지 운동화를 권해 보지만 'sandal'을 사달라고 막무가내다. 가끔 자기의 발 냄새를 맡아 보는지 어젯밤에는 소파에 앉아 TV를 보며 엄마에게 발냄새를 맡아보라며 발을 내민다. 방금 전 씻어줬기에 아마 그렇지 않을 것이라며 냄새를 맡으니 "그렇지?" 하며 엄마를 바라본다. 기명에게 "엄마는 기명이를 사랑하기 때문에 어떤 냄새가 나도 다 좋아!" 하며 그 발에 '뽀뽀'를 해주니 간지러우면서도 기분 좋아하는 아들의 모습이라니.

하루 중 7시간을 엄마와 떨어져 살면서 많은 시간을 엄마만을 생각하며 보내는지, 항상 오후에 픽업을 기명이가 스스로 만든 카드나 그림이 한 보따리를 가져 온다. 우리는 그것으로 물물교환을 한다. 엄마는 기명이가 좋아하는 군것질거리를 만들어 주고, 기명은 엄마에게 애정이 듬뿍 담긴 그의 솜씨를 엄마의 가슴에 한 아름 안겨준다.

행복이 NZ 오후의 뜨거움과 함께 달아오른다.

집에 있고 싶어요

(2004.02.27. 엄마)

아침마다 기명의 첫 번째 질문이 있다. "킨더가든 가?" 정말 대답하기 어려운 질문이다. 왜냐하면 기명이의 마음을 알기 때문이다. 지난 주말부터 아프기 시작한 엄마가 학교에 가지 않는다는 것을 아는 기명은 엄마와 함께 집에 있기를 원한다. 엄마가 아프기 때문에 이틀 동안 운전할 수 없어 다른 분의 차를 타고 유치원에 다니는 기명은 씩씩하게 '킨더가든'에 들어간다고 한다. 오후에 기명이가 집에 오면 꼭 안아줘야겠다.

몸이 조금씩 회복이 되고, 다시금 아이들을 위해 운전대를 잡는다. 기명이를 '킨더가든'에 데리고 가니, 엄마와 함께 왔다는 사실에 만족한다. 여러 번 '뽀뽀'를 하며 떨어지지 않으려고 엄마를 놓지 않는다.

오늘 아침 역시 일어나 엄마를 향한 기명의 질문은 여느 날과 다르진 않았지만, 내일 토요일과 모레 일요일은 가지 않는다는 엄마 대답에 '호레이, 호레이'를 외치며 좋아서 침대 위에서 쿵쿵 뛴다.

'킨더가든'에서는 기명의 하루 일상을 시간별로 편지를 써서 기명의 사물 바구니에 넣어둔다. 기명은 항상 친구들을 도와주는 아이란다. 엄마와 떨어지기 싫어 우는 건 기명이도 마찬가지이지만, 또 다른 아이들의 눈물을 닦아주고 손을 잡고 책을 읽어 주었다는 선생님의 편지를 읽노라면 마음이 뿌듯하다. 기명의 넉넉한 품성, 됨됨이를 생각한다. 기쁘다. 내 아들!

오후에 픽업을 가면 기명의 친구들은 부모님들의 차를 보며 서로가 알려준다. "기명의 엄마다", "누구 누구의 엄마다" 친구들의 엄마를 찾아주면서도 눈동자는 아직 도착하지 않은 자기들의 부모들을 찾아 바쁘게 움직인다.

어느 날은 그러던 아이들이 조용해 들어가 보니 그림을 그리고 색칠을 하느라 여념이 없다. 기명은 들어온 엄마와 눈이 마주쳐 반가우면서도 그림을 마치고 가겠다며 옆에 앉으라고 손짓한다. 점선을 따라 보물찾기를 한 후 성공한 아이들은 색칠을 할 수 있는, 또한 아이들의 호기심을 유발할 수 있는 좋은 아이디어였다. 모두 스스로 점선을 따라 하지 못해 선생님의 손을 도움받아 하고 있다. 그러나 기명은 이미 그 수준은 벗어나 색칠을 하고 있었다. 선생님은 기명의 옆에 앉는 엄마를 보고 기명의 칭찬을 한다. 단 두 명만이 스스로 점선 따라 긋기에 성공했고, 그 중 기명은 월등했다고 설명을 하며 "good boy"라며 엄지손을 들어 보인다.

엄마는 당연하다는 듯 어깨를 들썩이며 팔불출마냥 좋아한다. 선생님도 한국의 '팔불출'이란 단어를 아실까?

세상 속으로

(2004.03.04. 엄마)

정원을 오랫동안 돌보지 않은 탓에 현관문을 열고 밖을 볼 때면 여간 신경 쓰이지 않는다. 하지만 마음뿐 돌볼 여유가 없다. 기현은 공부와 자신의 일 만으로도 벅차 보인다. 오늘 보는 과학시험 때문에 며칠 동안 열심을 내더니, 오늘의 결과는? 하는 엄마의 질문에 "하나쯤 틀렸나?" 하는 대답으로 엄마의 또 다른 궁금증을 막아 버린다.

오늘 밤은 시티에서 '윤도현 밴드 콘서트'가 있다. 기현은 조금 전 콘서트가 끝나고 친구들과 그리고 친구의 엄마와 함께 이제야 저녁을 먹는다는 전화가 왔다. 불과 1-2년 전만해도 엄마를 친구삼아 늘 함께할 것 같더니, 이제는 친구가 먼저다. 얼마 전 기현은 혼자서도 거뜬히 살 수 있을 거란 얘기를 듣고 마음이 쿵! 내려앉는 기분이었다.

음악을 들으며 공부하고, 등교하며 음악을 듣는 아들의 뒷모습을 보노라면 어릴 적 엄마의 품을 그리워하던 모습이 아니다. 훌쩍 커버린 키만큼이나 어느 날 훌쩍 엄마의 품을 떠나버릴 것 같은 불안함이 든다. 이제 엄마도 서서히 이별의 준비를 해야 할 듯하다. 하지만 때때로 아침에 일어나면 엄마를 껴안고 '뽀뽀'를 하는 귀여운 큰아들이다.

집안이 고요하다. 기명과 함께 늦은 저녁을 먹고 양치질을 하니 기명은 잘 준비를 하느라 분주하다. 8개의 베개와 작은 이불, 그리고 아빠가 지난번 선물한 동물 모양의 베개, 몇 권의 책을 들고 엄마는 무엇을 하느라 늦는지? '스탠드'를 켜놓고 계속 "맘"을 부른다. 요즘은 '피터팬'을 즐겨 읽고, '피터팬' 비디오테이프를 하루 2회 이상을 시청한다. 책을 읽어주면 궁금한 것을 물어보고, 또한 기명은 거기에 대한 많은 자기의 이야기를 곁들인다. 길고 긴 기명의 설명을 듣노라면 오던 잠도 달아난다. 나중에 작가가 되려나? 기명의 상상력은 무한하다.

책을 다 읽고, 엄마에게 "good night"을 한 후 습관적으로 형을 부른다. 형에게도 "good night"을 외치지만 형이 오늘은 집에 없음을 알고 혼자서 겸연쩍은 듯 웃는다.

He is a very clever boy.

(2004.03.09. 엄마)

오후에 기명을 데리러 유치원에 가니 선생님의 칭찬이 앞선다. 기명의 그림이나 만들기 한 것을 보여 주며 설명을 한다. 항상 그림을 그리기 전에 생각하고 그날의 주제에 맞게, 그리고 색칠한다며 칭찬하니 엄마는 갑자기 허리의 통증도 잠시 잊어 본다. 기명은 차를 타며 어김없이 초콜릿 등 군것질거리를 찾고, 선글라스를 쓰고 거울을 보며 모양새를 가다듬는다. 그리고 엄마의 질문에 즐거운 하루에 대해 얘기해준다.

아침이면 유치원에 가기 싫어하며 늦장을 부리는 아이. 엄마가 일찍 데리러 오면 좋겠다고 말하는 기명. 기명의 말을 들을 때면 하루를 시작하는 엄마의 어깨가 무겁고 기명에게 미안한 마음이 들지만, 유치원이 끝나는 시간의 기명은 즐겁고 유쾌한 얼굴로 엄마를 맞이한다.

　기명은 요즘 그림의 주제가 사람이다. 간단한 동그라미와 함께 몸체는 나무 모양이지만, 그 동그라미에 들어가는 얼굴의 형태들이 완성되면 어느 누가 보아도 사람의 모습임이 틀림없다. 스케치북이나 화이트보드 위에서 그의 그림들을 발견할 수 있다.

　어젯밤은 숫자를 헤아리는 동화책을 보면서 뒤죽박죽이던 숫자의 차례들이 드디어 제자리를 찾았다. 기쁨의 박수를 치는 엄마에게 장단이라도 맞추는 듯 계속해서 페이지를 넘기며 그림마다 다른 숫자들을 센다.

　자랑하고 싶은 마음에 아빠에게 전화를 하지만, 앞뒤 설명은 필요 없이 전화기에 대고 숫자만을 센다. 아빠도 무슨 내용인지 다 이해하셨을까?

1등

(2004.03.20, 엄마)

　오후에 유치원에 가니 기명이가 달려오며 엄마에게 은박지로 만든 메달을 걸어준다. "자전거 일등" 하며 엄지손가락을 번쩍 들어 보이는 기명의 어깨 너머로 선생님의 미소가 보인다. 친구들과 자전거타기 경주를 했고, 기명이가 1등을 했다며 그 메달은 엄마에게 주기 위해 2개를 만들었다며 대견해 하신다. 은박지 금메달! 비록 일회용 호일 접시를 이용해 만든 것이지만 천만금보다도 더 값진 선물이다. 엄마는 기명을 꼭 안아준다.

"사랑해, 기명!" "사랑해, 맘!"

전시회장, "무조건, 무조건이야!"

(2004.03.28. 엄마)

　우리 집은 전시회장이다. 기명의 쏟아져 나오는 작품이 엄청 많아 쌓아놓는 상태이다. 천재 예술가 기명의 작품활동은 왕성하다. 그의 작품세계를 이해하기란 힘들지만, 작품을 보고 있으면 아름다운 마음이 일어난다.

　유치원에서 집에 오노라면 챙길 것이 아주 많다. 하루 동안 기명이 무엇을 생각했는지. 엄마의 손을 붙들고 말리기 위해 걸어 놓은 그의 작품들을 기명은 까치발을 하고 집게를 비틀고 빼내 온다. 자랑하고 싶은 기명의 급한 마음은 선생님의 도움을 기다리기에는 조급하다. 그리고는 그림을 흔들며 선생님과 친구들에게 일일이 이름을 부르며 작별 인사를 한다. 집에 돌아와서도 그의 작품 창작은 식을 줄 모른다. 냉장고에 그의 가장 소중한 그림이 걸린다.

　기명이가 가장 사랑하는 가족사진은 특별히 기명이가 그린 작품이다. 8절지에 매직펜을 이용해 동그라미와 팔다리뿐이지만, 얼굴만은 그 특징이 분명하다. 아빠와 엄마 그리고 형, 기명.

　"happy face, angry face" 기명에게 보이는 사람들의 얼굴 표정은 단순한 모습이 아닌 그의 상상의 나래를 펼칠 모델들이다. 한동안은 유치원에서 스마일 스티커에 happy face를 그려 일주일 동안에 엄마의 가슴에 상징처럼 달아주곤 했었다. "기명아! 엄마는 항상 밝은 얼굴로 생활할게!"

늦둥이 기명을 키우면서 기명의 순수한 내면을 읽는 것은 나의 기쁨이다.

"엄마! quickly quickly" 주방에 있던 엄마는 놀라서 TV를 보는 기명에게 달려가니 TV 광고를 보라며 손짓한다. 새로운 목욕용품을 보며 "please!" 한다. 광고용지를 보면서도 지금 엄마를 불러서 보여주며, 사 줄 것을 요구하는 기명이다. 두 손을 모아 하는 간절한 부탁에 나는 웃고 만다. 엄마의 웃음이 무엇을 표현하는지 아는 녀석이다.

오늘은 'sunday market'을 갔다. 기명은 어김없이 자기에게 맞는 동화책을 찾아내고는 이내 겨드랑이에 끼며 집에 갈 태세다. '정글북' 2달러를 지급하고 나오는 엄마에게 싱긋 웃는 기명의 얼굴은 행복하다. 기명의 책을 산다는 것에는 "무조건, 무조건이야!" 라는 엄마 마음을 기명은 알고 있다.

궁금해 궁금해, 다 궁금해

(2004.04.04. 엄마)

기명은 거리를 걸으며 스치는 사람들끼리 주고받는 얘기가 궁금하고, 창문을 열고 담 너머 교회에서 들리는 음악소리가 궁금하고, 전화를 받는 엄마의 대화가 궁금하고, 함께 있으면 좋아하지 않는다며 장난삼아 밀쳐버리는 형이 보이지 않으면 무슨 일인지 궁금해 묻곤 한다.

"무슨 일이야?"

어젯밤 기명은 자면서 꿈을 꾸는지 낮에 놀던 친구의 이름을 부른다. 기명을 깨우며 엄마가 옆에 있음을 안심시키고, 다독거리니 잠옷이 덥다고 한다. "Hot, Hot" 시계를 보니 12시 47분. 한밤중에 얇은 옷을 찾아

갈아입히니 엄마 품을 파고들며 "땡큐" 감사표시를 한다. 기명은 모든 것에 의사표시를 분명히 하고, 그리고 항상 감사의 마음을 전할 줄 아는 아이다.

기현은 친구의 생일 초대를 받아 외출하였다. 점심을 먹고 시티에 있는 럭비구장을 가서 오스트레일리아 대 뉴질랜드경기를 보며 열렬히 뉴질랜드를 응원하고 돌아왔다. 기념으로 받은 선수들의 사진을 보며 또 다시 그 시간으로 흘러 들어가는 듯하다. 이제 내일부터 시험이 시작된다. 시험평가를 하지 않는 영어는 3주 전부터 준비한 과제물로 평가 받는다. 열심히 한 만큼 만족한 평가를 받으리라 생각한다.

입시제도가 바뀐 이곳도 한국 못지않게 혼란스럽다. 'NCEA' 라는 입시제도가 처음 도입되어 낯설기만 하다. 앞으로 남은 4년의 칼리지 생활이 기현의 미래를 좌우하리라.

자식을 양육하며 함께 보낸 시간 속에는 나의 보이지 않는 인생이 있다.

애인처럼

(2004.04.07. 엄마)

정원의 나무가 물이 부족해서인지 며칠 전부터 시들시들하더니 죽었다. 계속된 가뭄과 뜨거운 열에 견디지 못한 듯하다. 세상과 자유로워진 나무는 조금 편안해졌을까?

어제 아침부터 내리던 비는 기현이가 하교할 때쯤 퍼붓기 시작한다. 모처럼 우산을 들고 서둘러 버스정류장으로 마중을 나갔다. 버스에서 내려서 걸어오는 동네의 아이들은 보이건만 기현은 보이지 않는다. 신호등에 거의 다다르니 비와는 아랑곳하지 않고 음악을 들으며 여유 있게 걸어오는 기현이가 보인다. 엄마를 보니 반가운지 웃음 띤 얼굴로 다가오는 기현의 팔에 팔짱을 낀다. 어느새 훌쩍 커버린 아들에게 기대어 의지하고 싶은 마음이다.

팔을 낀 엄마가 어색했는지 기현의 팔이 굳어 버리지만, 엄마는 신이 나서 아들의 큰 키 때문에 쏟아져 들어오는 비에 젖는 줄도 모르고 마냥 즐거워한다.

집으로 돌아와 문을 연다. 기명을 부르니 대답이 없고, TV 소리도 나지 않는다. 불안한 마음에 뛰어 올라가니 소파에 누워 담요를 둘러 쓴 채 움직임이 없다. "기명이가 없네? 어디 갔지?" 엄마의 음성에 웃음을 참지 못하는 그 얼굴에 심술이 가득하다. 엄마가 혼자 갔기 때문에 화가 났다고 기명은 말한다. 엄마와 형은 그 모습조차도 사랑스러워 서로 먼저 껴안으려 하지만 획 돌아서 버린다. 잠시 후 웃으며 안아주는 기명의 품은 비에 젖은 엄마를 녹여준다.

큰아들은 든든한 엄마의 'body guard', 작은아들은 영원한 사랑을 뿜어내는 마법사. 두 아들을 주심을 하나님께 감사드린다.

아이들의 모든 것이 궁금한 한국의 남편이 생각난다.

"Good Helper!" 기명의 팬들

(2004.04.09. 엄마)

기명과 함께 유치원에 도착하니 기명의 여자친구가 달려와 기명을 껴안는다. 기명은 놀라서 벽에 붙은 채 꼼짝하지 않고, 두 팔은 벽을 향해 멈춰 있다. 기명을 대신해 엄마가 아침인사를 하니, 그 친구는 엄마를 보며 빙긋 웃을 뿐 풀어 줄 생각을 하지 않는다.

 그러는 순간 또 다시 기명의 남자친구가 '헬로우'를 외치며 기명을 껴안는다. 다행히 그 여자친구는 양보하는 듯 팔을 풀어 기명을 놔주고, 또 한명의 남자친구가 기명을 껴안는다. 그런 모습에 선생님들과 먼저 와있던 부모들이 박수치며 웃는다. 기명의 인기를 체험하는 순간이다. 비단 오늘뿐만이 아니라 평소 아침에도 기명이가 가면 많은 친구들이 아침인사를 하며 기명을 친근하게 대한다. 친구들과의 우정이 각별한 듯하다.

 선생님들도 가끔 기명의 친절에 대해 말해준다. 기명은 항상 친구들을 배려하는 "Good Helper!"란다.

 가끔 기명은 나에게 달려와 껴안는 인도 아이를 시기한다. 아침이면 가장 먼저 유치원에 와 있고, 가장 늦은 시간까지 남아 있는 아이다. 아마도 부모님이 일을 하는 것 같다. 그래서인지 볼 때마다 같이 인사하며 조금씩 말동무를 해준 것이 아이에게는 사랑의 느낌을 준 것 같다. 하지만 기명은 그럴 때마다 자기의 엄마라며 친구가 나의 품에 안기는 것을 극구 안 된다며 밀쳐낸다. 나를 독점하고 싶은 욕심쟁이 아들이다.

 모두 나라가 다르고, 피부색이 다른 아이들이지만 사랑이라는 이 단어만큼은 세계적인 공통 언어다. 기명이 역시 아빠와 떨어져 사는 날이 많아 늘 안타깝고, 아빠의 사랑의 빈자리를 채워줄 수 없는 것이 기명에게 미안하다. 순수한 아이들의 눈망울을 보면 어른의 내면에 있는 나쁜 찌꺼기들이 모두 빠져나가는 기분이다.

 기명이와 작별 키스를 하고, bye bye를 하고 나오며 혼자서 미소를 지어 본다. 오늘 하루도 만사가 형통할 것 같다.

 기현은 2주간의 방학이 시작되었다. 오늘은 'Good Friday' 덕분에 하루 더 빨리 방학이 시작됐고, 기현은 어제 과학시험을 끝으로 시험을 끝냈다. 어제 치른 수학시험이 신통찮은지 언급을 회피하던 기현은 어제 아침 등교하며 과학은 만점을 자신하고 가더니 뜻대로 됐는지 기분이 좋아 보인다.

기현의 목표는 올 연말 전 과목에 걸쳐 상을 받는 것이다. 물론 엄마와의 약속도 있지만, 미래 기현의 희망을 이루기 위함이다. 항상 처음과 끝이 같기를 바랄 뿐이다. 아이들의 방학에 엄마까지 긴장이 풀린 듯하다.

"엄마보다 잔소리가 더 심해!"

(2004.04.13. 엄마)

깜깜한 가을하늘을 맘껏 바라보았다. 집 앞의 잔디에 누워 바라본 가을하늘은 반짝이는 별들의 잔치다. 우리는 산책을 마치고 집 앞에 누웠다. 지난 주부터 시작한 방학 동안에 집안에서만 있어서 아들들과 저녁식사 후 산책하기로 했다. 축구공을 들고 나서는 형을 향해 기명은 걱정이 앞선다. 인도에서 걸으며 공을 가지고 노는 형이 불안한지. 계속 엄마 얼굴을 바라보며 주의를 준다. 지나가는 차가 위험하니 멈출 것을 부탁해 보지만, 기현은 알았다고만 할 뿐 일일이 간섭하는 동생에게 곱게 눈을 흘긴다.

"엄마보다 잔소리가 더 심해!"

점점 어두워지기 시작한다. 기명은 집으로 돌아가자고 한다. 기현의 공 소리나 엄마와 형의 대화 소리가 귀에 거슬리는지 연신 조용히 하라고 한다. 정말 잔소리가 심하다. 아마도 고요함 속에서 느끼는 두려움이 큰 듯하다.

기명은 피곤한지 다리가 아프다는 표정을 짓지만, 이내 형을 따라 콧노래까지 흥얼거리며 씩씩하게 걷는다. 유치원에서 배운 알파벳 노래가 잘되지 않는지 엄마와 형에게 함께 부르자고 한다. 함께 부르는 기명의 발음이 정확하지 않다. 그럴 때면 형이 고쳐주며 다시 함께 부르기를 원하지만, 고집불통 '송기명'은 절대 따라 하는 법이 없다.

형제 간의 11년의 나이 차이는 함께 놀 때 보면 1년의 차이라 해도 무색하리만큼 같은 수준이다. 하지만 오랫동안 혼자서 외로웠던 기현을 생각하면 함께 장난하고, 웃고, 토라지는 것마저도 아름답게 보일 뿐이다. 한 핏줄 형제의 정은 이런 것일까?

오클랜드에 도착하여

(2004.04.19. 아빠)

참으로 오랫동안 가족과 떨어져 있었다. 오클랜드 공항에 도착하여 gate를 통과하니 기현과 기명이 달려온다. 아빠와 아들 간의 이산가족의 상봉이다. 이렇게 떨어져 사는 것이 옳은 것인지? 잘못하는 것인지 때로는 판단이 서지 않는다.

집으로 오는 동안에 기명은 아빠와 뒷좌석에 앉아서 손을 잡고 눈빛만으로도 그득한 사랑을 나눈다. 집에 도착해 짐을 풀면서 기명에게 비디오테이프, 변신 로봇, 과자, 옷 등을 선물한다.

아빠가 왔으니 형과 엄마는 뒷전이 되고, 아빠만 열심히 찾는다. 아마도 3일 정도는 그러한 상태는 지속될 것이다.

기명은 그림을 아주 잘 그린다고 한다. 식탁 위에 있는 물고기 그림도 잘 그려져 있고, 색감도 아주 훌륭해 보인다. 유치원에서도 처음 갈 때는 적응하지 못하여 울었다는데, 이제는 다른 아이가 울면 달래주며 도와주는 이해심 많은 아이라고 선생님이 칭찬을 한단다. 나의 든든한

'boss' 기명이다.

기현은 이제 키가 아빠와 같게 되었다. 기현은 나보다도 키가 많이 클 것 같다. 180cm는 넘어야 할 텐데…

기현은 이번 학기의 'report'가 하나만 'satisfactory'이고 나머지는 'very good'으로 아주 우수한 성적이다. 이제는 독립적으로 생활할 수 있을 정도로 모든 면에서 성숙한 것 같다. 축구장에 가서 기현과 축구를 하였다. 아빠와 달리기를 하였는데 아빠보다 더 앞서 나가는 기현이다.

아빠를 업는 아들의 등이 아직은 약해 보이지만, 오랜만에 본 아빠를 등에 업어 보고 싶어 하는 큰아들이다.

기명의 생일, "Don't speak about me!"

(2004.04.20. 아빠)

내일은 기명의 생일이다. 이번에 온 가족이 모여 기명의 생일파티를 하게 되어 기쁘다.

이 세상에서 가장 소중한 아들 기명은 착하게 잘 성장하고 있다. 어렵고 힘들 때마다 나는 아들들이 있음에 힘을 내면서 성공한 아빠, 좋은 아빠로 남기 위하여 노력하고 있다.

기명은 형과 많은 점에서 차이가 있다. 기현은 어릴 때 고집도 욕심도 없는 것이 흠이라고 생각할 정도로 착하게 성장하였다. 기명은 욕심도 많고 고집도 있고, 일단 마음먹은 일은 달성하여야 직성이 풀리는 아이이다.

얼마 전 기현과 엄마가 차 속에서 뒷자리에 앉아 있던 기명에 대해 말하는 것을 보고 기명은 "Don't speak about me!"라는 말로 자기에 관한 말을 하지 말라고 하였단다. 아빠를 웃게 만드는 기명은 하나님이 주신 선물이다.

　기명은 처음 태어나 맞는 주사에도 울지 않았고, 비행기나 배를 타면서도 멀미하지 않고 강하게 성장하고 있다. 자기 목숨 귀한 것은 알아서 목욕 시킬 때 욕조 물에 머리가 잠기면 두 손으로 내 팔을 꼭 붙들고서 머리를 쳐들던 생존본능 강한 기명이다.

　아직 철이 없는 기명은 형에게 함부로 대하는 것을 보며 행여나 기현의 마음이 상하지 않을까 싶다. 태평양 마음의 형은 그저 동생이 사랑스러워서 동생의 갖은 구박(?)에도 의젓하게 동생을 사랑한다. 형제간의 사랑을 보면 마음이 흡족하다.

　"기현아! 고맙다. 내 친구 기현아!"

기명의 생일일기, "기명! Too Light, Daddy Big!"

(2004.04.21. 아빠)

　오늘은 기명의 생일날이다. 아침부터 이민성에 가기 위하여 정신이 없다. 새로운 비자를 재발급 받았다. 4시간 30분을 기다려야 해결되는 이 나라의 행정 서비스는 말 그대로 어처구니가 없다. 아쉬운 사람이 기다리라는 심보로 친절도 엉망이고, 일 처리 속도도 굼벵이 같다. 어디로 보아도 풍요로운 것은 없는 나라이다.

　집으로 돌아오는 길에 기명은 생일 케이크를 사서 축하하여야 한다고 성화이다. 잘 먹지도 않는 케이크를 사야 한다고, 수시로 노래를 부르는 기명이다. 생일 케이크를 사니 집으로 빨리 가서 축하파티를 하자고 조르는 기명이다.

식탁에 앉아서 김을 가지고 앞니에 붙이고 바보 흉내를 낸다. 생일 잔칫상을 받고 'Happy Birthday'를 함께 부르는 기명의 노랫소리가 온 가족을 기쁘게 한다.

소파에 앉아 있는 나에게 다가온 기명은 나의 발등에 두발을 얹어 놓더니 하나, 둘, 셋 하면서 위로 올려 달라고 한다. 지난번 왔을 때 하던 놀이인데 잊지 않고 있다. 이제는 무거운 기명을 잘 올릴 수가 없다. 그만 하자고 하니 기명 왈 "기명! Too Light, Daddy Big!" 한다. 기명은 아주 가볍고 아빠는 크다고 한다. 다시 해달라는 말이다.

기현은 지금 옆에서 영어 단어 찾기에 열심이다. 학년이 높아질 수록 부족한 것이 어휘력이라고 한다. 신문, 잡지를 보면서 새로운 단어를 찾고 숙어를 공부하는 방식으로 지도한다.

든든한 큰아들을 보면 나의 마음은 흡족하다. 기현이가 이제 커서 동생을 의젓하게 키우고 있다. 오늘은 이민성 사무실에 앉아서 기현에게 동생을 하나 더 나아 볼까? 하니, "아빠, 기명이가 내 나이가 되면 그 때 나아서 기명에게 키우라고 하지요?" 한다. "기명도 동생 키우는 심정을 알아야 할 것 아닙니까?"라고 한다. 벌써 철이 든 기현이다. 고맙다, 큰아들!

Rainbow's End 2
– 기현이가 Rainbow's End의 Free 뜻을 찾아서

(2004.04.22. 기현)

The land of eteranl happiness, where there is no sad or illness in this wanderous land. It is full of jewels, gold and love. STOP!! All of this is just and imagination or a hopeful myth, developed for an explanation to a mystery.

In reality you can never get to the end of a rainbow, well technically you can with the right co-ordinates but if you arrive at the destination you can't see the rainbow. So it is a fantasy world after all. Perhaps this is what some Theme Parks like Rainbow's End are trying to achieve, a place where there is no restrictions to time, where you're happy, where you can have fun and lastly but definately not least to be free!

Even though you can't get in reality there is a way of getting there and enjoying yourself. For all one knows we maybe able to get to this mystical world in our dreams and enjoy while it lasts.

정원의 제초 작업, 기현의 아르바이트

(2004.04.23. 아빠)

귀국을 준비하기 위하여 정원 작업을 마쳤다. 모처럼의 작업이라서 그런지 허리가 많이 아프다. '공부가 제일 쉬웠다' 라는 어느 합격수기가 생각이 났다. 그래도 육체노동은 정신적 노동보다도 더 기분 좋은 피로감을 느낀다. 오후에는 Deck 위에 나무로 만든 Table을 만들기 위하여 테이블 상판을 만들어 놓았다. 내일은 그것을 나무 벽면에 연결하고 다리를 만들어 놓으면 될 것이다. 지난번의 Deck 공사를 생각하면 생각할수록 참 잘 시작한 공사였고, 데크 덕에 집 안팎의 모양새가 아주 좋아졌다. 그러나 데크 위에 나무 Table이 있었으면 하는 아쉬움이 있었는데, 이번 기회에 그것을 만들기로 한 것이었다. 나무 그늘 아래 앉아서 책도 읽고, 바베큐 파티를 할 때 사용할 수 있도록 만들기로 한 것이다.

저녁 무렵에는 기현과 함께 기현이가 아르바이트로 하는 부동산 잡지 배달을 200여 세대에 하였다. 아들이 하는 아르바이트가 기특하기도 하고, 운동 삼아 1주에 한번 8시간 정도 시간을 할애하는 것이기에 허락하였지만, 생각보다는 혼자서 하기에는 힘드는 일이었다. 아빠는 수레를 끌고 기현은 투입하고 기현은 신이 났다. 기현과 함께 걸으면서 '공부가 제일 쉬운 것이란다' 라는 말을 하면서 열심히 노력하기를 당부하였다. 기현의 아르바이트가 돈이 없어서 하는 일이라면 약간은 기분이 편치 않았을 터인데, 기현에게 자립심과 돈의 소중함, 노동의 보람 등을 깨우치게 하기 위한 것이라서 재미나는 일이었고, 당분간 계속하여 아르바이트를 하게 할 계획이다.

기명은 아침부터 사온 팬티가 마음에 들었는지, 어제부터 상의 티셔츠를 함께 색상을 맞추어서 입고 다닌다. 유달리 색상감각이 뛰어난 기명이다. 유치원에서도 선생님이 기명의 그림솜씨를 특히 칭찬하고, 그리고 또래의 아이들보다도 키도 크고 인물도 훤하다. 친구들을 잘 돌보아 주기도 하는 boss 로서 인기가 좋다고 칭찬을 받는다.

오후 들어 침대로 다가가길래 잠잘 것이냐고 물으니 고개를 끄덕이면서 이불을 덮고 눕는 기명이다. 스스로 잠이 오면 이를 닦고, 침대로 가서 잠을 자는 기명이가 기특하다. 어젯밤에는 거실에서 약간 추위가 느껴지길래 거실에 있는 기명의 작은 이불을 덮을 생각으로 기명에게 가져다 줄 것을 요청하니 기명 왈! "Too Small!" 한다. 그 작은 이불은 기명이가 유아시절에 한국에서 가져온 작은 이불이었다. 그래서 그런지 기명은 그 이불에 유달리 애착이 강하고, 그 대신에 한쪽에 있던 담요를 가리키며 그것을 사용하라고 하는 새침데기이다. 기명은 자기 물건에 대한 욕심은 엄청나게 강하고, 침대, 놀이방 등을 반드시 자기 뜻대로 정리하여야 직성이 풀리는 녀석이다. 네 살이라고 보기에는 상상할 수 없을 정도로 정리 정돈을 위한 기명의 노력은 대단하다.

기명은 의사표현이 확실하다. 좋고 싫음이 분명하고, 언어 구사능력도 탁월하다. 스스로 이제는 A, B, C 등의 알파벳을 읽어 보고, 자기 이름을 써보기도 한다. 외부에서 걸려오는 전화도 잘 받으며, 바꿔 주기도 할 줄 안다. 아주 어릴 적 기명이가 아니고 이제는 스스로 자기 일들을 할 줄도 안다. 이제 조금은 키우기가 편해진다.

이제 다시 한국으로 갈 준비를 하는 기분이 조급해진다. 거실에서 기명은 놀고 있고, 기현은 내 곁에서 시민권 신청을 위한 서류를 작성하고 있다. 기현은 든든해서 좋고, 기명은 귀여워서 참 좋다.

귀국을 앞두고

(2004.04.24. 아빠)

일주일간의 가족과의 시간이 지나간다. 실로 오랜만에 이곳에 와서 가족과의 생활은 참으로 좋았다. 큰아들 기현은 스스로 많은 것을 할 줄 아는 청년으로 성장하였고, 귀여운 기명은 하는 일마다 이쁘다.

아침부터 어제 다 하지 못한 데크에 설치하기로 한 Table을 만들었다. 내가 목수하여도 좋을 것 같다는 말을 들으면서 집에 있는 나무 조각을 가지고 테이블 두 개를 만들어 놓았다. 그 위에서 점심식사도 하였고, 앞으로 이곳에서 책을 읽는다든가, 바베큐 파티 등을 하면 좋을 것 같다.

기현의 공부노트를 살펴보았다. 예상외로 많이 틀리지 않았고, 띄어쓰기, 글씨쓰기 등 사소한 것들에 대한 아빠의 생각을 전하였다.

오후 내내 집에 있으면서 아이들과 함께하는 시간 흐름에 아쉬움이 컸다. 거실에서 두 아들과 장난도 하고, 기명, 기현의 노는 모습을 보면서 캠코더 촬영도 하고, 그들의 형제애와 사랑을 보면서 흐뭇한 표정을 지으면서 시간을 보냈다. 오늘은 낮잠을 많이 잤던 기명이가 잠이 들지 못하고, 부족했던 식사량을 채우려는 마음으로 과자를 많이 찾는다. 아빠에게 와서 과자를 주지 않는 'Mum'을 말하며 눈물을 글썽이기도 한다. 아빠가 밥을 먹으면 줄 것이라고 달래자 예쁜 두 손가락을 모으면서 "밥, 쪼금!" 이라고 한다. 그래서 다시 큰소리로 기명에게 밥 조금만 주고, 과자는 많이 주라고 하니 금세 울먹이던 표정이 밝아진다. "Thanks!" 하고 나가는 기명이다. 무엇이든지 고집을 피우다가도 이해가 되면 "Yes 엄마! 아빠!" 하고 아주 자연스럽게 말하고 순종하는 기명이를 보면 더욱 사랑스럽다.

아빠가 한국으로 갈 것이라는 말만 나와도 기명은 눈물이 금세 맺히기도 한다. 기현은 "아빠가 한국에 가니 무엇을 해줄까?" 하니 아무것도 필요 없다고 한다. 항상 아빠가 여기에서 함께해주지 못하는 미안함을 다른 무엇으로라도 보상해주고 싶다. 기현은 빙긋 웃으면서 "아무 것도 필요 없어요." 하기만 한다. 아르바이트 하여 적립해 둔 돈이 있어서인지, 함께하지 못하는 아빠의 생일선물을 미리 사러 가자고 몇 번이고 말하는 큰아들이다. "마음만이 라도 고맙다" 하는 아빠의 말을 들으면서도 빙긋 웃는 기현이다. 시내를 쇼핑하다가 좋은 구두와 옷을 보면서 아빠에게 선물할 것을 생각하였다는 내 큰아들이 참으로 고맙고 사랑스럽다.

이 모든 것이 효자 큰아들이 있어서 행복하다. 기현이가 고맙기만 하다. 한국에 있는 할아버지, 할머니께 손자들을 보여 주지 못하여 마음이 아프기만 하다.

가족은 함께 살면서 희로애락을 느끼고 서로 의지하고 살아야 하는데, 떨어져 산 지가 6년 여가 다 되어 간다. 언제까지 이렇게 살아가야 하는가?

이제 2개월 뒤에나 다시 가족과 만난다.

기현은 10시 30분이 되니 잠이 온다고 방으로 들어가고, 기명은 11시

30분까지 놀더니 "I am go to bed" 하더니 침대로 갔다. 두 아들과 내일 공항에서 이별의 아픔을 다시 겪어야 한다. 우리에게는 또 다른 만남이 기약되어 있기에 서로 어깨를 두드리면서 'bye bye!'를 할 수 있을 것이다.

1주일간의 여정

(2004.04.25. 아빠)

지난 1주일간은 한국에서 계속되는 인간관계와 법률관계의 번잡함에서 빠져 나와 뉴질랜드에서 가족과 함께한 시간이었다. 한국의 생활은 뭐가 그렇게도 복잡하고 얽혀 있는 것인지 참으로 피곤할 때가 많다. 지난 1주일간은 그러한 일들로부터 전혀 상관없는 이곳에 와서 가족과 함께 한다는 것은 그 자체만으로도 행복한 날들이었다. 그러나 오늘 1주일을 보내고 다시 전쟁터나 다름없는 한국으로 돌아가야 한다. 보내는 마음과 떠나는 마음이 밝지가 않다. 그래서 그런지 비가 조용히 내리고 있고, 기명은 잠을 자고, 기현은 옆에서 책을 보고 있다.

1, 2, 3, 4를 외치면서 형과 함께 놀던 기명은 낮잠을 잘 시간이 되어서인지, 손톱을 깎아주는 중에도 스르르 누워서 잠을 자고 만다. 잠결에 침대로 옮기는 중에도 베개가 거실에 있다고 알려주는 총명함을 보인다. 아빠가 오늘 한국으로 가야 한다고 하면 눈물을 글썽이면서, "Why?" 하는 기명이다. 어린 마음에 아빠가 왔다가 잠시 머무는 것이 마음의 위안이고 기쁨이었는데, 오늘 떠나야 함을 알고 있는지 가방을 정리하는 아빠에게 다가와 왜 가야 하느냐고 묻는다. 기명에게는 모든 것을 아빠가 해결하여 주고 편들어 주니 최고의 후원자이다. 오늘 떠나

가면 한동안 허전해 할 것이다.

기현은 어린 기명과 놀아 주고 엄마를 도와주느라고 고생하고 있다. 그래도 아무런 투정 없이 성장하고 있고, 시간 관리, 친구 관리, 공부 방법 등의 조언을 하고 가지만 큰 어려움이 없이 잘 실행해 나가리라 확신이 든다.

이곳에서의 생활이 기현을 위한 선택이었으니, 후에 큰 보람으로 남을 것으로 기대한다.

기현과 기명을 위한 엄마의 노력은 지극하다. 몸도 좋지 않은 상태에서 아이 둘을 보살핀다. 정신적·육체적으로 어려움이 대단하다. 모든 것이 고맙고, 미안하다.

가족의 헤어짐은 즐거움이 아니니 그건 분명 쓸쓸함이다

(2004.04.27. 엄마)

가족의 헤어짐은 즐거움이 아니니 그건 분명 쓸쓸함이다. 공부 도중 잠깐 나와 물을 마시던 기현은 아빠가 떠난 빈자리가 많이 허전한 모양이다. "아빠가 계실 때도 시끄럽고, 요란스러운 건 아니었는데, 아빠가 안계시니 너무도 조용하고 허전해요."

기현이 표현이 적절하다. 짧은 시간이지만 남편과 함께한 일주일은 집안이 가득하고, 제대로 맞춘 퍼즐 같았다. 아빠의 빈자리는 짝을 잃은, 이 빠진 듯한 퍼즐이다.

아이들은 2주간의 방학을 마치고 어제부터 다시금 학교와 유치원의 생활이 시작되었다. 아빠가 없는 빈자리의 아픔만을 생각하기에는 우리의 갈 길이 너무 멀다. 마음을 가다듬고 새롭게 출발하는 기현과 기명이가 그저 고마울 따름이다.

기명은 조금씩 배워 나가는 알파벳에 흥미를 느낀다. 숫자에 대한 생각들이 막연히 입으로만 소리를 내기에 구체적으로 설명을 하니 딴청을 부리며 듣지 않는다. 무리해서 가르치고 싶지 않아 모른 척한다. 혼자서 형의 오래된 영어책을 펼쳐서 펜으로 글씨 모양을 따라 선을 긋는다. 선을 긋는다는 표현이 맞을 듯하다. 첫 아들인 기현은 지금의 기명 나이에 아빠를 따라 일본에서 잠시 살았을 때 완벽하게 한글을 공부했던 기억이 난다. 첫아이를 키우며 터득한 게 있다면 절대 강요하지 말고, 스스로 할 수 있는 여건을 만들어 주는 게 지혜로운 방법이라는 것이다.

기명은 1년 후면 학교에 입학한다. 한국과는 달리 5살이 되면 초등학교에 입학한다. 부부가 맞벌이를 하는 이곳 현실에 맞는 제도이다. 아직은 기명은 알파벳이나 숫자는 초보 단계이지만, 하고자 하는 열정이 있으니 걱정이 없다.

지금 엄마 옆에서 아침 공부를 하는 기현의 모습에 감사할 뿐이다.

자식들 눈에 보이는 엄마는 과연 몇 점짜리 엄마일까?

"엄마! Monday? Friday?"

(2004.05.03. 엄마)

주말이 시작되면서 내리기 시작한 비는 하늘에 구멍이라도 뚫린 듯 끝이 없이 쏟아졌다. 금요일 오후 피곤하다는 기현은 아르바이트를 토요일 아침으로 미룬다. 하지만 토요일 새벽부터 내리기 시작한 비가 그의 마음을 무겁게 하는지 아침 식사 도중에도 밖을 바라보며 걱정스러운 얼굴이다.

아침식사 후 그런 큰아들을 태우고 차를 이용해 광고지 배달을 했다. 기명은 엄마와 형의 일을 매주 봐와서 혼자서 집에서 TV를 보겠다고 한다.

빗속을 뛰어 다니며 아마도 기현은 많은 생각을 했으리라. 아르바이트 일을 포기하고 싶고 힘들 때마다 기현은 잘도 참아 왔다. 정말 아빠 말씀대로 경제적 어려움으로 하는 일 같으면 그 빗속의 배달이 눈물바다라도 됐을까? 하지만 그런 기현을 운전하면서 바라보는 엄마는 저러다 '병이라도 나면 어쩔까?' 하는 걱정을 하면서도 마음이 흐뭇했다. 이왕 하는 것 즐거운 마음으로 하라고 한 뒤부터는 기현은 결코 찡그리는 법이 없다. 그리고 조금씩 돈의 소중함도 깨닫는 듯하다.

아이들의 새로운 학기가 시작된 지 2주째다. 그리고 아이들 아빠가 한국으로 돌아간 지도 2주째 접어들었다. 기명은 여전히 유치원에 가는 것을 손가락을 꼽으며 싫어한다. "엄마! 먼데이? 프라이데이?" 요일을 확인하며 하루를 시작한다. 유치원에 가지 않는 토요일과 일요일은 박수를 치며 좋아한다.

유치원에 새로 들어온 남자아이가 기명이 처음에 그랬던 것처럼 많이 운다. 특히 부모들이 오고가는 시간에 조금 늦는 엄마를 생각하며 그의 울음은 끝이 없다. 말이 통하지 않는 선생님은 기명과 함께 유치원에 도착하면, 도와줄 것을 부탁한다. 그때마다 그 아이는 내 품에 안겨 엄마를 찾는다. 눈물로 범벅이 된 아이의 말을 나 또한 알아들을 수가 없다. 내 손을 꼭 잡으며 선생님에게 가지 않겠다고 우는 아이를 보니 마음이 많이 안타깝다. 기명은 티슈를 가져와 눈물을 닦으며 친구의 손에 쥐어 준다. 그러면서도 엄마와 함께 빨리 집에 가고 싶어 "go home"이라고 엄마 귀에 속삭인다.

억울한 기명

(2004.07.28. 아빠)

어제 저녁이었다. 기명은 양치질하러 세면실에 들어갔다가 왜 이렇게 물을 바닥에 엎질러 놨냐는 엄마의 꾸중을 듣는다. 내가 세수하고 나오면서 어지럽혔는데 하면서 기명의 반응을 지켜봤다. 잠시 후 기명은 나에게 와서 "아빠! You!"가 세수하면서 물을 흘린 것이 아니냐며 억울한 표정으로 나에게 묻는다. 웃음을 참으면서 "왜?" 하고 묻는다. 엄마가 자기를 꾸중하는데, 기명은 흘리지 않았다고 억울해 하며 열심히 설명을 한다. 아빠가 세수하며 물을 흘렸다고 이실직고한다. 엄마에게 아빠가 그랬다는 설명을 하고 자기의 억울한 누명을 벗게 해달라고 한다.

아내에게 상황을 물으니, 처음 꾸중을 듣더니 본인이 그랬나 하고 한참을 생각하더니 세면실에서 그냥 나가 아빠에게 가더라는 것이었다. 기명 스스로 본인의 억울함을 해명하는 노력, 기명도 이제 잘 잘못과 책임을 구별을 할 수 있는 자아가 형성되었음을 확인하는 계기가 되었다.

보이지 않는 교훈

(2004.07.30. 아빠)

이른 아침!

기명은 정해진 시간에 일어나더니 이불을 반듯하게 하고 머리맡에 있던 시계를 가지런하게 정리한다. 오늘 새벽에 울렸던 자명종을 내가 버튼을 눌러 놓으려고 장소를 옮겨놓은 것이었다. 아침에 일어나자마자

이불을 정리하고 시계를 정리하는 기명을 침대에서 지켜 본다. 참으로 정확한 아이이다. 나도 침대에서 일어나 거실로 나오려다 '아! 나도 침대를 정리하여야겠다' 하는 생각에 이불을 정리하고 나온다.

기현의 방을 보니 이불이 정리되지 않은 채 그대로이다. 내가 여기로 온 이후 큰아들 기현의 침대를 정리해주고 있다. 정리정돈을 잘하는 기명과 그런 면에서는 큰 차이가 난다.

기명은 아빠와 약속을 하였다. 유치원에서 돌아오면 그림 카드로 공부하기로 하였다. 비디오테이프를 보는 시간이 줄어든 것이다. 한번 한 약속은 반드시 지키는 기명이가 대견스럽다. 어린 아이일지라도 어떠한 기준에 의한 삶의 방식은 큰사람에게도 보이지 않는 교훈이 되는 것이다.

기명이가 학교에 가요

(2004.08.24. 엄마)

아이들의 아빠가 한국으로 돌아가고 참으로 오랜만에 일기를 쓴다. 새벽에 잠이 깨서 거실을 둘러보니 많이 허전하다.

기명은 2주 전부터 한인교회 유치반에 들어갔다. 처음엔 눈물을 글썽이며 엄마의 품을 파고들던 아이가 예배를 마치고 올라가니 환한 웃음으로 엄마와 형을 반긴다. 양손엔 선물이 가득하다. 기명의 가슴에 걸려있는 이름은 '김영호' 이다. 그리고 전화번호를 알기 위해 선생님이 엄마에게 내민 메모지 위의 이름 역시 '김영호' 이다. "누구 이름인지?" 선생님의 착각이러니 생각했었다.

기명은 유치원에서의 습관처럼 싱은 얘기하지 않고, '기명' 이라는 이름만을 얘기하니 듣는 이로 하여금 가끔 착각을 일으키게 한다. '기명' 하면 키위들은 들은 그대로 단어를 사용하지만, 한국사람이 듣기에는 '김영', '김영호' 라는 이름으로 변신한다.

기명은 내년 4월! 다섯 살이 되면서 초등학교에 입학한다. 초등학교에 입학등록을 하러 기명을 데리고 가니, 기명은 이 초등학교에 다니지 않겠다며 단호하게 말을 한다. 또 다시 새로운 환경에 적응하기가 두려운 것 같다.

우기를 맞아 이곳의 겨울날씨는 비를 쏟아부을 준비를 하는 것 같다. 서둘러 아이들을 차에 태우고 집에 돌아온다. 기명이가 앉아 있는 뒷좌석을 본다. 웃음이 절로 나온다. 흐뭇하다. 늦은 나이에 어린 기명을 키우고, 유치원에 보내며, 한시름 놓았던 때가 엊그제인데 벌써 초등학교에 입학할 나이가 됐다니!

매사에 정확하고, 똑똑한 기명이라 스스로 알아서 잘 하리라 믿는다.
주님! 기명의 앞길을 인도해주세요.

엉덩이를 흔들어

(2004.09.30. 엄마)

기현은 오전 공부를 마치고 친구와 함께 배드민턴을 치러 나가고, 기명은 유치원에서 돌아와 후 형을 찾는다. 이 녀석! 형이 있을 때 잘해야지, 없는 형 찾지 말고….

가끔 기명은 기분이 좋으면 바지를 엉덩이까지 내리고 흔들기를 좋아한다. 그리고는 엉덩이에 엄마가 '뽀뽀'를 해달라고 한다.

신나는 음악이 나오면 엉덩이 흔들기 춤이 먼저이다. 그 흔드는 정도가 결코 아마추어의 수준이 아니다. 엄마의 기분이 우울한 듯하면 엄마에게 다가와 엉덩이를 내밀고 흔들어준다. 바로 내 얼굴 앞에 엉덩이를 들이밀면 흔들어댄다. 그러면 웃음이 절로^^ 기명은 그제야 환하게 웃으며 엄마를 안아준다.

그런 동생의 모습을 보고 덜썩 큰 기현이가 어느 날 엄마에게 엉덩이를 내민다. 큰아들의 엉덩이를 밀어내니 몹시 서운한 듯한 표정을 짓는다. "기명이에게 해주듯 기현에게도 엉덩이에 '뽀뽀' 해달라는 것인데 이렇게 차별할 수 있느냐?" 하면서 눈물까지 글썽인다. 갑자기 난감해진다. 이를 어쩐다? 어떻게 위로하며 뒷수습을 하나? 이것이 15세 큰아들을 둔 엄마의 고민이라면 세상이 웃을 일?

기현은 방학 중에 운전 연습을 했다. 뉴질랜드에서는 15세가 되면 운전을 할 수 있다. 방학을 이용해 한가한 학교 주차장에서 이틀간 연습시키니 운전을 곧잘 한다. 도로 주행 연습은 아빠와 함께하기로 했다.

튼튼하게만 자라다오

(2004.10.05. 엄마)

청소하는 엄마에게 오렌지 3개를 들고 온 기명! 주스를 만들어 달라고 한다. 어제 아이들에게 신선한 주스를 먹이고 싶어 만들어줬더니, 기명의 입맛에 맞았나 보다. 엄마에게 다시 만들어 달란다.

왜 3개를 가져왔는지 물어 본다. "엄마, 형, 그리고 기명" 기특한 녀석! 그래 청소가 문제냐? 엄마가 해주마!

기현은 어세 응급실 신세를 졌다. 한국 식품점에서 사온 냉동 낙지로 요리한 낙지볶음을 먹고 가슴이 아프고 가려움증이 심해져 응급실로 갔다. 다행히 기현은 응급치료를 받았다.

　병명은 '알러지' 가쁜 호흡에 산소호흡기를 쓰고 주사를 맞는다. 온몸의 가려움증이 심하다. 가려워 긁는 고통에 마음이 아프다. 큰아들 기현은 뉴질랜드 집안의 든든한 가장이다. 기현의 아픈 모습을 보니 가슴이 무너진다. 병원에 있는 기현의 손을 붙잡고 기도한다. "하나님! 기현을 낫게 해주세요!"

　기명은 산소호흡기를 쓴 형을 보더니 신기한지 만져보고 싶어 안달이다. 기명에게 병원은 그저 신나는 새로운 장소였을 뿐이다.

　오늘 저녁 메뉴는 소고기 무밥. 맛있게 밥을 쓱쓱 비비는 기현에게 "야채와 나물을 함께 넣었음" 말한다. 싫다고 고개를 흔든다.

　어젯밤의 응급실에서의 큰아들이 떠오른다.

　그래! 아들! 먹고 싶은 것만 드세요. 아프지 말고 튼튼하게만 자라다오.

친구의 생일

(2004.11.02. 엄마)

　이틀째 햇볕이 쨍쨍이다. 오후에 기명과 바닷가 벤치에 앉아 모처럼의 여유를 가졌다.

　요즘 NZ에서 유행하는 음료가 있다. 기존의 Just주스에 탄산음료를 섞어 트림이 나오는 장면이 있다. 바닷가에 앉아 그 음료수를 마시며, 트림을 하며 재미있어 하는 기명을 보니 감탄이 절로 나온다. 트림을 자유롭게 조절을 한다. 평소에도 자주 트림하기를 좋아하는 기명에게 손으로 가리며 하는 방법을 가르쳤다. 아마도 그 주스는 기명을 위한 새로운 상품임이 분명하다. 나중에 합류한 형에게도 기명은 그 음료를 권하며 트림을 하라며 강요한다.

　바다의 바람이 기분이 좋았다.

　기명은 유치원의 친구로부터 분홍색의 생일 초대 편지를 받았다. 2주 후 맥도날드에서 파티한다는 여자친구의 생일이다. "친구의 선물을 무엇으로 정할까?" 하는 엄마의 고민에 기명은 한방에 해결한다. '케이크!'

　생일이면 무조건 케이크가 있어야 하고, 친구의 생일도 케이크이다. 냉장고에 붙여둔 생일 초대 편지를 오고 가며 읽는다.

　기명의 머릿속에는 온통 친구의 생일이다. 언제 가는지, 무엇을 해야 하는지, 많은 것을 알지 못하는 기명과 그의 친구들은 어김없이 다섯 살 생일을 맞이하면 초등학교에 입학한다. 한국과는 달리 일률적으로 같은 나이에 새 학기에 한꺼번에 모두 입학하지 않는다. 다섯 살 생일이 있는 달에, 그리고 그 날짜가 와야 입학함이 원칙이다. 기명 역시 내년 4월이 되면 생애에서 가장 큰 생일파티를 한 후 초등학교에 입학할 것이다.

　오늘 밤 기명을 재우며 다섯 권의 책을 읽어 주었다. 내용이 재미있으면 잠은 어디론지 달아나고 침대를 두드리며 좋아한다. 잠든 줄 알았던 기명이 엄마를 부른다. 다시금 자장가를 부르며 토닥거리니 엄마의 손을 꽉 잡는다. 아기의 작은 손을 고사리 같다고 한다. 그 표현이 참! 좋다. 기명의 손을 마주 잡아주며 "사랑해" 하고 속삭이며 미소짓는다.

　기현은 2주 후의 시험을 위해 공부하고 있다. 기현은 엄마를 이해하는 폭이 넓어졌다. 부모가 원하는 방향으로 뚜벅뚜벅 힘차게 미래로 향하는 큰아들의 모습이 아름답다.

2004년을 이보다 더 좋게 끝낼 순 없을 것이다

(2004.12.04. 기현)

  2004년을 끝내면서, 이보다 더 좋은 기분은 없다. 4학년에서 '최고상'을 받았다. 가장 많이 노력하고 높은 성적을 받은 댓가이다. '최고상'은 '과목상' 보다 더 좋은 상이다. 어머니는 아주 좋아하시고 날 자랑스럽게 칭찬하셨다. 아버지도 그러시겠지. 시상식에서 구두도 새것을 신고 멋지게 상을 받고 300명이 넘는 학생들, 선생님들과 학부모들에게 박수를 받는 기분은 말로 설명할 수 없다. 조금 떨렸지만 그 기분은 내 생애에서 잊을 수 없는 추억이 될 것이다.
  나의 생일 다음날 '최고상' 을 받아서 더욱 기분이 좋았다.
  한국에 갈 날이 성큼성큼 다가오고 있다. 할머니, 할아버지도 뵙고 싶고, 나는 고향 한국이 얼마나 그리운지 모른다.
  아버지와 많은 시간을 보냈으면 한다. 가족을 위해 열심히 일하시어 바쁘다는 것은 잘 알지만, 이번에도 아버지와 함께하는 시간이 많지 않다면 실망할 것 같다. 사실은 아버지가 보고 싶고, 함께 지내고 싶어 가는 것이다. 아버지와 스키장도 가고 놀이공원도 함께 다니고 싶다.

아토피

(2005.02.09. 엄마)

  한낮의 최고 기온이 30도를 육박했다. 그 동안 뉴질랜드에 살면서 처음 느끼는 더위다. 그러나 새학기를 맞이해 더위도 아랑곳하지 않고 열심히 적응하는 큰아들 기현이가 대견하다. 방학 동안 잠시 멈췄던 스포츠들도 다시금 시작이다. 지난 주 테니스게임 복식에서는 우승, 단식에서는 좋은 성적을 내지 못했지만 만족스러운 게임이라 생각하는 듯했다.

학교에서는 지난해 배운 과목을 복습하는 중이고, 많아진 과목과 교과서의 분량에 만족하는 듯하다. 역시 공부의 참 맛을 알아 가는 중인 듯하다.

서로의 선택과목이 달라서 친한 친구들과 한 반이 될 순 없었지만, 점심시간을 이용해 아직은 친구애를 돈독히 한다고 한다. 조금씩 엄마와의 대화가 줄어드는 듯하다. 아침마다 등교길에 나서는 기현을 보면 하루하루가 다르게 성장을 하고 있음이 눈에 보인다.

기명의 아토피가 점점 심해진다. 지난번 한국에 갔을 때도 의사의 처방이 신통치 않아 나름대로 혼자서 기명을 관리하다가 경험이 있는 다른 사람들로부터 이메일을 통해 많은 정보를 얻었다.

첫째는 카펫생활에서 마룻바닥이 있는 집으로의 이사 문제요, 둘째는 식생활 개선이다. 이 부분이 가장 어려우리라 생각한다. 유난히 초콜릿 등 군것질을 좋아하는 기명이가 이를 어떻게 극복할 수 있을지 가슴이 아프다. 그리고 마시는 물과 샤워하는 방법도 바꿔야겠다. 다행히도 아직까지는 기명은 잘 따라와 준다.

아이들이 엄마를 바꿔놓고 있다. 주님의 뜻이리라 생각하고 모든 걸 감사함으로 받아들인다.

기현의 생일

(2005.02.27. 엄마)

오후 네시다. 밤새 시끌벅적 하던 집안에 정적이 감돈다. 기현은 친구들을 보내고 쏟아지는 잠을 이기지 못해 침실로 들어갔다. 덩달아 기명이까지 신이 났었는데-

기현의 호적상 생일잔치에는 여섯 명의 친구들이 왔다. 초등학교 때와는 달리 청년처럼 커버린 그네들의 자리는 집안이 좁아터질 지경이다. 남자아이들이 무슨 할 말이 그리 많은지 밤새 웃음소리가 끊이질 않았다. 남들이 곤히 잠든 새벽에 동네에서 축구를 하고, 날이 밝기가 무섭게 축구장으로 향하는 그들을 보면서 젊음이 새삼 부러웠다. 무엇 보다 기현의 성장과 생각이 많이 성숙함에 놀랐다.

달걀 후라이와 베이컨 그리고 소세지 몇 개가 그들의 아침 메뉴였다. 혹시나 하는 마음에 2리터 용기의 우유를 몇 개 샀는데, 모두들 쥬스에만 손이 간다. 밤새 못잔 잠 때문인지 아침을 먹는 그들의 눈빛에는 초점이 없다. 모두들 피곤한지 점심이 되기 전 부모들에게 전화해 일찍 집에 가기를 원하는 눈치다. 덕분에 나 역시 설잠을 잔 탓에 눈꺼풀이 나의 의지와는 상관없이 감긴다.

기현은 일주일 전 영어에서 최고점수를 맞았고, 친구들 앞에서 선생님께서 직접 기현의 글을 낭독하시고 칭찬을 아끼지 않았다는 말에 나는 기뻤다. 선생님은 "기현이가 이 반에 있어서 자랑스럽다." 라고 말씀하셨다고 한다. 그리고 기현의 대답은 "Thank You"

이곳 현지 아이들도 힘들어하는 영어에서, 한국에서에서 온 기현이가 받는 그러한 극찬은 아주 드문 일이기 때문이다. 수학 역시 학기가 시작된 지 불과 몇 주 만에 치른 평가에서 최고점수를 맞았다.

그저 감사밖에는 할 말이 없다.

한여름의 뜨거움으로 매미들의 달궈진 소리만이 집안의 정적을 깬다. 기명이도 잠이 들었다. 블라인드를 치고, 얇은 담요로 아이들을 덮어주고, 함께 꿈나라로 간다.

기명이가 천재인가?

(2005.06.12. 아빠)

전화 통화 중에 아내에게 감동적인 말을 들었다. 개구장이 기명이를 학교 선생님은 '천재' 아이라고 칭찬했다고 한다. 눈에 장난기가 가득한 웃음치는 장난꾸러기 기명이가 개구쟁이인 줄만 알았는데, 기명이가 아주 특별한 '천재' 아이라고 하니 아주 기분이 좋다. 팔불출인 나는 아들의 칭찬 소식에 그저 기쁜 웃음만 나온다. 자꾸 자랑을 하고 싶다.

하나님께도 기도한다. 우리 아들들이 믿음 안에서 정직하게, 믿음 안에서 세계를 이끌어 갈 리더십을 지닌 하나님의 자녀로 키워주시기를….

여보세요~~~~

(2005.06.15. 아빠)

기명은 아빠가 전화히면 "여보세요~~"하면서 전화를 받는다. 한국말 발음이 서투르지만 그래도 제법 의사표현을 한다. 영어와 모국어인 한국어를 동시에 배우는 아들이다.

어릴 적에는 두뇌의 언어구조가 동시에 몇 개 언어를 수용할 수 있다고 하던데, 맞는 말인 것 같다.

학교에 다섯 살이 되면 입학하는 뉴질랜드라서 어린 내 아들이 학교에 다니는 것을 보면 기특하다. 오전 9시부터 오후 3시까지 아침이면 어김없이 가방과 도시락을 가지고 등교한다. 집에 와서 그날 나눠 주는 책을 보고 독후감 등을 쓰고 발표한다고 하니 그저 신통할 따름이다. "아빠 보고 싶어요!" 하는 말을 듣노라면 금세 달려가고 싶다.

큰아들 기현은 "아빠 보고 싶니?" 하면 "네" 듬직하게 한마디만 한다. 며칠 전에는 수학에서 만점을 맞았다고 알려 준다. 참으로 듬직한 내 큰아들이다. 혼자서 낯설은 뉴질랜드에서 초등학교 4학년부터 고교시절까지 스스로 많은 것을 잘 해내는 기현에게 감사한 마음이 든다.

사랑하는 내 가족이 있기에, 나는 오늘도 내일의 아름다운 꿈을 꾸며 열심히 산다.

서운해! 아빠는… 기명!

(2005.06.20. 아빠)

기명은 어떤 때는 전화를 받고, 어떤 때는 전화를 받지 않을 때도 있다.

목소리라도 듣고 싶어 전화했는데, 냉정하게 받지 않는다는 말을 전해 들으면 서운해진다. 그래서 기명이가 전화오면 "나도 안 받아야지" 하면서 나도 속좁은 삐짐이가 된다.

그래도 잘 커 주는 기명이가 보고 싶어진다.

기현은 의젓하게 잘 성장한다. 스스로 잘 해나가는 기현은 이미 아빠보다 키가 커 버렸다. 1m 80cm는 넘어야 한다며 잘먹고 열심히 키가 크라고 격려한다.

이곳 한국의 사정은 아주 바쁘기만 하다.

똑똑새! 기명

(2005.07.19. 아빠)

기명은 아주 똑똑하다. 방학하면서 상을 탔는데, 친구를 잘 도와주고, 수학을 잘해서 상을 탔단다. 인간성이 좋고, 수리에 밝은 아들!

형은 돈을 좋아하지 않는데, 기명은 돈을 밝힌다. 상을 타오더니 당당하게 상금을 요구하며, 아빠, 엄마에게 기념으로 뭔가를 사달라고 한다.

기명은 낮에는 추운데도 맨발로 내복만 입고, 허리를 내놓고 다니고, 잠을 잘 때는 완전히 엎드려서 엉덩이를 높이 쳐들고 자고, 이불 속에서는 찬 곳으로 옮겨 다닌다. 어젯밤에는 내 손을 가져다가 귀를 후비고 얼굴을 만지게 하고 이놈이 아빠의 정이 그리웠나 보다. 사랑스러운 기명!

푸른색 '티거' 옷이 잘 어울린다. 양말도 '티거' 옷에 맞는 청색으로 신고… 멋쟁이 기명!

누구를 닮았는지 그림도 잘 그리고, 종이를 오려서 무언가도 잘 만들고, 틈나면 편지를 써서 우편함에 넣어 두고 읽으라고 한다. 모든 것을 잘하는 기명이다. "나중에 무엇을 하고 싶니?" 하고 물으니 기명은 화가가 되겠다고 한다.

오후에는 형하고 축구를 한다. 요즘에는 노래하고, 춤을 추라고 하면 잘 하지 않는다. 잘하던 것도 멍석을 깔아주면 "No" 하는 기명이다.

기명이가 쓴 글

(2005.07.20, 기명)

I love mum.
I love dad.
I am ki-myung.
See you later!
Bye bye mum.
Smile face ki-myung.

사랑하는 아들들의 모습

(2005.07.28, 아빠)

오클랜드에 온 지 2주간이 지났다. 한국말과 영어를 유창하게 구사하는 기명이가 대견스러웠다. 그러나 기명은 그전처럼 "아빠!, 아빠!" 하고 졸졸 따라 다니지 않아 조금은 서운하다. 기명이가 다섯 살! 초등학교에 다닌다.

내일이면 이곳을 떠난다.

저녁식사 후 침대에 누운 기명이가 "good night daddy!" 하길래 방으로 가서 '뽀뽀'를 해주었다. "아빠, 오늘 밤이 여기서 마지막이야. 내일 한국으로 간다" 말하고 기명과 눈을 맞추었다. "I Know" 하고 이불을 뒤집어쓰고 돌아 눕는다. '자려나 보다' 하고 나왔다.

잠시 후 기현 엄마가 나를 부른다. 기명이가 엉엉 울고 있었다. "내가 한국으로 내일 간다고 해서 그랬나?" 말한다. 기명에게 "왜 그래?" 하니 엉엉 울어버리는 기명이다. 너무 서럽게 우는 기명을 본다. 나도 눈물을 쏟았다. 나하고 있고 싶은 가족을 두고 떠나야 하는 내 자신이 처량하다.

기현과 나는 기현의 공부, 기명을 위한 배려, 엄마의 도움 등 하여야 할 일들에 대하여 많은 대화를 하였다. 아직 어린 기현에게 아빠를 대신하여 엄마도, 동생도 부탁하여야 한다. 기현은 아빠를 위하여 지금껏 많은 희생을 해오고 있다.

엄마는 '44'

(2005.08.19. 엄마)

기명은 형이 없으니 허전하고 심심해 한다. 그러던 기명은 무언가를 열심히 만들더니 내 가슴에 붙여 준다. 무엇인가 살펴 본다. 종이에 엄마 나이 '44'를 적은 것이었다. 엄마는 나이가 많은 것이 싫다고 했다. 기명은 다시 만들어 붙여 준다. '1'이다. 웃어야 할지 울어야 할지… 기명은 다시 인심을 쓴다. '2'로 바꿔 준다.

제7부

문학평론

문학에 있어서 성표현의 자유와 음란성의 형사적 규제

– 마광수의 문학세계에 대하여 –

송 광 섭

시작하며

요즘은 신문, 잡지, T.V매체, 영화 등 다양한 통로를 통하여 왜곡된 성문화, 이성관계가 대단한 화제인 양 대량 방출되고 있다. 호모, 레즈비언, 변태성욕과 가학애 · 피학애, 그룹섹스, 스와핑 등의 성과 관련된 이야기들이 일부 상업주의에 편승하여 무한 방출되고, 그 폐해의 정도가 심각한 지경에 이르고 있다.

이러한 소수의 성적性的 기호행위嗜好行爲를 하는 사람들의 숫자는 비록 많지 않다고 생각되나, 일부의 매체들이 이를 부추기며 조장하고 있는 실정이다.

성적 변태성과 추악함, 음란성만 가득 찬 퇴폐적 성문화의 만연은 인간과 사회의 해체의 길로 잘못 유인할 수도 있다. 문학과 예술의 형식을 차용한 작품으로 선정성 · 상업성에 편향된 자극만을 증폭시키고, 독자들을 호객하는 창작행위는 문학과 예술의 자살행위가 아닐까도 생각한다.

법학, 특히 형사법을 전공하는 학자로서 문학과 예술에 대하여 논평

한다는 것 자체가 무리이고, 외람된 일이다. 그러나 청년시절부터 지금까지 수필, 산문, 비평 등의 습작과 잡글(?) 작업을 꾸준히 해 온 문학도로서, 마광수 교수의 수필과 소설에 대하여 나름대로의 촌평을 하는 용기를 가져 봄을 양해하시기 바란다.

그릇된 성의식 강요와 무책임한 배설

사실 수필隨筆을 평하는 것 자체가 이상한 일인지는 모른다. 그러나 수필이란 주제나 형식에 구애받지 않고 인생이나 자연 또는 일상생활에서의 개인의 경험, 사상, 감정 등을 자유롭게 기술하는 문학 장르이다. 수필을 읽으며 독자는 작가의 생각과 감정을 공감하며, 자신의 삶을 성찰하며, 사회적 · 철학적 · 종교적 문제, 인간의 존재와 가치에 대해 고민한다.

따라서 마교수의 내면세계를 솔직하게 드러낸 수필 속 내용들이 소설 작품에 많은 부분 수용되어 표현된 것들이 많이 있어 부득이 평론의 대상으로 삼은 것이다.

아무리 수필이 자유롭게 쓰는 글이라고 하지만, 마음 내키는 대로 아무렇게나 쓰면 된다는 생각으로 무책임하게 배설하고 출간하게 된다는 생각은 아주 위험스런 창작관이다. 왜냐하면 수필이 활자화되어 세상에 탄생되면 수필은 문학과 예술의 한 장르이기 때문에 '사회성'을 갖게 되어, 그 책임도 수반하기 때문이다.

마교수의 수필집(1, 2집)에 나타난 성의식관性意識觀을 보면 일반인들과는 너무 다른 특이한 면면을 볼 수가 있다. '남성이 아름다우려면 새디스트가 되어야 하고, 여성이 여성다우려면 매저키스트가 되어야 한다'라며 여성과 남성을 이분법적으로 구별화하고, '노예와 같은 얻어지는 황홀감'이니, '여자는 필요악이지 우리의 영혼과 온 에너지를 다 쏟아 넣을 대상이 되지 못한다'라며, 여성을 가학성욕의 노리개, 페티쉬의 대상으로 간주하는 그릇된 여성관을 가지고 있다.

또한 여자가 마교수의 구애에 응하지 않자 '이년 죽어라 하고 목을 조르기 시작했다', '여자들한테 하도 많이 속아서… 여자라는 동물 자체에 대해서 적개심마저 들었다', '어깨넓이와 가슴둘레는 웬만한 여자보다 좁다'라는 표현들을 보면, 정식분석학상 마교수는 신체적 허약성과 잠재된 폭력성에 의해 여성에 대한 심한 열등감에 시달리고 있으며, 여성에 대한 공연한 적개심조차 지니고 있는 것 같다.

마교수에 있어서 그가 희구하는 이상적 여성은 '누나가 동생 다루듯이 남성을 다루고, 남자의 응석까지도 지극한 모성애로 수용해 줄 수 있는 여자'이며 어질고 예쁜 여자이다. 즉, 그는 아직껏 이유離乳가 덜 된 모성애적인 사랑을 갈구하는 유아적 상태乳兒的 狀態에 빠져 있다. 이러한 신체적 허약함과 열등감, 모성애적 사랑의 희구希求 등이 그를 이기적 페티시스트로서의 길로 인도하지 않았나 하는 생각이 든다.

마교수 스스로의 체념적인 고백처럼 '사랑하기에 늙었고, 너무 말랐고, 너무 힘이 없다'라며, 신체적 성무기력性無氣力으로 육체적인 성기결합에 의한 성교가 불가능하자 무한한 쾌락에의 욕망을 대리 배설하기 위한 방편으로 그는 시, 소설, 수필 등을 썼다고 생각된다.

이러한 대리 배설을 작가는 "진정한 예술가라면… 소위 정상적이고 건강한 성행위에 도저히 만족할 수 없다. … 일상적인 섹스보다는 '상상적인 섹스'를 추구하려는 경향이 있기 때문이다."라고, 진정한 예술가(?)인 마교수가 작품을 쓰게 된 동기에 대하여 자답自答하고 있다. 특히 예술가들은 대개 작품을 통하여 "그의 변태성욕變態性慾을 주고 발산시키기 때문에 완전히 미쳐 버린 정신분열중 환자의 섹스와는 구별되어야 한다"라든가, "천재적 작가들에게 공통적으로 나타나는 일종의 광기는 작가의 본능적 의지와 위선적이고 억압적인 왜곡된 현실 사이에서 빚어지는 마찰에서 나온다"라며 미리 자신과 자신의 작품에 대하여 쏟아질 비난에 대하여 '특히 예술가들과 천재적 작가들'은 변태성욕과 광기를 당연히 추구할 수 있는 특권이 있는 것처럼 비난의 화살을 피할 탈출구를 상정해 놓는 교묘함을 드러내 보이기도 한다.

또한 '우리나라의 문화계는 지나치게 본능을 은폐시키려는 경향이 있고', '나 자신의 성욕의 환상적 자기만족을 충족시키기 위해서 그런 식의 작품을 써 보고자 한다'라고 말하여, 말초적 쾌락추구와 변태성욕의 당위성을 강조하기도 한다. 그는 승화되지 못한 나르시시즘이 때로는 좋지 않은 배출구를 찾아 발산한다는 사실을 인식하지 못하고, 자기의 작품세계를 옹호하고 있다.

'사랑은 결국 육체적 접촉에 의한 그 때 그 때의 순간적 황홀감'이고, '사랑에는 무언가 조금은 정신적인 것이 가미되어 있어야 한다고 믿었던 것… 계속 헛갈리고 있었던 셈이다'라며, 사랑에 찰나적刹那的 육체적 결합만 중시하고 정신적인 사랑은 몰각하고 있다. 정신주의와 육체주의의 중국 전국주의의 사상가인 '고자告子'의 견해[1]에 동조하고 있다. 이러한 바탕에서 '실존은 관능이요, 성욕이요, 섹스다'라면서, 외로움의 실체는 바로 다름 아닌 '성욕' 그 자체로 보고 있고, '인간은 섹스를 위해 살고 있다'라고 단언하기도 한다. 즉, '실전적 외로움이란 것도 따지고 보면 결국 성욕을 못 푸는 데서 나오는 것'이라는 생각을 가지고 있다. 또한 '개나 인간이나 사랑을 나누는 것에는 차이가 없다'는 사고방식도 가지고 있다.

---

[1] 고자는 생(生)을 성(性)이라 한다든가, 식(食)과 색(色)은 성(性)이라고 하여, 타고난 기질 그대로의 식욕과 성욕이라고 하는 동물과 같은 생리적인 욕구의 현상을 성이라고 생각하였다. 그 결론으로서, 그는 성은 선(善)도 악(惡)도 아니라는 것이다.

이러한 일련의 사고방식은 소설〈권태〉에서도 그대로 표현되고 있는데, '화장지가 없어 어떻게 하나 하고 걱정을 하고 있는데. 희수와 미니는 자비심 많게도 둘이서 내 항문 밑에 달라 붙어 혓바닥으로 밑을 샅샅이 핥아 가며 닦아 준다. 그 기분 정말 정말 베리 굿 베리 나이스였다' (개를 비롯한 동물들은 입으로 서로의 항문과 성기를 핥아 주며 애정의 표현을 하는 것을 보아 왔다).

　마교수에 따르면, 정신적인 사랑은 아예 없는 것이며, 육체적 바탕을 둔 정신, 관응적인 사랑의 체질화가 당연한 것으로 받아들여질 대 행복감을 느껴 볼 수 있다고 한다. 물론, 육체적 외로움도 있을 수 있겠으나, 정신적인 고독과 공복감은 더욱 폐부 깊숙한 외로움이다. 작가는 모든 것을 성욕으로만 귀착시키려는 '피나는 노력' 만을 하고 있다는 생각이 든다.

　특히, 우리가 생각해야 할 것은 인간의 성욕이 다른 동물의 성욕과는 질적으로 다르다는 점에 관한 철학적 · 과학적 해명이 이루어지고 있다는 점이다.

　고자에 따르면, 본성은 재료의 나무이며, 인의는 만들어진 바구니 같은 그릇이다. 인간이 인의를 행하는 것은 나무의 재료로 굽혀서 만들어진 기구와 같은 것이라 했다. 또 본성을 굽이치는 물에 비유하여, 동쪽으로 흐르게 하면 동쪽으로 흐르고, 서쪽으로 흐르게 하면 서쪽으로 흐르는 것과 같이, 본성은 처음부터 선이라고도 악이라고도 할 수 없다고 하였다. 또 자기의 아우는 사랑하지만, 타인의 아우는 사랑하지 않는다고 하는 따위의 차이가 있는 그것은, 그것이 내적 감성을 주로 하기 때문이며, 연장자를 존경할 경우 타인이라도 존경하는 것은 그것이 외적 사실을 주로 하기 때문이라고 말하며, 인(仁) 은 선천적으로 갖추어진 것을 인정하지만, 의(義)는 어디까지나 후천적으로 습득되는 것이라고 주장하였다.

인간의 성이 다른 동물과 다른 점은 인간이 갖는 성의식과 성행위가 단순한 동물적 본능이 아니라, 사회적·문화적 경험으로 되어 있으며, 이는 수천만년의 인류사가 이룩한 것이라는 점이다. 인간의 성욕은 본능적인 충동에 지배되는 다른 동물과는 달리 인간의 이성으로 억제될 수 있으며, 때로는 '지킬' 박사처럼 때로는 '하이드' 처럼 갈등하는 경우도 있지만, 동물적 본능으로 향하는 성행위와 싸워 인간의 존엄을 지키는 노력이야말로 스스로 인간으로서의 사랑의 아름다움을 확이할 수 있는 길인 것이다.

　마교수처럼 인류가 식용과 성욕의 충족을 위해서만 온 힘을 경주할 때 인류의 미래가 보다 밝아질 것이라고 생각한다면, 결국 인간사회는 '홉즈'가 말한 대로 '만인의 만인에 대한 투쟁장'이 되어 버리고, 살육과 무분별한 성적 충동추구로 인간 세상은 아수라장이 되고 말 것이다.

흔들리는 페티시스트

　섹스는 태고적부터 인류 최대의 관심사였고, 인간 최고의 본능이었다. 문명이 발아되기 시작할 때부터 성적인 욕망과 그로 인한 사회적·도덕적 영향, 즉 성이 인류문명의 발전과정에 미친 영향을 다대했다고 생각된다. 섹스는 인간존재의 확인이며, 개개인의 성습관이 모여 독특한 사회성을 띠기도 한다. 그러나 성 본능의 지나친 추구는 도덕과 제도의 통제를 받기도 하며, 성적인 퇴폐와 범죄는 큰 사회문제화되기도 한다.

　소설 〈권태〉에 나오는 주인공 교수는 마스터베이션(자위행위)을 자주 하고 있다. 자위행위는 상상의 세계에서 육체의 쾌감으로 이어지는 패턴을 갖고 있으므로, 자위행위를 할 때에는 그 어떠한 여성도, 그 어떠한 것도 그 성적 대상이 될 수 있다. 인간이 남성이든 여성이든 제 때에 배출시킬 환경이 안되면 부도덕하고 비이성적인 방법으로 해소하려는 노력을 하게 된다. 그래서 자위행위도 하고, 상상의 나래를 펴기도 하고, 이 행위에서 더 나아가 동성애 또는 동물과의 성행위도 하고, 인간을 학대하고 학대 받음으로써 성적 쾌감을 얻는 변태성욕자가 되기도 한다.

〈권태〉라는 소설 속의 주인공 교수는 아마도 나르시스 콤플렉스에 빠져 있는 것 같다. '리비도'를 자기에게만 집중하는 것은 유아적 성의 심리적인 현상이기도 한다. 그러나 성인이 된 후에도 언제까지나 그 목표와 표현방법이 미숙한 상태로 있음은 문제라 생각한다. '나이를 먹으면 배꼽 밑에도 인격이 든다'라는 속담이 있다. 이는 아무 때와 장소에서든지 성기性器가 발기되지 않는, 즉 막무가내의 성욕추구가 절제·조절되는 자기통제 능력이 생기게 되어, 성욕에도 '인격人格'이 발현된다는 말인 듯 하다.

'수음을 하고 싶은 미칠 듯한 충동을 느껴', '황급히 방문을 걸어 잠그고서 수음'을 하는 '성이 나 있는 페니스를 움켜 쥐고 미칠 듯이 주물러 대는' 행동들을 보면, 소설 속의 주인공 교수는 그의 탄식대로 성적 性的 기아증飢餓症에 시달리는 색정광色情狂이 아니고 무엇이란 말인가?

〈권태〉에서 페티시스트가 된 설명을 보면, '나는 원래 몸이 약질이라서… 내가 원래 정력이 약하기 때문이었다'라며 신체의 허약함에서 오는 페티시스트로서의 열등감을 토로하고 있다. '나는 허약한 육체와 모성애적 사랑에 대한 끈질긴 원망을 … 부정하기 위해서, 내가 당당한 새디스트라고, 아니 모든 성기의 구조상 새디스트여야만 한다고 억지로 주장하고 있는지도 모른다'라고 자신의 속내를 솔직하게 드러내 보이는 용기도 보여 준다. 그래서 〈광마일기〉에서는 '사랑을 성취시키기에 소모해 보여야만 하는 그 엄청난 에너지와 열정이 심약한 나에게는 견디기 힘든 스트레스요 노동일 수밖에 없었다'라는 고백과 함께 〈권태〉에서 '그런 저런 경험들을 통하여 나는 내가 페티시스트라는 것을 알게 되었다'라고 성욕만족의 추구형태가 변화되었음을 나타내 주고 있다.

이러한 처지에서 자신 또한 여자한테서 사랑받을 만한 조건도 갖추고 있음을 강변한다. 〈광마일기〉에서 '내가 천하장사 이만기 같은 몸집의 소유자였다면 그녀가 관능적 매저키스트로서의 재미를 질깃질깃 충분히 맛볼 수는 없을 것이다'라며, 자신의 신체적 왜소함을 감추고 있고, '왜 하필이면 나처럼 볼품없이 생긴 남자와 사귀고 싶어 하지?'라고 물은 뒤 '당신의 마음이 깨끗하니까요'와 〈권태〉에서 '선생님 같이 생긴 남자를 상상 속에 떠올리며… 조금이라도 살이 찐 남자는 딱 질색이죠'라는 대답을 이끌어 내어 '맷집 좋은 남자'에 대한 열등감을 자위하고 있다.

한편, 페티시스트로서의 자신의 행태에 대하여 '나의 비겁한 남성 포기심리와 성교 회피심리를 오히려 젊잖고 신사다운 매너라고 칭찬해주기 까지 했기 때문에, 나는 더욱 더 그러한 위장전술을 밀고 나갈 수가 있었다'와 '내가 페티시스트가 되지 않을지도 모른다'라며 페티시스트로서의 자신감마저 결여되어 있는 나약함도 보여 준다.

아무튼 마교수의 소설작품 속에는 격렬한 변태성 욕정의 추구와 때로는 새디스트로서, 때로는 여성에 의한 능동적 섹스에 대한 열등감이 산견散見되고 있다.

'나도 모르게 그녀의 옷을 찢어 버리고… 몸뚱아리에다 내 붉은 혓바닥을 대고 미친 듯이 핥기 시작했다'와 '나는 … 그녀의 젖꼭지를 이빨로 살짝 비틀어 깨물었다' 또는 '너희들을 개처럼 끌고 다니면서'와 같은 가학애, 그리고 '폭군 같은 그 새디스틱한 명령조의 말투 … 야릇한 쾌감을 느낄 수 있었어요', '앞으로 저에게 반말을 서 주세요' 등은 그의 강한 지배욕을 나타내어 준다.

삽입성교性交에 대한 회피심리는 더욱 빈번하게 나타나고 있다. 〈광마일기〉에서 '그녀와 함께 발가벗고 뒹굴어야 한다고 생각하자 빈약한 내 몸뚱아리가 갑자기 무섭게 수줍음을 타면서 움츠려들기 시작했다', '사실 밤에는 건강한 발기와 옹골찬 삽입에 별로 자신이 없는 나였기 때문이다', '나는 점점 더 오그라드는 내 자신을 느꼈다', '나중에는 그녀가 도저히 못 참겠는지 내 심벌을 그녀의 입 속에다 넣어 잔뜩 발기시켜 그녀의 음부에 억지로 쑤셔 넣는다. … 역시 너무나 지속시간이 짧았다' 등의 표현을 보면, 그는 발기불능에서 오는 정력부족으로 인하여 삽입성교에 대한 심한 열등감을 가지고 있음을 알 수 있다. 그래서 〈광마일기〉에서 '나 역시 진짜 오르가즘을 맛보고 싶었고, 그런 오르가즘이란 결국 정통적인 방법의 삽입성교에 의해서만 가능하다는 것을 나는 점점 확실히 깨달아 가고 있었다. 그런데 그게 생각처럼 잘돼 주지 않으니 미치고 환장할 지경이었다'라고 토로하고 있다.

이를 통해 볼 때, 페티시스트로서의 패배감과 한계를 자각하고 있다. 결국 마교수의 소설에 나오는 주인공 교수는 정신적 새디스트이기 이전에 육체적으로 허약한 만년유아가 되어 버렸고, 성욕만족은 페티쉬의 몰입에 의해 획득되기 보다는 삽입성교에 의하여 얻게 됨을 인정하고 있는 셈이다.

결국 페티시스트가 되었지만 페티시스트로서의 한계를 절감하는, 그래서 강력한 정력에 대한 열망을 갖기도 하는 헛갈리는 소설 속의 주인공 교수는 강한 새디스트로서의 자격도 갖지 못한 채, 그가 추구하는 성적 행동양상이 변태적임에도 불구하고 변태적이 아니라고 자기합리화하고 있다. 또한 마교수는 스스로를 진정한 예술가(?), 천재적 작가(?)라고 변명하며, 지루하고도 '권태'스럽게 소설을 이끌어가며 자기의 행위가 창조적인 사랑의 행위를 구축해 가는 실험적 과정이라고 강조하고 있다.

〈광마일기〉에서 주인공 교수는 '짓궂은 농담을 해도 잘 받아 넘겨주는 이해심 많은 여자가 진짜로 겉과 속이 다 야한 여자로 기가 세지 않고 누이처럼 자애롭고 포근한 심성을 가지고 있는 법이다' 라며, 여자에 대한 모성애적인 사랑만을 원망하는 어리광스런, 말초적 성욕만 완고한 유아적 성격을 지닌 변태적 이기성을 가진 사람이라는 생각이 든다. 이런 변태적 이기성은 섹스의 대상인 여자한테 특히 두드러진다. '여자가 … 삽입성교만을 바라고 있는 꼴을 보면 언제나 나는 치가 떨려 오곤 했다', '주로 내가 영이한테 사랑의 레슨을 받는', '그녀는 모든 것을 알아서 척척 해 주었다' 라며 성관계에서마저 상대방으로부터 철저히 바라기만 하는 이기성을 여실히 보여 주고 있다.

간혹은 이러한 변태적 이기성을 자책하는, '나는 속으로 뜨끔한 생각이 들었다. 언제나 나는 여자한테만 '펠라치오' 봉사를 시켰지 내가 먼저 헌신적으로 여자에게' 커니링거스(Cunnilingus) 라든가 기타 등등의 애무를 해준 적이 별로 없었기 때문이다' 라고 표현하고 있다. 그래서 그는 여자한테서 '기분 좋게 힝힝거리게 해 주는 것만 기대하고 섹스를 해왔던 것'에 대하여 '나는 너무 창피하고, 부끄럽고, 나 자신이 한탄스럽기만 하다' 라고 장탄식하고 있는 것이다.

이상으로 볼 때 소설 속의 주인공 교수는 계속 헛갈리며 힝힝거리고만 있는 것 같다.

예술(창작)의 자유와 형사적 규제

섹스에 대해 인간은 좀 더 순수해야 하며, 또한 성욕을 무조건 회피하며 싸우지도 않고 성욕을 압제했다는 착각도 범해서는 안된다. 진정 용기가 있는 자는 섹스라는 유혹의 실체를 인정하고, 그 유혹을 이겨내는 용기가 필요하다.

인간존재의 확인이며, 환희의 결정체이기도 한 섹스는 아름답고 신비의 커튼 너머에 있을 때 그 빛을 더하며, 또 신비에 가려 있으니까 온갖 극치의 방법과 변태적 행위가 창출되기도 한다.

정치가 안정되지 못하고, 사회가 혼란스러우면 인간 사이의 은밀한 행위는 순간을 위한 쾌락으로 타락하며, 각종의 성적 퇴폐와 범죄가 사회를 뒤 덮는다. 정치적 혼란은 개인의 건전한 희망을 무력화시키며, 순간의 향락에 빠져 내일을 생각하지 않는 성적 방종과 미래 비전의 상실을 초래한다. 즉, 정치적 혼란은 병든 개인과 병든 사회를 만들게 되는 것이다. 오늘날의 성적 무규범의 범람현상은 정치적 '아노미'에서 그 한 이유를 찾을 수도 있다.

인간사회는 질서를 유지하기 위해 법, 도덕, 윤리, 종교 등에 의하여 규율을 받고 있다. 헌법과 형법에서는 성도덕과 건전한 성풍속을 보호하기 위하여 일정한 제재를 가하고 있다.

우리나라 헌법은 제22조에 '예술의 자유'를 보장하고, 형법 제22장(제241조-제245조)은 건전한 성풍속의 보호를 위하여 성표현의 외설에 대한 규제 및 처벌에 대한 규정을 하고 있다. '예술의 자유'란 인간의 미적인 감각세계 내지는 창조적인 경험세계의 표현형태에 대한 기본권이다. 그런데 헌법에 의해서 보호받는 예술이 되기 위해서는 예술가와 일반 대중 사이에 미적 감각세계에 입각한 유·무형의 대화가 가능해야 한다. 예술은 표현 그 자체에 목적과 의의가 있기 때문에 일종의 자기목적적인 것이고, 어떤 목적을 전제로 한 수단 내지 도구가 아니라는 점도 각별히 유의해야 한다.

우리나라 헌법은 예술의 자유를 제한할 수 있는 것처럼 규정하고는 있다. 그러나 실제로는 예술의 자유란 그 기능과 성격상 법률로써 제한하는 것은 적당하지 않다. 그렇다고 하여 예술의 자유가 무제한한 기본권으로 인정될 수도 없을 것이다. 우리나라 헌법이 추구하는 민주적 기본질서에 반하는 예술활동이 허용될 수 없다는 것은 당연하다.

권리와 명예, 재산권 등을 침해해서도 아니되 듯, 사회공동생활의 윤리적 기초가 되는 공중도덕이나 사회윤리를 어기는 예술활동이 금지되는 것은 당연하다. 그러나 공중도덕이나 사회윤리를 이유로 하는 예술의 자유에 대한 제한은 매우 신중하여야 한다. 왜냐하면 예술의 개방성을 무시하고 새로운 예술의 경향을 억압하는 방향으로 악용될 소지가 있기 때문이다.

헌법 제21조는 성표현을 포함한 표현의 자유를 보장하고 있다. 더구나 정신적 자유권의 하나로서 표현의 자유에 경제적 자유보다도 우월한 지위가 부여되어 있다. 그러나 성적 표현의 자유 한계를 일탈한 것은 이미 예술활동이 아니라, 형법의 규율대상으로 형사적 규제의 대상이 된다.

이러한 맥락에서 형법 제22장(제241조-제245조)은 성도덕 또는 건전한 성적 풍속을 보호하기 위하여 '풍속을 해하는 죄'를 규정하고 있다. 형법 제243조는 성표현물에 대하여 외설의 문서, 도화 등의 반포·판매·임대·공연전시를 금지하고, 그 위반자에게는 일정한 형벌을 가하고 있다. 이처럼 외설표현을 그 처벌대상으로 하고 있는 형법 제243조의 규정이 표현의 자유를 보장한 헌법 제21조에 위반하지 않는가? 또 최소한도의 규제가 허용된다고 하여 성표현에 일정한 제약이 인정된다고 하면 과연 제243조가 그 조건을 충족시키고 있는가? 외설이라는 개념으로 성표현에 제한을 가하는 것이 타당한가? 등의 문제, 또한 음란성 여부에 대한 판정의 '델리키트'한 면은 계속적으로 논란이 되고 있다.

음란성에 관한 우리나라의 판례를 살펴 보면 다음과 같다.

첫째, 예술인이 그 작품에서 성적 충동을 강조한 나머지 정상인에게 윤리적으로 혐오의 대상이 되는 내용을 싣고, 이를 예술작품이라고 하여 그 예술성만으로 강조하더라도 위 작품이 갖는 음란성은 동시에 스스로 별개의 개념인 그 음란성을 정하는 표준으로 될 수 없다.

둘째, 음란한 문서란 성욕을 흥분 또는 자극시켜 일반인의 정상적인 성적 정서(성적 혐오감)와 선량한 사회풍기를 해칠 가능성이 있는 문서라고 해석함이 상당하다. 음란성의 유무는 현재의 시점에서 본 우리나라 전체의 집단의식인 건전한 사회통념을 기준으로 하여 작가의 주관적인 의도를 떠나 객관적으로 판단해야 할 것이다.

셋째, 문학작품의 음란성 여부는 그 작품 전체와 관련시켜 이를 판단하여야 할 것이므로 그 표현에 있어 과도하게 성욕을 자극시키거나 정상적인 성적 정서를 크게 해칠 정도로 노골적이고 구체적인 묘사라고 할 수 없으면 음란한 작품이라고 판정할 수 없다.

넷째, 소설 〈반노〉의 13장부터 14장까지에 기재된 사실, 즉, 남녀 간의 성교장면을 묘사한 표현에 있어서 음란성 여부를 심판한 판례를 보면 〈반노〉의 음란성 여부에 대해 그 표현에 있어서 과도하게 성욕을 자극시키거나 또는 성적 정서를 크게 해칠 정도로 노골적이고 구체적인 묘사라고 볼 수 없으며, 그 작품 중 어느 일부분만을 따로 떼어 놓을 수 없고, 그 작품의 전체적인 내용의 흐름을 더듬어 종합적으로 판단컨대 그 전체적인 내용의 흐름이 인간에 내재하는 향락적인 성욕에 반항함으로써 새로운 자아를 발견하는 과정으로 이끌어 매듭된 사실을 인정할 수 있으므로 음란한 작품이라 할 수 없다.

이상과 같이 법원은 음란성(외설)에 관한 판단기준을 제시하고 있다.

우리나라의 통설은 성욕을 흥분 또는 만족을 목적으로 하는 행위로써, 선량한 풍속에 반하고 사람으로 하여금 수치나 혐오를 느끼게 하는 것을 음란(외설)이라 보고 있다.

생각건대, 음란성은 표현내용 그 자체에 내재하는 본질적 요소를 음란성을 띤다고 보기 위해서는 표현내용이 수치와 혐오를 느낄 정도로 성욕을 자극하고 흥분시킬 수 있는 성질의 것이어야 하고, 사회적 요소로 그 작품이 사회 통상인의 성적 정서와 성생활에 관한 선량한 사회풍조를 침해할만한 반사회성이 있는 것이어야 한다. 이러한 의미에서 성적 길서의 유지에 임하는 형법의 각도에서 보면, 예술이라 할지라도 공중에게 음란한 것을 제공할 특권은 없는 것이다. 왜냐하면 음란성에 대한 죄는 사회 일반의 성에 관한 윤리감정의 순결성에 관계되는 것이므로 그 보호법익이 높다. 음란한 예술작품, 즉 예술로서 승화되지 못한 작품은 일종의 정신적 병원균, 정신적 비위생물로서 흉악범죄 및 풍기위반범죄와 동일하게 반사회적 성격을 띤 범죄이다.

소설 〈권태〉의 줄거리는, 변태적 성의식관을 갖고 있는 주인공 대학 교수가 남자를 바꿔가며 정사를 벌이는 것이 좋고, 또한 유한적인 생활에 매력을 느끼는 '호스테스' 경력의 영문과 졸업생인 주인공 '희수'와 희수에 길들여져 성적 방황기를 거치지 않은 사려없이 성적인 행동에 몰입되어 섹스의 대상물화된 12-13세 소녀인 '미니'와 함께 정사를 벌이며 음란하고 변태적인 성교 묘사로 일관되어 있다.

〈권태〉에서의 성적 묘사는 모두 열거할 수 없을 정도로 추잡한 성행위로 점철되어 있다. 남자의 성기가 '핫도그나 쭈쭈바' 처럼 생겨 '입에 넣기에도 편리' 하고, 여자의 성기는 '너무 깊숙이 틀어 박혀' 서 '여자의 음주를 오직 혓바닥 하나의 힘으로 헤쳐가며 핥아가며' 와 '그녀의 뱀같은 혓바닥이 … 나의 귀두 부분을 … 핥아' 등의 남녀의 성기 묘사와 오랄 섹스의 묘사가 노골적이고 구체적으로 표현되고 있다. 또한 '손가락을 희수의 항문 밑으로 집어 넣어', '그물팬티를 뚫고 흘러 나와 나의 손가락을 흥건하고 촉촉하게 적시고 있는 애액이', '음수에 의해 촉촉이 젖어 있는 희수의 클리토리스를 씹고 있는 것 같았다', '들꽃을 귀두구멍에 꽂아', '식스 나인(six nine)의 자세를 취한 뒤 … 그녀의 클리토리스를 핥아 주기 시작했다', '나의 심볼을 목구멍 깊숙이 넣었다 빼고' 등의 노골적이고 보통인의 정상적인 성적 수치심을 해하고, 성적 도의관념에 반하는 성행위의 묘사가 열거하기 곤란할 정도로 곳곳에 나열되어 있다.

또한 식사방법에 있어서노 변태적이고 음란한 묘사가 상세하게 그려

지고 있다. 예컨대, 주인공 교수가 묶여져 있는 상태로 쾌감을 느끼며 식사한다든지, 희수와 미니가 그들의 신체에 있는 입, 코, 음부 등의 구멍을 이용해 식사를 교수에게 하도록 하는 추잡하고 저질스런 묘사들이 적나라하게 표현되고 있다. 희수가 닭다리를 음부에 박아 놓고 와서 교수의 입에 넣는 행위, 콧구멍에 홍당무를 박아 놓고 와서 교수의 이에 넣는 행위 등에 주인공 교수가 미각에 더욱 에로틱한 맛을 느끼는 것과 희수의 음부 속 깊숙이의 빵조각과 음부 근처에 발라져 있는 버터를 혓바닥과 입술로 핥아 먹는 것, 젖꼭지에 잼을 발라서 핥는 행위 등등은 마치 개나 고양이 등 짐승들의 행위를 연상시켜 주는 추잡스럽고 구역질나는 행위로 인간이 인간이기를 스스로 거부한 동물적인 추악한 단면을 보는 느낌이 들어 저질스럽고 극도의 도덕적으로 황폐한 인간의 성행위의 변태성을 보여 준다.

　더구나 이러한 추잡함과 변태성의 극치는 소변을 희수와 미니가 받아 마시는 더러운 행위, 사랑하는 여인의 죽은 시체를 보며 오르가즘을 느끼는 정신병적 증후, 질구를 한껏 벌리고 누워 있는 노파의 모습을 보며 흥분을 느끼는 모습, 희수와 미니를 때리고 채찍질하며 개처럼 끌고 다니며 쾌감을 느끼는 가학적 변태성, 음순에 링을 꿰고 방울을 다는 행위, 페니스에 구글을 넣는 행위 등의 묘사는 섬찟할 정도의 성격파탄적이고 비윤리적 · 비도덕적인 정신병자나 갖고 있을 행위들을 묘사해 놓고 있다.

　이러한 표현들이 과연 아름다운 성과 사랑의 표현이라고 마교수는 말할 수 있겠는가? 일반인들에게 성적 수치감과 혐오감을 주어 구역질만 나게 만드는, 결과만 초래하고, 분별력 없는 일부 성인과 청소년들의 의식에 커다란 악영향을 미쳐 사회윤리의 타락을 가져 온다면 그 책임은 작가 혼자서 질 수만은 없는 중대한 것이다.

　〈광마일기〉를 보면, 작가의 인생과정에서의 여성편력과 성에 대한 가치관을 단적으로 표현한 작품이다. 대학시절 'J'에 대한 변태성의 의식감염과 모럴, 인동의 요정과 벌이는 현실과 유리된 변태적 혼음과 문신, 친구 B의 애인 '영이'와 크리스마스 이브 날 친구 B와의 우정과 모럴도 팽개친 채 Q녀에 대한 대타의식과 퇴폐적 성생활을 해 온 영이의 막판 심리가 의기투합하여 벌이게 되는 음탕한 일회성 인스탄트식 정사, 룸 싸롱 마담 혜정과 열등감과 이기성에 휩싸여 벌이는 가학적 섹스, 섹스 불만족에 빠진 C와 T 부부 간의 음란하고 부도덕한 교환섹스의 미화, 집단 혼숙과 집단 혼음을 기대하는 윤리적 타락, 연상의 여인 유뷰녀 리아와 '물고 빨고 찌르고 베며' 벌이는 혼외정사의 간통과 야비한 이별, H대 교수생활에서 야한 여학생들과의 '응큼한 기대, 선정적인 예감', 야희라는 귀신과의 비현실적인 섹스 등 도저히 현실적으로 수용 곤란한 비정상적인 윤리적·도덕적으로 타락한 성행동들이 아무런 여과없이, 예술적 승화없이, 무책임하게 묘사되고 있다. 더구나 대학교수로서 야한 여학생들과의 응큼한 기대, 선정적인 예감은 대학교수로서의 인격과 품위에 대한 신뢰를 저버리는 표현이다. 혹여라도 대학교수 전체의 명예훼손을 넘어 학생과 학부모, 일반 사회인에게 대학교수 전체에 대한 그릇된 편견과 의식을 심어주지 않을까 심히 우려스럽다.

 이상으로 볼 때, 마교수의 작품은, 건전하지 못한 성의식과 성욕만족의 추구방법들이 윤리적·도덕적으로 비난가능성이 크고, 그 전체적인 내용의 흐름이 인간에 내재하는 항락적인 성욕에 반항함으로써, 그로부터 벗어나 새로운 자아를 발견하는 과정으로 이끌어낸 흔적도 전혀 보이지 않는다. 또한 일반 독자들의 건전하고 상식 있는 성적 가치관에 혼란과 혐오감을 초래하는 비윤리적이고 타락한, 도덕적으로 황폐한 그런 내용들로 가득찬 배설물에 그치고 있다는 생각이 든다. 따라서 이러한 작품들은 사회로부터 무서운 비난을 감당하여야 한다. 그릇된 생각과 표현물을 가지고 사회 일반인의 건전한 가치관과 윤리감정, 사회 도덕적 차원에서 위해를 가하고 악영향을 미치는 행위는 커다란 반사회적 범죄이다.

문학이 예술이 자기만의 충족만을 위하여 배설만 하면 된다는 그릇된 생각은 위험한 반사회적인 창작관이다. 예술로 승화되지 않은 음란과 외설로 가득찬 작품은 건전한 성풍속을 해치는 반사회적 환경파괴이다. 왜냐하면 작가의 작품이 사회에 출간·탄생되면 그 때부터 그 작품은 사회에 대하여 일정한 영향을 끼칠 것을 기대한 것이었기에 사회성을 갖게 된다. 그 작품의 반사회적 영향에 대한 비난을 작가가 자기의 본래의 창작의도에 대하여 역설하더라도 일정한 부분에서는 그 책임을 감수하여야 한다.
　〈권태〉나 〈광마일기〉처럼 지극히 비윤리적·부도덕한 추잡한 글이 문학이라는 이름을 빌어 세상에 발표·출간되는 것은 건전한 사회풍속·성윤리 보호 차원에서 용납되어서는 아니 된다. 이들 잡글이 갖고 있는 변태적 성의식과 성욕추구방법이 분별력 없는 일부 사람들에게 그대로 전이 감염돼서 그 결과 성문란과 퇴폐적 성문화의 범람을 초래하기 때문이다.
　예술작품에 대한 규제는 최대한 억제되어져야 하고, 가능한 한 있어서는 안된다. 그러나 사회유지·존속을 위하여서는 불가피하게 필요악적인 규제가 요청되고, 일정한 통제하에서 그 규제가 허용될 수도 있다. 형법에서는 헌법상의 표현의 자유, 학문의 자유, 사상의 자유 등을 침해해서는 안된다는 입장에서 문학작품의 음란성에 대하여 극도로 간섭을 하지 않는 최소한의 규제만을 해오고 있다. 그러나 무분별하게 넘쳐나는 성표현물과 성범죄의 급증은 건전한 사회풍속·성윤리 보호 차원에서 소극적으로나마 형사법적 대처를 가져 오게 되었다. 한국간행물윤리위원회에서도 예술로써 승화되지 못한 외설 및 부도덕한 소설에 대한 경고조치를 할 수 있는 방법이 있다. 그러나 이 경고조치는 법적인 구속력이 있는 것은 아니고, 작가의 양심과 도덕성을 사회에 고발하여 각성시키는 의미만 갖고 있어 판매금지 등을 할 수 없다.
　마교수의 〈권태〉나 〈광마일기〉는 예술성이 전혀 없는 것으로, 오로지 수치스럽고 혐오스런 변태적인 '음란성'만 유포시키는 것일 뿐이다. 마교수의 〈권태〉나 〈광마일기〉가 그 내용에 있어서 비록 음란한 작품이라 할지라도 예술로써 승화되었다면 훌륭한 문학작품이다. 그러나 외형상 문학작품의 틀로 위장은 하였으나, 예술로서 승화되는 않은 것이기에 사회적 비난과 함께 형사적 규제를 받음은 마땅하다.

마광수 교수에게

마교수는 〈권태〉를 통해 모든 남성들의 보편적으로 갖고 있는 잠재적 성욕구를 보여 주려고 했다고 한다. 마교수는 〈권태〉에서 '변태'란 '어떤 사람의 성적 행동양상이 우리들이 보편적으로 인식해 온 것과 다를 때 그리고 그런 독특한 성행위의 대상이 되는 사람이 그것을 받아 들이기 곤란할 때 붙여지곤 하는 명칭이었을 뿐이라고 하고, 어떤 사람의 행위가 평범하고 일상적인 모습을 벗어났다고 해서 그 사람을 변태로 규정할 수 없다'라며 미리 비난을 피하려 하고 있다. 예술표현에 있어서는 '〈에로틱한 환타지〉를 불륜이나 퇴폐로 매도한다는 것은 언어도 다이 될 수밖에 없고, 예술이 지니고 있는 에로틱한 환타지마저 없다면 사람들은 모두 미쳐버릴 것이 틀림없다'라고 강변하면서, 요즘 문학작품을 현실의 잣대, 이념의 잣대로만 재려고 하는 요즘의 문학풍토를 개탄하고 있다. 또한 상상력의 자유, 상징적 환타지의 자유가 부여되지 않는 한 한국예술은 더 이상 발전할 수 없다고까지 단언한다.

물론 마교수의 지적대로 예술이라는 장르에 상상력과 상징적 환타지가 인정될 수 없다면 한갓 죽어 있는 사실事實의 예술이 되고 말 것이고, 창작이라는 개념조차도 존립할 수 없기 때문이다. 문제는 손톱 기르고,

화장을 많이 한 소위 야한 여자를 좋아 하는 것 자체에 대한 비난도 아니고, 마스터베이션 혹은 페티쉬에 대한 강한 애정은 그 사람의 개인적 취향이기 때문에 비난할 대상도 필요도 없다.

마교수의 주장대로 단지 관능적 환타지를 추구하는 그 자체가 모든 남성이 보편적으로 갖고 있는 절대적 · 당위적 · 잠재적 성 욕구가 아니라는 점이다. 마교수가 추구하는 성욕만족의 방법으로 가득찬 작품 아닌 작품으로 독자나 일반인들은 성적 수치감이나 혐오감으로 구역질을 느끼게 된다는 것이다. 인간은 사회적 동물이고, 그 사회의 건전한 구성원으로서 그 유지 · 존속에 기여해야 한다.

마교수는 직접적이고 외설적으로 표현하는 것이 성욕을 훨씬 더 자극시키며, 그러한 행위가 진정한 예술인(?), 천재적 작가(?)인 것으로 착각하고 있는 듯하다. 또한 섹스는 신비하고 은밀히 감추어져 있을 때 아름답기도 하고 설레임의 감도가 더 크다는 것을 도외시하고 있기도 하다. 마교수는 '어떠한 수단을 써서라도 우리는 고통을 덜어야 하고 권태를 덜어야 하고 순수쾌락의 순간을 최대로 연속, 지속시켜야만 한다' 라고 하여, 이기적 쾌락주의자(Hedonist), 쾌락지상주의자가 되어 쾌락추구만을 위해 수단과 방법을 가리지 않는 삭막한 도덕적 · 윤리적 황폐함을 드러내 보이고 있다. 더 나아가 '고운 손보다 노동으로 단련된 투박한 손이 더 아름답다는 식으로 궤변을 떨지 말라' 하며 노동의 신성함과 아름다움 그 자체를 경시하고 있기도 하다. 에로티즘의 저자 조르주 바타유(Georges Albert Maurice Victor Bataille)도 노동의 신성함은 인정하고 있다. 또한 수단과 방법을 가리지 않는 쾌락지상주의와 관능적 환타지를 추구하면서도 '아무리 이곳이 온갖 성적 일탈행위가 보장되는 장미여관, 아니 장미공간이라고 해도, 저렇게 어린 여자아이와의 사랑을 나눈다는 것이 어쩐지 나의 어정쩡한 윤리의식으로는 무척 껄끄럽게 생각되었기 때문이다' 라면서 〈권태〉에서는 잠깐 윤리에의 회귀성을 보여주기도 한다. 그러나 그러한 회귀된 윤리감정도 희수와 미니(어린 소녀)와 교수 자신과의 변태적인 혼음을 즐기는 사이에 실종되고 말며, 〈광마일기〉에서는 부부 간의 교환 섹스를 하는 도덕적 타락의 극치를 보여 준다.

마교수의 수필집 〈사랑받지 못하여〉를 보면, '성적 욕구가 본능적인 것이기는 하지만 그 성적 욕구를 올바른 행위로 옮기는 것은 배움을 통해서만 가능할 수 있다'라고 했는데, 아마도 마교수와 작품 속 주인공 대학교수는 잘못된 독학을 한 것 같다. 그래서 그릇된 문학관과 성의식을 가진 사람의 잘못된 표현이 예술이라는 이름으로 미화될 수 있다고 착각을 하여, 이른바 잘못된 의식감염으로 문학이라는 이름을 빌린 활자공해, 인쇄공해를 배출하지 않았나 생각한다.

한 시대의 모든 작가에게 반드시 선각자적인 위치에서 사회와 사람을 선도하고 계도하고 새로운 모럴상을 제시하라고 요구할 수는 없다. 그러나 자유분방한 개성의 성표현이나 성적 상상력의 표출이 그 사회가 나아가야 할 방향에 역기능적인 악품을 전파·감염시킨다면 곤란한 일이다. 이러한 생각을 마교수는 교훈주의, 보수적 윤리주의, 도덕적 교조주의라고 매도하고 있지만, 인간이 다른 동물과 다른 것은 상상력의 무한 확대 과정에서 '이성의 힘'이 자율적으로 통제작용을 하는 능력이 있는 점이다.

왜 마교수가 말하는 진정한 예술가(?)와 천재적 작가(?)가 아닌 진정한 예술가와 천재적 작가는 관습적이고 일상적인 관행으로 강요되는 소위 정상적이고 건강한 성행위에 도저히 만족할 수 없단 말인가? 꼭 변태성욕으로 본능을 배설시키는 것만이 지고지순한 예술활동으로 인정받을 수 있단 말인가?라고 마교수에게 묻고 싶다.

마교수의 작품에서는 나의 불찰인지 몰라도 새로운 삶의 의미에 대한 그 어떠한 제시도 찾을 수가 없고, 문학적 가치와 정신도 느껴지지 않는다. 마교수에 따르면, 문학의 목적을 상상적 일탈행위를 통한 상징적 카타르시스에 두며, 문학적 상상력마저 비난의 대상이 된다면 우리의 정신은 완전히 질식상태에 빠져 파행적이고 자포자기적인 성적 일탈행위로 빠져 들 수밖에 없다고 한다. 그러나 문학은 상상과 꿈의 세계를 사적인 차원에서 개인적으로 추구하는 것이 아니고, 문학이라는 표현양식을 거치는 동안 그 상상력은 사회화된다. 그렇다면 예술가의 개인적 상상력이 표출된 작품은 최소한의 사회적 모럴의 검증의 대상이 될 수 있다. 즉 문학적 상상력은 꿈꾼 본인조차 책임질 필요가 없는 지극히 사적인 꿈에 그치는 것이 아니라, 독자를 포함한 사회일반인이 공유하는 예술적 꿈이라는 것에 역사적으로 윤리성 시비가 늘 있어 왔다. 개인의 꿈 꿀 자유에 대해 도덕적 검증의 잣대를 들이댈 수는 없으나, 그 꿈을 사회에 공표했을 때에는 그 작가의 사회적 책임이 뒤따른다는 것이다. 그러나 무형의 상상과 꿈의 세계가 유형적 창작과정을 거치게 되면서 예술로서 승화된 때에는 도덕성의 시비는 진부한 것이다.

  아무튼 인간은 마교수가 그토록 매달리는 꿈 속에서 상상력의 날개만 펼치면서 평생을 사는 것만은 아니다. 보다 더 많은 시간을 인간은 각성시의 양심, 도덕, 윤리, 법 등의 사회규범에 의하여 자기절제를 하면서 살아간다. 이 지점에서 마교수와 규범학을 연구하는 나와의 인생관의 차이가 극명해지겠지만, 마교수는 상상력의 자유를 너무 아전인수격으로 해석한 나머지 반사회적이고 반윤리적인 성적 일탈 속에서 아직도 꿈에 취하여 허우적거리고 있든가 아니면 상업성에 매몰된 잠깐의 인기에 영합하여 일단 한번 들여 놓은 길이니 '갈 때까지 가보자' 하는 심리로 창작에 임하고 있는 것 같다.

  공상에서 현실로 돌아가는 길은 다름 아닌 예술이다. 진정한 예술가는 자기의 백일몽을 가중하는 법을 알고 있고, 그의 무의식적인 공상과 일탈을 작품에서 승화시키는 피나는 노력을 하고 있다. 예술가는 무의식이라는 공간 속에서의 쾌감의 샘에서 현실의 기쁨과 위안을 퍼올릴 수 있다. 마교수 개인의 신변잡기적 여성편력에 가까운 그의 소설과 수필은 마교수 개인의 자기만족과 대리배설의 카타르시스에는 크게 기여했을지는 몰라도 독자와 일반 사회인으로서는 인간의 성적 본능에 대한 수치감과 혐오감을 안겨 주었다. 마교수의 글은 타락과 방종을 아무런 죄의식도 없이 가리낌 없이 행하는 일부 세태와 향락산업과 퇴폐문화의 범람에 편승하여 사회 통상인의 성적 정서와 건전한 성생활마저도 타락화를 부채질하며, 성적 아노미를 조장하는 음란물에 불과하다.

마교수의 글은 그가 과연 대학에서 문학이론을 강의하는 교수인가? 그의 문학관과 창작물이 어떤 최첨단의 문학이론을 배경으로 합리화될 수 있을 것인지 혼란스럽기만 하다. 마교수의 문학세계가 어떤 혼돈의 소용돌이에 빠져 있지 않은가? 마교수의 창작활동이 정신적 세척이 필요한 것은 아닌지? 여러 의문이 꼬리에 꼬리를 물고 일어난다. 궤변과 역설로 들리지만 마교수가 그토록 문학적 가치와 자부심을 가지고 있다는 문학세계가 건전한 상식을 추구하는 독자들과 일반 대중, 성실한 비평가들에게 그 문학적·예술적 가치가 있다고 호평을 받고 있는가에 대한 겸허한 성찰이 필요하다. 잠시 상업적 호객행위로 인기를 얻었다고 하여 그 문학적·예술적 가치가 정비례하는 것은 아니다. 도덕적으로 황폐한 정신을 가진 주인공 대학교수처럼 야한 여자들을 데리고 '가자! 장미여관으로' 충동질하고, 미친 말 '광마'가 되어 힝힝대며, 변태적 성욕만을 추구하는 일은 짜증나고 '권태' 스러워 '사랑받지 못하여'가 되고 말 것이다.

문학애호가로서, 과거 문학지망생으로서 나는 마교수가 하루 빨리 상업적 호객행위의 미몽에서 깨어나 진정한 예술가의 길로 다시 돌아가 다시 사랑받는 작가가 되기를 소망한다.

끝으로 나는 마교수의 작품에 대해서 마교수가 〈문학예술〉에서 요구한 대로 성실하고 면밀하게 정독했음을 지적해 둔다. 〈문학예술〉(4월호, 7월호)에서의 마교수의 반박논조는 자기 중심적이고 감정이 앞선 신경질적인 반응이었고, 마교수의 인격이 의심스러운 생각이 들어 혹 망상 매커니즘으로서의 투영(projection)의 흔적이 아닌가도 싶다.

마교수는 첫 수필집에서 솔직히 털어 놓고, 작품의 단점을 지적하고 비평적 재단을 내리는 비평가의 글을 못보았음을 한심한 일이라고 자탄했음을 다시금 상기시킨다. 일면식도 없는 형사법학자가 쓴 글을 보면서 행여라도 마광수 교수께 무례를 범했다면 너그럽게 용서하시기 바란다.

  (문학예술, 1990.12)

송광섭 교수의 **꿈꾸는 즐거움**

■
지은이 | 송광섭
■
1판 1쇄 발행 2025년 8월 30일
■
펴낸이 | 길명수
펴낸곳 | 배문사
출판등록 1989년 3월 23일, 제10-312호
주소 서울시 서대문구 경기대로 76
전화 (02)393-7997
e-mail pmsa526@empas.com
■
편집 인쇄 삼중문화사

ⓒ 송광섭 2025

ISBN 979-11-989654-6-2 (03810)

값 23,000원

* 낙장 및 파본은 교환하여 드립니다.